광고카피의 탄생 I

: 카피라이터와 그들의 무기

이 도서의 국립중앙도서관 출판예정도서목록(CIP)은 서지정보유통지원시스템 홈페이지(http://seoji.nl.go.kr)와 국가자료공동목록시스템(http://www.nl.go.kr/kolisnet)에서 이용하실 수 있습니다.
CIP제어번호: CIP2017032300(양장), CIP2017032301(학생판)

광고 카피의 탄생 I

THE BIRTH OF COPYWRITING I

카피라이터와 그들의 무기

김동규 지음

한울
아카데미

이 저서는 2012년 정부(교육부)의 재원으로 한국연구재단의 지원을 받아서 수행된 연구임 (NRF-2012S1A6A4021532).

This work was supported by the National Research Foundation of Korea Grant funded by the korean Government(NRF-2012S1A6A4021532).

머리말

> 유다인들이 예루살렘에서 사제들과 레위인들을 요한에게 보내어 "당신은 누구요?"라고 물었을 때, 요한은 서슴지 않고 고백하였다. "나는 그리스도가 아니다"라고. 그들이 "그러면 누구란 말이오? 엘리야요?"라고 묻자 요한은 "아니다"라고 대답하였다. "그러면 그 예언자요?"하고 물어도 "아니다"하고 대답하였다. 그래서 그들이 물었다. "당신은 누구요? 우리를 보낸 이들에게 대답을 해야 하오. 당신을 자신을 무엇이라고 말하는 것이오?"

텍사스주 오스틴에 교환교수를 다녀왔다. 도시 남쪽에 있는 한인 성당에 열심히 나갔다. 창밖으로 낙엽이 우수수 떨어지는 가을. 어느 일요일 미사에서 위의 성경 구절을 읽었다. 사도 요한과 유다인들이 주고받는 대화가 가슴을 뒤흔들었다. 느닷없는 인용이라 생각하실 분이 계실 것이다. 하지만 "당신은 누구인가?"라는 질문이 그 순간 필자에게는 참으로 심각하게 다가왔던 것이다.

인생의 어느 시기든 자기정체성 확인이 중요하지 않은 때는 없으리라. 하지만 2017년의 오늘 이 질문은 나에게 참으로 절실하고 의미심장하다. 살아온 길을 한번 되돌아봐야 할 나이가 되었기 때문일까. "너는 누구냐?"라는 질문에 지금 당당히 응답하지 못한다면, 앞으로도 영영 그렇지 못할 거라는 막연한 위기의식이 들었던 것이다.

필자는 1980년대 중반에 카피라이터 생활을 시작했다. 그리고 1990년대 말부터 대학에서 카피라이팅을 가르치기 시작했다. 사회생활의 절반을 광고업계에서 카피를 썼고 나머지 절반은 카피를 가르쳤다. "당신은 누구인가?"라는 질문에 대한 답을 해보자면 나는 지난 30여 년간 카피라이터였고 카피라이터 출신 교수였던 셈이다.

그러한 내게, 특히 대학에 몸담은 후 마음을 떠나지 않은 고민이 있었다. 내가 가르치는 카피라이팅이 하나의 학문이 될 수 있는가라는 생각이었다. 카피라이팅 교육은 그저 도제적 체험을 전해주는 기능 전수에 불과한 것 아닌가? "글 잘 쓰는 기술(technic)"을 가르치는 실무적 강의에 불과한 것 아닌가? 라는 자문이었다. 종내 그 고민을 벗어나기가 어려웠다.

문학 창작이 그러하듯이, 탁월한 광고카피도 뮤즈의 영감을 받아 태어나는 것이란 생각이 세상에 널리 퍼져 있기 때문일 것이다. 나도 은연중 마음속에서 그 벽을 넘지 못할 때가 있었으니까. 이 책을 쓰기 위해 만난 카피라이터들 가운데도 "카피라이팅을 이론으로 가르친다는 게 가능한가요?"라고 진지하게 묻는 이가 있었으니까. 그러한 오랜 화두가 이 책을 쓰게 만든 핵심적인 동기였다. 필자를 벼랑까지 밀어붙인 원동력이었다.

이 책이 던지는 질문은 다음의 세 가지다. 첫째, 카피라이팅의 본질은 무엇인가? 둘째, 카피라이팅의 체계적 이론화는 가능한가? 셋째, 그것은 기술, 설명, 예측, 통제가 가능한 독립적 사회과학의 자격을 갖추고 있는가? 이 막막한 해답을 찾기 위해 지난 십몇 년간 사막을 헤매고 정글을 헤쳐 가는 험난한 여행을 해왔다. 그 결과가 이 책이다.

하지만 원고를 마무리하는 이 순간에도 목표했던 산의 정상은 아득한 눈에 덮여 있다. 나는 그저 산허리만을 맴돌고 있는 느낌이다. 그러므로 지금 단계에서는, 카피라이팅의 과학화를 위해 마땅히 제기되어야 할 핵심 주제들에 대한 첫 단추를 꿰었다는 데 만족해야 할 것 같다. 향후 더욱 정교하고 체계적인 후속 연구와 저술들이 봇물 터지듯 쏟아져 나오는 꿈을

꿔본다. 이 책이 미약하나마 그러한 출발점이 되었으면 바라는 마음이다.

이 책 『광고카피의 탄생』은 6개의 장으로 구성되어 있는데, 독자들의 접근과 이해를 편히 하기 위해 2부로 나누었다. 먼저 전반부인 제1부에서는 1장에서 3장까지를 다루게 된다.

제1장은 '카피라이터의 역사와 역할 변화'다. 고대 이집트의 파피루스 문서에서부터 현대적 광고산업의 형태가 완성된 1960년대에 이르기까지, 카피라이터 직업의 탄생과 발전 과정을 살펴보았다. 특히 19세기 중반 이후 광고 역사를 이끌어온 대표적 카피라이터들의 개인사와 창조 철학을 통해 카피라이터가 지닌 본질과 역할을 고찰하였다. 그리고 스마트미디어가 만개하고 있는 21세기 들어 급속히 변화하는 카피라이터의 새로운 역할에 대하여 지면을 할애하였다.

제2장은 '대한민국 카피라이터의 초상(肖像)'이다. 21명 현업 광고카피라이터들의 경험 자료를 분석하였다. 이 작업을 통해 '그들은 어떠한 사람들이며, 어떤 일을 하고 있는가?', '어떻게 스스로의 정체성을 인식하고 있는가?', '업무 환경은 어떠하며 광고회사 조직 내 사회적 상호관계 양상은 어떠한가?' 등의 주제에 대한 고찰을 시도했다.

제3장은 '카피라이터들의 무기(武器), 지식'이다. 문학, 방송극본, 영화대본 등의 유사 크리에이티브 콘텐츠처럼 광고카피도 그것을 만드는 일차적 재료로 노하우, 테크닉, 경험 등의 지식이 동원된다. 카피라이터들이 활용하는 핵심적 도구이자 무기로서 카피라이팅 지식의 실체를 이해하기 위한 장(章)이다. 광범위한 문헌 연구를 통해 먼저 지식 일반의 개념과 카피라이팅 지식의 속성을 살펴보았다. 그리고 카피라이터들의 경험 자료를 분석하여 그 같은 실무 지식과 노하우가 어떤 과정을 거쳐 형성, 이전, 공유, 활용되는가를 살펴보았다.

후반부인 제2부에서는 4장에서 6장까지를 다룬다. 우선 제4장은 '카피라이팅 현장에 대한 참여관찰'이다. 필자 스스로가 참여관찰자 역할로 직접 광고카피 창조 현장에 뛰어들어 생생한 경험 자료를 수집하였다. 이를 통해 현업 광고회사에서 카피라이터가 어떤 환경과 절차를 거쳐 카피를 만들어내는가의 구체적 과정을 발견하였다. 특히 카피라이터가 카피 결과물을 산출하기 위해 조직 내의 누구와 어떤 형태의 커뮤니케이션을 주고받는가를 집중적으로 고찰했다. 그러한 결과를 '광고카피 산출의 가설적 틀'로 구성하였다.

제5장은 '광고카피 산출의 과정'이다. 참여관찰과 심층 인터뷰를 통해 수집된 자료를 분석하여 카피라이터들이 최종적 정보상품(completed information products)으로서 카피를 산출하기까지 어떤 인지적, 태도적, 행동적 경험을 하는가의 과정을 살펴보았다. 나아가 카피라이터들의 인지체계 속에서 제품 및 서비스와 관련된 다양한 일차 자료들이 어떤 단계를 거쳐 최종적 카피로 탈바꿈하는가를 추적하였다. 최종적으로 이를 '카피 산출 과정에 대한 패러다임'으로 제시했으며 그 핵심 범주의 작동을 분석하였다.

마지막으로 제6장은 '카피라이팅 통제와 카피 산출 유형'을 다룬다. 수집된 경험 자료를 통합하여, 카피라이팅 과정에 작용하는 조직 내외부의 핵심적 통제 요인의 특성과 그 작동 방식을 살펴보았다. 나아가 직관적-분석적 개념 축과 조직지향적-개인지향적 개념 축으로 구성된 유형 분석 매트릭스를 활용하여 광고카피 산출에서 어떤 차별적 유형이 존재하는가의 현상을 도출하였다.

책의 구성을 간략히 설명했는데, 카피라이터와 카피라이팅 지식을 다룬 제1부와 광고카피가 태어나는 구체적 과정을 다룬 제2부는 하나의 구조로 긴밀히 연결되어 있다. 이 같은 구성을 통해 독자들이 핵심 사회문화적 콘텐츠로서 광고 카피의 주체, 지식, 창조 과정에 대한 입체적 조망을 얻을 수 있으면 하는 희망을 지녀본다.

원고를 마무리하면서 감사를 드려야 할 이들이 많다. 먼저 이 책이 출간되기까지 지원을 해주신 한국연구재단에 고마움을 표한다. 인생의 길목마다 격려와 도움을 주신 한양대 이현우 교수님, 논리와 문맥이 뒤엉킨 방대한 초고를 꼼꼼히 읽은 다음 조언을 아끼지 않으신 서원대 김병희 교수님, 책의 구성과 방법론에 대한 중요한 지적을 해주신 한양대 이종수 교수님께 특별히 감사를 드리고 싶다. 학과와 학부의 동료 선생님들께도 인사를 빠뜨려서는 안 될 것이다. 하지만 무엇보다 고마운 이는 책 쓴다는 핑계로 오랜 기간 동안 집안일에 소홀했던 필자를 묵묵히 참아준 식구들이다. 방문교수 1년 동안 남편과 아빠를 집 근처 공공도서관에 빼앗기고도 이해와 지원을 아끼지 않은 오재영, 김한결, 김한솔. 이 세 사람의 도움이 없었다면 이 부족한 책은 세상에 나오지 못했을 것이다. 나의 가족에게 책을 바친다.

2017년 12월, 바다가 보이는 연구실에서

차

례

서장

1. 왜, 이 책을 썼는가?

광고카피는 오랫동안 문학과 비슷한 존재라는 오해를 받아왔다. 사람의 마음을 움직여 행동하도록 한다는 점에서 양자가 어딘가 닮은 모습이기 때문이다. 하지만 카피는 시도 아니오 소설도 아니다. 문학은 인간의 삶을 무대로 고통과 기쁨을 노래하는 순수 예술 영역이다. 그러나 광고카피는 어디까지나 기업의 마케팅 목표를 달성하는 도구로 쓰인다. 출발과 목표 지점 자체가 다르다는 뜻이다. 물론 문학작품도 서적 형태로 만들어지고 팔린다는 점에서 시장 경제의 유통 구조에서 독립적이지는 않다. 그러나 오로지 판매만을 목적하는 전형적 상업문학을 제외한다면, 작가가 작품을 창조하는 동기는 명백히 예술적 목표를 향해 있다. 뮤즈의 영감을 받아 태어나는 순수한 창작욕의 소산인 것이다.

반면에 카피라이팅은 완전히 다른 영역에 있다. 심리학, 마케팅, 커뮤니케이션학에 대한 심층적 지식을 바탕으로 "사람을 설득하는 기술" 즉 전문적 **레토릭**(Rhetoric)을 활용하는 상업적 글쓰기이기 때문이다. 제품과 시장 환경, 소비자 특성에 대한 광범위한 정보를 분석하고 그것을 정교한 설득적 언어로 바꾸는 작업. 이를 통해 물건을 팔고 브랜드에 대한 이미지를 바꾸는 무기가 카피라이팅인 것이다. 무엇보다 광고카피는 언어 콘텐츠 산출 주체를 둘러싼 다양한 인적 요인들의 통제와 상호작용 아래 태어나는 특성을 지니고 있다. 분명히 카피라이터 개인이 만들어내는 결과물이기는 하지만 본질에 있어서 순수한 개인 창작이라 보기에 어려운 점이 많다는 것이다.

이 책의 제1장에서 자세히 소개되는, 19세기 후반과 20세기 초에 활약한 전설적 카피라이터 존 E. 케네디는 카피를 일러 "종이 위에 쓰인 세일즈맨

레토릭

레토릭(Rhetoric)이란 단어는 그리스어 Rhetorike에서 기원한다. 이는 Rhetor(연설가, 수사학선생)라는 명사와 -ike라는 형용사 어미의 합성에서 태어났다. 우리말로 보통 수사학(修辭學)이라 번역된다.

일찍이 아리스토텔레스(Aristotle, 1977)는 고전 수사학의 시초가 된 그의 책 『Rhetoric(Ritorikós)』에서 이 개념을 "주어진 상황에서 설득을 위해 필요한 수단을 찾아내는 것(To discover the available means of persuasion in a given case)"이라 정의 내렸다.

로마시대를 대표하는 수사학자 퀸틸리아누스(AD 30~100)는 레토릭을 "훌륭한 말재주, 혹은 말 잘하는 학문"이라고 규정했다. 20세기에 들어와서 자크 뒤랑(Durand, J., 1970)은 이를 "그럴 듯하게 말을 꾸미는 기술(The art of fake speech)"이라 정의 내렸다.

살펴보았듯이 이 개념은 시대와 관점에 따라 매우 다양하게 해석되고 있어 일반화된 정의를 내리기가 쉽지 않다. 고대에서 현대에 이르는 이 같은 다양한 개념정의를 통찰한 다음, 대립적 입장을 조화시켜 종합적 정의를 이끌어낸 사람이 올리비에 르불(Reboul, O.)이다. 그는 자신의 책 『Rhetorique』(1990)에서 레토릭을 "담화를 통하여 남을 설득시키는 기술"로 정의 내린다.

십(salesman-ship)"이라 불렀다. 카피의 마케팅적 본질을 설명하기 위해 오늘날에도 널리 쓰이는 정의다. "테스트를 거친 정확한 소구점의 산물"이라는 전략지향적 규정(Caples, 1957)과 "제품이나 서비스에 대하여 팔고, 설득하고 고객을 교육시키는 존재"라는 기능적 정의(Blake & Bly, 1988)도 있다. 심지어 디자인적 관점에 입각하여 광고카피를 언어적 그림(verbal image)이라 부르는 극단적 주장까지 있을 정도이다(이영희, 1999). 그러나 이처럼 다양한 해석에도 불구하고 광고카피가 고도의 정보처리과정을 거쳐 산출되는 복합적 커뮤니케이션 콘텐츠라는 점, 그리고 광고 메시지 수용자에게 특정 대상에 대한 믿음과 긍정적 태도를 만들어 마침내 행동을 이끌어내는 핵심

도구라는 점에 있어서는 공통된 합의가 존재한다(Wells, Burnett & Moriaty, 1992). 이 책은 이처럼 현대 소비자들의 태도와 행동에 막대한 영향을 미치는 것이 광고카피임에도 불구하고, 카피라이터들의 직접 경험을 통해 자료를 찾아내고 그것을 분석하여 카피의 본질과 탄생 과정을 살펴보는 연구가 매우 부족하다는 문제의식에서 출발했다.

국내외적으로 광고카피를 주제로 다룬 연구는 다양하다. 우리나라의 예를 들어보자. ≪광고연구≫, ≪광고학연구≫, ≪한국광고홍보학보≫ 등 대표적 광고 학술지 3종에 게재된 논문을 총괄해보면, ① 카피 레토릭, ② 언어학적 접근, ③ 카피효과, ④ 메시지 분석, ⑤ 카피에 사용된 외래어, ⑥ 광고 자막, ⑦ 카피라이팅 관련 제품 속성 효용가치 등의 주제로 연구가 진행되었음이 발견된다(김동규, 2006). 한편 광고카피와 수사학 연구의 세부 주제로는 헤드라인 유형 연구, 카피 산출과정에 관한 연구, 슬로건 연구, 수사법 분류 및 효과 연구 등이 활발한 것으로 분석된다(김병희, 2014). 우리나라는 명실공히 세계 10대 광고대국으로 꼽히는데, 이 같은 시장규모 확장과 산업구조 심화에 따라 광고 카피 연구의 가짓수와 종류가 증가하고 있음을 알 수 있다.

문제는 이상의 국내 연구나 그 밖의 해외 연구에서 출간된 책이나 논문에서 중요한 한계가 발견된다는 점이다. 즉 몇몇 자서전이 전기적 연구[1]를

1 전기적 연구는 포괄적인 역사 연구에 포함되지만, 연구자에게 진술되거나 기록물에서 발견되는 특정인의 삶과 경험에 초점을 맞춘다는 점에서 그 범위가 보다 미시적인 특징이 있다(Howell & Prevenier, 2001). 덴진(Denzin, 1989)은 전기적 연구를 "특정인 인생의 전환점을 기술하기 위해 삶의 기록물에 대하여 의도적으로 수집하고 해석학적(hermeneutical)으로 분석하는 방법"이라 설명한다.

제외하고는 대부분 연구들이 '만들어진 결과물'로서 카피를 대상으로 하는 연역적 분석에 치우쳐 있기 때문이다. 그에 반해 카피 메시지의 창조자 혹은 '커뮤니케이터(communicator)로서 카피라이터'의 경험을 정면으로 주목하고 그것에서 핵심 의미를 찾아내는 연구는 크게 부족하다는 것이다. 특히 '광고카피의 본질이 무엇이고 그것이 어떻게 발상되고 창조되는가'의 과정(process)에 대한 체계적 연구는 황무지에 가깝다 해도 과언이 아니다.

또 한 가지는 카피라이터(copywriter)란 전문 직업의 이름이 인구에 회자된 지 오래되었지만, 산업사회의 시인이라 불리는 이들 광고언어 창조자들이 구체적으로 어떤 존재이며 무슨 과업을 수행하는지에 대한 제대로 된 연구가 없다는 것이다. '그들은 어떤 개인적 배경을 보유하고 있는가?', '어떤 심리적, 행동적 특성을 지니고 있는가?', '어떤 환경에서 자신의 전문 직업을 실행하고 있는가?', '그리고 어떻게 자신의 실무적 지식과 노하우를 학습하고, 그렇게 학습된 지식을 어떻게 선후배 간에 이전, 공유하며 광고회사 조직 차원에서 활용하는가?'에 연관된 문제를 주목한 **내부자적 관점**(에믹, emic) 연구가 태부족하다는 뜻이다.

설득커뮤니케이션 도구로서 광고제작물을 구성하는 양대 요소는 카피(copy)와 비주얼(visual)이다. 이 가운데 비주얼 요소는 소비자 주의나 정서적 환기에서 상대적으로 큰 힘을 발휘한다. 하지만 수용자가 처한 환경, 개인적 취향 및 관심사 등의 중개 조건에 따라 메시지가 자의적으로 해석되는 한계가 뚜렷하다. 메사리스(Messaris, 1997)가 "시각적 이미지기호에는 의미적 불확정성이 존재한다"고 지적한 바로 그 대목이다. 미술관에서 동일한 화가의 그림을 보면서 각기 그 의미를 다르게 받아들이는 관람객들을 떠올려보라. 피카소가 그린 반추상 입체파 그림에서 어떤 이는 인생의 비애를 볼 수 있다. 하지만 또 다른 이는 사랑과 환희의 송가로 해석할 수 있는 것

에믹(emic)

문화기술지적 연구에서 처음 개척된 개념이다. 이는 특정 연구에 있어 관련된 개념, 범주, 자료 등을 연구가 주목하는 당사자 집단의 논리와 맥락 속에서 이해하고 해석하는 접근법이다. 우리말로는 보통 '내부자적 관점'이라 번역된다.
이 개념은 원래 언어학자 케네스 파이크(Kenneth Pike)에 의해 개발되었는데, 'phonemic'의 끝 부분을 따왔다고 한다. 즉 특정 집단 구성원의 전통적이며 일상적인 음운체계를 그 '안에 속한 사람의' 관점에서 분석하는 접근법이었던 것이다. emic의 반대 개념이 에틱(etic, 외부자적 관점, 혹은 문화 일반적 접근)이다. 파이크는 '에믹'과 '에틱'의 구분을 언어뿐만 아니라 인간 행동의 구조를 연구하는 모든 학문에 일반화하려 시도했는데, 문화인류학계에서 이 개념을 적극 수용하였고 이후 다양한 질적 연구에서 일반화된 개념이 되었다.
우리는 이 책에서 emic 혹은 내부자적 관점이라는 표현을 자주 발견하게 될 것인데, 그것은 이 관점이 『광고카피의 탄생』 서술 전체를 관통하는 핵심 원칙이기 때문이다. 한마디로, 현업 카피라이터들의 직접적 경험 자료를 그가 자리 잡고 있는 '내부자적 입장'에서 일관되게 수집, 분석, 통합한 결과물이 바로 이 책인 것이다.

이다. 이에 비해 언어기호로서의 카피는 훨씬 명시적이고 지시적이다. 이른바 메시지의 의미 정박(意味碇泊, anchoring) 측면에서 보다 강하고 뚜렷한 힘을 지니고 있는 것이다. 일찍이 광고 잠언가 스테빈스(Stebbins, 1957)가 카피를 일러 "광고의 척추"라 부른 이유가 여기에 있다.

광고카피가 대중문화와 소비심리에 중요한 영향을 미친다는 지적은 어제 오늘의 일이 아니다. 소비자들은 기업에서 내놓은 딱딱한 마케팅 조사 보고서를 읽고 제품에 대한 태도를 바꾸지 않는다. 광고에 표현된 비주얼이 아무리 충격적이고 유머러스하다 해도 그것만으로 구매행동 결심을 이끌어내기는 어렵다. 제품에 대한 신뢰를 주고 소비자 욕구에 대한 확고한 충족 약속을 하는 것은 어디까지나 언어를 통해 구체화된 카피 메시지다. 광고카피가 잘못되고 목표 달성에 성공한 광고는 없다 해도 과언이 아닌 것이다. 오죽하면 세계적 생활용품 회사 프록터앤드갬블 회장이 다음과 같은 말을 던졌겠는가. "나는 지난 25년간 탁월한 광고카피가 얼마나 우리 브랜드를 성장시키는가의 관계를 살펴왔다. 둘 사이의 상관관계는 25%도 아니요, 50%도 아니다. 바로 100%다"(Russell & Lane, 1996).

광고카피가 이처럼 대중문화, 소비자 심리, 광고적 설득에 핵심적 영향을 미치는 사회적 정보 상품(social information products)임을 감안할 때, 국내외를 막론하고 그것을 만드는 카피라이터들의 특성 및 카피의 본질 그리고 창조 과정에 대한 연구가 부족하다는 것은 학술적, 실무적 측면에서 중요한 문제점이 아닐 수 없다.

지금까지 국내외 카피라이팅 관련 연구에서 내부자적 연구가 부진했던 것에는 두 가지 이유가 있다. 첫 번째는 내용적 차원인데, 카피라이팅 현상이 과학적 분석의 대상이 아니라 메시지를 만드는 카피라이터 개인의 체험적, 주관적 영역에 속해 있는 것으로 간주되었기 때문이다. 두 번째는 방법론적 차원인데, 지금까지 연구의 대세를 점해온 계량적 분석으로는 카피라이터 특성과 카피 창조 및 활용의 전모를 타당도 높게 파악하기 어려웠기 때문이다.

이 책 『광고카피의 탄생』은 광고카피라이팅 현상의 총체적 이해를 위해서는 효과연구로 대표되는 논리실증적 접근이 중요하지만, 언어 콘텐츠 산출 주체의 특성과 경험을 내부자적 관점에서 분석함으로써 현상을 규명하는 접근이 함께 필요하다는 관점에 기초하고 있다. 이 같은 인식 아래 필자는 방법론과 내용적 측면 모두에서 보다 폭넓고 새로운 접근 방법을 택하였다. 광범위한 문헌분석 결과를 인지적, 태도적, 경험적 차원에서의 카피라이터 실제적 경험과 견고하게 결합시키고자 한 것이다. 이를 통해 광고 언어 창조자로서 카피라이터가 어떠한 존재이며 그들의 콘텐츠 산출은 어떤 특성을 지니고 있는가를 면밀히게 고찰하였다.

이 책의 저술 목표를 정리해보자면 다음과 같다. 첫째, 언어 메시지 산출 주체로서 카피라이터의 실체를 밝혀내는 일이다. 둘째, 카피라이팅 관련 지식의 본질을 드러내는 것이다. 셋째, 광고카피 창출 과정의 실체를 밝혀낸 다음 그것을 종합적으로 이론화시키는 것이다. 한마디로 지금까지 학술적 조명에서 멀찌감치 벗어나 있던 광고계 현업 카피라이터들의 내면 체험과 그들의 카피 산출 과정을 체계화(systematize)시킴으로써 '광고카피 탄생의 총체적 전모'를 제시하는 것이 이 책의 지향점인 것이다. 이 같은 목표를 달성하기 위해 필자는 '마법의 언어'라 불리는 카피를 창조하는 프로페셔널들이 선유적 배경 요인(back ground), 업무 환경, 내적 인지체계, 태도 및 행동적 차원에서 어떤 특성을 지니고 있는가를 체계적으로 살펴보았다. 나아가 카피라이터 역할 및 기능의 변천, 고용 및 업무 환경 특성, 조직문화 특성 및 그것이 미치는 영향, 협업 파트너들의 특성 및 사회적 상호관계에 대한 개념을 정립하였다.

다음으로 이들이 지닌 카피라이팅 관련 지식의 본질은 무엇이며, 그것이 어떠한 체험을 통해 마음속에 내재화되어 사용되는가를 고찰하였다. 즉 카피라이터들은 스스로 업무의 도구이자 무기로 사용되는 실무적 지식을 어떻게 획득하고 체화(體化)시키는가 그리고 그 같은 지식은 어떻게 후배 카피라이터에게 이전되며 광고회사 조직 차원에서 공유 활용되는가의 실체를 밝혀내고자 했다. 마지막으로는 광고카피가 여하한 세부 단계를 거쳐 준비, 발상, 구체화되며 어떤 환경적 영향 요인 아래 최종적으로 완성되는가의 과정을 패턴화시켜 제시하였다. 이 주제와 긴밀히 맞물려 있는 것이 격렬한 사회적 상호작용 결과물인 카피 산출에 있어 누가, 언제, 어떻게 게이트키퍼(gate keeper) 역할을 수행하는가에 대한 분석과 카피라이팅의 유형은 어떻게 분류될 수 있는가에 대한 모색이었다. 이 책을 쓰기 위해 필자는 광범위한 문헌연구, 광고제작 현장에 대한 참여관찰 그리고 우리나라 광고대행사에서 근무하는 총 21명의 현업 카피라이터와 카피라이터 출신 크리에이티브 디렉터(Creative Director)에 대한 심층 인터뷰를 실시하였다. 이러한 절차를 통해 수집된 자료를 질적 연구의 일환인 근거이론 방법론을 통해 분석하고 실체를 이론화하였다. 참여관찰의 대상이 되었고 심층 인터뷰에 참여하여 자신의 경험을 속속들이 들려준 카피라이터들은 성별과 나이, 회사 소재지, 회사 규모, 직위와 경력 등에서 이론적 관련성과 차이점을 동시에 고려하여 선택되었는데, 그들의 면모는 참으로 다양하고 입체적이었다.

2. 이 책은 어떻게 쓰여졌는가?

1) 서술의 3가지 특징

(1) 개인 경험을 구조적으로 분석하기

이 책은 카피라이터들의 개인 경험에 대한 질적 해석을 시도하였다. 사회과학연구에서 질적 접근은 존재론(ontology), 인식론(epistemology), 방법론(methodology) 차원에서 논리실증주의적 접근과 뚜렷한 차별점을 지닌다(Burrel & Morgan, 1979). 카피라이터 본질 및 카피 지식 실체 그리고 카피 창출과정의 전모를 밝히려는 이 책에서도 마찬가지다.

필자는 우선적으로 이론적 민감성[2] 확보에 주력하였다. 나아가 현장 수집 자료를 바탕으로 카피라이터들이 스스로 직면한 세계를 어떻게 경험하고 이해하는가의 과정을 최대한 상세히 설명하였다. 그리고 필자가 의도적으로 만들어낸 환경이 아니라 실제 현실에서의 자연적 환경을 통해 주제를 탐구하였다(Spradley, 1979). 연구 진행 세부 절차에 있어서는 선형적(linear)이기보다는 유연한 순환 구조 아래 분석을 실행하고자 했다(Morse, 2000). 마지막으로 이상의 과정을 거쳐 도출된 개념·변인·범주를 통합하여, 만화경(萬華鏡, kaleidoscope)을 펼쳐보이듯 카피라이터 본질과 카피라이팅 지식 및 창조과정의 총체적 면모를 제시하고자 했다.

이 책이 질적 접근을 방법론으로 선택한 이유는 다음과 같이 설명된다. 첫째, 카피라이터들의 겪는 심리적·행동적 상황 자체가 매우 비획일적이며 주관적 방식으로 이뤄지기 때문이다. 둘째, 광고카피에 관련된 지식 형성·획득·이전·공유 그리고 구체적 결과물 산출 자체가 개인의 능동적 경험에 속하기 때문이다. 셋째, 카피라이팅 현상에 내재된 다양한 내외적 요

2 이론적 민감성((theoretical sensitivity)이란 수집된 자료 속에서 상대적 중요성을 파악한 다음 그것에 의미를 부여할 수 있는 개인적 자질로 정의된다(Glaser, 1978). 이 개념은 질적 연구에 있어 방대한 자료의 숲 속에서 길을 잃지 않고, 주제와 밀접한 관련 있는 것을 골라낸 다음 그것을 밀도 있게 통합시키는 바탕이 된다. 이를 통하여 연구자는 특정 주제에 관련되어 그가 직면하는 상황을 전체적으로 조망할 수 있으며, 새로운 시각으로 수집 자료를 고찰하고 잠재 자료를 보다 잘 발견할 수 있게 된다. 근거이론 연구방법론을 집대성한 스트라우스와 코빈(Strauss & Corbin, 1990)은 이론적 민감성을 획득하는 바탕으로 3가지를 제시한다. 즉 ① 학술적, 비학술적 문헌(literlature), ② 전문적 경험(professional experience), ③ 연구대상 현상에 대한 개인적 체험(personal experience)이 그것이다. 특히 중요한 것은 "해당 분야와 관련된" 개인적 배경인데 이것이야말로 자료 속에서 특정 대상을 취사선택하는 필터 역할을 하기 때문이라고 두 사람은 설명한다.

인 규명과 관계 파악이 기존의 양적 연구 방식으로는 어렵기 때문이었다.

(2) 다면적으로 수집된 경험 자료를 분석하기

이 책은 자료 수집 및 분석, 해석, 기술(記述) 과정에서 타당도를 높이기 위해 삼각측정(triangulation)[3]을 실행하였다. 질적 연구에 있어 삼각측정은 일반적으로 자료, 연구자, 연구방법, 이론적 차원에서 이뤄진다(Creswell, 1994). 필자는 이 가운데 특히 자료수집과 연구방법에 주안점을 두었다. 그 내용을 구체적으로 설명하면 다음과 같다.

먼저 자료 수집에 있어서는 ① 국내외의 카피라이팅·카피라이터 관련 서적 및 논문, 신문잡지 기사, 관련 보고서 등 각종 문헌자료, ② 광고제작 현장에서 수집한 스토리보드, 인쇄광고 시안, 러프카피, 완성카피 등 실체적 자료, ③ 카피라이팅에 관련된 비디오 자료와 참여관찰 기록, 심층 인터뷰 녹취록 등에 걸쳐 최대한 다양한 방법을 활용하였다.

다음으로 연구 방법론 측면에서는 ① 문헌연구, ② 카피 산출 현장에 대한 참여관찰, ③ 핵심 자료 수집 도구로서 현업 카피라이터들에 대한 심층 인터뷰 등을 복합적으로 실행했다.

(3) 이론적 표집과 내부자적 접근하기

심층 인터뷰 대상자를 선정하기 위하여 이론적 표집(theoretical sampling)을

3 캠벨과 피스크(Campbell & Fiske, 1959)가 처음 제안한 개념. 특정 주제를 규명하기 위해 각기 다른 자료 수집 방법 또는 연구 방법을 사용하는 것을 말한다. 삼각연구 혹은 다각화라고도 부르는데, 즉 자료 출처와 연구방법 등을 다양화시킴으로써 연구결과의 타당도와 신뢰도를 높이는 방법이라 할 수 있다.

택하였다. 패튼(Patton, 1990)은 질적 연구의 대표적 표집 방법으로서 이론적 표집을 설명하면서 중요성의 빈도(frequency of importance)를 강조한다. 한마디로 연구 주제에 대한 핵심 정보 획득이 가능한 풍성한 정보 사례(Information-rich case)를 대상으로 표집이 이뤄진다는 것이다. 질적 연구의 표본 규모가 양적연구에 비해 상대적으로 작은 이유가 여기에 있다.[4] 이 책을 완성하기까지 우리나라 광고계 현업에 근무 중인 사원에서 이사급까지의 카피라이터 및 카피라이터 출신 크리에이티브 디렉터 총 21명(이 가운데 2명은 각 2회씩 인터뷰)에 대한 심층 인터뷰를 실시했다.[5] 또한 필자 스스로가 광고대행사 제작팀의 일원이 되어 16일 동안 참여관찰을 실시하면서 카피라이팅 현장에 대한 생생한 자료를 수집하였다.

이 책에서 사용한 표집의 특징을 설명하면 다음과 같다. 첫째, 서술의 주제 규모가 크며 자료수집 및 분석방법이 다양하다는 것이다. 이에 따라 카피라이터 실체와 광고카피 창조라는 분석 대상 현상에 대한 포화[6] 발생

---

4 예를 들어 푸르니에(Fournier, 1998)의 경우 "소비자와 브랜드 관계" 주제 연구에서 단 3명만을 표집하여 논문을 완료하였다.

5 카피라이터 특성, 관련 지식 속성, 카피 산출의 세부 과정에는 개인적 체험, 취향, 소속 조직의 문화적 특수성 등 다양한 요인이 작용한다. 이 책에서는 그 같은 복합 요인을 타당도 높게 도출하기 위해 ① 성별, ② 경력 정도, ③ 직위, ④ 회사 소속 지역, ⑤ 조직 규모의 5가지 기준을 통해 심층 인터뷰 대상자를 선택하였다. 소속 지역은 서울과 지역으로 구분하고, 조직 규모는 대형, 중형, 소형 광고회사로 구분했다. 취급고 기준으로 대형 광고회사는 순위 10위권 이내, 중형 광고회사는 순위 11~30위권으로 적용하였다. 그 이하 순위는 서울과 지방 관계없이 일괄적으로 소형 광고회사로 분류하였다.

6 스트라우스와 코빈(Strauss & Corbin, 1998)은 포화(saturation) 개념을 더 이상 새로운 속성, 차원, 조건, 작용·상호작용, 결과가 자료 안에서 발견되지 않는 상태로 설명한다. 일반적으로 포화 시점 판단은 "연구 현상에 관련된 추가 자료 수집이 소모적

그림 1 이 책 구성의 세 가지 특징

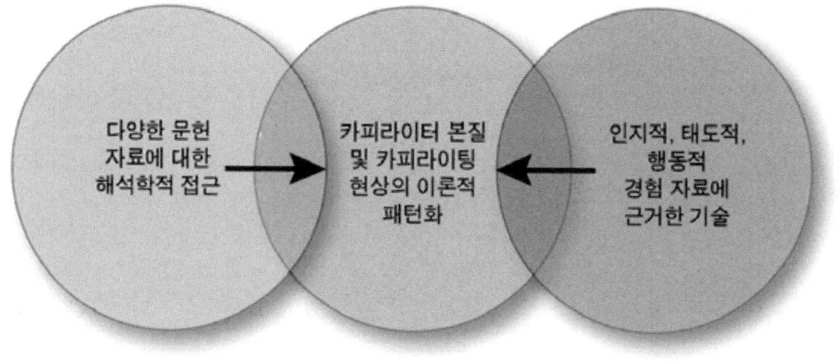

이 장기간에 걸쳐 이뤄졌다. 두 번째로 도출 사실의 반복·확장을 위한 표본 간 유사성과, 포괄적 적용가능성을 전제로 하는 표본 간 차이점을 동시에 확보하기 위해 노력했다는 점이다(Eisenhardt, 1988). 셋째, 내부자적 관점(emic)의 유지를 지속적으로 견지했다는 것이다.

2) 책의 구성

이 책은 다음의 세 가지를 기준으로 구성되었다. 즉 ① 카피라이터와 카피라이팅에 관련된 광범위한 기존 문헌 및 수집 자료에 대한 해석학적 접근, ② 현업 카피라이터들에게서 직접 수집한 인지적, 태도적, 행동적 차원의 경험 자료에 근거한 기술, ③ 선행하는 양대 조건을 결합한 카피라이터

이며 비효율적이어서 오히려 역효과를 나타내는 시점"을 기준으로 하게 된다.

본질 및 카피라이팅 현상의 이론적 패턴화가 그것이다. 이를 개념적으로 축약한 내용이 〈그림 1〉에 나와 있다.

3. 연구의 방법은 어떠했는가?

1) 문헌연구

문헌연구는 이 책의 모든 장에서 공통적으로 활용되었다. 먼저 제1장과 제2장의 주제를 고찰하기 위해 고대에서부터 현대에 이르기까지 카피라이팅 혹은 카피라이터 역사를 종단적(longitudinal) 관점에서 수집, 분석했다. 이 같은 고찰 내용은 제1장에서는 직접 인용 및 해설에 활용되었고, 제2장에서는 주로 현업 카피라이터 경험에 대한 비교 준거로 활용되었다. 수집된 문헌의 분석을 위해서는 역사적 연구, 전기적 연구, 사례연구 방법이 채용되었다. 여기서 역사적 연구는 역사적 사건과 이슈에 관련된 통시적(通時的), 비판적 접근을 바탕으로 현상 사이의 관계를 도출하는 방법론이다. 즉 이 책이 주목하는 인물들과 관련된 특정 사건과 쟁점들이 어떻게 발현하여 진행되었는가를 분석하여 오늘날의 인물, 제도, 경향을 고찰하고 이해하는 접근이다(Howell & Prevenier, 2001).

다음으로 전기적 연구는 포괄적 의미의 역사적 연구에 포함된다. 그러나 특정 사료에서 나타난 개인 삶의 흐름에 포커스를 맞춘다는 특징이 있다. 따라서 연구 범위가 상대적으로 미시적인데, 쉽게 말해 특정인의 삶을 추적하기 위한 목적으로 개인적 기록물을 수집하고 분석하는 것을 의미한다(Denzin, 1989). 마지막으로 사례연구 방법론은 특정한 연구적 목적과 관심에 따라 구체적 사례나 사건을 심층적으로 연구하는 질적 접근의 일종이다(Yin, 1989).

필자는 광의의 관점에서 광고사 혹은 광고 카피라이팅사(史)를 고찰하고, 협의의 관점에서는 카피라이터 개인 역사를 추적하기 위해 서구와 일본, 우리나라를 통괄하는 관련 서적을 분석하였다. 서구의 경우 1874년 헨리 샘슨(Henry Sampson)이 쓴 『광고의 역사(A History of Advertising)』가 가장 고전적인 책이다. 해외 광고학계에서는 이 밖에도 특정 역사 시기별 광고 흐름을 주목한 책[7], 광고사진[8]이나 TV광고[9] 광고 비주얼[10]같은 개별 매체 역사를 다룬 책, 과장광고[11], 성적(erotic) 소구 등의 특정 세부 주제를 다룬 책[12], 문화사적 관점의 접근[13], 광고언어[14], 개별 광고회사 역사[15] 등 매우 다양한

---

7 마천드(Marchand, 1985)의 *Advertising The American Dream: Making Way for Modernity, 1920~1940*가 대표적 연구 저술이다.

8 소비체크(Sobieszek, 1988)가 지은 *The Art of Persuasion: History of Advertising Photography*가 이 분야의 독보적 저술로 평가된다.

9 스위니(Sweeney, 1973)의 *Coming Next Week: A Pictorial History of Film Advertising*이 대표적이다.

10 보가트(Bogart, 1995)의 *Artists, Advertising and the Borders of Art*를 들 수 있다.

11 프레스톤(Preston, 1997)의 *The Great American Blow-Up: Puffery in Advertising and Selling*이 주요한 연구서다.

12 라이케르트(Reichert, 2003)의 *The Erotic History of Advertising*를 참조했다.

13 시불카(Sivulka, 1998)의 *Soap, Sex, and Cigarettes: A Cultural History of American Advertising*, Lears(1995)의 *Fables of Abundance: A Cultural History of Advertising in America*가 핵심 연구 저술로 평가받고 있다.

14 기징거(Gieszinger, 2006)의 *The History of Advertising Language: The Advertisements in The Times From 1788 to 1996*가 중요한 연구 성과라고 할 수 있다.

15 1939년에 나온 Hower의 *The History of an Advertising Agency: N. W. Ayer & Son at Work, 1869~1939*가 해당 주제 연구의 효시를 이룬다.

주제 영역에서 광고사를 세밀하게 분석하는 저술이 출간되고 있다. 심지어 코카콜라[16], 할리 데이비드슨[17] 해서웨이 셔츠[18] 같은 특정 개별 브랜드의 역사를 조명한 저술까지 있을 정도다.

우리나라의 경우는 어떠한가. 우선 신인섭과 서범석(1998)이 한국 광고 역사를 다룬 선구적 저술을 내놓았지만, 분석 범위의 제한성으로 인해 이 책의 주제와 접맥되지 않는 문제점이 있다. 미국을 중심으로 한 현대 광고의 전개를 종단적으로 접근한 책으로는 양정혜(2009)가 유일한데, 산업 혁명기에서 현대에 이르는 광고 역사를 분석하고 있다. 번역본으로는 폭스(Fox, 1997)[19], 하루야마 유키오(春山行夫, 1981)[20], 트위첼(Twitchell, 2000)[21], 턴게이트(Turngate, 2007)[22]의 책이 출간되어 있다. 여기서 폭스와 턴게이트는 19세기 중엽부터 20세기 말까지의 현대광고 크리에이티브를 중심으로 서술

---

16 베이어(Beyer, 2000)가 지은 *Coca-Cola Girls: An Advertising Art History*가 대표적이다.

17 볼퍼트(Bolfert, 2002)의 *100 Years of Harley-Davidson Advertising*이 그 같은 연구서이다.

18 마틴(Martin, 1998)의 *Hathaway Shirts: Their History, Design, and Advertising*이 대표적 저서이다.

19 Fox, S.(1997). *The Mirror Makers - A History of American Advertising & Its Creators*. 리대룡·차유철 공역 (2005). 『광고크리에이티브사』, 서울: 한경사.

20 春山行夫(1981). 西洋広告文化史. 강승구·김관규·신용삼 역(2009). 『서양광고문화사』. 서울: 한나래출판사.

21 Twitchell, J. B.(2000). *Twenty Ads that Shook The World: The Country's Most Groundbreaking Advertising and How It Changed Us All*. 김철호 역(2001). 『욕망, 광고, 소비의 문화사』. 서울:청년사.

22 Turngate, M.(2007). *ADLAND: A Global History of Advertising*. 노정휘 역 (2009). 『광고판: 세계 광고의 역사』. 서울: 이실MBA.

하고 있으며, 유키오는 고대에서부터 20세기 중엽까지를 고찰하는 것이 특징이다.

특히 필자는 제1장에 등장하는 전설적 카피라이터들의 개인사를 살펴보기 위해 카피라이터들의 자서전[클로드 홉킨스(Claud C. Hopkins, 1866~1932)의 『나의 광고 인생(My Life in Advertising)』, 어니스트 엘모 컬킨스(Earnest Elmo Calkins, 1868~1964)의 『더 크게 말해주세요.(Louder Please! The Autobiography of a Deaf Man, and Hearing not: Annals of an Adman)』, 데이비드 오길비(David Ogilvy, 1911~1999)의 『피와 뇌, 그리고 맥주: 데이비드 오길비 자서전(Blood, Brains, and Beer: An Autobiography of David Oglivy)』, 제임스 웹 영(James Web Young, 1886~1973)의 『한 광고인의 일기(The Diary of an Ad Man)』]을 분석했으며, 그 밖의 카피라이터 전기 및 인터뷰[Applegate(ed.), 1994; Higgins, 1986; Levenson, 1987; White, 1977] 등의 문헌 연구를 폭넓게 실행하였다.

제3장 '카피라이터들의 무기, 지식'에서는 카피라이팅 지식과 관련된 다양한 주변 학문 영역의 저술과 논문이 분석되었다. 첫 번째가 지식의 속성에 대한 선행이론이다. 특히 통시적 관점에서 지식 속성의 변화 과정을 주목한 문헌을 살펴봤는데 고대 그리스의 인식론 논쟁에서부터 현대 정보학, 지식경영 분야에 이르기까지 광범위한 내용이었다.

필자가 주목한 것은 역시, 이 같은 기존 지식 연구의 성과를 '카피라이팅 지식의 본질 이해'에 어떻게 활용될 수 있을까의 문제였다. 21세기는 지식의 축적, 보관, 전달과 관련되어 클라우드 컴퓨팅과 위키피디아(wikipedia) 등이 대변하는바, 전통적 의미에서 지식의 탈개인화가 급속히 진행되고 있는데 이러한 조류가 개별 광고카피라이터의 실무 지식 획득과 활용에 미치는 영향이 특히 관심의 대상이었다.

두 번째는 지식 형태의 분류에 관한 기존 연구들이었다. 카피라이팅 지식의 실체를 정교하게 이해하기 위해서는 지식의 구성 요소를 세분화할 수 있는 상호배제적이며 차별적 기준이 필요하기 때문이다. 이 중에서 가장 의미심장한 연구는 두 가지였다. 폴라니(Polanyi, 1966)가 최초로 제기한 이후 후속 연구를 통해 정교화된 형식지와 암묵지의 분류 그리고 아리스토텔레스가 제시한 프락시스와 테크네의 분류가 그것이다.

세 번째로 지식의 이전, 공유, 활용에 대한 선행연구를 분석하였는데, 지식 이전 연구가 가장 활발히 진행되는 지식경영(knowledge management) 그리고 교육학 분야에서 제출된 연구가 중심이 되었다. 이들 연구는 카피라이팅 지식의 실체를 구성하는 다양한 내적 변인·외생 변인 분석에 주요한 가이드라인을 제공하였다.

제4장과 제5장의 주제에 관련된 문헌연구는 통합적으로 이뤄졌다. 국내외 카피라이팅 주제 논문과 함께 복수의 카피라이팅 관련 전문서(김동규, 2003; 김동규, 2013; 김병희, 2007; 김병희, 2012; 김태형, 1995; 신인섭, 1980; 이낙운, 1992; 이인구, 2002; 이희복, 2008; 이희복, 2013; 조병량 외, 2010; 천현숙, 2010; 西尾忠久, 1983; 植條則夫, 1988; Barton, 1995; Blake & Bly, 1998; Bly, 1985; Bowdery, 2008; Burton, 1999; Caples, 1957; Felton, 1994; Gabay, 2000; Gettins, 2005; Herzbrun, 1997; Higgins, 1986; Hopkins, 1997; Levenson, 1987; Maslen, 2007; Meeske, 1998; Miller, 2014; Ogilvy, 1980; Ogilvy, 1983; 1988; Orlink, 2004; Stebbins, 1957; Sugarman, 2012; Valladares, 2000; Wimbs, 1999; Young, 1990)가 분석되었다.

문헌의 주제를 살펴보자면 첫 번째가 카피라이팅 단계 이론이다. 이들 이론들은 카피라이팅에 있어 수집된 다양한 자료들이 최종적으로 언어기호화되는 과정에 대한 실무 차원의 근거를 제공하는 점에서 의미가 크다.

두 번째가 메시지 산출에 관련된 이론이다. 이는 다시 두 개의 하위 이론으로 나눠지는데, 먼저 살펴본 것은 '카피깔대기모델'이었다(김동규,

2003). 다음으로 살펴본 것이 언어메시지 생성이 산출(발신 행위 전에 메시지를 계획, 조직, 생산하는 것)과 표출(언어 등의 기호를 사용하여 실제로 표현하는 것)의 2단계로 이뤄진다고 보는 메시지 행위 관점이었다. 이들 이론은 광고카피 산출을 위해 브랜드 관련 정보들이 여하한 취사, 선택, 여과 과정을 거치는가를 이해하는 시사점을 제공해준다.

세 번째는 승낙획득전략[23]에 대한 이해다. 이 책에서는 승낙획득전략이 무엇이며 그것은 어떠한 유형으로 분류될 수 있는가? 그리고 장차 카피라이팅 과정 분석에 어떻게 활용될 수 있는가의 근거를 상세히 고찰하게 된다.

제6장 '카피라이팅 통제와 카피 산출유형'에서는 게이트키핑 이론과 커뮤니케이터 유형이론이 집중적으로 조명된다. 일반적으로 뉴스보도 연구에서 통제(control) 개념은 언론보도문 작성에 있어 조직 내외부에서의 간섭과 제한을 설명하는 데 활용되어왔다. 그 대표적인 이론이 뉴스콘텐츠 결정에 영향을 미치는 다양한 변인들의 기능과 역할을 설명해주는 게이트키핑(gatekeeping) 이론이다. 이 책과 관련하여 게이트키핑은 광고카피가 산출되는 세부 과정에서 작용하는 다양한 통제 요인을 이해하고 분석하는 데 기준점을 제시해주었다.

카피라이팅 유형 분류와 관련해서는 성격 유형 연구가 주목된다. 이 책

23 승낙획득전략(compliance gaining strategy)은 이 책에서 자주 등장하는 개념이다. 대인간 설득커뮤니케이션(inter-personal persuasive communication) 과정에서 상대방이 자신의 의견에 따라 행동하도록 승낙을 얻어내는 도구적 방법론이다. 휠리스, 바라클로와 스튜어트(Wheeless, Barraclough & Stewart,1983)는 승낙획득전략을 "자기가 원하는 행위를 상대방으로부터 이끌어내기 위해 행하는 커뮤니케이션"으로 규정한다.

에서는 주로 성향이론, 수사적민감성이론, 커뮤니케이터스타일이론 등에 대한 선행연구를 살펴보았다.

2) 참여관찰

두 번째 사용된 연구방법은 참여관찰(Participant Observation)이었다. 사회과학 연구에서 참여관찰은 일반적으로 연구 대상 현상에 대한 생생한 인상(impression)을 얻고, 사람들이 특정 상황 속에서 타인들과 어떻게 상호 관계를 구축하는가를 발견하기 위해 실행된다(Morrison et al., 2002).

필자가 참여관찰 방법을 택한 이유도 마찬가지다. 공공지향적(public)인 뉴스 콘텐츠 생산자와 순수 문학가의 중간적 위치에서 상업적 크리에이티브를 만들어내는 카피라이터의 독특한 내부적 경험을, 광고회사라는 사회적 맥락(social context) 속에서 살펴보고자 한 것이다.

(1) 연구 대상 선정 및 현장 접근

참여관찰 대상은 광고대행사 O사였다. 서울시 강남구에 위치한 O사는 참여관찰 시점 기준으로 설립 16년 차였으며 광고대행사 취급고 순위 30위권 내외를 기록 중이다. 회사의 조직 구성을 살펴보면 2개실로 구성된 전략기획(AE)팀, 1개실(2Cell[24])로 구성된 광고제작(creative)팀, 마케팅전략실 1실, 매체국 1국, 경영지원실 1실로 되어 있다.

24 셀(Cell)이란 한 명의 크리에이티브 디렉터 아래 2, 3개 정도로 구성된 크리에이티브 소집단 단위를 뜻한다. 셀장(長) 한 명에 카피라이터/아트디렉터 서너 명이 소속되는 것이 보통이다.

주요 참여관찰 대상자는 경력 5년 차의 카피라이터 2명으로, 각각 광고제작팀의 1셀과 2셀에 소속되어 있었다. 그 밖의 관찰대상자는 광고제작팀의 기타 소속원(총 6명)으로 직능은 다음과 같았다(괄호 안은 인원수). 크리에이티브 디렉터(1), 아트디렉터(4), CM플래너(1). 보조적 관찰 대상으로는 제작팀과 밀접한 상호작용을 하는 전략기획실 소속 AE(총 14명)를 선정했다.

필자가 참여관찰 대상으로 O사 소속 카피라이터와 제작팀원을 선택한 것은 두 가지 이유가 있다. 우선 이 회사는 필자가 과거에 직접 근무했던 곳으로 참여관찰 연구의 일차 과제인 관찰 대상자와의 라포(친근관계, rapport)[25] 및 신뢰감 형성에 유리했기 때문이다. 테일러와 보그던(Taylor & Bogdan, 1998)은 참여관찰에서 라포 형성을 위해서는 첫째, 공동의 관심사를 가질 것. 둘째, 서서히 관계를 시작할 것. 셋째, 적절하다면 공통의 사건이나 활동에 참여할 것. 넷째, 피관찰자의 일상적 일을 방해하지 말 것을 강조하고 있다. 필자는 이 지침에 따라 스스로의 역할을 사전에 명확히 설정하고 해당 계획을 광고제작 책임자인 크리에이티브 디렉터와 논의하고 합의하였다. 즉 콘셉트 메이킹(concept making)까지는 참여하되 카피라이팅 세부 과정에는 직접 참여하지 않고 관찰만 하는 것이 주요 내용이었다. 또한 관찰 대상자들에게 참여관찰의 성격을 설명하기는 하되 연구 절차에 대한

25 질적 연구를 위한 카운슬링, 심리테스트, 심층 인터뷰 등에서 상호 소통성 확보를 위한 핵심 전제조건이 되는 것으로, 연구자와 연구 참여자 사이의 친근한 관계 혹은 신뢰관계를 뜻한다. 단순히 형식적 접촉과 소통을 넘어 서로가 마음을 열어놓고 공감하며 감정 교류를 할 수 있는 관계가 되어야 비로소 "라포가 형성되었다"고 말할 수 있다.

상세한 설명은 생략하도록 했다.

O사를 선택한 두 번째 이유는 카피라이팅 세부 작업 단계와 통제 요인을 발견하기 위해서는 '광고회사 규모의 적절성' 요인이 중요하기 때문이다. 크리에이티브 부티크(creative boutique)[26] 형태의 소규모 광고회사는 고정적 광고주가 드물고 제작 일정이 긴박하기 때문에 광고 제작의 세부 과정이 생략되어 진행되는 경우가 많다. 이에 따라 카피 산출 과정에 있어 각 세부 단계에 대한 일관된 관찰의 어려움이 있다. 반면에 소속 인원 100명 이상 대형 광고회사의 경우, 광고물 제작 과정에 필자가 입장하여 관찰 승인을 받는 것이 어렵다는 것이 일차적 문제점이었다. 무엇보다 조직이 크고 시스템이 세분화되어 있어 카피라이팅 세부 과정 및 조직 차원 게이트키핑에 대한 세심한 관찰이 어렵다는 것도 한계점이었다.

관찰 대상자들과의 접촉은 필자와 밀접한 라포가 있는 해당 회사 경영지원실장과 전 크리에이티브 디렉터의 소개를 받아 이루어졌는데, 참여관찰 허락을 얻어내기 위해 다음의 구체적 절차를 밟았다. 먼저 경영지원실장을 통해 참여관찰에 대한 회사 차원의 허락을 얻었다. 그리고 동일인의 소개를 받아, O사의 현 크리에이티브 디렉터 및 카피라이터 1인과 직접 전화를 통해 연구 개요를 설명하고 최종적 관찰 허락을 얻었다. 참여관찰 기간은 총 16일간으로 결정했다.

필자는 참여관찰 시작 시점에 본인의 신분을 밝히며 제작 고문의 자격

26 광고제작물 생산을 전문으로 하는 소규모 광고회사를 말한다. 일반적으로 아트디렉터, 카피라이터를 중심으로 구성되어 있으며 규모가 조금 큰 조직에는 AE가 소속된 경우도 있다. 주로 인쇄광고 캠페인 제작을 위주로 하는 경우가 많으며 TV광고 제작 기능과 매체대행은 하지 않는 것이 일반적이다.

으로 광고 프로젝트에 자연스럽게 참여하되, 객관성을 유지하는 관찰자적 참여자(participant as observer) 입장을 취하기로 했다. 주요 관찰 대상자인 카피라이터 1과 카피라이터 2는 참여관찰의 초점이 되었을 뿐 아니라, 관찰이 실행되는 동안 핵심적 협력자이자 지지자 역할을 맡아주었다. 관찰이 진행될수록 필자와 이들 카피라이터들 사이에 업무 수행 시 애로 사항, 아이디에이션 및 표현 방향에 대한 폭넓은 대화가 이뤄졌으며 서로 간에 심리적 유대관계가 강해졌다.

(2) 자료 수집

가. 관찰 자료의 기록

참여관찰은 현실 상황에 대한 직접적 자료 수집이기는 하지만 기록의 엄격성이 전제되어야 한다. 또한 관찰자 개입에서 생기는 편파 가능성 배제를 통한 신뢰도와 타당도 확보가 중요하다. 필자는 이 요건을 충족시키기 위해 연구 개시 전에 선행연구 숙독을 통해 참여관찰 세부 기법을 숙지했다. 나아가 자료 수집 도구(기록노트, 노트북컴퓨터, 디지털녹음기, 디지털카메라, 관찰 체크리스트)를 준비하고 활용에 대한 충분한 연습을 실시하였다.

자료 수집은 타당도를 높이기 위해 삼각측정 방식을 채택했다. 주요 수집 방법은 현장에 대한 직접 관찰과 카피라이터 2명에 대한 심층 인터뷰였고, 카피라이팅 세부 단계별로 산출된 카피 결과물에 대한 폭넓은 수집을 병행했다. 그밖에도 광고주에게 제시될 시안 및 스토리보드에 대한 사진 촬영, 동영상 자료 수집, 기타 문서로 작성된 보충 자료를 모았다. 다음으로 각종 회의 참석을 통해 광고대행사 제작팀 구성원 간의 상호작용적 관점에서 카피라이팅 과정을 관찰하여 그 내용을 텍스트화시켰다.

이상의 작업을 거쳐 자료 수집이 마무리된 후에는 수집된 자료를 영역별로 분류, 분석했다. 또한 필요성이 뒤늦게 발견된 보충 자료를 관찰 대상자와의 개별적 연락을 통해 추가로 수집했으며 수집된 모든 자료들 사이의 일치 여부를 확인, 검증했다. 관찰 내용의 충실한 기록을 위해 필자는 O사의 제작팀 사무실에 마련된 자리에 상주하며 사례로 선택한 광고 제작 건의 기획 및 제작회의에 풀타임(full time)으로 참여하였다. 주요 관찰 대상자 2인과 필자의 사전 친근 관계는 없었지만, 대상자들의 전 크리에이티브 디렉터와 필자가 O사에서 함께 근무했던 경험 때문에 그들과의 초기 라포 형성은 힘들지 않았다.

필자는 참여관찰 초기의 어색함을 극복하고 보다 깊은 친근 관계를 구축하기 위해 출퇴근 시간을 함께 하며 사례로 선택한 각종 회의에 적극적으로 참여했다. 또한 관찰 첫날부터 제작팀원들과 (아침을 제외한) 모든 식사와 회식을 함께 하는 등 비공식적 참여를 적극적으로 실행했다. 참여관찰 상황에 대한 필자의 적극적 참여는 관찰대상 카피라이터의 업무 수행은 물론, 그가 소속된 제작팀 구성원들 사이에 발생하는 상호작용 자료에 대한 수집을 용이하게 해주었다. 나아가 필자와 전체 제작팀원들 사이에 팀워크를 형성시킴으로써 관찰 환경과 맥락에 대한 보다 폭넓은 이해가 가능하도록 도와주었다.

나. 참여관찰 기간의 심층 인터뷰

참여관찰에서의 심층 인터뷰는 향후 실시될 21명 카피라이터들과 행할 본 심층 인터뷰의 예비적 성격을 띠고 있었다. 목적은 세 가지였는데 ① 인터뷰 주제 목록 결정, ② 인터뷰 방식 확정, ③ 인터뷰 가이드라인 작성이 그것이었다. 심층 인터뷰는 집중관찰이 마무리된 시점에 집중관찰 대상인 카피라이터 2명에 대하여 실행되었다. 인터뷰는 대상자들에게 여유 시간을 묻고 시간을 약속한 후 회사 내 회의실에서 이뤄졌다. 그 내용은 카피라이터들의 개인 정보, 근무 환경, 카피라이팅에 대한 경험과 인식, 직업과 업무에 대한 감정적 판단 내용, 카피를 만들기 위해 수행하는 구체적 행위에 대한 것이었다.

필자는 참여관찰 설계 단계에서부터 의도적으로 관찰 시점과 심층 인터뷰 시점을 분리했는데, 이는 카피라이팅 작업에 대한 집중관찰을 마무리한 후 그 결과 도출된 출현주제(emerging theme)를 기초로 인터뷰 지침서를 작성하는 순서를 밟았기 때문이다. 이에 따라 ① 카피라이팅 작업의 세부 진행 단계, ② 카피라이팅에 가해지는 통제 유형 및 방식, ③ 자기가 쓴 카피를 설득하는 방법, ④ 카피 발상 및 구체적 라이팅(writing) 기법, ⑤ 협력직종과의 상호작용적 관계 등 다섯 가지 주제를 확정했고 이렇게 분류된 인터뷰 영역을 중심으로 세부적 질문 항목을 작성했다.

다. 수집된 자료의 분석

A. 절차

참여관찰을 통해 수집된 자료 분석은 참여관찰 기간 중(퇴근 후) 일차적으로 진행되었다. 즉 서술관찰을 통해 기록된 내용을 읽어나가면서 매일 부분적 영역 분류를 실시했고 카피라이팅 과정과 통제 요인을 중심으로 집중적 정리를 해나갔다. 자료 정리를 통해 추가적으로 발견된 필요 내용에 대해서는 다시 현장에서 추가 관찰을 했으며, 이를 바탕으로 (참여관찰 기간 내의) 심층 인터뷰에 활용될 반구조적 질문지 작성을 수행했다.

수집된 자료에 대한 총괄적 분석은 모든 참여관찰 작업이 종료되고 현장에서 철수한 후 실시되었다. 먼저 노트북에 정리된 확장 설명, 일지, 분석 및 해석노트, 메모 등을 출력하여 반복적으로 읽었다. 집중 관찰 대상자에 대한 인터뷰 자료 역시 녹취 내용을 출력하여 숙독하는 과정을 밟았다. 이들 작업에서는 어휘, 문장, 상황 묘사 등을 자료의 기본 단위로 설정하여 내용을 한 줄씩 읽어나가면서, 의미 있는 내용에 밑줄을 긋고 개념으로 명명(命名)하는 근거이론의 '줄 단위 분석(line unit analysis)' 기법을 활용했다. 한편 분류 및 해석을 통해 의미 해석이 불분명하거나 부족한 자료는 관찰 대상자와의 직접 연락을 통해 보충한 다음 추가적으로 분석하도록 했다. 수집된 자료는 카피라이팅에 대한 인식, 카피라이팅 과정, 통제 요인, 설득전략 유형을 중심으로 영역별로 분류했는데 이 같은 작업 중에 카피라이팅 각 세부 단계와 제작회의의 연관성 그리고 카피라이팅 통제 요인의 작용이 유기적으로 결합되어 있음이 나타났다.

B. 분석 내용

이 책을 위한 참여관찰에서 발견된 주요 카테고리는 ① 카피라이팅 작업의 시계열적 단계, ② 카피라이팅에 대한 통제 요인, ③ 카피라이터의 승낙획득전략 구사의 세 가지였다. 각 카테고리별로 도출된 상세 내용은 제2부의 4장에서 설명될 것이다.

3) 심층 인터뷰

세 번째로 사용된 것이 심층 인터뷰(in-depth interview)로 이 책의 서술에 있어 가장 중요한 연구방법이었다. 질적 연구방법론을 집대성한 링컨과 구바(Lincoln & Guba, 1985)는 인터뷰를 '목적을 지닌 대화'라고 규정한다. 인터뷰 방식을 통한 자료수집 방법은 문제 해결과 가설 검증을 위해 연구대상 현상에 대한 특정 경험을 지닌 대상자에게서 의견을 얻어내고 그것을 확인하는 데 핵심적 도움을 준다. 이 가운데 특히 심층 인터뷰는 비구조적이며 회고적인 방식을 통해 특정 현상 및 경험에 대한 깊이 있는 이야기를 듣고, 그것을 사건 과정 속에서 정교하게 재구성하는 데 매우 유용한 방법이다 (Maykut, & Morehouse, 1994).

(1) 왜 심층 인터뷰를 실시했는가?

심층 인터뷰의 목적은 다음과 같았다. 첫째, 서울과 지역, 대형 광고회사와 중소형 광고회사, 남성과 여성, 현업 경력의 많고 적음 등 서로 조직문화가 상이하며 개인 특성이 차별화된 카피라이터들을 대상으로 그들의 직업 선택 동기, 고용 환경, 근무 조건, 카피라이터 역할 및 그에 대한 자기 인식, 교육 및 지식 이전 현황, 카피라이터를 중심으로 한 광고조직 내 각 직능의 사회적 상호작용 과정을 정교하게 밝혀내기 위해서였다.

둘째, 광고 설득의 핵심 도구로서 카피가 어떻게 발상되고 정교화되어 최종적 정보상품(completed information products)으로 탄생하는가의 세부 과정을 추적하기 위해서였다. 이를 위해서는 카피라이터들이 광고카피를 산출하기까지의 인지적, 태도적, 행동적 차원에서의 경험을 수집하여 이를 체계적으로 분석해야 한다. 앞에서 살펴보았듯 광고카피는 마케팅 목표 달성을 위한 도구이지만 단독으로만 소비자를 완전히 설득하기 어렵다. 인쇄광고에서는 비주얼 아이디어와 조화를 이루어야 하고, 전파광고에서는 동영상 및 오디오와 시너지를 일으켜야 한다. 즉 광고회사 조직 내의 다른 전문가들과 협업적 창조를 바탕으로 한다는 뜻이다. 이 책에서는 심층 인터뷰를 통해 카피라이터들의 이 같은 심층적 경험을 찾아낸 다음, 그것을 바탕으로 개념과 변인을 도출하고 이를 이론화시키고자 하였다.

셋째, 광고 제작물이 만들어지는 각 세부 단계에 조응하는 카피라이터의 과업이 구체적으로 무엇인가를 알기 위함이었다. 나아가 카피라이팅의 무기이자 도구가 되는 카피라이팅 지식의 개념과 특성은 무엇인가? 그러한 지식은 어떻게 획득되고 각 카피라이터 마음속에 내재화되는가? 그것은 어떤 절차와 과정을 통해 이전, 공유되고 조직 내에서 재활용, 진화되는가의 현상을 정교하게 고찰하기 위해 가장 타당한 방법이기 때문이었다.

넷째, 심층 인터뷰를 통해 카피 창조가 이뤄지는 조건과 맥락, 즉 카피라이팅 과업에 긍정적, 부정적 영향을 미치는 요인들에 대한 다양한 경험 자료를 수집하는 것이 중요한 목적이었다. 한마디로 카피라이터가 만든 카피 결과물에 대하여 누가, 언제, 어떤 방식으로 통제적 영향을 미치는가에 대한 것이다. 이를 찾아내기 위해 필자는 매스미디어 연구에서 발전된 게이트키핑 이론을 원용함으로써 카피라이팅에 영향을 미치는 통제 요인의 특성을 도출하고 이를 패턴화시켰다.

요약하자면 이 책에서는 심층 인터뷰에 응한 카피라이터들의 구체적 경험을 인지, 태도, 행동의 차원에서 분석하여 카피라이팅을 위해 수집된 자료들이 어떻게 선택, 조직, 배열, 기호화되어 최종 카피로 창출되는가의 과정을 분석하였다. 필자는 참여관찰과 선행연구 분석을 통해 아래의 7가지 연구 문제를 설정하였는데, 카피라이터들이 심층 인터뷰를 통해 들려주는 이들 문제에 대한 답변이 곧 2부 6개장에 걸친 핵심 내용이 되었다.

1. 카피라이터 직업의 변천과 그 역할은 무엇인가?
2. 카피라이터들의 선유적 배경, 자기 인식, 작업환경, 조직 내 사회적 상호작용은 어떠한가?
3. 카피라이팅에 관계된 지식의 본질은 무엇인가?
4. 카피라이팅 지식의 획득, 이전, 활용에 있어 카피라이터들은 어떤 경

험을 하는가?

5. 광고카피를 산출하기까지 경험하는 인지적, 태도적, 행동적 과정은 무엇인가?
6. 카피라이팅 과정에 영향을 미치는 핵심 통제 요인은 무엇인가?
7. 카피라이팅 과정은 어떻게 유형화될 수 있는가?

(2) 심층 인터뷰는 어떻게 진행되었는가?

가. 카피라이터 선정

질적 연구방법은 살아 있는 사람의 경험과 생각을 직접 수집, 분석하고 이해하는 것이다. 따라서 통상적인 양적 연구와 접근 방식, 철학, 방법론에서 큰 차이를 보인다(Patton, 1990). 쿠젤(Kuzel, 1992)은 질적 연구를 위한 자료 수집에 있어 다음의 다섯 가지 기준이 만족되어야 한다고 강조한다. ① 연구가 진행되는 동안 융통성 있는 방법을 택해야 한다, ② 자료 수집 단위의 연속적 선택과 변화를 시도해야 한다, ③ 구체화되는 이론적 발달에 따라 자료 생성을 유도해야 한다, ④ 포화(飽和, saturation)[27] 상태에 이를 때까지 계속해야 한다, ⑤ 메인 스트림(main stream)에 반대되거나 이탈적 성격의 자료를 찾아야 한다.

27 포화란 아무리 자료를 분석한다 해도 더 이상의 새로운 속성, 차원, 조건, 작용/상호작용, 결과가 근거 자료 안에서 발견되지 않는 상태를 의미한다. 그러나 이것이 계량적, 명시적 기준은 아니다. 스트라우스와 코빈(1998)은 이를 정도의 문제라 지적하는데, 즉 연구를 진행하면서 자료 수집과 분석에서 언제나 새로운 발견 사항이 나타날 잠재력이 존재한다는 의미로 해석된다. 이 책에서는 포화 시점의 발견 여부를 "저술을 위해 추가 자료를 수집하는 것이 오히려 역효과를 나타낼 수 있다 판단되는 시점의 도달"문제로 규정하고 이를 기준으로 판단하였다.

이 책에서는 필자의 현업 경험과 이론적 민감성을 바탕으로, 카피라이터 특성 및 광고언어 창조 현상을 이해하고 분석하는 데 가장 적합하다고 판단되는 표본들을 의도적으로 선택하였다. 이들은 광고카피 창조와 관련된 전형적 경험을 지니고 있으며 카피라이팅 현상에 대한 풍부한 정보 사례(Information-rich case)를 보유한 전문가들이었다.

이 책에서와 같이 특정 전문직의 내적 경험을 다루는 연구에서는 대상자 선정에서 상호 유사성과 차이점을 더불어 고려하는 것이 중요하다(Eisenhardt, 1988). 도출되는 잠정적 이론의 반복과 확장을 고려하여 각 참여자들 사이에 공통적으로 존재하는 유사성이 요구되기 때문이다. 또한 자료 수집 방법이 상이한 환경에서도 적용 가능한 이론이 개발되기 위해 참여자들의 속성과 경험 간의 차이점이 전제되어야 하기 때문이다(Kirk & Milller, 1986). 필자는 이 같은 타당도 높은 자료 수집 기준을 충족시키기 위해 동질적 집단과 이질적 집단을 함께 선정하는 데 노력하였다. 이에 따른 심층 인터뷰에서는 ① 카피라이터 성별 및 나이, ② 회사 소재지, ③ 회사 규모, ④ 직위, ⑤ 경력 정도의 다섯 가지 기준이 적용되었다.

먼저 경력 2년 차 이상 카피라이터로 대상을 한정하여 표본 간에 존재하는 직업적 경험 형태 동질성을 획득하였다. 다음으로 표본 간 이질성을 최대화시키기 위해 대형 광고회사, 중형, 소형 광고회사 소속 카피라이터로 속성을 차별화시켰다.[28] 마지막으로 지역적 차별성 요소를 고려하여 서울 소재 광고회사와 지역 광고회사 소속 카피라이터로 나누어 대상자를 선정

28 제일기획에서 출간한 『2013 광고연감』에 순위화된 광고회사별 취급액 순위를 기준점으로 업계 1~10위까지를 대형 광고회사, 11~30위까지를 중형 광고회사, 그 이하를 소형 광고회사로 분류하였다.

하였다. 심층 인터뷰 대상자는 21명(이 가운데 카피라이터 1과 카피라이터 10은 각 2회씩 인터뷰하였으므로 총 23회의 심층 인터뷰 실시)이었는데, 서울 소재 대형 광고회사 소속(10명), 서울 소재 중형 광고회사 소속(6명), 지역 소재 소형 광고회사 소속(4명), 크리에이티브 부티크 소속(1명)으로 구성되었다. 성별에서는 남자가 10명, 여자 11명이었다. 광고업계에서 쌓은 경력 차원에서 보자면 2년 차가 3명, 4~10년 차가 13명, 11~20년 차가 5명이었다.

이들의 연령 분포는 (인터뷰 시점 기준) 최소 26세에서 최고 48세까지였는데 20대가 5명, 30대가 12명, 40대가 4명이었다. 학력은 4년제 대학 졸업이 18명, 대학원 석사 졸업이 2명으로 나타났다. 특기할 것은 '카피라이팅 지식'을 다루는 제3장의 심층 인터뷰에서 인터뷰 대상을 두 가지 유형으로 구분하였다는 점이다. 1유형은 카피라이팅 지식을 제공하는 상위 직급 카피라이터군(群)이었고(카피라이터 2, 카피라이터 10, 카피라이터 18), 2유형은 지식을 수혜받는 하위 직급 카피라이터군이었다(카피라이터 3, 카피라이터 11, 카피라이터 19).[29] 각 유형에 속한 연구 참여자는 인터뷰 시점 현재 같은 회사에서 지식제공자와 수혜자 형태로 짝(pair)을 이루는 것을 기본 조건으로 했다. 1유형은 최소 7년 이상 현업 경험을 지닌 카피라이터로 제한했고, 2유형은 현업 경력 2년 차까지의 카피라이터로 제한했다.

인터뷰가 진행되면서 추가적으로 카피라이터 출신 크리에이티브 디렉

---

29 해당 유형에 속한 카피라이터들은 모두 경력 2년 미만에 속하는 신입 카피라이터로서, 카피 산출 과정에 대한 패턴화된 경험이나 유형이 아직 구축되지 못한 것으로 판단되었다. 이에 따라 주로 제2장과 3장에 있어 이들의 경험 자료가 활용되었다. 반면에 제4장, 제5장, 제6장에서는 배타적이고 유의미한 경험 자료를 얻기 어려운 특징이 나타났다. 제6장의 카피라이팅 유형 분류 대상에서 이들 3명이 제외된 이유도 여기에 있다.

터를 포함시켰는데(카피라이터 1, 카피라이터 21), 이는 세 가지 목적 때문이었다. 첫째, 카피라이팅 지식 이전 현상을 고찰함에 있어 제작팀 특성에 따라 카피라이터 출신 크리에이티브 디렉터가 신입카피라이터에 대한 직접 교육 역할을 맡는 사례가 나타났기 때문이다. 둘째, 업계 최고 수준의 경력자로서 광고산업 및 개별 광고대행사 조직 내의 카피라이팅 지식 활용에 대한 의미 있는 시사점을 제공할 수 있다는 판단 때문이었다. 셋째, 장기간 체험을 통해 그들이 구축한 광고카피 산출 및 통제 현상에 있어 숙성된 관점을 이해하기 위함이었다. 책을 위한 심층 인터뷰에 참여한 카피라이터들 특성을 요약한 내용이 〈표 1〉에 일목요연하게 정리되어 있다.

나. 인터뷰 절차

심층 인터뷰는 다음과 같이 진행되었다. 먼저 21명 각각의 카피라이터와 전화 통화를 통해 필자 소개와 인터뷰의 목적 및 의의를 설명했다. 승낙을 받은 경우 심층 인터뷰 장소와 시간을 상호 협의하여 최종 결정하였다. 주로 필자가 해당 카피라이터 직장을 방문하여 회사 내 회의실에서 대화가 이뤄졌다. 하지만 시간과 장소의 제약이 있는 경우에는 회사 내 외부인 접견실 혹은 방해 없이 녹음이 가능할 정도로 정숙성이 보장된 인근 커피전문점 등의 독립 공간을 이용하였다.

이 책에 등장하는 모든 심층 인터뷰는 서술적인 개방형 질문에서 출발하여 인터뷰 대상자의 인지적, 태도적, 행동적 경험을 도출할 수 있도록 구체적, 세부적 질문의 순서로 진행하였다. 먼저 인터뷰 개시 시점에 저술의 의의와 목적을 다시 한번 설명한 후, 연구 참여 동의서에 대한 서명과 녹음 허락을 얻었다. 인터뷰에서는 문헌연구와 참여관찰을 통해 구체화된 인터뷰 프로토콜을 활용하였는데, 정확한 언어화나 순차적 질문 순서는 사전에

표 1 심층 인터뷰 참여자의 특성

코드	성별	나이	지역	회사 형태	직위	광고회사 경력
카파리이터 1	남	48	서울	대형 광고회사	(국장)이사	20년
카피라이터 2	여	32	서울	대형 광고회사	대리	7년
카피라이터 3	남	31	서울	대형 광고회사	사원	2년
카피라이터 4	여	30	서울	대형 광고회사	대리	6년
카피라이터 5	남	30	서울	대형 광고회사	대리	5년
카피라이터 6	여	28	지역	소형 광고회사	대리	6년
카피라이터 7	남	31	서울	중형 광고회사	대리	5년
카피라이터 8	남	31	서울	중형 광고회사	대리	5년
카피라이터 9	여	29	지역	소형 광고회사	대리	6년
카피라이터 10	남	37	서울	중형 광고회사	(대리)차장	10년
카피라이터 11	여	26	서울	중형 광고회사	사원	2년
카피라이터 12	남	40	서울	대형 광고회사	부장	14년
카피라이터 13	여	39	서울	대형 광고회사	부장	15년
카피라이터 14	남	37	지역	소형 광고회사	부장	10년
카피라이터 15	여	29	지역	소형 광고회사	대리	6년
카피라이터 16	남	33	서울	중형 광고회사	대리	6년
카피라이터 17	여	42	서울	크리에이티브 부티크	실장	19년
카피라이터 18	여	33	서울	대형 광고회사	부장	9년
카피라이터 19	여	26	서울	대형 광고회사	사원	2년
카피라이터 20	남	33	서울	중형 광고회사	대리	6년
카피라이터 21	여	44	서울	대형 광고회사	이사	20년

* 표시된 나이와 경력은 인터뷰 시점 기준, 괄호 안은 1차 인터뷰 때의 직위

결정하지 않았으며 참여 카피라이터가 제시하는 새로운 정보나 개념을 경청하고 기록하였다.

필자는 모든 심층 인터뷰에서 인터뷰가이드 방식을 활용했다. 먼저 대윤곽질문(grand tour question)과 소윤곽질문(mini tour question) 목록이 적힌 반구조적 질문지를 만들었다(Maykut & Morehouse, 1994). 다음으로 실제 인터뷰 상황에서는 개방형 질문을 중심으로 필요할 때 최소한의 구조적 질문을 병행하도록 하였다. 심층 인터뷰를 위한 질문지에는 그밖에도 필자에 대한 간략한 소개, 인터뷰의 목적, 인터뷰 대상자로 선정된 경위, 비밀 보장과 녹음 허락, 연구 참여 동의서 작성에 대한 설명이 추가되어 있었다.

21명 카피라이터에 대한 인터뷰 과정은 통일적 형식을 벗어나지 않도록 했다. 즉 당사자의 허락을 얻어 디지털녹음기에 대화 내용이 기록되었으며 그 밖의 도구로 메모노트를 활용하였다. 인터뷰에서는 스프래들리(Spradley, 1979)가 제시한 민속지학적 인터뷰(Ethnographic Interview)의 기준에 따라 대조적 질문하기, 비대칭적 방향 바꾸기, 문화적 무지 표현하기, 내용 요약해서 다시 말하기, 참여자의 용어로 다시 말하기, 가설적 상황 창조하기 등의 다양한 기법이 활용되었다. 또한 현상에 관련된 추적질문(probing)과 선행 인터뷰에서 도출된 개념 및 사례와 비교하기 위한 대조질문(constant question)도 함께 실시하였다. 필자는 카피라이터들이 최대한으로 충분한 의사표시를 할 수 있도록 요청했는데, 인터뷰 중에 나타난 의미 있는 동작과 표정 등 비언어적 커뮤니케이션도 가능하면 상세히 기록하였다.

인터뷰는 사전에 설정된 주제와 관련되어 더 이상 다른 의견이 나오지 않는 포화 시점에 도달하면 종료하는 것을 원칙으로 했다. 인터뷰 시간은 대화의 집중력 확보를 위해 1인당 2시간을 넘지 않도록 했는데, 가장 길게는 2시간 40분 가장 짧게는 1시간 40분이 걸렸다.

개별 카피라이터 심층 인터뷰가 끝난 후 연구보조원의 도움을 받아 녹음 내용을 텍스트(text)로 변환하는 필사(transcription) 작업을 실시했고, 코드화되어 분류된 녹취록(raw data)을 미시 분석하여 표출된 현상의 개념화를 시도했다. 심층 인터뷰의 점진적 진행에 따라 각 연구 대상 현상에 대한 개념, 범주, 출현 주제가 점진적으로 포화되어갔으며 모든 주제에 있어 후반기 인터뷰에서는 질문 종류가 선행 인터뷰에 비해 보다 집중화되었다.

그밖에 필자는 연구 기반의 통일성 지속과 연구자로서 자각 및 인식 유지를 위해 인터뷰 초기 단계부터 종료 시점까지 연구 과정, 생각, 느낌, 방향 등의 내용에 대한 메모를 실시했다. 나아가 심층 인터뷰에서 얻을 수 없는 보충 자료를 확보하기 위해 연구주제와 관련된 보도자료, 보고서, 문서 기록을 직접 구하거나 인터뷰 참여자에게 요청을 해서 확보했다. 이상의 다면적 자료 수집을 통해 카피라이터들이 실제 카피라이팅 과정에서 경험하는 다양한 관여 상황에 대한 자료가 수집되었고, 어떤 세부 단계를 거쳐 최종 카피 산출에 이르는가의 경험이 조직적으로 탐구되었다.

(3) 수집된 자료의 분석

가. 근거이론 방법론의 적용

인간의 내면에 대한 자료를 분석하는 작업, 보다 구체적으로 이 책에서 시도하는 것처럼 카피라이터와 그가 지닌 경험 본질의 발견은 숫자와 통계만으로는 불가능하다. 그렇다고 주관적 예단과 추론으로는 도출된 현상의 타당성과 객관성을 확신하기 어렵다. 눈에 안 보이는 카피라이터들의 인식 및 무형적 지식의 본질, 그리고 그에 기초한 카피라이팅 과정의 이론화가 그렇다면 어떻게 가능할 것인가? 다행히 질적 연구에서는 방대한 수집 자료를 분석하여 개념화시키고 그렇게 명명된 개념들을 한 단계 높은 수준으로 범주화시키는 과학적 방법론들이 존재한다. 그중에서 수집된 경험 자료에 근거하여 체계적이고 조직적으로 현상의 실체를 찾아내고 이론화시키는 대표적 분석 도구가 바로 근거이론(Grounded theory)이다(Maxwell, 1996).

이 방법론은 원래 사회학자인 글레이저와 스트라우스(Glaser & Strauss, 1967)가 개발한 것인데, 마거릿 미드(Margaret Mead)에 의해 개척되고 블루머(Blumer)에 의해 발전된 상징적 상호작용주의를 이론적 근거로 삼고 있다. 여기에서 근거(grounded)라는 단어는 연구 참여자의 경험적 자료에 밀착적으로 '근거를 두고' 잠재적 이론을 개발하는 이 방법론 고유의 특성 때문에 명명된 것이다(Jensen & Jankowski, 1991). 간호학과 보건학을 중심으로 발전된 근거이론은 사회학, 경영학, 사회복지학, 가족학, 관광학, 문화연구 등에서도 활발히 채용되고 있으며 최근 들어서는 마케팅의사결정론(Goulding, 1998; Gambetti & Graffigna, 2012; Pioch & Schmidt, 2001; Geiger & Turley, 2003), 교육학(Komives et al., 2005), 커뮤니케이션학(Cooke, 2000; Hijmans & Peters, 2000; Law, 2000), 광고학(Andronikidis & Lambrianidou, 2010; Hirschman & Thompson, 1997; DeLorme, 1997, 1999; Johns, 2000; Lipton, 2000; Reichert & Ramirez, 2000) 분야에서도 방법론 채용이 늘어나고 있다.

근거이론 방법론의 목표는 가설에 대한 실증적 검증이 아니라 사실에 근거를 둔 자료들로부터 분석과 해석을 종합한 다음 새로운 이론을 구축하는 데 있다. 즉 특정 현상에 대한 개념 도출 및 범주화를 거친 이론적 도형(diagram) 제시가 목표인데, 근거이론을 정교화시킨 스트라우스와 코빈(Strauss & Corbin, 1990)은 이것을 "(근거이론의) 목적은 아주 명백하다, 즉 이론을 정립하는 것이다"라는 문장으로 표현하고 있다.

이 책이 근거이론을 핵심 자료 분석 방법으로 채택한 이유를 정리하면 다음과 같다.

첫째, 카피라이팅 행위는 통제된 실험실적 상황에서 이뤄지는 것이 아니라 현장(field) 실무 속에서 이뤄진다. 따라서 과업을 수행하는 카피라이터들의 반응, 경험, 상호작용의 다양한 과정을 내부자적 관점에서 이해하기 위해서는 근거이론과 같은 질적 연구방법론이 타당하다는 것이다.

둘째, 카피라이팅 과정 분석을 위해서는 산출 주체의 경험 특징을 이해하고 과업단계를 세밀하게 발견해야 한다. 또한 카피라이팅 현상을 구성하는 복합적이고 다양한 내외적 요인에 대한 분석이 이뤄져야 하는데, 기존의 양적 방법론으로는 이 같은 목적 달성이 어렵다는 것이다.

셋째, 분석 대상 카피라이터들의 숫자가 양적연구에 비해 상대적으로 작을 뿐 아니라 각 카피라이터들의 심리적, 행동적 상황 자체가 비획일적이며 특수하기 때문이다. 따라서 정량적 자료 수집보다는 참여관찰이나 심층 인터뷰 등을 통한 개별적이며 정성적인 자료 수집과 이를 분석하는 접근이 보다 적합하다는 것이다.

넷째, 분석 도구로서의 근거이론은 카피라이팅 과정 중에 경험하는 심리적, 행동적 특성 이해를 거쳐 개념, 범주를 도출할 수 있으며 이를 통해 새로운 이론 개발(theory building)을 시도하는 도구적 특성이 강하다는 것이다(Stern, 1980). 카피라이팅 현상의 이론화를 목적하는 이 책이 근거이론을 채택한 중요한 이유 가운데 하나다.

다섯째, 이 책은 카피라이팅에 있어 산출 주체들의 의도 및 이 같은 의도가 구체적 행동으로 연결되는 과정과 경험을 정교하게 분석해야 하는데, 그러한 연구 현상의 과정과 변화 요소에 초점을 맞추는 대표적 접근법이 근거이론이기 때문이다.

여섯째, 카피라이팅 현상의 본질을 파악하기 위해서는 특정 조건 속에서 진행되는 카피라이터들의 사회적 상호작용과 그로 인해 초래된 결과를 체계적으로 해석할 수 있는 도구가 필요하기 때문이다. 이때 근거이론은 구조화된 자료수집, 분석을 통해 분석 대상 과정 및 결과에 대한 입체적 해석을 가능케 한다. 왜냐하면 자료와 개념의 지속적 비교를 통해 현상과 관련된 실체이론을 구축함과 동시에 주로 사회적 맥락 속에서 사람들 사이의 행동패턴을 설명해줄 수 있기 때문이다(Glaser, 1978).

일곱째, 카피라이팅 작업 과정에 있어 관여 주체들의 인지, 태도, 행동에 영향을 미치는 물리적, 심리적 변인 형성에 대한 선행연구가 크게 부족하기 때문이다. 근거이론은 이 같은 초창기 연구의 부족을 극복하고 개념과 변인 발견을 통해 잠정적 이론화를 추구하는 데 유용하기 때문이다(Strauss & Corbin, 1998).

이처럼 근거이론 방법론은 현상을 개념화하여 명명하고 다시 그것을 범주화시키는 방식을 통해 기본적으로 이 책의 거의 모든 장에서 활용되었지만, 특히 3장, 4장, 5장, 6장에서 주도적인 방법론으로 쓰였다.

이상의 방법론을 활용함에 있어 필자는 다음과 같은 기준을 설정하였다. ① 자료수집과 분석은 상호 관련적으로 진행될 것.[30] ② 이상의 절차를 거쳐 수집, 분석된 카피라이터들의 경험을 분석의 기본 단위로서 개념화시킬 것. ③ 이를 다시 위계적으로 하위범주화, 범주화시켜서 최종적으로 카피라이터 실체 및 카피라이팅 지식의 본질 그리고 광고카피 산출 현상에 대한 이론적 모델을 제시할 것.

수집된 자료의 분석은 다음 두 단계로 진행되었다. 첫째, 자료를 일차적

30 즉 문헌연구, 참여관찰, 심층 인터뷰를 통해 수집된 녹음, 문서 기록은 즉시 분석되었고 그 결과를 다음 자료 수집과 분석의 기준점으로 활용하였음을 의미한다.

으로 분석하여 해당 자료에 함축된 의미와 가치를 찾아내고 그것을 다른 맥락이나 개념 간의 연관성 관점에서 검토하는 단계를 거쳤다. 둘째, 연구 주제와 관련된 수집 정보에 대한 포화(saturation)를 거쳐 개념과 범주를 명명하고 범주 간 관계분석을 거쳐 최종적 이론화를 시도하는 단계였다. 이 단계에서는 관찰과 분석 과정이 반복되며, 그에 따르는 결과가 기존의 분석결과에 지속적으로 피드백되면서 실체적 이론이 도출, 구성되도록 하였다.

스트라우스와 코빈(Strauss & Corbin, 1998)은 근거이론을 이용한 질적 연구의 코딩 절차를 다음의 세 가지로 제시하였는데 이 책에서도 이를 수용했다. ① 개념을 식별하고 그것에 이름을 붙인 다음, 속성과 차원에 따라 발전적으로 범주화시키는 개방코딩(open coding). ② 위의 절차를 거쳐 도출된 범주를 상호 연관 지어 새로운 방식으로 자료를 조합한 후, 패러다임모형을 통해 범주 간 관계를 규명하는 축코딩(axial coding). ③ 최종 과정으로 도출된 자료를 비교, 대조, 정렬시켜 개념과 범주를 포화시킨 다음 이를 통합적으로 발전시켜 핵심 범주로 이론화하는 선택코딩(selective coding)이 그것이다.

제 1 장

카피라이터의 역사와 역할 변화

1. 들어가는 말

일찍이 다니엘 벨(Bell, 1973)은 "특정 국가의 미래는 지식이 산업 생산의 핵심적 요소가 되는 지식기반 사회로의 진입 성공 여부에 따라 결정될 것"이라고 예언했다. 막연히 추상적 영역으로 치부되던 '지식기반 사회' 개념이 현실 속에서 구체화되기 시작한 것은 1990년대부터다. 지식(knowledge)이 사회적 부를 창출하는 기초 자원으로 사용되는 현상은 처음에 제조업 분야의 전자 제어를 통해 활성화되었다. 곧이어 인터넷과 그 밖의 획기적인 신(新, new) 미디어가 등장하면서 본격적으로 확산되기 시작했다(Drucker, 1999).

광고가 특정 사회의 경제적, 사회적, 문화적 본질을 압축적으로 반영하는 존재라는 점에서 이러한 거시적 환경 변화가 카피라이팅에 미치는 영향은 전면적이고도 급속한 것이다. 특히 2000년대에 접어들면서 꽃피어나기 시작한 이른바 스마트미디어(smart media) 환경이 주목된다. 스마트미디어는 클라우드 컴퓨팅, 스마트폰, 태블릿PC, 스마트TV, e-book 등 디지털 기기를 통해 탈시공간적인 정보 전달을 실행하고 프로슈머(prosumer) 차원의 콘텐츠를 생산, 소비하는 매체를 말한다(김병희·안종배, 2011). 이 같은 흐름이 기왕에 이어지던 지식자원의 생산 수단화에 기폭제 역할을 하고 있다. 인문, 사회, 공학 영역을 포괄하는 융복합적 지식이 본격화됨과 동시에 이것이 광고메시지를 산출하는 카피라이터의 역할과 기능에도 중요한 영향을 미치고 있는 것이다. 실제로 이 책을 위한 심층 인터뷰에 응한 모든 카피라이터들이 이 같은 미디어 환경의 변화와 그에 따르는 카피라이터 역할의 크고 작은 변화를 경험하고 있는 것으로 나타났다.

제1장은 급속히 진화하는 스마트미디어 시대의 콘텐츠 창조자로서 카피

라이터 역할과 기능에 대한 체계적 분석이 매우 드물다는 현실에서 출발한다. 이에 따라 1장에서는 먼저 광고카피라이터 직업이 겪어온 역사적 흐름을 살펴볼 것이다. 다음으로 카피라이터가 하는 일은 구체적으로 무엇이고 그것이 21세기에 들어와 어떻게 변화하고 있는가를 고찰할 것이다. 카피라이터란 전문 직업의 이름이 대중에 알려진 지 오래되었지만, 이 직업이 어떤 역사적 경로를 걸어왔으며 그 구체적 기능이 무엇인가에 대한 학술적 설명이 지금까지 제대로 이뤄지지 못하고 있기 때문이다. 제1장에서는 이 같은 통시적 기술(diachronic description)을 위해 광고 카피라이팅과 카피라이터를 다룬 다양한 전문서, 자서전, 전기 그리고 카피라이터 개인사를 주목한 학술논문[1]을 분석하였다.

2. 카피라이터 직업의 역사

카피라이팅은 언제부터 시작되었을까. 현대 광고가 19세기 초중반의 **제2차 산업혁명**과 더불어 태동했기 때문에 대략 이 시기를 전후하여 오늘날과 유사한 카피라이팅이 나타났다고 추론할 수 있다. 그렇다면 산업혁명 이전에는 상품 이름을 알리고 판매를 도와주는 언어적 커뮤케이션이 존재하지

1 예를 들어 쇼먼(Schorman, 2008)은 19세기 말에서 20세기 초에 걸쳐 활약하면서 각각 하드셀 소구와 소프트셀 크리에이티브를 체계화시킨 카피 거장 2명의 삶을 추적하고 있다. 클로드 홉킨스(Claud C. Hopkins, 1866~1932)와 어니스트 엘모 컬킨스(Earnest Elmo Calkins, 1868~1964)가 그들인데, 이 논문에서는 이들의 생애와 작품 활동이 전기적 연구 방법을 통해 세밀히 분석된다.

제2차 산업혁명

제1차 산업혁명의 기점은 1765년 제임스 와트(James Watt)가 토마스 뉴커먼(Thomas Newcomen)의 증기기관을 기초로 개량형 증기기관을 발명한 해로 잡는 것이 일반적이다. 이때부터 면공업(綿工業), 철강공업, 석탄업 등 영국의 산업생산력이 폭발적으로 늘어나기 시작했기 때문이다. 이 새로운 물결은 곧 유럽 대륙으로 확산되었고 프랑스, 독일, 이탈리아 등에서도 대규모 공장제 상품 생산이 급속히 증가하게 된다.

한편 제2차 산업혁명은 1830년경에 시작되어 1920년대까지 계속되는데, 미국은 서구 주요 국가 가운데 가장 뒤늦게 대열에 동참한다. 바로 이 시기가 현대 광고의 태동 및 발전과 맞물린다. 해당 시기에는 제국주의 식민지 쟁탈전과 동시에 자본주의 경제시스템이 유럽이란 지역단위, 선진공업국이란 국가 단위에서 벗어난다. 판매용 상품의 대량생산과 자유무역을 통한 수출이 세계 전역으로 확산되기 때문이다.

이는 사용가치보다 교환가치가 우선시되는 거대한 국제적 시장경제 체제를 탄생시키는데, 이 점에서 현대 광고는 19세기 이후 체계화된 서구 부르주아 자본주의의 적자(嫡子)라고 할 수 있다. 공장제 생산을 통해 대량으로 만들어진 잉여(剩餘) 상품을 소비자대중에게 효율적으로 판매하기 위해서는 광고산업 말고는 다른 수단이 없었기 때문이다. 광고를 현대 자본주의의 꽃이라 부르는 이유가 여기에 있다.

않았을까? 그렇지는 않다. 현대적 의미의 카피라이팅과는 성격이 달랐지만 고대, 중세, 근세에 걸쳐 다양한 메시지 전달수단들이 존재했다.

예를 들어 기원전 1000년 경 페니키아 식민지였던 북아프리카 카르타고에서는, 물건을 실은 배가 도착하면 적재된 상품목록 적힌 옷 입은 사람을 거리에 내보내 이 소식을 알리게 했다(Sandage, Fryburger & Rotzoll, 1983). 오늘날 옥외광고의 일종인 샌드위치맨(Sandwich man)의 원형인 셈이다. 심지어 종교가 정치적, 경제적, 사회적인 모든 권력을 움켜쥐고 영리 추구를 위한 활동이 죄악시되었던 서양의 중세시대에도 다양한 목적의 상업적 설득이 시도되었다. 하지만 엄밀하게 말해 현대적 카피라이팅은 기업이 이윤 창출을 목적으로 상품(goods)을 대량 생산하고, 이를 소비자에게 팔기 위해 매스미디어를 매개체로 마케팅 커뮤니케이션 활동을 실행하면서부터 시작되었다 할 수 있다(O'Guinn, Allen Semenik, 1998).

그렇다면 광고카피를 전문적으로 쓰는 직업의 시작은 언제부터였을까? 광고사가들은 현대적 광고대행사 업무가 미국의 신문광고 중개업자 볼니 팔머(Volney. B. Palmer)로부터 비롯되었다고 지적한다. 즉 그가 1842년 미국 필라델피아 체스트넛가와 3번가 교차로에 사무실을 열고 신문지면 중개 판매를 시작한 것이 출발점이라는 것이다(Turngate, 2007; Wilson, 1976)[2]. 하지만 카피라이터라는 업무는 이 시기를 훨씬 지나서까지 아직 독립된 직업의 형태로 자리를 잡지 못하였다. 전업(專業) 형태로 카피라이팅을 전담하는 방식보다는 부정기적으로 광고 글쓰기를 대행해주는 아마추어리즘 형태를 유지했기 때문이다.

소프트셀 광고의 개척자로 불리는 어니스트 엘모 컬킨스의 사례가 이를 증명한다. 그는 1891년 녹스(Knox) 대학을 졸업한 후 뉴욕에서 신문편집자가 되기 위해 노력했지만 실패하고 고향 게일스버그(Galesberg)로 돌아오게

2 Wilson, H., "Volney B. Palmer, 1799~1864: The Nation's First Advertising Agency Man," *Journalism Monograph*, 44(may, 1976), pp.2~44.: 이 설립 연도에 대해서는 이견이 없는 것은 아니다. 예를 들어 Fox(1998)는 1843년으로 시기를 추정하고 있으며, http://www.designhistory.org/ 같은 웹사이트에서는 1841년이라고 주장한다. 심지어 위키피디아(http://en.wikipedia.org/wiki/Advertising_agency)에서는 팔머의 개업 시기가 1850년이라는 믿기 힘든 설명을 한다. 최초 광고대행사 설립시점에 대한 이같이 분분한 논의는, 맹아기(萌芽期)에 있던 당시 미국 광고산업의 혼돈과 기록 미비를 반영하는 사례로 읽힌다.

된다. 그 후 컬킨스는 ≪게일스버그 이브닝 메일(Galesberg Evening Mail)≫이라는 신문의 기자로 일하면서 카피라이팅 아르바이트를 지속했다. 일대에 있는 25개 이상 가게의 상인들을 광고주로 모시고 광고 한 편당 25센트에서 1달러를 받고 카피를 만들어주는 가욋일[3]로 생계를 유지했기 때문이다(Calkins, 1985). 이 시기가 19세기 후반임을 감안하면 볼니 팔머의 광고회사 설립 이후 50여 년이 지나서도 비전업적 카피라이팅이 성행했음을 짐작할 수 있다.

그런 의미에서 카피라이터 직업이 전문적 형태로 서서히 구축된 것은 아마도 다음에 등장하는 존 파워스(John E. Powers)의 활약을 전후한 시기였을 것이다. 제임스 월터 톰슨(James Walter Thompson)이 현대적 광고회사의 효시로 불리는 JWT를 설립한 시기가 1878년이었고 앨버트 라스커(Albert Lasker) 가 18세 나이로 로드 앤드 토머스(Lord & Thomas)에 입사한 것이 1898년이기 때문이다. 현대 광고산업의 기틀을 닦은 것으로 평가되는 이들 회사에는 명백히 카피라이터란 이름을 가진 전문 직능이 존재했음이 역사적 기록으로 나타난다. 20세기에 접어들면서 비로소 카피라이터 업무 영역은 완전히 전문화되고 체계적 면모를 갖추기 시작하게 되는 것이다.

이 같은 관점에서 제1장의 주제를 이해하기 위해서는 역사적 진행을 통해 지금까지 카피라이터 직업의 변천을 살펴보는 것이 중요하다. 과거의 카피라이터들은 어떤 사람들이었으며 어떤 삶을 살았던가? 그들은 어떤 크리에이티브 철학을 지니고 있었는가? 지금부터 아득한 고대에서부터 광

3 이 시기의 광고가 대부분 활자로만 구성된 타이포그래피(typography) 형태였다는 점에서 컬킨스가 광고 콘텐츠 전부를 만들어준 셈이다.

JWT

JWT의 설립자 제임스 월터 톰슨은 1847년 10월 28일 매사추세츠 피츠필드에서 태어나 오하이오주에서 성장했다. 그는 해병대를 제대한 21살 때 뉴욕으로 와서 광고대행사 윌리엄 칼턴(William J. Carlton)의 사서(bookkeeper)로 취직한다. 이후 광고 영업으로 돌아서면서 그의 천부적 재능이 발휘된다. 특히 톰슨은 당시 주력 매체로 군림하던 신문보다는 잡지가 전국적 매체로서 성장 가능성이 훨씬 높음을 간파하고, 잡지 매체 영업에 주력함으로써 큰 수익원을 창출하게 된다.

그는 서른 한 살 되던 1878년 가구와 사무집기 가격 800달러를 포함하여 1300달러로 자기가 다니던 회사를 인수하게 된다. 그리고는 자신의 이름을 따서 사명(社名)을 제이 월터 톰슨(약칭 JWT)이라 짓는다.

이 책과 관련하여 주목되는 것은 톰슨이 자신의 회사를 만든 후 최초로 한 작업이, 카피라이터와 아티스트를 직접 고용하여 역사상 최초로 광고제작전담부서(creative department)를 만들었다는 사실이다. 동시에 그는 조직을 분리하여 광고주 서비스를 전담하는 AE직종을 창설하게 되는데 이 또한 광고 역사상 최초다.

푸른색 눈동자에 갈색 턱수염을 기른 톰슨은 고객들 사이에서 제독(The commodore)이라는 별명으로 불렸다. 남북전쟁 시절 전함 사라토가(USS Saratoga)에서 수병으로 근무한 경험이 있었고 뉴욕요트클럽을 창설할 정도로 항해술에 열정을 지닌 것이 이유였다. 제이 월터 톰슨은 회사 설립 후 얼마 지나지 않아 시카고, 보스턴, 신시내티에 지사를 만들었고 1899년 런던에 지사를 설립함으로써 해외에 지사를 세운 첫 번째 광고대행사가 된다. 오늘날 보편화된 다국적 광고대행사의 원조가 바로 제이 월터 톰슨인 것이다.

그는 회사 홍보를 위해 잉크병이나 핀 박스(pin box) 등에 회사 이름을 새겨서 공짜 선물로 나눠주는 것은 물론 자신의 광고철학을 담은 서적을 출판하기도 했다. 특히 JWT의 광고접근법, 크리에이티브 작품 사례, 매체 정보 등을 담은 책을 출판해서 광고주에게 배포했다. 1887년부터 1912년에 걸쳐 발간된 이들 서적은 '제이 월터 톰슨 청서(靑書: The J. Walter Thompson Blue Book)라고 불렸다. JWT는 광고사에 있어 수많은 최초의 기록을 남겼는데, 광고주 유치를 위해 잡지 등에 이른바 자사광고(house advertisements)를 시작한 최초의 회사로도 알려져 있다.

고산업의 제반 시스템이 오늘날의 모습으로 완성된 1960년대에 이르기까지 시대를 대표한 전설적 카피라이터들의 족적을 따라가보기로 하겠다.[4] 이를 통해 독자들은 카피라이터라는 전문직업의 역사와 그 진화 과정을 간접적으로나마 경험해볼 수 있을 것이다.

1) 고대와 중세 시대

인류 역사상 최초의 카피라이터가 누구인지는 알 도리가 없다. 다만 광고와 유사한 형태가 태어났을 때부터 그 언어 메시지를 만드는 이가 존재했을 것으로 짐작할 뿐이다. 근대 이전의 유사 광고는 사실상 글자(typography)로만 구성되는 것이었으므로, 광고 글을 쓰는 사람은 곧 광고 전체를 만드는 사람이었다 해도 과언이 아니었다.

그림 1-1 테베의 파피루스

인류 역사상 문서로 전해지는 최초의 광고는 이집트 테베(Thebes)의 고대 유적지에서 발견된 기원전 1000년경의 파피루스(papyrus) 문서다(그림 1-1). 현재 런던의 대영박물관에 소장 중인 이 문서에는 다음과 같은 문구가 쓰여 있다.

4 1960년대까지로 통시적 고찰의 범위를 제한한 것은, 이 시기에 광고산업 구조나 광고전략 구사 그리고 카피라이팅 표현 차원에서 현대 광고 수준이 사실상 완숙한 지점에 오른 것으로 평가되기 때문이다.

"남자 노예 샘이 좋은 주인인 하푸(Hapu) 마스터로부터 도망쳤습니다. 테베의 모든 선량한 시민들은 그가 돌아올 수 있도록 도와주시기 바랍니다. 샘은 히타이트족인데 키가 5피트 2인치이고 혈색 좋은 얼굴에 갈색 눈입니다. 그가 있는 곳을 알려주는 사람에게 금화 반 닢을 드리겠습니다. **샘을 고객들의 요구에 맞춰 제일 좋은 옷감을 짜주는 직물 장인(匠人) - 하푸 상점**으로 직접 돌아오게 해주면 금화 한 닢을 드리겠습니다."

겉으로 보면 사람 찾는 공지문이다. 하지만 밑줄 그은 내용을 곰곰이 살펴보면 오늘날의 기업PR광고 메시지와 닮았음을 알 수 있다. 은근히 '하푸 상점'에 대한 이미지를 높이려는 목적이 숨어 있기 때문이다. 하지만 이 문서는 매스미디어에 비용을 지불하여 간접적으로 메시지를 전달하지 않았기 때문에 현대적 의미의 광고와는 성격이 크게 다르다고 할 수 있다. 물론 누가 이 '카피'를 썼는지도 전해지지 않는다.

로마시대에는 대중들이 운집하는 광장에 고지판이 있었는데, 일종의 상징적 비주얼을 통해 판매 상품을 알리고 특별한 기술을 지닌 장인(匠人)의 솜씨를 과시했다고 한다. 하지만 '언어적 표현'을 통해 판매하려는 물건이나 연극, 집회를 알리기도 했다는 기록도 전한다.

A.D. 79년 8월 24일, 이탈리아 남부 나폴리만 인근의 휴양 및 환락도시 폼페이가 베수비오 화산 폭발로 일시에 멸망하게 된다. 이 유적지는 오랫동안 흙 속에 묻혀 있다가 1549년 수로 공사 중에 처음 발견되고 1748년부터 본격적 발굴이 시작되었다. 시공을 초월하여 고대 로마 전성기의 광장, 목욕탕, 원형극장, 기타 유물과 생활 모습이 고스란히 나타난 역사적 사건이다.

폼페이 유적지는 문화인류학의 보고이지만 이 책이 주목하는 카피라이

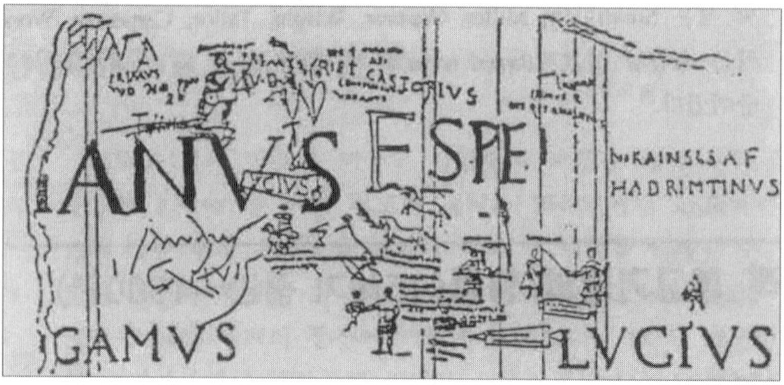

그림 1-2 폼페이에서 발굴된 벽간판

팅 역사에도 적지 않은 의미를 지니고 있다. 당대의 상업적 커뮤니케이션 활동을 보여주는 수많은 유물들이 출토되었기 때문이다(Mandell, 1984). 검투사 시합 공지, 상품 및 위락 서비스 판매에 관련된 내용, 가옥 임대, 분실물 공고 등의 다양한 내용이 적힌 석판이나 벽간판이 그것이다. 상점 입구에 나무나 점토로 만든 일종의 픽토그램(pictogram)[5] 표식 등도 출토되었다. 그중에서 특히 관심을 끄는 것이 벽간판이다. 집이나 가게 외벽을 흰색으로 회칠한 다음 그림이나 문장을 통해 사람들에게 공고(公告)나 상업적 메시지를 전달하는 방식이다(그림 1-2).

로마시대의 이 같은 벽간판은 알부스(albus), 영어로는 앨범(album)이라 불리는데 폼페이 한 도시에서만 무려 6000개 이상의 알부스가 발굴되었다

5 그림을 뜻하는 픽토(picto)와 전보를 의미하는 텔레그램(telegram)의 합성어. 사람, 사물, 시설, 행위, 개념 등을 상징적 그림문자로 나타낸 것으로 대상의 의미를 시각적으로 쉽고 빠르게 인식시키는 것이 목적이다.

(Wright et al., 1977). 가게 앞에 내건 상업적 메시지의 경우는 문맹자도 쉽게 알아볼 수 있도록 주로 상징적 비주얼을 사용하였다. 하지만 문장만으로 구성된 것도 많이 출토되었다. 그 가운데 가장 흔한 것이 선거 후보 공지였고 그다음으로 많은 것이 당시 크게 유행했던 검투사 경기 공지였다. 검투사 경기는 권력자들이 대중들의 환심을 사기 위해 대규모로 개최했는데 사람들에게 가장 큰 인기를 끈 이벤트였다. 당연히 벽간판을 통해 경기 개최 소식을 널리 알려 많은 사람들을 모을 필요가 있었던 것이다. 예를 들어 네로가 황태자였던 시절, 아메리우스라는 사람이 직접 서명까지 해서 만든 벽간판에는 다음과 같은 문장이 적혀 있다(春山行夫, 1981).

> "황태자 네로의 사제인 사트리우스가 주최하는 20개조의 검투사와 그의 아들 루그레티우스가 제공하는 10개조의 검투사가 4월 8일에서 12일까지 폼페이에서 싸웁니다. 큰 규모의 동물 사냥도 있으며, 햇빛 가리개 시설도 되어 있음 … 아메리우스가 달빛 아래에서 혼자 이 글을 씀."

이들 벽간판은 광고주가 자기 이름을 걸고 대중매체를 통해 유료의 비대인적(non-personal) 메시지를 전달하는 현대 광고와는 속성이 크게 다르다. 하지만 '카피'의 내용은 오늘날의 옥외광고 카피와 크게 다를 바 없음을 알 수 있다.

서양의 중세 시대에는 귀족, 승려 계급을 제외하고는 글을 아는 사람이 매우 드물었다. 이 때문에 물건을 팔거나 업종(業種)을 알리려는 이들은 주로 그림을 통해 메시지를 전했다. 자물쇠가게는 열쇠 그림을, 구두장이는 구두 그림을, 대장장이는 놋쇠주전자 그림을 그리는 식이었다. 오히려 로마시대보다 카피라이팅을 통한 언어적 전달이 쇠퇴한 셈이다(O'Guinn, Allen

Semenik, 1998).

그러다가 15세기에 접어들면서부터 시퀴스(si quis[6])라 불리는 구인·구직 광고가 공공장소에 내걸리기 시작한다. 이는 원래 성당이나 수도원에서 신부(神父)나 수도사를 찾기 위해 필요 자격 조건을 문장화시켜 벽보로 붙인 것에서 비롯되었다. 반대로 스스로 가톨릭 교직에 응모하려는 사람은 자기 능력이나 자격을 자세히 설명한 벽보를 붙였는데 이것은 오늘날 구인, 구직광고의 시초라 하겠다(Russell & Lane, 1996). 시퀴스는 종교적 용도에서 점차 그 범위가 확대되어 사람이나 잃어버린 물건을 찾는 광고판으로도 사용되기 시작했다. 영국의 경우 런던의 세인트폴성당이 이 같은 광고물의 게시 장소로 가장 널리 알려졌다. 이 역시 '카피'를 이용한 옥외광고에 해당된다 하겠다. 시퀴스 역시 '원작 카피라이터'가 알려진 것은 없다.

2) 근대 전기

근대의 시작은 언제부터일까? 역사학자들은 중세 시대의 봉건적 생산양식이 종말을 고하고 이탈리아를 중심으로 르네상스(Renaissance) 운동이 일어나는 15, 16세기를 시작점으로 잡는다. 기독교 이데올로기가 사회문화의 모든 것을 장악하던 '암흑시대'가 끝나고, 일군의 인본주의자(humanist)들에 의해 그리스 로마 시대의 '인간 중심 세상'으로 돌아가자는 주장이 대두되기 시작한 것이다. 그렇다면 카피라이팅 측면에서 근대는 언제부터 출발한 것일까?

---

6 라틴어 문장으로 "만약 어떤 분이"라는 의미를 지니고 있다.

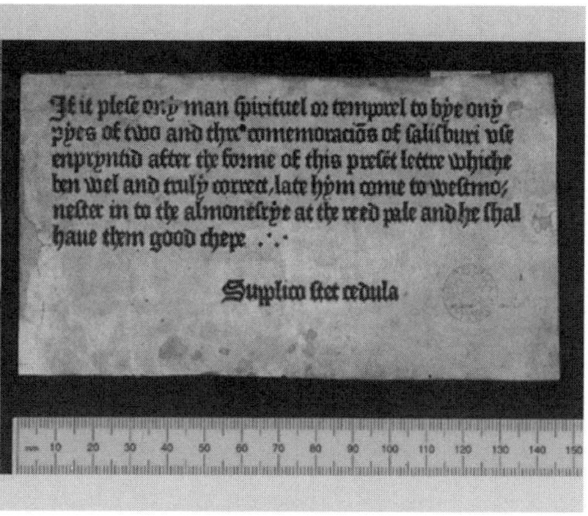

If it plese ony man spirituel or temporel to bye ony
pyes of two and thre comemoracios of salisburi use
enpryntid after the forme of this preset lettre whiche
ben wel and truly correct, late hym come to westmo-
nester in to the almonesrye at the reed pale and he shal
haue them good chepe .·.·

Supplico stet cedula

그림 1-3 윌리엄 캑스턴 　　　　　　그림 1-4 윌리엄 캑스턴이 만든 전단지

필자는 1438년이 기점이라고 믿는다. 바로 이 해, 독일의 구텐베르크(Gutenberg)가 금속활자를 발명했기 때문이다. 그리고 12년이 지난 1450년, 구텐베르크는 마침내 활판인쇄술을 완성하여 인쇄공장을 만들고 본격적으로 판매를 위한 인쇄물을 출판하기 시작한다. 원작자가 밝혀진 인류 최초의 광고카피가 이 시기를 전후하여 등장하게 된다. 1478년 영국의 윌리엄 캑스턴(William Caxton, 그림 1-3)에 의해 '카피'로만 구성된 광고가 만들어졌기 때문이다. 이 시기 활판인쇄 기술 수준을 미루어보건대 활자 주조에서부터 문선공(文選工)[7] 역할 그리고 인쇄 완료 작업까지를 한 사람이 모두 맡았을 것으로 추론된다. 그런 점에서 이름이 밝혀진 인류 최초의 카피라이터는 캑스턴이라 해도 무리가 없을 것이다. 예배를 위한 『교회규정집』 책을 팔기 위해 만들어진 이 광고물은 가로 14.7센티미터 세로 7.6센티미터 크기

7 활판인쇄를 위해 원고에 적힌 내용에 따라 활자를 골라서 뽑는 기술자를 말한다.

의 전단지(handbill)였다(그림 1-4). 그 위에 라틴어 카피가 인쇄되어 있는데, 내용을 소개하면 다음과 같다(春山行夫, 1981).

> "… 아름다운 활자와 오자(誤字) 없이 인쇄된 솔즈베리 2와 3의 예배규칙을 찾는 수도자 혹은 다른 분들께서는 웨스터민스터의 점포로 방문해 주십시오. 붉은색 선으로 간판을 표시했습니다… 싸게 판매합니다. 부디 (이 광고지를) 떼어내지 말아주시기 바랍니다."

이후 활판인쇄로 만든 전단 광고카피는 책 속에 끼어 넣어져 배포되거나 숙박업소나 공공장소에 게시되는 행태로 점점 발전하게 되는데, 비슷한 시기 독일에서는 위조 금화를 경고하는 전단지가 배포되었다. 또한 영국에서는 템스강을 항해하는 배에 대한 통행세 징수를 위해 전단지 카피가 작성되었다. 1482년이 되면 프랑스 파리에 카피문구로만 만들어진 최초의 광고 포스터가 출현한다.[8]

그러다가 16세기 초가 되면 유럽 전역에서 팸플릿(pamphlet)[9]이 나타난

8 포스터(poster)는 전단지(bill)를 벽에 붙인다는 어원에서 비롯되었다. 즉 부착용 전단지를 의미한다.

9 회사 및 사업 소개, 상품 광고, 영업 안내, 보고서, 요람 등에 활용되는 소책자를 말한다. 유네스코(UNESCO)에 따르면 "표지를 제외하고 5~48 페이지로 구성되었으며, 정기간행물이 아닌 제본되지 않은 출판물"로 정의된다. 이런 형태의 인쇄물은 값비싼 장정이 필요 없으며 쉽고 간단하게 출판이 가능한 것이 특징이다. 15세기 후반의 유럽 각국에서 당대의 주요 이슈나 논쟁거리에 대한 주장을 담은 소책자들이 대량으로 인쇄, 배포되기 시작한 것이 이런 이유 때문이다. 특히 16세기 초 종교개혁이 진행되자 발행이 더욱 늘어난다. 프랑스에서는 개신교 지지 팸플릿이 너무 많이 발행되자 1523, 1533, 1566년 그 발행을 금하는 칙령이 공포되기까지 했다.

다. 이 시기의 팸플릿은 초창기의 종교적 주제에서부터 발전하여 연극, 군사훈련, 주술, 문학적 논쟁에 이르기까지 폭넓은 주제로 확산된다. 오늘날의 광고 리플릿과 유사한 상업적 목적의 팸플릿이 처음 발간된 것은 1592년이었다. 런던의 의료잡화조합이 양념류 품질 보증을 위한 카피를 인쇄물에 담은 것이었다. 당시 시중에 나돌던 양념류는 불법이므로 안전한 제품을 사려면 조합에서 만든 책임 있는 제품을 사라는 메시지를 담고 있었다.

현대 광고와 보다 밀접한 관련이 있는 것은 뉴스 팸플릿(news pamphlet)이다. 뉴스 팸플릿이란 판매를 목적으로 당대의 주요한 뉴스를 편집, 발행한 소책자 형태의 부정기 간행물을 말한다. 오늘날 신문매체 전신이라고 할 수 있는 뉴스 팸플릿은 정기적으로 연속 간행되는 종이신문이 나오면서 초기의 위세를 잃기는 했지만, 국내외 뉴스를 대중들에게 공급하는 당대의 대표적 매스미디어 역할을 했다. 1580년대 후반 쾰른에서 2회 간행된 '메르쿠리우스 갈로 벨기쿠스(Mercurius Gallo-Belgicus)'가 가장 오래된 뉴스 팸플릿으로 알려져 있다. 이처럼 유럽 각국에서 뉴스 팸플릿이 인기를 끌자 그 상업적 설득 효과에 주목한 제품 판매자들이 이 매체에 활자 광고를 싣기 시작하는데, 이것이 매스미디어를 이용한 최초의 광고카피라고 할 수 있다(Mandell, 1984).

3) 근대 후기

17세기 초엽부터 19세기 중엽까지 세계 광고의 중심은 유럽, 그중에서도 영국이었다. 현대 자본주의의 문이 영국에서 열렸기 때문이다. 이 시기의 미국은 세계의 변방이었다. 종교적 박해를 피하기 위해 103명의 청교도를 태운 메이플라워호가 신대륙 매사추세츠에 상륙한 것이 1620년 12월

21일이었고, 미국이 오랜 전쟁을 거쳐 영국에서 독립한 해가 1776년 7월 4일이다. 17세기와 18세기의 이 기간에 걸쳐 미국의 주요 산업은 농업이었고, 영국에 대한 원료 제공지이자 상품 소비지 역할을 했을 뿐이다. 그러므로 17세기부터 19세기까지 카피라이팅의 역사적 흔적은 영국을 중심으로 하는 유럽에서 찾아야 한다.

17세기 초반은 유럽에서 신문이 처음 등장한 때로 기록된다. 신문의 탄생은 카피라이팅 역사에서 매우 의미가 깊다. 비주얼이 본격적으로 활용되기 전까지 수백 년에 걸쳐 신문에 등장하는 광고는 카피 문구로만 구성되었고, 광고란 곧 카피 자체를 의미했기 때문이다. 인류 최초의 신문 광고가 언제, 어떤 매체에 집행되었는지에 대해서는 논란이 많다. 역사에 기록된 최초의 신문은 1609년 독일에서 발간된 주간신문 ≪렐라치온(Relation)≫이지만, 이 신문에 광고가 게재되었는지 여부는 확인이 되지 않기 때문이다.[10] 하지만 1625년 2월 1일 자로 발간된 영국의 주간신문, ≪메르쿠리우스 브리태니커(Mercurius Britannica)≫에 상업적 목적의 카피가 실려 있는 것은 분명하다. '프랑스와 영국의 결혼 축가'라는 제목의 책자를 팔기 위한 광고였는데, 많은 광고사학자들이 이를 최초의 신문광고 사례로 인정하고 있다.[11] 카피라이팅 관점에서 보자면 이것이 정기적으로 발행되는 신문에 카피가 등장한 첫 번째 케이스다. 하지만 이 카피를 누가 썼는지는 역시 기록에 남아 있지 않다.

10 영어로 발행된 최초의 신문은 1620년 네덜란드 암스테르담에서 영국인 순례자들에 의해 발간되었는데, 영국 본토에서는 1622년 ≪위클리 뉴스 오브 런던(Weekly News of London)≫이 시초가 되었다.

11 1626년에 발행된 네덜란드 신문에 최초의 상업광고가 게재되었다는 설도 있다.

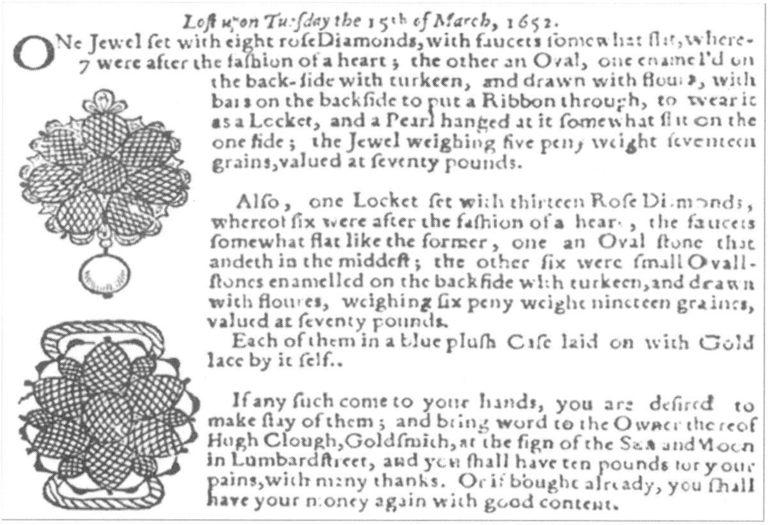

그림 1-5 카피와 비주얼이 결합된 최초의 인쇄광고

17세기 초반 유럽 대륙에서 광고물은 주로 전단지와 포스터를 중심으로 발달했다. 특히 목판이나 동판(engraved copper)으로 만들어진 인쇄 전단지(handbill)가 핵심적 역할을 했다. 광고 대상 품목은 매우 다양해서 잡화, 가정용품, 의약품 등을 총망라했다. 하지만 모든 광고물은 역시 활자로만 구성된 타이포그래피(typography)[12] 스타일이었다. 이러한 흐름을 깨고 광고에 처음으로 비주얼 일러스트레이션이 등장한 것은 1652년이었다. 그해

12 인쇄광고에 있어 활자 구성과 관련된 작업을 의미한다. 서체를 결정하고, 자간, 행간, 한 행의 글자 수와 형태 등을 지정하고 배열하는 것이다. 신문, 잡지, 문예물의 타이포그래피 작업에서는 가독성(可讀性)이 일차적 고려사항이다. 하지만 광고에서는 목표고객의 눈길을 강하게 끄는 임팩트가 중요하다.

4월 2일 영국에서 발행된 ≪성실한 감시자(The Faithful Scout)≫라는 신문에서 카피와 비주얼이 결합된 최초의 인쇄 광고가 게재된 것이다(그림 1-5). 이 광고에는 분실된 보석 장신구 두 개를 찾는다는 카피가 적혀 있었는데, 레이아웃의 좌측면에 잃어버린 장신구를 손으로 그린 일러스트레이션이 인쇄된 것이다. 당시의 인쇄기술 수준로 인해 정교하게 묘사되지는 못했지만 장신구의 형태와 특성을 최대한 실물과 비슷하게 그려낸 광고 비주얼이었다.[13]

그러나 시간을 훌쩍 뛰어넘은 17세기 후반에 이르기까지 신문 광고는 카피를 통한 언어적 표현이 대부분이었다. 기록에 나타난 두 번째 신문광고 일러스트레이션이 위의 장신구 분실 광고가 나온 지 30여 년이 지난 1680년에야 나타나기 때문이다.

17세기 초반의 유럽 대륙에서 매스미디어를 활용한 광고 활동이 활발했다고 평가하기는 어렵다. 이 시기는 유럽에서 근세 절대주의국가가 성립되는 때였고, 각국의 왕들이 상품제조업에 대한 독점적 권한을 지닌 상태였다. 왕은 자신이 지닌 제품 생산, 판매 허락 권한을 상공업 주체인 길드(gild)에 부여한 다음 그들로부터 세금을 걷어 국가 재정에 충당하는 방식을 선택하였다. 특정 길드에 의해 식량이나 필수 소모품이 독점적으로 생산, 공급되는 이 같은 체제 아래에서 광고의 필요성이 대두되기는 쉽지 않았다. 광고는 본질적으로 동종업자 간 치열한 판매 경쟁의 산물이기 때문이다.

13 하루야마 유키오(春山行夫, 1984)에 따르면, 호화로운 다이아몬드 장신구를 잃어버린 사람이 얼마나 애가 탔던지 10파운드의 보상금을 걸었을 뿐 아니라 연속으로 3번이나 신문에 게재하였다고 한다.

특히 영국의 경우는 헨리 8세(재위: 1509~1547), 엘리자베스 1세(재위: 1558~1603)의 튜더왕조가 끝나고 제임스 1세(재위: 1603~1625)로부터 스튜어트 왕조가 시작되면서 정치적 격변기에 접어드는데 이 같은 상황도 광고와 카피라이팅의 발전에 부정적 영향을 미쳤다. 제임스 1세는 프랑스의 앙리 4세가 "서방 기독교세계의 가장 현명한 바보"라고 비아냥댈 정도의 문제적 인물이었다(차하순, 1981). 그는 당시 기준으로도 상식을 결여한 왕권신수설(王權神授說, Divine Right of Kings)[14]을 주장함으로써 13세기의 마그나카르타(Magna Carta) 이후 자리를 잡아가던 의회민주주의와 정면으로 대립하기 시작했다. 그의 아들 찰스 1세(재위: 1625~1649)는 더욱 고집불통의 왕권신수권자로 전쟁과 학정을 되풀이했다. 시민들의 저항이 잇따랐고 1628년 권리청원(Petition of Rights)을 초래했음에도 불구하고 전제정치를 포기하지 않았다. 그는 마침내 1648년 올리버 크롬웰의 청교도혁명이 일어난 이듬해 공개 처형의 비운을 맞이하게 된다. 이때부터 크롬웰이 죽은 1658년까지는 엄격한 청교도 윤리가 영국 사회 전반에 강요된 철혈통치의 시대였다.

하지만 시간이 흐를수록 상황은 변화한다. 기술 진보와 생산력 발전에 따라 다양하고 풍부한 판매용 상품이 등장하고 이들 간의 경쟁이 시작된 것이다. 당연히 수요 진작과 제품 판매 수단으로서의 광고, 즉 카피라이팅의 용도가 증대되기 시작했다. 무엇보다 1660년 찰스 2세의 왕정복고가 이

14 제왕의 권력은 신(神)으로부터 주어진 천부의 것이므로, 오직 신에 대해서만 책임을 진다는 정치이론이다. 이에 따르자면 백성들은 왕에게 무조건적으로 복종해야 하며 일체의 저항권을 지니지 못하게 된다. 제임스 1세는 왕위에 오르기 전에 쓴 「자유로운 군주국의 참다운 법 (1598)」이라는 논문에서 "왕은 신에게만 책임이 있다. 그러므로 왕이 아무리 사악(邪惡)하다 해도 백성들이 이를 비판할 권리는 없다"라고 강변한 골수 왕권신수권자였다.

뤄지고 오락과 연극, 언론 자유 등이 고양된 것이 결정적 계기가 된다. 대중매체를 활용한 상업적 커뮤니케이션 활동이 이전 시대에 비해 압도적으로 활발해지게 되는 것이다. 이에 따라 뉴스 팸플릿이나 신문에서 다양한 형태의 광고카피가 활발하게 나타나는 모습이 발견된다.

17세기 중반 영국 광고와 카피라이팅 역사에서 주목되는 인물은 청교도 혁명기에 활약했던 마처먼트 니덤(Marchamont Needham)이다. 그는 자기 신문에 광고를 게재함으로써 주된 수입을 올린 역사상 최초의 인물로서, 존 휴턴(John Hougton)과 함께 영국 광고의 개척자라 불린다. 왕정복고가 이뤄진 1660년에 그가 발행인이었던 신문 ≪메르쿠리우스 폴리티쿠스(Mercurius Politicus)≫에 활자 카피로만 구성된 가루치약 광고가 실린다. 이것이 판매용 소비재를 다수 대중에게 알리기 위한 최초의 광고 작품으로 평가된다. 그는 1657년 기사 없이 광고만을 전문적으로 게재하는 주간신문 ≪퍼블릭 어드바이저(Public Adviser)≫를 발간하여 대중매체와 광고의 상부상조 관계를 선구적으로 실천했다. 이 시기가 되면 인쇄매체에서 그 당시까지 사용해왔던 권고(advice), 정보(intelligence)라는 단어 대신에 오늘날 '광고제작물'이란 개념으로 통용되는 광고(advertisement)라는 단어가 등장하기 시작한다. 이 단어를 처음 쓴 사람이 니덤인데, 당시 'Advertisement'는 고지(告知) 혹은 통지(通知)의 뜻이 더 강했다고 한다(Mandell, 1984).

프랑스로 건너가보자. 루이 13세의 궁정 의사이자 저널리스트였던 테오프라스트 르노도(Théophraste Renaudot)가 주인공이다(그림 1-6). 그는 1631년 5월 프랑스 최초의 신문 ≪라 가제트(La Gazette)≫(그림 1-7)를 발간함으로써 프랑스 신문의 창시자가 되었다. 동시에 프랑스 광고의 개척자로 자리매김했다. 르노도는 루이 13세와 당시 실력자 리슐리외의 지원을 받아 신문 발행 및 배포에 대한 특권을 부여받았는데 파리를 중심으로 일어난 정치, 경

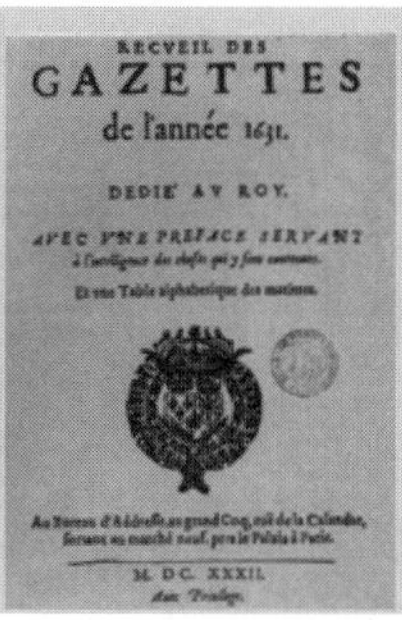

RECUEIL DES
GAZETTES
de l'année 1631.
DEDIE' AV ROY.
M. DC. XXXII.

그림 1-6 테오프라스트 르노도(좌)
그림 1-7 프랑스 최초의 신문 ≪라 가제트≫(우)

제, 문화 뉴스는 물론 지방 뉴스까지도 다루었다. 1631년 7월 4일 이 신문에 광천수 광고가 실렸는데, 이것이 프랑스 최초의 상업광고였다(春山行夫, 1984).

르노도는 세계 최초의 광고회사를 만든 인물로 더 유명하다. 그는 19살에 의학박사가 된 후 유럽 각지를 여행하였다. 그리고 이 여행 중에 깊이 깨달은 바 있어 빈민병원을 개설하고 무료 진료를 행하였다. 선행이 널리 알려져 루이 13세에 의해 빈민보호관에 임명되었는데, 1629년 파리의 빈민들을 위해 구인과 구직을 알선하는 '주소와 만남의 사무실(bureau de addresses et des rencontres)'이란 이름의 회사를 창설하게 된다(Turngate, 2007). 당대의 가장 유력한 신문사 설립자 및 운영자였던 르노도가 설립한 이 회사는 개인 사업체였지만 업무 성격은 공공적(public)이었다. 개인적 이익 추구보다는 공익 차원에서 빈민들의 구인 구직이라는 업무를 수행했기 때문이다. 거기에 덧붙여 르노도는 여행 안내, 부동산 거래 중개, 운송업, 미술품 거래와 같은 다양한 부가 업무를 동시에 맡았다. 이것이 광고회사의 태동에 지대한 공헌을 하게 된다.

광고역사가들이 '주소와 만남의 사무실'을 세계 최초의 광고회사로 인정

The Vertue of the *COFFEE* Drink.

First publiquely made and ſold in England, by *Paſqua Roſee.*

THE Grain or Berry called *Coffee*, groweth upon little Trees, only in the *Deſerts of Arabia.*

It is brought from thence, and drunk generally throughout all the Grand Seigniors Dominions.

It is a ſimple innocent thing, compoſed into a Drink, by being dryed in an Oven, and ground to Powder, and boiled up with *Spring* water, and about half a pint of it to be drunk, faſting an hour before, and not Eating an hour after, and to be taken as hot as poſſibly can be endured; the which will never fetch the skin off the mouth, or raiſe any *Bliſters*, by reaſon of that Heat.

The Turks drink at meals and other times, is uſually *Water*, and their Dyet conſiſts much of *Fruit*, the *Crudities* whereof are very much corrected by this Drink.

The quality of this Drink is cold and Dry; and though it be a Dryer, yet it neither *heats*, nor *inflames* more then *hot Poſſet*.

It forecloſeth the Orifice of the Stomack, and fortifies the heat within. It's very good to help digeſtion, and therefore of great uſe to be about 3 or 4 a Clock afternoon, as well as in the morning.

[illegible] quickens the *Spirits*, and makes the Heart *Lightſome*.

[illegible] is good againſt ſore Eys, and the better if you hold your Head over it, and take in the *Steem* that way.

It ſuppreſſeth Fumes exceedingly, and therefore good againſt the *Head-ach*, and will very much ſtop any *Defluxion of Rheums*, that diſtil from the *Head* upon the Stomack, and ſo prevent and help *Conſumptions*, and the *Cough of the Lungs*.

It is excellent to prevent and cure the *Dropſy, Gout*, and *Scurvy*.

It is known by experience to be better then any other Drying Drink for *People in years*, or *Children* that have any *running humors* upon them, as the *Kings Evil*. &c.

It is very good to prevent *Miſ-carryings* in *Child-bearing Women*.

It is a moſt excellent Remedy againſt the *Spleen*, *Hypocondriack Winds*, or the like.

It will prevent *Drowſineſs*, and make one fit for buſines, if one have occaſion to *Watch*, and therefore you are not to Drink of it *after Supper*, unleſs you intend to be *watchful*, for it will hinder ſleep for 3 or 4 hours.

It is obſerved that in Turkey, where this is generally drunk, that they are not trobled with the Stone, Gout, Dropſie, or Scurvey, and that their Skins are exceeding cleer and white.

It is neither Laxative nor *Reſtringent*.

Made and Sold in St. *Michaels Alley* in *Cornhill*, by *Paſqua Roſee*, at the Signe of his own Head.

그림 1-8 커피 음료의 가치

하는 이유는 무엇일까. 앞서 열거된 다양한 업무를 실행하기 위해 품질보증서, 각서, 관련 인쇄광고물을 전문적으로 만들고 배포하는 작업이 필요했는데, 이런 역할을 해줄 회사가 따로 없었으므로 자기들이 직접 제작을 맡았기 때문이다. 또한 르노도는 그 같은 자기 회사 업무를 알리기 위해 정기간행물을 발행했고, 이 잡지의 상당 페이지를 제품 생산업자들에게 광고지면으로 판매하였다. 이것이 곧 프랑스 광고 산업의 시초가 된 것이다.

필자가 17세기 광고카피의 대표적 사례로 들고 싶은 것은 1652년 런던에서 문을 연 커피하우스와 관련된 것이다. 영국의 민속학자 존 오브리(John Aubrey: 1626~1697)는 런던 콘힐의 성 미카엘 골목 교회 맞은편에 보먼(Bowman)이 창업한 '파스카 로제(Pasqua Rosée)'를 세계 최초의 커피하우스로 규정한다. 그 증거로 당시 런던 시민들에게 대량으로 배포된 가게 오픈 고지용 전단지가 현재 대영박물관에 보존되어 있다. 이 광고는 장문의 카피를 읽기 좋게 편집한 에디토리얼 디자인[15] 형태를 취하고 있다(그림 1-8). 그러나 카피만큼은 현대 광고를 방불케

15 에디토리얼(editorial)이란 신문이나 잡지, 서적 그리고 책자 형식의 인쇄물들을 시

할 정도로 상당히 수준이 높다.

전단지의 헤드라인은 '커피 음료의 가치(The Vertue of Coffee Drink)', 서브 헤드는 "파스카 로제가 영국에서 최초로 선보입니다". 바디카피는 다음과 같다.

> "커피란 이름의 이 곡물 알갱이(grain)는 키 작은 관목에서 열립니다. 주로 아라비아 사막에서 재배되다가 중동 지방의 터키로 전해져서 많은 터키인들이 즐겨 마시고 있습니다 … 커피는 정신 작용을 활발하게 하고 기분을 상쾌하게 만들고, 독소 제거와 두통에 효과를 발휘합니다 … 소화를 도와주며 기침 예방, 몸이 붓는 증상, 통풍, 괴혈병을 예방하고 치료해주지요 … 또한 피부를 맑고 하얗게 하며 열을 내리는 데도 효험이 있습니다."

내용을 꼼꼼히 읽어보면 기호음료로뿐 아니라 다양한 증상을 치료하는 약으로 커피를 소개하고 있음을 알 수 있다. 오늘날 기준으로 보면 명백한 과장 광고다. 카페인에 의한 단기적 각성 효과 외에 커피는 그저 커피일 뿐이니까 말이다. 하지만 이 새로운 음료가 영국에 처음 소개된 것이 고작 7년 전인 1645년임을 감안한다면 카피라이터의 욕심을 조금 봐줄 수도 있지 않을까. 난생 처음 접하는 신기한 음료에 대한 당시 사람들의 신비감과 기대가 표현 속에 고스란히 녹아 있는 것이다. 그러한 시대 상황을 절묘하게 포착한 광고라고 하겠다. 아쉽게도 이 카피의 원작자 역시 알려져 있지 않다.

각적으로 구성하는 그래픽디자인의 한 분야이다. 광고에서는 일반적으로 신문이나 잡지의 기사 형태로 디자인을 레이아웃하는 것을 뜻한다.

4) 벤저민 프랭클린

그림 1-9 벤저민 프랭클린

18세기에 접어들면 비로소 카피라이터 이름이 분명히 확인되는 광고물이 나타난다. 대표적 인물이 벤저민 프랭클린[16](Benjamin Franklin, 1706~1790)이다(그림 1-9). 그는 토마스 제퍼슨과 함께 독립선언문을 기초한 미국 건국의 아버지 중 한 사람이다. 또한 당대를 대표하는 언론인이었다. 프랭클린이 현역에서 눈부시게 활약한 18세기 초중반은 당시 유럽에 비해 후진국이었던 아메리카 식민지의 동부 13개주에서 신문매체를 중심으로 광고 활동이 비로소 시작된 시기다. 미국에서 처음 나온 신문은 1690년 발간된 ≪퍼블릭 어커런시스(Publick Occurrences)≫이지만 단 1회 발간된 후 문을 닫았다. 그 후 14년이 지난 1704년 4월 17일, 주간 ≪보스턴 뉴스레터(Boston Newsletter)≫가 창간되는데 이것이 첫 번째로 발행된 미국 신문으로 공식적으로 인정받고 있다.

16 미국의 정치가, 외교관, 과학자, 저술가, 신문사 경영자. 미국 독립전쟁 시기에 외교관으로 활약했고, 헌법 제정에도 크게 공헌했다. 미합중국 정부가 수립된 다음 해에 죽은 그는 투철한 공리주의자(功利主義者)로 초창기 미국사회의 정치, 사상, 문화에 큰 영향을 미친 인물이다. 탁월한 수영 선수였을 뿐 아니라, 유명한 연(鳶) 실험을 통해 번개가 전기 작용으로 만들어지는 것을 증명한 후, 인류 최초로 피뢰침을 발명한 과학자이기도 했다. 미국인들이 이상적으로 여기는 롤모델(role model)이 지덕체(智德體)를 고루 갖춘 인간형인데, 프랭클린이야말로 그러한 기준을 제시한 최초의 인물이라 할 수 있다.

이후 1770년대의 미국 독립전쟁 시기에 이르면 약 30종의 신문이 발행되고, 1783년이 되면 최초의 일간신문인 ≪펜실베이니아 이브닝 포스트 앤드 데일리 애드버타이저(Pennsylvania Evening Post and Daily Advertiser)≫가 발행된다(Wells, Burnett & Moriaty, 1992). 이들 신문 중에서 여론을 이끈 최고 유력지가 1729년 벤저민 프랭클린이 창간한 ≪펜실베이니아 가제트(Pennsylvania Gazette)≫였다. 그는 1741년에 미국 최초의 잡지인 ≪제너럴 매거진(General Magazine)≫을 발간하기도 했는데, 이때부터 일찌감치 광고와 대중매체 경영 간의 핵심적 상관관계를 간파했다. 이후 프랭클린은 자기 손으로 직접 광고를 제작하고 집행하는 등 초기 미국 광고산업의 전 영역에 걸친 선구자적 역할을 수행하게 된다.

프랭클린은 상업적 광고 게재를 터부시한 당시의 대다수 정기간행물 발행자들과 달리 자기 소유 신문에 적극적으로 광고를 게재하도록 허락했을 뿐 아니라,[17] 스스로 독창적 발명을 하고 그것을 상품화하여 직접 카피를 썼다. 프랭클린은 타이포그래피 광고가 보편적이었던 미국 신문광고에 최초로 일러스트레이션을 도입한 인물로 기록된다.[18] 또한 독창적 레이아웃과 활자체를 활용하여 광고에 대한 주목을 높이는 데 성공하였다.[19]

그가 카피라이터 역사와 관련되어 특별히 주목을 끄는 이유는 이 전문

17 그의 신문이 인기를 끌고 미국에서 제일 많은 광고가 실리기는 했다. 하지만 무분별한 광고 게재가 허락되었던 것은 아니다. 광고료 지불 의사가 있다 해도, 상식에 반하거나 개인적 논쟁에 관련된 광고에 대해서 프랭클린은 엄격한 제한을 두었다.

18 O'Guinn, T. C., Allen, C. T. & Semenik, R. J., *Advertising*(Ohio: South-Western College Pub., 1998), p.59.

19 Mandell, M. I., *Advertising*(Englewood Cliffs, NJ: Prentice Hall, 1984), p.33.

직의 명칭이 생겨나기 전이었지만 오늘날 카피라이터들에 비해 뒤떨어지지 않는 창작 솜씨를 뽐냈기 때문이다. 예를 들어 1744년 열효율을 극대화한 신형 벽난로를 발명한 다음 직접 광고카피를 썼는데(Mierau, 2000),[20] 이 광고에는 다음과 같은 바디카피가 실려 있다. 고급스럽고 편안할 뿐 아니라 건강과 마음의 안정까지 주는 벽난로로 자기 발명품을 포지셔닝(positioning)하고 있음을 알 수 있다

> "방이 고루고루 따뜻해지기 때문에 사람들이 불 주위로 모여들 필요가 없습니다. 창문가에 앉아서 책을 읽거나 글을 쓰고 뜨개질을 해도 됩니다 … 더 이상 손이나 발목이 시리지 않으며, 감기가 들거나 기침, 두통, 신열, 늑막염 같은 병에 걸릴 걱정하실 필요가 없어졌지요 …"

과장되기는 했지만 상당한 설득력을 지닌 표현이 아닐 수 없다. 그는 자기 신문에 실린 대부분의 광고카피를 직접 작성한 것으로 유명하다. 특히 1737년 7월 14일 자 ≪펜실베이니아 가제트≫에 실린 다음 카피는 신문 독자들 사이에 높은 인기를 얻어 오랫동안 인구에 회자되었다.

> "몇 개월 전 교회 가족석에서 기도서 한 권이 사라졌습니다. 빨간색 표지에 금박 테두리가 있고 겉과 안 표지에 B. F라는 글자가 적혀 있는 책입니다. 가져간 사람은 그 책을 펼쳐 <u>십계명 제8장을 읽고 난 후</u>, 원래 있던 자리에 가져다 놓기 바랍니다. 더 이상 추적은 하지 않을 것입니다."(春山

20 프랭클린 식 벽난로라는 이름으로 불린다.

行夫, 1984)[21]

5) 19세기 초반

19세기 중후반 잡지매체가 활성화되기 전까지 주력 광고매체는 신문이었다. 특히 미국 광고의 경우 간단한 그림이 드물게 사용되기는 했지만, 그림에서 보는 것처럼, 제품 설명과 정보 고지를 목적으로 하는 카피 위주의 천편일률적인 기사편집형 레이아웃(editorial design)이 대부분을 차지하고 있었다(그림 1-10). 오귄(O'Guinn) 등이 역사학자 제임스 우드(James P. Wood)를 인용하여 이 당시의 신문광고는 "오늘날의 매체에서 제품 판촉을 지원하는 것과 달리 주제별로 분류된 안내문(classified notices)에 가까운 것"이라 설명하는 것이 그 때문이다.[22] 위대한 카피라이터이자 제이 월터 톰슨(J. Walter Thomson) 회장과 미국광고협의회(Advertising Council) 초대 회장을 역임했던 제임스 웹 영(James W. Young)은 미국 광고가 영국 광고의 질적 수준을 따라잡기 시작한 시점을 19세기 중반부터라고 지적한다. 18세기 중엽부터 1

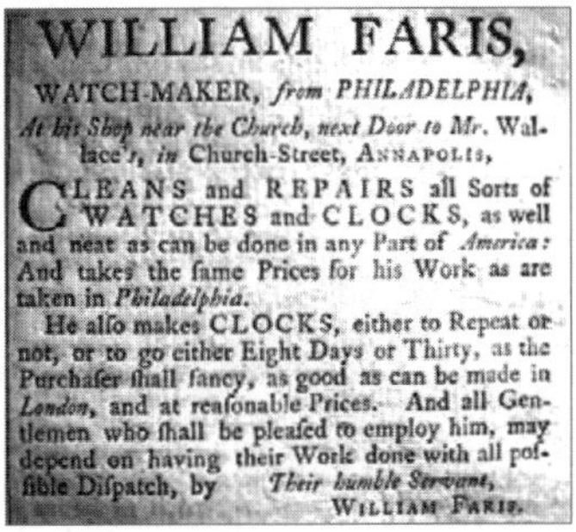

그림 1-10 기사편집형 레이아웃

---

21 모세가 시나이산에서 받은 십계명의 제8장이 '도둑질 하지 마라'이다.

22 O'Guinn, T. C., Allen, C. T. & Semenik, R. J., *Advertising*(Ohio: South-Western College Pub., 1998), p.59.

차 산업혁명이 본격화된 영국에 비해 40년 이상이 지나 미국에서 산업혁명이 시작된 것을 감안하면 당연한 현상이다. 이에 따라 미국에서 신문매체를 중심으로 광고 활동이 본격화되고 그나마 눈여겨볼 만한 광고 카피가 등장하는 것은 독립전쟁 시기를 넘어선 이후부터다.

19세기 초반에 나타난 광고 카피들을 영국과 미국으로 나눠서 살펴보기로 하자. 먼저 1820년 집행된 영국의 구두약(Blacking) 광고를 소개한다(그림 1-11). 반짝이는 장화 가죽에 비친 제 모습에 놀란 고양이가 메인 비주얼이다. 이 유머러스한 일러스트를 그린 사람은 당대의 유명 화가 조지 크릭생크(George Crikshank, 1792~ 1878)다. 하지만 카피라이터는 기록에 남아 있지 않다. 잔뜩 몸을 웅크린 채 털을 곤두세운 고양이 그림 옆에 "고양이와 가죽장화(The Cat and The Boot)"라는 헤드라인과, 다음과 같은 풍자적이고 시적인 바디카피가 눈길을 끈다.

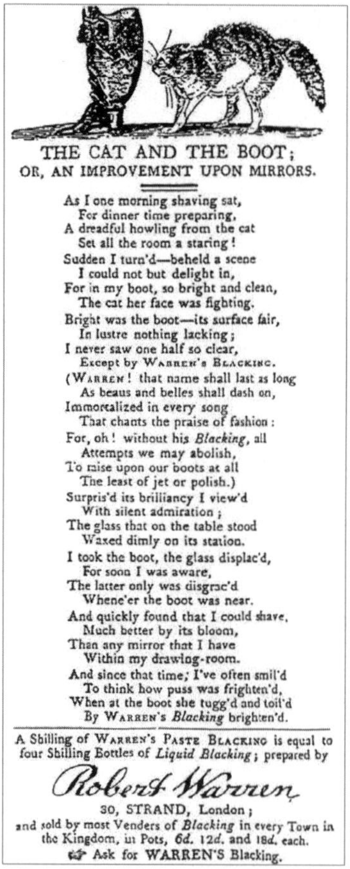

그림 1-11 고양이와 가죽장화

"어느 날 아침 먹기 전, 수염을 깎으려 앉았는데
고양이가 무시무시하게 울부짖어
방 안에 있는 사람들이 깜짝 놀랐다네…"

18세기 후반부터 19세기 초반에 걸쳐 영국에서는 시구(詩句)를 코믹하게 흉내 내 광고카피에 써먹는 방식(poetical advertisements and comic imitation)이 유행했는데, 이 광고가 전형적 사례이다(Strachan, 2007).[23] '로버트 워런(Robert Warren) 구두약'[24]으로 광을 낸 구두 표면이 거울보다 더 반짝인다는 표현은 분명히 과장이 섞인 것이다. 하지만 영시(英詩) 특유의 운율에 어우러진 유머가 바디카피와 어우러지면서 그 같은 과장조차도 어쩐지 유쾌한 느낌을 준다. 고작해야 삭막한 카피 몇 줄로만 구성되었던 이 시대의 다른 신문광고와 비교해보면, 레토릭의 수준이 범상치 않음을 알 수 있다.

영국에서 증기기관차가 발명된 것은 1804년, 리처드 트레비딕(Richard Trevithick)에 의해서였다. 하지만 이를 실용화한 것은 조지 스티븐슨(George Stephenson)이었다. 그에 의해 1825년 6월 27일 스톡턴(Stockton)과 달링턴(Darlington) 간에 최초의 공공 철도가 개통되어 레일 위를 달리기 시작한다. 로코모션 1호(Locomotion No. 1)라 이름 붙은 열차의 조종간은 스티븐슨이 직접 잡았는데, 600명의 승객을 태웠고 34량의 짐차를 끌었다고 기록된다. 새롭게 등장한 이 운송 수단은 현대 문명을 상징하는 압도적인 외모와 힘으로 사람들의 선풍적 인기를 끌었다.

1830년대 후반에 들어서면 철도법이 개정되어 개인 명의로 철도회사 설립이 허가된다. 철도 관련 회사가 우후죽순으로 설립되는 것은 당연한 이치였다. 이들 회사는 자본 조달을 위해 주식투자자들을 대거 모집하고 이

---

23 http://assets.cambridge.org/97805218/82149/frontmatter/9780521882149_frontmatter.pdf

24 대문호 찰스 디킨스(1812~1870)가 12살의 어린 나이로 이 구두약 만드는 공장에 일을 다녔는데, 이것은 영문학사에 유명한 일화로 기록된다.

것이 곧 엄청난 주식 투기로 발전하게 된다. 이른바 세계 10대 금융 투기 중 하나로 손꼽히는 소위 '철도 버블(Railway Bubble)' 혹은 '철도 광풍(Railway Mania)'이 시작된 것이다(Campbell, 2010). 1837년에 시작되어 1846년에 가서야 막을 내린 이 희대의 투기 붐을 틈타 영국에서 무려 50개의 개인 철도회사가 등록되었고, 이들 회사의 수익성을 과장하는 주식 공모 광고가 신문을 도배했다.

당대의 대표적 신문 ≪더 타임스(The Times)≫에 하루에만 무려 44개의 철도 광고가 게재되기도 했다. 이들 광고에는 회사의 발기인 명단과 철도사업의 수익성, 막대한 배당 수익을 보장하는 카피가 적혀 있는 것이 보통이었다. 대중의 기대가 폭발하고 투자가 집중된 것은 당연한 일이었다. 이때 많은 철도회사 설립자들이 발행 주식의 일부만을 시장에 유통시키는 방식으로 주가 상승을 유도하는 사기성 행각을 벌였다. 이렇게 해서 당시 철도회사 주식에 쏠린 금액을 모두 합하면 몇 년 동안 영국 전체의 투자 자금을 넘을 정도가 되었다.

드디어 당국이 나서서 과열된 주식시장에 대한 경고를 발표했다. 이번에는 주식 매도 열풍이 불고 주식 가치가 휴지조각이 되어버렸다. 상투를 잡은 다수의 선량한 투자자들이 막대한 피해를 보았고 영국 경제가 큰 충격을 받았다. 문제는 이러한 철도 주식 투기에 허위, 과장 광고가 대대적으로 동원되어 투자자들을 현혹시켰다는 사실이었다. 이 사건은 당대인들의 광고에 대한 부정적 이미지를 확고히 굳히는 계기를 제공했다. 오늘날 이 시대의 허위과장 광고는 수백 건이나 자료로 남아 있다. 하지만 이들 광고를 만든 카피라이터들은 아무도 이름이 전해지지 않는다.

6) 존 파워스

그림 1-12 존 파워스

프랭클린은 카피라이터로서 최초의 자기 이름을 남긴 사람이지만 어디까지나 부업으로 카피를 썼다. 그런 의미에서 광고 역사에 기록된 첫 번째 전업(專業) 카피라이터는 존 파워스(John E. Powers, 1837~1919)라고 할 수 있다(그림 1-12). 그가 본격적으로 활약을 시작한 19세기 말엽은 미국에서 제품의 브랜드화가 시작된 시기다. 표준적 제품 생산 기술이 확산되고 보편화되면서 공장제 일상 소비재들 사이에 제품력 우위를 확보하기 어려운 상황이 도래했기 때문이다. 특히 당대의 주력 소비재인 밀가루, 비누, 섬유 제품의 경우는 메이커가 어디든 간에 본질적으로 성분이나 품질이 비슷할 수밖에 없었다. 이에 따라 거대 자본력과 시장점유율을 보유한 대기업들은 자사 제품을 경쟁 제품과 구별시키는 독특한 제품 개성(product personality)을 키워 소비자 선호를 강화하려 노력했다. 자기만의 고유한 제품 개성을 창조해낸 다음 이를 통해 구매 충성도를 확보하는 것이 생존의 관건이 되었기 때문이다. 그 결과 태어난 것이 브랜드(Brand)였다(양정혜, 2009).

세계 광고사를 통틀어 지역 단위(local) 시장을 벗어나 전국 단위(national)에 걸쳐 광고캠페인을 벌인 최초의 브랜드로는 앞서 살펴본 영국의 로버트 워런 구두약(Robert Warren's Shoe Blacking)이 있다(Russell & Lane, 1996). 이 시점이 19세기 초엽인데, 영국에 비해 산업혁명이 늦게 시작된 미국의 경우는 1850년대를 넘어서면서 비로소 전국적 브랜드가 나타난다.

유명 브랜드를 보유한 기업은 소비자 선호와 가격 경쟁에서 우위를 점할 수 있었다. 예를 들어 캠벨수프(Campbell Soup)를 개발하여 식품사업에 진출한 조지프 캠벨(Joseph Campbell)은 양념, 다진 고기 등 모든 판매 제품에 캠벨이란 브랜드 네임을 붙임으로써 전국에 걸친 소비자 인지와 호의도를 키울 수 있었다. 그밖에 당시에 광고 캠페인을 활발하게 집행한 선구적 브랜드로는 네슬레(Nestlé), 캐드버리(Cadbury), 켈로그(Kellog) 등의 식품회사가 있다. 이런 추세가 가속화되어 1880년대가 되면 노동자 계급의 가처분 소득 증가와 구매력 상승을 등에 업고 전국을 대상으로 광고를 펼치는 품목이 의류, 비누, 카메라, 자전거, 재봉틀, 타이프라이터, 과자, 주류, 음료 등으로 크게 확대된다. 이 시기에 가장 많은 광고를 집행했던 브랜드는 로열 베이킹파우더(Royal Baking Powder), 사폴리오(Sapolio) 비누, 아이보리(Ivory) 비누, 더글라스(Douglas) 구두가 있다.

특히 1871년의 브랜드 보호법 발효가 결정적 역할을 했다. 이때부터 허락 없이 남의 브랜드를 도용하는 것이 불법화된다. 그해 121개의 브랜드가 등록을 했고 이 숫자는 1905년이 되면 1만 개로 늘어난다. 이처럼 전국적 브랜드 파워를 가진 제품들이 속속 등장함에 따라 가정주부들은 살림에 필요한 소모품들을 직접 만들어 쓰던 관행을 벗어던지고 공장에서 대량 생산된 브랜드 제품을 과감하게 수용하기 시작했다. 광고 대상 제품이 늘어나고 기업들의 광고 집행 비용 총액이 급증한 것은 당연한 일이다. 이에 따라 미국 기업들이 광고에 쏟아붓는 돈은 1880년대부터 20년간 무려 2배 이상의 가파른 상승 곡선을 그리게 된다.

기업들이 브랜드를 개발하여 전국적 차원에서 마케팅을 펼치는 환경에서 잠재 소비자들에게 제품을 팔기 위해 종전의 설득 기법만으로는 한계가 있다는 사실이 점점 명확해졌다. 단순히 제품명을 알리는 광고, 혹은 야바위(quacks)에 가까운 허풍(puffs)으로는 더 이상 소비자 신뢰를 얻기 힘들어진 것이다. 우수한 품질과 신뢰성을 지닌 브랜드 제품을 경쟁 제품과 차별화시켜 선호도를 높이고 구매 유도를 이끌어내는 정교한 설득이 필요해졌다. 윤리적 직업의식과 프로페셔널리즘으로 무장한 전문 카피라이터들이 나타난 것은 역사적 필연이었다.

이 같은 거대한 마케팅 및 광고 변혁 시기에 등장하여 카피라이팅 역사에 깊게 이름을 아로새긴 인물들이 존 파워스, 나다니엘 파울러 주니어(Nathaniel C. Fowler, Jr.), 찰스 오스틴 베이츠(Charles A. Bates)였다. 그리고 이 세 사람 가운데 가장 우뚝 솟은 별이 파워스였다. 광고전문지 ≪애드버타이징 에이지(Advertising Age)≫가 '크리에이티브 광고의 아버지'라 칭송한 존 파워스는 매스컴과의 인터뷰를 극구 사양하는 성격 탓에 기록이 될 만한 자료가 별로 남아 있지 않다. 다만 그가 1837년 미국 뉴욕주의 농촌에서 태어났다는 사실은 분명하다.[25]

그는 보험대리인, ≪더 네이션(The Nation)≫ 편집인 등 다양한 직업을 거쳐 1880년에 카피라이터 생활을 시작했다. 당시 백화점 업계의 거물 존 워너메이커(John Wanamaker)가 로드 앤드 테일러(Lord & Tayler)백화점에서 파트타임 카피라이터로 일하던 그를 스카우트함으로써 전업 카피라이터의 길에 입문한 것이다(Wells, Burnett & Moriaty, 1992). 파워스는 워너메이커 백화점에서 일하면서 광고 독자의 주의를 끄는 다양한 방식의 크리에이티브 소구 방식을 실험했다(Sivulka, 1998). 이를 통해 워너메이커 백화점 광고를 좌지우지하는 위치에 오르지만, 자신의 독특한 카피 스타일 때문에 사장인 워너메이커와 자주 갈등을 빚었다. "당신은 내가 아는 사람 중에 가장 무례한

25 http://adage.com/century/people085.html

사람이오"라고 비난할 정도로 파워스와 잦은 충돌을 빚었던 워너메이커는 1883년 그를 해고했다가 이듬해 다시 복직시켰고, 1886년에는 완전히 인연을 끊어버렸다.

파워스는 이때부터 회사에 소속되지 않고 역사상 최초의 프리랜서 카피라이터로 독립하게 되는데, 1890년대 후반이 되면 카피라이팅만으로 하루에 100달러(오늘날 가치로 3000달러) 이상을 벌어들이는 절정의 실력을 뽐내게 된다. 둥근 철테 안경을 낀 과묵하고 냉정한 성격의 파워스. 그의 카피라이팅 철학은 용모와 닮은 구석이 있다. 즉 광고는 상식과 진실에 입각한 직접적인 표현을 해야 하며 형식보다는 내용에 충실해야 한다는 것이다. 생생한 설득력을 지닌 그의 이성(理性) 소구 카피는 찰스 오스틴 베이츠, 클로드 홉킨스 등의 후배 카피라이터들에게 하나의 이정표를 제시했다.

파워스는 광고 업계에서 카피라이터 위상을 정립한 최초의 인물이었을 뿐 아니라, 놀라운 재능과 실력으로 현대 광고 크리에이티브의 발전에 핵심적 영향을 미쳤다. 그가 쓴 카피는 정직하고 직설적이었으며 제품이 지닌 사실에 집중하는 특징이 있었다. 당시 유행하던 것은 과장되고 화려한 레토릭과 긴 문장으로 구성된 카피였다. 하지만 파워스는 힘 있는 헤드라인, 주목을 끄는 슬로건, 길지 않으면서도 제품의 특성을 쉽게 이해시켜주는 바디카피를 썼다. 그는 카피를 과장하는 것을 매우 싫어했다. 제품이나 기업에 문제가 있으면 그것을 솔직히 털어놓음으로써 오히려 신뢰를 얻는 방식을 즐겨 사용했다. 예를 들어 파산 위기에 몰린 피츠버그의 의류업체 광고에서 다음과 같이 말했다(Turngate, 2007).

> "우리는 파산했습니다. 채권자들이 이 광고를 본다면 당장 우리 목에 밧줄을 걸려고 덤빌 것입니다. 그렇지만 당신들이 우리 물건을 사준다면

우리는 돈을 들고 채권자들을 만날 수 있을 겁니다. 그렇지 않다면 우리는 궁지에 몰리게 되겠지요."

대담하고 솔직한 문장이다. 이 카피 메시지에 공감한 고객들이 떼거리로 몰려들어 업체는 위기를 모면했다고 한다. 파워스의 카피라이팅 철학은 다음의 세 단어로 요약될 수 있다. 주목(attention), 흥미(interest), 진실(truth)이 그것이다. 그가 1895년 ≪프린터스 잉크(Printer's Ink)≫ 기자와 인터뷰한 다음 내용을 보면 그 사실을 명확히 알 수 있다(Fox, 1997).

"광고에서 성공하려는 사람이 맨 처음 할 일은 독자의 주의를 끄는 일입니다. 그리고 재미가 있어야 합니다. 마지막으로는 진실에 충실한 건데, 틀린 것은 그것이 무엇이든 바로 잡아야 한다는 뜻이지요. 만약 그 진실을 말할 수 없으면 고치세요. 그것이 카피라이터가 할 일입니다."

7) 나다니엘 파울러 주니어

나다니엘 파울러 주니어(Nathaniel C. Fowler, Jr., 1858~1918)는 카피라이터가 전문직으로 자리 잡기 시작한 19세기 말엽에 파워스 못지않은 명성을 날린 인물이다. 하지만 광고가 아직 산업으로서 체계적 모습을 갖추기 전이었고 카피라이터 직업의 전문성이 미약한 시대였기 때문에 카피라이터보다는 작가, 강연가, 비즈니스 상담가로 더 큰 활약을 했다. 그런 의미에서 카피라이팅에 관련된 자료는 다른 이에 비해 그리 많이 남아 있지 않다.

1858년 매사추세츠주 야머스(Yarmouth)에서 태어난 파울러는 24살이란 이례적으로 이른 나이에 신문사 ≪피츠필드 데일리 저널(Pittsfield Daily

그림 1-13 나다니엘 파울러스의 저서들

Journal)≫을 설립하고 직접 편집까지 담당했다. 당시 기준으로 역사상 최연소 신문 편집장이었다.[26] 이후 광고계에 뛰어들어 대행사를 설립하고 카피라이팅과 동시에 광고 관련 카운슬러로 활약했다. 1891년이 되자 프리랜스 카피라이터로 전념하기 위해 잘 나가던 자기 광고대행사를 팔아버린 후 보스턴에서 역사상 최초의 광고학교(school of advertising)를 설립했다. 그는 25년 동안 광고계에서 활약하면서 1만 개가 넘는 광고를 직접 만들고 카피를 썼는데, 대표작으로는 당대에 가장 유명했던 보험회사 광고인 '지브롤터의 바위(Gibraltar Rock)'가 있다.

파울러는 기실 카피라이터보다는 탁월한 솜씨를 지닌 작가로서 후세에 널리 알려졌다. 『광고와 인쇄물에 관하여(About Advertising and Printing)』(1889)란 제목의 첫 저서를 시작으로 실용서와 교양서 분야에서 많은 베스트셀러를 썼고 이를 자기 소유의 출판사 파울러스 퍼블리시티(Fowler's Publicity)에서 간행하였다. 예를 들어 자전적 소설인 『재능(Gumption)』, 『알아둘 필

26 http://www.rootewb.ancestry.com

하드셀 소구

하드셀 소구(hard sell appeal)란 메시지의 논리적 전개를 통해 제품이 지닌 특성을 강조하는 이성적 표현 방식을 의미한다. 제품 기능과 그것을 사용하는 소비자 효용에 초점을 맞춰, 고유의 경쟁 우위적 속성을 직접적으로 전달하는 특징을 지닌다. 그 대척에 서 있는 개념이 소프트셀 소구(soft sell appeal)인데 이는 일반적으로 목표고객의 정서적, 사회적 만족감을 간접적으로 약속하거나 암시하는 감성적 접근을 택하게 된다. 하드셀 소구와 소프트셀 소구는 현대 광고사를 통틀어 표현 방식의 양대 핵심축을 형성할 정도로 지속적 영향을 미쳐왔다(양정혜, 2009). 제1장에서 등장하는 카피라이터 가운데 찰스 오스틴 베이츠, 존 E. 케네디, 클로드 홉킨스, 로서 리브스 등이 전형적인 하드셀 카피라이터다. 반면에 소프트셀을 위주로 한 대표적 카피라이터로는 어니스트 엘모 컬킨스, 시어도어 맥매너스, 윌리엄 번벅 등이 있다.

요가 있는 1000가지(1000 Things Worth Knowing: That All who Read May Know)』, 『노커스 클럽(The Knockers Club)』, 『실용적 판매술: 상품판매 기법에 대한 고찰(Practical Salesmanship: A Treatise on the Art of Selling Goods)』(그림 1-13) 등은 1세기 이상 판을 거듭한 스테디셀러로 아직도 꾸준히 팔리고 있다.

광고 카피라이터로서 파울러는 제품의 특성을 분명하게 제시하는 표현을 선호했다. 반면에 화려한 수식과 미사여구를 사용한 카피는 극단적으로 싫어했다. 파워스의 사례에서도 보았지만, 이 시기의 주력 카피라이팅 스타일이 역시 **하드셀 소구**(hard sell appeal)였음을 미루어 짐작할 수 있다.

8) 찰스 오스틴 베이츠

찰스 오스틴 베이츠(Charles A. Bates, 1866~?)는 스스로에게 '광고크리에이

그림 1-14 찰스 오스틴 베이츠

터'라는 이름을 붙인 최초의 인물이었다(그림 1-14). 다소 과시적인 성격에 자기 확신이 강했던 그는 광고전문지 ≪프린터스 잉크≫에서 카피라이터가 되기를 선망한 이유를 다음과 같이 밝혔다. 당대 최절정의 인기 카피라이터 존 파워스가 워너메이커 백화점에서 연봉 1만 달러를 받는다는 기사를 접하고 나서부터라고 말이다.[27]

1892년 인디애나폴리스 백화점에서 카피라이터 일을 시작한 베이츠는 본격적 카피라이터로 입문한 지 몇 년이 채 지나지 않아 2만 달러의 연 수입을 올림으로써, 그가 부러워했던 파워스의 수입을 능가했다. 또한 광고회사를 설립한 후 자기 소유의 **특허약품**(patent medicine)을 직접 생산, 판매함으로써 큰돈을 벌어들였다.

베이츠는 ≪프린터스 잉크≫에 광고 크리에이티브에 대한 칼럼을 매주 기고했다. 이를 통해 "광고는 결코 문학이 아니다"라고 주장함으로써, 물건을 파는 수단으로서 카피 역할에 대한 확고한 이론을 펼쳤다. 그는 프리랜서 카피라이터로 일하는 동시에 자신의 광고대행사도 운영하였다. 이 회사는 디자인 파트를 별도로 구성한 당대의 선도적 조직이었다. 베이츠의 카피라이팅 철학은 네 가지로 요약된다. 첫 번째는 가격을 명시하라는 것이다. 두 번째는 쉬운 문장을 쓰라는 것이며 세 번째는 소비자의 이해력을 뛰어넘는 표현은 삼가라는 것이다. 마지막으로 카피는 어디까지나 제품에 대

27 http://adage.com/century/people058.html

특허약품

특허(patent)라는 이름을 붙였지만 이들 제품 대부분은 실제로 특허가 없었다. 광고사학자 시불카(Sivulka, 1998)에 따르면 특허약품이 처음 태어난 곳은 영국이었다. 1630년대에 찰스 1세의 궁전의사를 자처하는 스코틀랜드 사람이 베네치아에서 입수했다는 의심스런 처방을 통해 '앤더슨 알약(Anderson's Pills)'을 만들어 국왕의 판매면허를 받았다는 것이다. '특허'라는 용어 자체가 진짜 특허받은 약효를 보증한다는 의미가 아니라, 왕이나 행정당국의 사업허가를 받고 세금을 낸다는 관례적 의미에 불과함을 알 수 있다.

미국의 특허약품은 18세기 초부터 나타났고 전성기는 남북전쟁이 끝난 후부터였다. 많은 상이군인들이 당시 의료제도의 부실 때문에 제대로 치료를 받지 못했는데, 특허약품은 이들의 임시변통적 치료를 위해 팔려나간 일종의 통증 완화제였다. 많은 특허약품들이 스스로를 만병통치약에 가깝다고 주장했지만 약효 신뢰성은 바닥 수준이었다.

약효와 안정성이 극히 의심스러운 특허약품들이 왜 그리 많이 팔렸을까. 바로 당시의 미국 의료 환경 때문이었다. 우선 의사들의 숫자가 태부족했고 의학 자체가 낙후되었던 것이다. 더구나 전쟁 부상자들의 통증 완화에 대한 수요가 높은 것도 이들 약품이 범람한 이유였다.

대부분의 특허약품은 알코올, 아편, 미량의 코카인 등을 함유했고 유리병에 담겨 판매되었다. 이런 약품을 허위과장 카피를 통해 억지로 팔아치우려 하다 보니 건강에 대한 사람들의 공포를 자극하는 광고가 성행하게 되었다. 과거에는 알지도 못했던 '새로운 병(病)'에 스스로 걸렸다고 생각하는 건강염려증이 생겨났을 정도였다.

미국 광고사에 있어 특허약품 광고는 소비자 마음에 광고에 대한 불신과 혐오를 아로새긴 결정적 역할을 했으며 광고개혁 및 소비자운동의 도화선이 되었다. 특히 1906년 미국 의회가 제정한 식품 및 의약품 안전법(Pure Food and Drug Act) 제정에 결정적 역할을 했다. 이때부터 미국의 모든 식품/의약품 제조업자는 강제규정으로 포장지 라벨에 제품의 실제 성분을 반드시 표기하게 되었다.

노벨경제학상을 수상한 컬럼비아 대학 교수 폴 크루그먼(Paul R. Krugman) 은 2006년 6월 13일 자 ≪뉴욕타임스≫ 칼럼에서 20세기 초반 업턴 싱클레어(Upton Beall Sinclair, 1878~1968)의 사회고발 소설 『정글(Jungle)』이 이 법을 제정시키는 데 큰 역할을 했다고 지적한다. 베스트셀러가 된 싱클레어의 소설은 시카고 정육공장의 비위생적, 비인간적 노동환경을 적나라하게 고발함으로써 대중들의 공분(公憤)을 불러일으켰는데, 이것이 당시 대통령이었던 시어도어 루스벨트(Theodore Roosevelt)로 하여금 무분별한 식품/의약품 생산에 대한 검역당국의 규제를 실시하도록 강력히 추동했다는 것이다.

한 진실에서 출발해야 한다는 것이었다. 역시 당대의 주류 소구 방법이었던 하드셀 소구에 충실했음이 뚜렷하다.

찰스 오스틴 베이츠는 카피라이터란 직업이 독창적 능력을 발휘하면서도 고액의 수입을 올릴 수 있는 새로운 전문직임을 만천하에 과시한 인물이다. 다음의 표현을 보면 그가 자기 능력에 대한 자부심이 얼마나 대단했던가를 알 수 있다(Fox, 1997).

> "나는 미국에 있는 어떤 광고주를 위해서든, 똑같은 광고비를 쓰더라도 다른 사람보다 훨씬 효과적 광고를 해줄 수 있습니다. 자랑처럼 들릴지 몰라도 사실입니다."

9) 존 E. 케네디

그림 1-15 존 E. 케네디

캐나다 출신의 존 E. 케네디(John E. kennedy, 1864~1928)는 하드셀 소구 방식을 이론화시킨 선구자로 지칭된다(그림 1-15). 광고인생 초기에 케네디가 쓴 카피는 나다니엘 파울러 주니어에 의해 '문학적 미사여구에 함몰된 최악의 카피'사례로 인용될 정도였다. 하지만 다양한 광고 관련 직업을 전전하면서 마침내 리즌와이(reason why)[28]로 불리는 자신만의 독특

28 카피 위주의 논리적 전개를 통해 제품 효용성과 경쟁 우위를 강조하는 표현 방식이다. 이 기법은 제품 및 서비스의 편익, 가격, 시험결과, 특이 성분 등을 제시해 "왜(why) 소비자들이 제품을 구입해야 하는가의 이유(reason)"를 직접적, 명시적으로 밝

한 하드셀 카피라이팅 실력을 구축하게 되었다. 그는 리즌와이 카피의 창시자로 알려져 있지만, 정작 자신은 이 기법이 독창적 발명품은 아니며 19세기 중반에 성행한 특허약품 광고에서 기원을 찾을 수 있다고 솔직히 밝혔다(Fox, 1997). 과장 표현의 문제점이 명백했지만, 특허약품 광고들만큼 제품 특성을 강력하고 설득적으로 묘사한 카피가 없었기 때문이라는 것이다.

케네디는 원래 국립 캐나다 기마경찰로 사회생활을 시작했다. 그가 광고에 발을 들여놓게 된 계기는, 위니펙의 허드슨 베이(Hudson's Bay)백화점 광고매니저로 입사하면서부터였다. 이후 신문사 영업직, 제화회사 카피라이터 등을 거치면서 일취월장한 실력을 쌓았는데, 그의 카피라이팅 실력이 활짝 꽃 피어난 것은 '로드 앤드 토머스(Lord & Thomas)'사의 **앨버트 라스커**(Albert Lasker, 1880~1952)(그림 1-16)를 만나면서부터였다. 두 사람의 만남은 처음부터 심상치 않았다. 1904년의 어느 봄날. 로드 앤드 토머스를 찾아온 케네디는 1층 로비에서 위층의 회사 임원에게 만남을 청하는 쪽지를 보냈는데, 거기에는 이렇게 적혀 있었다(Cruikshank & Schultz, 2010).

"나는 지금 아래층 로비에 있습니다. 나는 당신에게 진짜 광고가 뭔지를 말해드리겠습니다. 당신은 모르고 나는 아는 그것을 말이지요 … 만약 광고가 뭔지 알고 싶다면 벨보이한테 '예스'라고 적은 쪽지를 내려 보내십시오. _ 존 E. 케네디"[29]

히는 것을 특징으로 한다.

29 http://www.hardtofindseminars.com/John_E_Kennedy.htm

앨버트 라스커

그림 1-16 앨버트 라스커

라스커는 카피라이터 출신이 아니다. 하지만 20세기 초반의 광고인들 가운데 누구보다도 카피라이팅의 발전과 카피라이터 직업의 전문화에 큰 영향을 미친 사람이다. 라스커는 고교 졸업 후 ≪뉴올리언스 타임스 데모크라트(New Orleans Times-Democrat)≫, ≪댈러스 뉴스(Dallas News)≫등에서 잠시 일을 했는데, 열여덟이 되던 1898년 아버지 소개를 받아 주급 10달러의 사무직(office clerk)으로 로드 앤드 토머스에 입사한다.

그가 광고계에 입문한 시기는 미국의 광고대행사들이 광고지면의 단순 판매 중개에서 벗어나 직접 마케팅 계획을 수립하고 크리에이티브를 제작하는 본질적 변화가 시작되는 시점이었다. 라스커는 그 같은 변화 흐름을 더욱 가속화시켜 광고산업의 새로운 틀을 구축하는 핵심 업적을 남기게 된다. 그는 광고주 영업담당을 거쳐 24살의 어린 나이에 파트너(partner, 공동경영진)로 승진했다. 그리고 32살 때 로드 앤드 토머스의 대표이사가 된다. 광고회사 경영에 관한 한 조숙함을 넘어 천재적 솜씨를 보인 셈이다. 라스커는 이러한 천부적 리더십을 통해 자기보다 나이 많은 직원들을 압도했다.

이후 64세에 광고계를 은퇴하기까지 그는 다양한 인생 경로를 걸었다. 1916년에는 시카고컵스 야구단의 대주주가 되었고 1918년에는 광고계를 잠정 은퇴하여 뉴욕에서 공화당 전당대회 홍보를 지휘하면서 정치계에 발을 담그게 된다. 하지만 그의 정치 경험은 실패의 연속이었고 결국 1923년 로드 앤드 토머스로 복귀한다. 그리고 다시 한번 경제적으로 큰 성공을 거두었을 뿐 아니라, 미국 광고계에서 누구도 따라올 수 없을 만큼의 제왕적 명성을 누리게 된다.

1900년대 초에 혜성과 같이 등장하여 현대 카피라이팅의 기틀을 다진 세 명의 거장이 존 E. 케네디, 클로드 홉킨스, 어니스트 엘모 컬킨스다. 이 가운데 리즌와이(Reason why) 카피라이팅을 개척하고 완성시킨 케네디와 홉킨스가 모두 라스커의 휘하에서 일했다는 것만 봐도 그가 현대 광고에서 차지하는 비중을 알 수 있다. 그는 광고주 업무와 광고대행사 크리에이터 사이에 위치하여, '광고주에 대하여 광고대행사를 대표하고, 광고회사에 대해서는 광고주를 대표하는' AE의 역할을 정착시킨 사람이다.

라스커는 광고에서 카피가 차지하는 비중을 절대적으로 여겼고, 광고주가 광고에 돈을 쓰는 가장 중요한 이유는 바로 카피 때문이라고 공언했다. 라스커에게 광고 크리에이티브는 심플하고 담백한 카피를 통해 고객이 제품을 구입해야 할 이유를 강력하게 어필하는 전형적 하드셀 소구였다.

광고사학자 폭스(Fox, 1987)에 따르면 라스커는 "로드 앤드 토머스의 생각, 정열, 그리고 비용의 90%가 카피에 들어갑니다. 우리 회사에서 카피라이터에 들어가는 비용은 다른 대행사의 4배나 됩니다."라고 말하곤 했다. 초기에는 광고제작에 아예 아트디렉터(art director)가 필요 없다는 극단적 생각까지 했을 정도다. 그는 헤드라인을 쓴 다음 비주얼 아이디어가 나와야 한다는 주장을 평생 굽히지 않았다.

라스커는 경영진이 된 첫 해 자신의 결정으로 로드 앤드 토머스에 입사한 카피라이터 존 E. 케네디와 손을 잡고 회사 안에 '카피라이팅 스쿨'을 만든다. 케네디가 대중 앞에서 강의하는 데 익숙하지 못해, 케네디에게 개인적으로 설명을 들은 라스커가 1주에 2번씩 대신 강의를 했다고 한다. 이 스쿨을 졸업한 인재들은 고액의 연봉을 받으며 다른 광고대행사에 속속 자리를 잡았다. 그리고 케네디가 개척했고 라스커가 발전시킨 리즌와이, 즉 제품 편익을 통한 소비자 문제해결을 약속하는 하드셀 카피라이팅이 광고계에 확고히 뿌리내렸다.

라스커는 케네디를 고용했지만, 사실은 이 캐나다 출신 카피라이터의 크리에이티브 철학에서 거꾸로 결정적 영향을 받았다. 그는 케네디를 일러 "광고의 역사는 케네디에 의해 새로 쓰여졌다. 그는 오늘날 미국의 모든 카피라이터들이 지키고 있는 광고원칙을 만들어낸 사람이다"라고 극찬하였다. 케네디가 2년의 근무를 마치고 회사를 떠난 후, 라스커는 프리랜서 카피라이터로 일하던 클로드 홉킨스를 고용했고 드디어 로드 앤드 토머스사의 전성시대가 개막된다(Turngate, 2007).

이 이야기는 다음 차례인 클로드 홉킨스 편에서 자세히 이어진다. 어쨌든 그는 당시 대부분의 광고대행사들이 고작 한두 명의 전담 카피라이터를 고용하던 시절에, 업계 최고 수준의 봉급을 주고 10명에 달하는 카피라이터를 채용할 정도로 카피라이팅의 가치를 높게 평가했다. 그리고 이들 고액 연봉 카피라이터들을 철저히 부려먹으면서 체계적 광고제작시스템을 구축했고 마침내 로드 앤드 토머스를 당대를 대표하는 최고 광고회사로 성장시켰다. 라스커는 1942년 10만 달러를 받고 자신의 모든 주식을 부하직원 세 명에게 넘기고 광고계를 은퇴한다. 이 세 명이 바로 풋(Foote), 콘(Cone), 벨딩(Belding)인데, 오늘날 다국적 대행사 FCB가 이 세 사람의 이름 첫 글자를 따서 출범한 회사이다.

어쩌면 가당찮은 수작으로 보일 수도 있었다. 만일 앨버트 라스커가 사무실에 없었다면 카피라이팅의 역사는 다른 곳으로 흘러갔을 것이다. 당시 막 차석 경영자(junior partner)로 승진했던 젊은 야심가는 즉시 케네디를 불러들였다. 이 낯선 카피라이터가 던진 제안이야말로 광고계 입문 이후 라스커가 6년 동안 찾아 해매이던 화두였기 때문이다. 이렇게 만난 두 사람은 서로가 생각하는 광고의 정의에 대하여 새벽 3시까지 길고 긴 이야기를 나누었고, 마침내 한 배를 타기로 결정했다. 케네디는 카피라이터 책임자로 입사하게 되었고 얼마 안 가 광고계에서 가장 높은 봉급을 받는 카피라이터가 된다. 첫 만남에서 케네디가 던진 광고의 정의는 다섯 단어로 이뤄진 심플한 것이었다.

"광고는 인쇄된 판매기법이다(Advertising is Salesmanship in Print)."

좋은 카피는 훌륭한 세일즈맨이 가게에서 고객과 얼굴을 마주대고 물건을 팔 때 쓰는 말과 같다는 것이다. 이를 위해서는 경쟁제품이라면 다 할 수 있는 평범한 주장 대신에 고객이 제품을 구입해야 하는 독특한 이유를 카피를 통해 분명히 제시해야 한다. 제품 혹은 서비스가 주는 소비자 편익, 특성, 시험결과, 성분 특징을 논리적이고 이성적 카피를 빌려 강력히 설득하는 것, 그것이 케네디가 생각한 이상적 광고였다(Sivulka, 1998). 앨버트 라스커는 첫 만남에서부터 이 생각에 100% 동의했다고 한다(Cruikshank & Schultz, 2010).

케네디가 다섯 단어로 제시한 정의는 매우 단순하면서도 효율적인 것이었고 그가 만들어낸 카피 또한 그랬다. 리갈 구두(The Regal Shoe Company), 포스트 그레이프 너츠(Post Grape Nuts), 포스텀 커피(Postum Coffee) 등 당대를 뒤흔든 최고의 캠페인들이 로드 앤드 토머스 시절 케네디의 손끝에서 창조되었다. 업무가 주어지면 광고주에 대해 몇날 며칠이고 연구했고 잠재적 고객 리스트를 뽑아내어 그들 중 몇몇을 만나는 것이 그의 스타일이었다. 광고목표를 깊이 생각하고 판매소구점(selling point) 목록을 작성한 후 카피 마감이 다가올 때까지 시간을 끄는 전형적 슬로 스타터(slow starter)였던 것이다. 라스커는 케네디의 이러한 스타일을 두고 다음과 같이 말했다(Fox, 1997).

> "그는 모든 일에 집중적 사고를 가지고 일을 하는 스타일이었고, 늘 큰 압박감을 안고 있었습니다. 정신적으로 스스로를 고갈시켜 머릿속에 더 이상 아무 것도 떠오르지 않을 때까지 (카피를 완성하는 데) 긴 시간을 필요로 했습니다."

케네디는 1907년 로드 앤드 토머스를 떠나, 뉴욕에서 에스리지 케네디(Ethridge-Kennedy)사를 설립했고 다시 1911년 로드 앤드 토머스로 돌아와 잠시 동안 일을 했다. 최종적으로 프리랜서로 독립한 그는 엄청난 돈을 벌게 되는데, 예를 들어 B. F. 굿리치 타이어(B. F. Goodrich tires) 단일 회사가 한 해 동안 케네디에게 카피 요금으로만 2만 달러를 지불했을 정도였다.[30] 케네디는 64세가 되던 1928년 1월 8일 세상을 떠났다. 앨버트 라스커가 로드 앤드 토머스에서만 44년을 근무한 것에 비하자면 그가 광고계에서 활약한 시간은 길지 않을지 모른다. 하지만 콧수염을 기른 이 캐나다 남자가 현대

30 2017년 기준으로 30만 달러를 상회하는 금액이다.

광고에 미친 영향은 매우 깊고도 넓었다.

10) 클로드 홉킨스

그림 1-17 클로드 홉킨스

광고학자 스코먼(Schorman, 2008)은 하드셀 소구를 이론적, 실천적으로 완성시킨 인물이 클로드 홉킨스(Claude C. Hopkins, 1866 ~1932)라고 주장한다. 문화비평가 트위첼(Twitchell, 2000)은 홉킨스를 소설로 따지자면 디킨스 같은 인물이며, 현대미술로 따지자면 피카소 같은 사람이라고 말한다. 심지어 로큰롤로 치자면 엘비스 프레슬리급이라고 치켜세운다. 이 모든 찬사가 클로드 홉킨스가 광고의 과학화에 미친 압도적 영향력 때문에 나왔다. 19세기 후반에서 20세기 초반 미국 광고계의 대표적 스타 카피라이터였던 이 수줍고 조용한 사람에 대해서는 또 다른 시각도 있다. 천하의 구두쇠에다 무자비한 일벌레이며, 목적 달성을 위해서는 수단 방법을 가리지 않는 냉혈한이라는 식으로 말이다. 하지만 그를 칭찬하든 비하하든 간에 홉킨스가 현대 광고산업과 카피라이팅에 남긴 영향력은 초특급 허리케인과 같다는 사실을 부정할 사람은 없다(그림 1-17).

홉킨스는 미시간주 힐스데일(Hilsdale)에서 침례교 목사의 손자이자 인쇄업자의 아들로 태어났다. 그는 스스로 고백하듯 가난에 찌든 어린 시절을 보냈다(Hopkins, 1997). 아버지가 가정을 버렸기 때문에 열 살의 나이에 어머니를 도와 신문배달, 전단지 배포, 과일 행상 등을 전전해야 했다.[31] 이 같은 성장 경험은 홉킨스를 금욕적이며 운명결정론적 칼뱅주의(Calvinism) 신양으로 이끌었다. 그가 구두쇠라는 평을 듣게 된 것도 어린 시절 경험의 영향이 컸다. 홉킨스는 사람의 본성은 운명적으로 주어졌기 때문에 평생 고정된 채 변하지 않는다고 생각했다. 이것이 그의 광고철학에도 중요한 영향을 미쳤다. 즉 광고는 사람의 태도나 의견을 근본적으로 변화시킬 수 없다는 것이다. 그러므로 태도를 바꾸느니 어쩌느니 헛된 시도를 하기 보다는 일찌감치 소비자들에게 제품을 구입하라고 설득하는 도구적 역할에만 충실해야 한다는 것이었다(Cruikshank & Schultz, 2010).[32]

홉킨스의 카피라이터 인생에서 비셀카펫청소기 회사는 특별한 의미를 지니고 있다. 이 회사는 1883년에 설립되었는데 볼베어링, 스프링, 회전솔의 특허를 갖추고 카펫 청소를 효율적으로 도와주는 청소기를 대량으로 생산, 판매했다. 1890년대 초반에는 하루에 1000개 이상 제품을 생산할 만큼 규모가 확장되었고 뉴욕, 보스턴, 런던, 파리, 함부르크 등 세계 각지에 지사를 개설하였다. 1893년이 되면 누적 판매 대수가 200만 대에 이를 정도였다. 초기에는 방문판매를 중심으로 마케팅을 펼쳤지만 이처럼 판매 지역

31 자서전 『나의 광고 인생(My Life in Advertising)』에 따르면, 홉킨스는 "열 살 때 어머니가 과부가 되었다"고 밝힌다. 하지만 1867년에서 1897년 사이 더 나아가 1900년대 초반까지의 미시간주 호적자료(census record)에는 그의 아버지 페르난도 홉킨스(Fernando Hopkins)의 사망 사실이 기록된 바 없다. 반면에 1880년 홉킨스의 엄마가 호주(戶主, head of household)로 그와 여동생을 부양했다는 기록은 남아 있다. 이에 따라 많은 광고역사가들은 홉킨스의 고백에 의구심을 가지고 있으며, 실제로는 1870년대 말에 아버지가 가족들을 버리고 떠난 것이 아닌가라고 추론한다.

32 광고인의 도덕적 입장에 대한 확고한 믿음을 지닌 레이먼드 루비캄은 홉킨스의 이 같은 판매지상주의를 매우 혐오했다. 물건을 팔기 위해서는 도의적 비난쯤은 감수할 수 있다는 철학으로 일관한 클로드 홉킨스를 두고 루비캄은 "대중을 속이기 위해 일생을 바친 인물"이라고 평했다.

이 확장됨으로써 점차 광고를 통한 전국 마케팅에 돌입하게 된다.

홉킨스는 가난 탓에 정규대학이 아닌 회계학교를 졸업한 후, 회사가 한창 성장하던 1890년에 비셀의 회계부서에 입사했다. 그러던 중 부사장이던 찰스 저드(Charles Judd)의 눈에 띄어 처음으로 광고카피를 쓰게 되었다. 그 이야기가 재미있다. 이 회사는 카펫 청소기 팸플릿을 만들기 위해 당대 최고의 카피라이터 존 파워스에게 외주를 주었다. 하지만 홉킨스가 보기에 파워스의 카피는 제품분석도 제대로 안 되었고 목표고객에 대한 이해가 크게 부족했다. 그래서 찰스 저드에게 이런 과감한 말을 던진다. "이렇게 카피를 써가지고는 절대 청소기가 안 팔립니다. 주부들이 청소기를 살 건데, 그들이 왜 이 물건을 사야 하는지 끌어들이는 말이 한마디도 없잖아요? 저한테 사흘의 말미만 주세요. 완전히 새로운 팸플릿 카피를 써서 보여드리겠습니다." 그렇게 밤을 새워 쓴 카피가 채택되었고, 홉킨스는 광고제작으로 업무를 바꾸게 되었다(Hopkins, 1997).

이후 본격적으로 광고카피를 쓰게 되는데, 그가 처음 만든 비셀 신문 광고는 이러했다. 비주얼은 빗자루 들고 앞치마 두른 주부에게 산타클로스가 비셀 청소기를 배달하는 장면. 그리고 헤드라인은 "세계에서 가장 인기 있는 크리스마스 선물(The most popular Christmas present in the world)"이었다. 비셀에서 솜씨를 갈고 닦은 홉킨스는 스위프트 앤드 컴퍼니(Swift & Company), 닥터 슈프 특허약품 회사(Dr. Shoop's Patent Medicine Company) 등을 거쳐 프리랜서 카피라이터로 독립하는데 금방 전국적 명성을 얻게 된다.

클로드 홉킨스는 1907년 앨버트 라스커의 스카우트 제의를 받고 케네디가 떠난 로드 앤드 토머스 사에 카피 책임자로 부임했다. 여기에도 흥미로운 에피소드가 있다. 라스커가 홉킨스에 관심을 가지게 된 것은, 당시 미국 최대 잡지였던 ≪레이디스 홈 저널(Ladies' Home Journal)≫ 발행인 사이러스커티스를 기차에서 우연히 만난 것이 계기가 되었다 한다. 광고카피에 상당히 식견이 있었던 커티스는 '슐리츠(Schlitz) 맥주' 광고를 라스커에게 보여주면서 그것을 쓴 카피라이터를 고용하라고 권했다. 이에 따라 라스커는 프리랜서 카피 계약으로 홉킨스의 능력을 일단 확인한 다음 정식 고용계약을 제안했다. 그가 제시한 주급 1000달러는 당시로는 엄청난 봉급이었다(Cruikshank & Schultz, 2010).

이것은 시작에 불과했다. 뒷날 무려 18만 5000달러까지 홉킨스의 연봉이 수직 상승하기 때문이다. 오늘날 기준으로 수백만 달러에 해당하는 거액이다. 턴게이트(Turngate, 2007)에 따르면 라스커는 회사에 소속되는 것을 망설였던 홉킨스에게 이런 말까지 하며 유혹했다고 한다. "당신 부인이 길거리에 굴러다니는 자동차 중 어떤 것이든 손끝으로 가리키기만 하시오. 즉시 그 차를 사 주겠소."

홉킨스는 로드 앤드 토머스 입사 후 18년 동안 회사를 미국 최고의 광고회사로 성장시키게 된다.[33] 전임자였던 케네디가 카피 생산 속도가 늦었던 것에 비해 마흔 한 살의 홉킨스는 카피 생산의 효율성과 수준 그리고 속도를 겸비한 천재적 카피라이터였다. 광고주를 방문한 지 24시간 내에 탁월한 캠페인 전략과 카피를 만들어낼 정도였다. 그는 앨버트 라스커를 능가하는 일벌레였다. 새벽까지 일을 하는 것이 예사였고 심지어는 사람들이 없어 조용하다는 이유로 일요일 근무를 더 선호하기도 했다. 그는 혀 짧은 소리로 말하는 버릇이 있었지만, 그가 쓴 카피에 대해서는 아무도 무시할 수 없었다. 심지어 광고계를 쥐고 흔들던 독불장군 앨버트 라스커조차도.

33 http://www.anbhf.org/laureates/lasker.html

선제적 리즌와이

앞서 살펴보았듯이 원래 리즌와이(reason why)는 존 케네디(John E. Kennedy)가 주창한 것이다. 홉킨스가 창안한 선제적 리즌와이는 여기에서 한발 더 나아간다. 즉 이미 경쟁 제품에도 보편적으로 존재하는 어떤 특성을 남보다 먼저 찾아내어 그것을 강조함으로써 그것을 마치 자기 제품만의 특장점인 양 각인시키는 것이다.

이 기법은 그가 프리랜서 카피라이터 시절 만든 슐리츠 맥주(Schlitz Beer) 캠페인에서 처음 선보였다. 여기에서 홉킨스는 슐리츠 맥주가 "증기로 (병을) 세척한다"고 강조하였다. 별 생각 없이 들으면 슐리츠 맥주만이 병을 위생적으로 증기세척하는 기술을 보유한 것처럼 보인다. 하지만 이 같은 세척기술은 당시 모든 맥주회사가 이미 공통적으로 실행하던 것이었다. 그럼에도 불구하고 이를 마치 자기들만의 고유한 자산인 양 강조함으로써, '독점적 순수성(absolute purity)'이라는 이미지를 확보한 것이었다. 이 기법이 거짓말을 사용하는 것은 아니다. 하지만 경쟁제품들도 동시에 지닌 보편적 특성을 자기만의 것인 양 선점(pre-emptive)하는 것이 그리 온당한 방법은 아니라 하겠다.

어쨌든 클로드 홉킨스는 19세기 후반부터 문을 연 미국경제의 뜨거운 브랜드 경쟁 환경 속에서, 선제적 리즌와이를 이용하여 공격적 광고 설득의 본령을 과시했다. 데이비드 오길비(David Ogilvy, 1988)가 홉킨스를 현대 광고에서 판매지상주의적 강압 소구를 가장 유효 적절하게 활용한 이로 평가하는 것이 그 때문이다.

로드 앤드 토머스에 입사하기 전에 이미 그는 최고의 명성을 누리는 카피라이터였다. 하지만 라스커와 만난 후 광고 역사에 남을 거장의 위치에까지 올라선다. 펩소던트(Pepsodent) 치약, 팜올리브(Pamolive) 비누, 반캠프(VanCamp)· 식품, 굿이어(Goodyear) 타이어 캠페인 등 20세기 초반의 광고 크리에이티브를 대표하는 명작을 줄줄이 탄생시켰기 때문이다. 홉킨스를 우편주문(Mail order) 광고의 황제로 부르는 사람들이 많은데 이 기법 또한 로드 앤드 토머스에 입사한 다음 본격적으로 익힌 것이었다. 그밖에도 무료샘플(free samples), 회신용 쿠폰을 사용한 광고효과 조사, 카피테스팅(copy testing) 방법도 그에 의해 본격적으로 자리를 잡기 시작한다.

펩소덴트 치약 광고는 조사를 중시하는 홉킨스의 진면목이 여지없이 드러난 사례다. 그는 이 치약 광고를 위해 당시 발간된 치과 관련 의학서적을 모두 다 읽어봤다고 한다. 그리하여 결국 이빨에 생기는 막(film)이라는 핵심 콘셉트를 찾아냈다(신인섭, 1980). 그는 존 E. 케네디가 주창한 하드셀 소구의 리즌와이 카피를 신봉했다. 하지만 자기만의 차별적 방식을 통해 이를 한걸음 더 발전시켰다. 다른 경쟁제품에도 존재하는 특성을 한발 먼저 치고 나가면서 제시함으로써 소비자 뇌리 속에 각인시키는 기법이었다. 이 소구가 처음 모습을 드러낸 것은 슐리츠 맥주 광고를 통해서였는데, 훗날 광고학자들이 이 기법을 **선제적 리즌와이**(pre-emptive reason why)로 이름 붙였다. 반세기가 지난 1950년대 로서 리브스에 의해 체계화된 USP(Unique Selling Proposition) 전략이 바로 홉킨스의 이 방법을 보다 정교하게 다듬은 것이라 할 수 있다.

홉킨스에게 광고는 예술의 형태가 아니라 설득의 과학으로 인식되었다. 그는 시장 및 소비자 조사의 가치를 신봉했는데 이 같은 관점은 1900년대 초반부터 서서히 형성되기 시작했다.[34] 또한 그는 브랜드 이미지의 중요성을 일찌감치 인식한 인물이기도 했다(Ogilvy, 1983). 그가 1923년 출간한 『과학적 광고(Scientific Advertising)』는 크리에이티브 창조의 원칙, 심리학, 전략 수립, 예산 설정 등 광고 과학화에 관련된 핵심 주제를 집대성한 홉킨스 광고철학의 결정체였다. 홉킨스가 이론적으로 체계화시킨 하드셀 크리

34 http://www.redcmarketing.net/blog/marketing/claude-c-hopkinsthe-science-behind -making- millions--in-advertising/

에이티브는 1930년대 대공황기 미국 광고의 핵심적 지침이 되었고, 로서 리브스와 데이비드 오길비 등 후배 카피라이터들의 광고철학에도 지대한 영향을 미쳤다(Cruikshank & Schultz, 2010).

그는 앨버트 라스커가 정계 진출을 위해 회사를 떠나 있는 동안 자신의 보스가 그렇게도 싫어했던 디자인 부서를 만들었다. "광고는 인쇄된 세일즈맨십"이라는 정통 리즌와이 크리에이티브에서 벗어나 완전히 상반된 BBDO 스타일의 광고[35]를 집행하기도 했다. 리즌와이의 전도사로 불렸던 라스커와 그의 불화는 예정된 것이었다. 1924년 홉킨스는 마침내 로드 앤드 토머스를 떠나 프리랜서 카피라이터 겸 마케팅 컨설턴트로 독립하게 된다. 그리고 미국에서 가장 돈을 많이 버는 광고인으로 명성을 날리게 된다. 엄청난 부를 축적한 그는 말년이 되어 시카고 교외에 폭이 2분의 1마일에 달하는 정원과 호수가 있는 대저택을 짓고 여생을 보냈다.

11) 어니스트 엘모 컬킨스

어니스트 엘모 컬킨스(Earnest Elmo Calkins, 1868~1964)는 1868년 3월 15일 미국 일리노이주 제네스코(Genesco)에서 출생하여 이웃 마을인 게일스버그(Galesberg)에서 자라났다(그림 1-18). 그는 6살 때 홍역을 앓았는데 이후 점점 청력을 잃어버렸다. 귀가 어두워진 소년은 그 대안으로 문학적 소양과 시각적 감수성을 키워갔다. 이것이 역설적으로 나중의 광고인생에 결정적 도움을 주었다. 컬킨스는 명민하고 조숙한 아이였다. 12살 때 자기 집의 소

35 조금 후에 등장하는 브루스 바턴(Bruce Barton)을 참고할 것.

형 인쇄기로 잡지를 만들었고 고등학교 때는 아르바이트로 벌써 특허약품 광고의 카피를 썼다고 한다(Calkins, 2007).

그림 1-18 어니스트 엘모 컬킨스

현대광고사에서 하드셀 소구를 이론화시킨 인물로 클로드 홉킨스가 예시되는 것만큼, 복수의 학자들로부터 소프트셀 소구의 이론적 구축자로 지목되는 사람이 컬킨스다(Fox, 1997; Meikle, 2001; Lears, 1995; Reihart, 2003; Schorman, 2008). 그는 천재적 재능의 카피라이터로서 수많은 명작 광고를 남겼다. 하지만 정작 컬킨스가 광고크리에이티브 역사에 아로새긴 가장 큰 족적은 다른 부분에 있다. 그때까지 카피라이팅의 부속물 정도로 여겨졌던 광고 디자인 혹은 아트의 중요성을 최초로 발견하고 그것을 구체화시킨 사람이기 때문이다(Meikle, 2001).[36]

그런 의미에서 컬킨스는 1890년대부터 시작된 미국 광고 크리에이티브의 새로운 조류를 대표하는 인물이다. 비주얼 표현과의 조화를 염두에 두면서, 제품 특장점의 무조건적 강조보다는 소비자의 심리적 편익을 내세우는 그의 카피 스타일은 기존의 하드셀 접근과는 완전히 대척점에 있는 것이었다. 존 E. 케네디가 컬킨스의 H-O 포스(H-O Force) 식품회사의 플레이크 시리얼 캠페인 캐릭터인 '유쾌한 짐(Sunny Jim)'을 지칭하여, "유쾌한 짐은 죽었습니다"라고 격렬하게 비판한 것도 그 때문이었다. 컬킨스가 만들어낸 새로운 소구 방식은 당시의 광고 환경에서 그만큼 혁명적인 시도로 받

36 클로드 홉킨스가 앨버트 라스커와 불화를 일으킨 결정적 계기가, 라스커의 동의를 얻지 않고 별도 디자인팀을 회사 내에 설치한 것 때문이었음을 떠올려볼 것.

아들여졌던 것이다.

그는 광고카피란 단순히 언어요소로만 이뤄진 것이 아니라 디자인적 요소와 결합될 때 비로소 목표를 달성하는 힘을 지닌다고 믿었다. 당대의 치열한 브랜드 경쟁 상황 속에서 광고가 브랜드의 사활을 좌우할 만큼 역할이 커졌다고 확신했기 때문이다. 그리고 그 역할을 수행하기 위해 광고는 비주얼을 통해 독자들의 주목(attention)을 이끌어내는 힘이 무엇보다 중요하다는 것이 그의 주장이었다. 컬킨스가 평생을 두고 광고에서 차지하는 비주얼 임팩트와 심미적 레이아웃의 비중을 높이 평가한 이유가 여기에 있다. 그는 베이츠사에 근무하던 시절 프랫 미술대학(Pratt Institute)의 전시회를 관람한 후 큰 충격을 받았다고 스스로 고백한다. 그리고 예술적 비주얼을 광고 크리에이티브에 도입하겠다는 야망을 품고 직접 프랫의 산업디자인학과 야간부에 진학하여 본격적으로 아트를 공부했다.

컬킨스는 놀라운 실력의 카피라이터였다. 현대 광고사를 통틀어 광고카피의 앞 머리말, 모음, 끝 음절 등을 반복시켜 운율적 쾌감을 만들어내는 압운법(押韻法)을 그만큼 멋지게 쓰는 사람은 없었다. 예를 들어 그가 H-O 포스 플레이크 시리얼 광고에서 창조한 1행시 카피는 절묘한 유사음 반복을 통해 당시 사람들이 틈만 나면 흥얼거리는 유행어가 되었다. 하지만 그는 거꾸로 광고 비주얼의 형태, 색깔, 시각적 완성도를 더욱 중요시하는 모순적인 믿음을 가졌다(Meikle, 2001). 이 같은 의미에서 컬킨스는 1960년대 미국 광고의 황금기에 윌리엄 번벅이 소리 높여 외쳤던 '카피와 비주얼의 조화'를 반세기 앞서 실천한 사람이다.

많은 사람들이 19세기 말엽에 이미 광고제작팀과 AE팀의 양대 핵심 조직을 만들었다는 점에서 현대적 광고대행사의 시발점으로 제이 월터 톰슨(JWT)을 꼽는다. 하지만 톰슨이 만든 조직은 설립 초기부터 20세기에 이르기까지 여전히 AE 위주의 특성이 강했다. AE들이 광고주를 개인적으로 컨트롤하면서 카피라이터나 아트디렉터들을 마치 부하 직원처럼 다루었기 때문이다. 함부로 크리에이티브 결과물을 바꾸는 일도 다반사였다. 반면에 컬킨스가 설립한 컬킨스 앤드 홀든(Calkins & Holden)은 실력파 카피라이터와 아트디렉터 그리고 AE들이 팽팽하게 광고제작의 밸런스를 유지한 사실상 미국 최초의 회사였다.

어니스트 엘모 컬킨스는 클로드 홉킨스와 자주 비교가 된다. 광고계 경력, 성품, 그리고 대중적 평판 등에서 뚜렷한 대비를 보이고 있기 때문이다. 홉킨스의 광고철학을 요약하는 단어를 하나 꼽으라면 이성(理性, reason)이 될 것이다. 반면에 컬킨스의 그것은 감성(感性, emotion)이다. 두 사람의 관계는 뒤에 살펴볼 1960년대의 데이비드 오길비와 윌리엄 번벅을 연상시키는 면이 있다. 반세기를 사이에 두고 하드셀 소구와 소프트셀 소구의 대립이 특정인의 삶을 통해 반복되는 사실이 흥미롭다.

컬킨스가 비셀카펫청소기(Bissell Carpet Sweepers) 회사를 매개로 홉킨스와 이어진다는 것도 예삿일이 아니다. 클로드 홉킨스가 이 회사를 떠난 것이 1895년이었다. 그해 크리스마스 시즌이 다가오자 비셀사는 광고제작을 전담했던 홉킨스의 공백을 메우기 위해 상금 50달러를 내걸고 지역 딜러 제품 판매를 위한 카피라이팅 공모전을 개최했다. 모두 1433명이 대회에 응모했는데, 컬킨스는 이 대회에서 자기 광고주이기도 했던 (지역 딜러) 처칠사(G. B. Churchill Co.)의 광고 카피로 1등상을 차지하게 된다. 우승을 차지한 컬킨스는 심사위원으로 참여했던 찰스 오스틴 베이츠의 눈에 들어 마침내 뉴욕으로 진출하게 된다.

컬킨스의 소프트셀 기법은 전업 카피라이터로 첫 근무를 시작한 찰스 오스틴 베이츠사에서 체계화되기 시작했다(Calkins, 1985). 그 첫 번째 사례가

그림 1-19 R & G 코르셋 광고

'R & G 코르셋' 광고였다(그림 1-19). 이 작품은 1898년 10월 ≪레이디스 홈저널≫ 뒤표지에 실렸는데, 후일 컬킨스가 전개한 소프트셀 크리에이티브의 원형(archtype)으로 평가된다(Bogart, 1995). 특히 레이아웃 대부분을 사진으로 채워 당대의 화제가 되었다. 현대 광고에서 사진이 본격적으로 사용된 것은 1930년대의 스털링 게첼에서부터이다.[37] 이러한 점에서 시대를 훌쩍 앞선 19세기 말엽에 사진 위주의 이미지 광고를 시도한 것은 이례적인 사건이었다. 이 작품은 당시 광고계에 충격파를 던졌다. 잡지 ≪애드버타이징 익스피어리언시스(Advertising Experience's)≫의 경우 "마치 권총에서 발사된 것처럼 강력한 메시지를 단번에 전달하고 있다"고 평가했을 정도였다(Schorman, 2008). 등장인물의 이상적/호의적 이미지를 브랜드로 이전시키는 연상이전(association transfer) 기법으로 분류되는 이 광고에서 무엇보다 임팩트를 주는 것은 모델의 잘록한 허리였다. 이를 통해 목표고객의 주목을 이끌어낸 것은 물론 섹스어필로 상징되는 여성들의 사회적, 관계적 욕구에 대한 충족을 암시했기 때문이다(Reihart, 2003).

컬킨스는 베이츠(Bates)사의 아트디렉션 책임자였던 조지 에스리지(George Ethridge)를 만난 후 비주얼 표현이 차지하는 중요성에 눈을 뜨게 되었다고 한다. 경쟁 브랜드와의 주목률 다툼이 격화되는 20세기 초엽에 광고가 소

37 이 책의 140~146쪽을 참조할 것.

비자 눈길을 끌려면 임팩트 있고 생생한 아트를 구사하는 것이 필수적임을 깨닫게 된 것이다(Bogart, 1995). 그는 에스리지와 힘을 합쳐 새로운 형태의 타이포그래피를 유행시키는 등 많은 성과를 올렸다. 하지만 베이츠사의 그래픽 디자이너들이 자기 카피에 걸맞은 비주얼을 창조하지 못한다는 사실을 발견하고 잦은 충돌을 빚게 되었다. 이를 통해 당시 광고계의 대세를 이루던 카피 위주의 하드셀 광고만으로는 변화하는 환경에 적응할 수 없으며, 강력한 비주얼 표현이 없으면 메시지 주목과 흥미를 불러일으키기 어렵다는 확신을 굳히게 되었다.

보가트(Bogart, 1995)는 이 당시 컬킨스가 "광고 아트의 중요성을 설교하는 사상 전향 전문가로 스스로를 임명했다(self-appointed proselytizer for advertising art)"고 표현한다. 상황을 근본적으로 개선하기 위해 컬킨스는 결국 동료였던 랠프 홀든(Ralph Holden)과 힘을 합쳐 컬킨스 앤드 홀든(Calkins & Holden)사를 설립하게 된다(Calkins, 2007). 이 회사는 광고주가 제시한 비주얼을 단순 레이아웃하는 데 그치는 관행을 벗어나, 광고대행사 최초로 스스로 비주얼 아이디어를 내고 그것을 작품으로 구체화시키는 시스템을 완성했다. 소프트셀 소구에 기초하여 세련되고 임팩트 있는 비주얼을 적극적으로 창조하는 전문 광고회사가 탄생한 것이다(Lears, 1994).

제품 판매를 위해서는 사용상 편익을 강조하는 하드셀 소구만으로는 부족하다는 것이 컬킨스의 논리였다. 어떤 경우에는 비주얼 위주의 간접적 암시만으로도 충분히 구매의욕을 불러일으킬 수 있다는 것이다. 그는 광고 비주얼의 의미와 역할을 처음으로 간파하고 그것을 소프트셀 소구로 체계화시킨 인물이다. (앨버트 라스커가 믿었던 것과 달리) 컬킨스에게 카피란 디자인적 요소와 결합될 때 비로소 설득력을 발휘하는 하나의 광고 구성요소였던 것이다. 그가 개척한 소프트셀 소구는 현대광고 크리에이티브에 결정적 영향을 미치게 된다. 컬킨스 이후의 광고는 이제 더 이상 비주얼을 무시하고는 존립하기 어려워졌다. 그가 선도한 소프트셀 소구는 1920년대의 1차 광고 황금시대(golden age)와 1960년대 2차 황금시대에 꽃을 피웠다. 또한 서구경제가 1970년대의 오일쇼크를 극복하고 다시 호황에 접어드는 1980년대부터 주류 광고 표현 기법으로 확고한 위치를 차지하게 된다. 이러한 크리에이티브 트렌드는 1990년대의 IMC시대를 거쳐 21세기에 접어들어서도 여전히 지속되고 있다.[38]

컬킨스는 광고 이외 분야에서도 큰 명성을 얻었다.[39] 1921년 뉴욕 아트 디렉터스 클럽(The Art Directors Club in New York) 창설을 뒤에서 물심양면으로 지원했으며, 1925년에는 하버드 대학이 탁월한 광고인을 뽑아 시상하는 에드워드 복 금메달(Edward Bok Gold Medal)의 최초 수상자가 되었다. 현역을 떠난 후에도 ≪애틀랜틱 먼슬리(Atlantic Monthly)≫, ≪뉴욕타임스(New York Times)≫ 등에 활발하게 글을 썼다. 살아 있는 동안 '광고인의 사제(Dean of Advertising Men)'라고 불릴 정도로 존경을 받은 그는 1964년 뉴욕에서 96세의 나이로 세상을 떠났다. 그리고 사후인 1967년 '광고 명예의 전당(the Advertising Hall of Fame)'에 헌액되었다.

38 서구 경제에서 광고의 이러한 변화는 기술 평준화로 인한 제품 품질력 차이가 미미해짐에 따라 주력 소비 상품군이 제품수명주기(PLC)상 성숙기로 진입하는 흐름과 관계가 깊다. 특히 거시 마케팅 환경에서 IMC(integrated marketing communication) 추세가 갈수록 심화되는 것도 중요한 영향 요인이다. 1980년대 이후 세계 광고 크리에이티브는 그 전개 양상에 있어 하드셀과 소프트셀의 주기별 교차 패턴이 허물어지고 소프트셀 우위가 고착화되는 변화가 나타나고 있는 것이다. 이 같은 추세는 IT 기술 발전과 스마트 미디어 환경을 배경으로 21세기에 접어들면서 더욱 가속화될 것으로 판단된다.

39 이 부분도 악평이 자자했던 클로드 홉킨스와 대조를 이루는 대목이다.

12) 시어도어 맥매너스

그림 1-20 시어도어 맥매너스

뉴욕주 버팔로(Buffalo)의 아일랜드 이민자 가정에서 태어난 시어도어 맥매너스(Theodore F. MacManus, 1872 ~1940)(그림 1-20)는 빈한한 가정환경 탓에 어린 시절에 학교를 그만뒀다. 스탠더드 오일(Standard Oil)사의 사환으로 사회에 첫발을 내디딘 그는 열여섯 살에 톨레도신문사 기자로 입사했고 단기간에 편집자로 승진하는 수완을 발휘했다. 맥매너스가 광고와 첫 인연을 맺은 것은 피츠버그 백화점의 광고카피 부서에서 일하면서부터였다. 그 후 고향으로 돌아가 광고대행사를 운영하던 그를 제너럴 모터스(General Motors) 캐딜락 사업부가 거액의 연봉을 주고 스카우트했다. 이곳에서 대표작들이 속속 태어나는데, 후대의 또 다른 카피라이팅 거장 레오 버넷이 그의 휘하에서 업무를 배우는 인연을 맺었다(Higgins, 1986).[40]

광고 역사가들은 맥매너스를 인상주의(印象主義, impressionism) 광고 혹은 브랜드 이미지 광고의 개척자로 부른다. 그의 크리에이티브를 대표하는 작품이 캐딜락 광고, '리더십의 형벌(Penalty of Leadership)'이었다. 이 광고는 1915년 1월 2일 ≪새터데이 이브닝 포스트(Saturday Evening Post)≫에 단 1회 게재되었다. 그럼에도 불구하고 100년이 지난 오늘날까지도 이미지 광고

40 데니스 히긴스와의 인터뷰에 따르면 레오 버넷은 자기 광고대행사를 설립하기 전에 캐딜락사에 들어가 사보편집을 했다. 그러다가 광고부서로 옮겨 캐딜락 카피를 쓰게 되었고, 이때부터 대선배인 맥매너스로부터 큰 영향을 받았다고 말한다.

를 대표하는 역사상 최고의 작품으로 자주 인용된다(그림 1-21).

이 광고를 통해 캐딜락은 스스로를 '세계의 표준(Standard of the World)'으로 자리매김함으로써 타의 추종을 불허하는 '최정상'의 이미지를 얻게 되었다. '리더십의 형벌'은 전혀 새로운 발상과 표현을 통해 캐딜락에 대한 대중적 이미지를 높이는 것은 물론 당대의 카피라이터들에게 일대 충격을 가한 작품이었다.

이 광고가 탄생한 배경은 이렇다. 당시 GM사의 캐딜락은 4기통 가솔린 엔진으로 미국 자동차업계를 선도하고 있었다. 그런데 경쟁사인 패커드(Packard)사에서 실린더를 V자형으로 설계하여 엔진 소음과 진동을 줄인 6기통 V타입(V6) 엔진을 개발하여 압박을 가해왔다. 이에 대응하여 캐딜락은 1915년 가을 영국에 설계 외주를 맡겼다. 그리고 최고급 사양 8기통 V타입(V8) 엔진을 개발한 후 판매를 시작한 것이다. 문제는 이 엔진이 전기단락(short circuits) 현상이 심했다는 것이다. 심지어 차량 화재가 발생할 정도로 말썽을 자주 일으켰다. 패커드사가 이를 빌미로 캐딜락 자동차의 신용을 떨어뜨리기 위해 맹렬한 공세를 취한 것은 당연한 일. 이때 제너럴모터스 카피라이터 책임자로 일하던 맥매너스는 공격에 대응하기 위해 당시까지 유례가 없는 독창적 이미지광고를 탄생시키게 된다.[41]

≪새터데이 이브닝 포스트≫에 광고가 게재된 당일, 점심을 먹으러 나간 맥매너스는 광고 및 자동차 업계의 동료들에게 "무슨 이따위 어이없는 광고를 내보냈느냐"는 조롱을 받았다고 한다. 그럼에도 불구하고 소비자들은 이 광고의 진가를 금방 알아보았다. 단 1회 게재가 오히려 관심과 희

41 http://www.wcroberts.org/Paige_History/1915_Paige.html

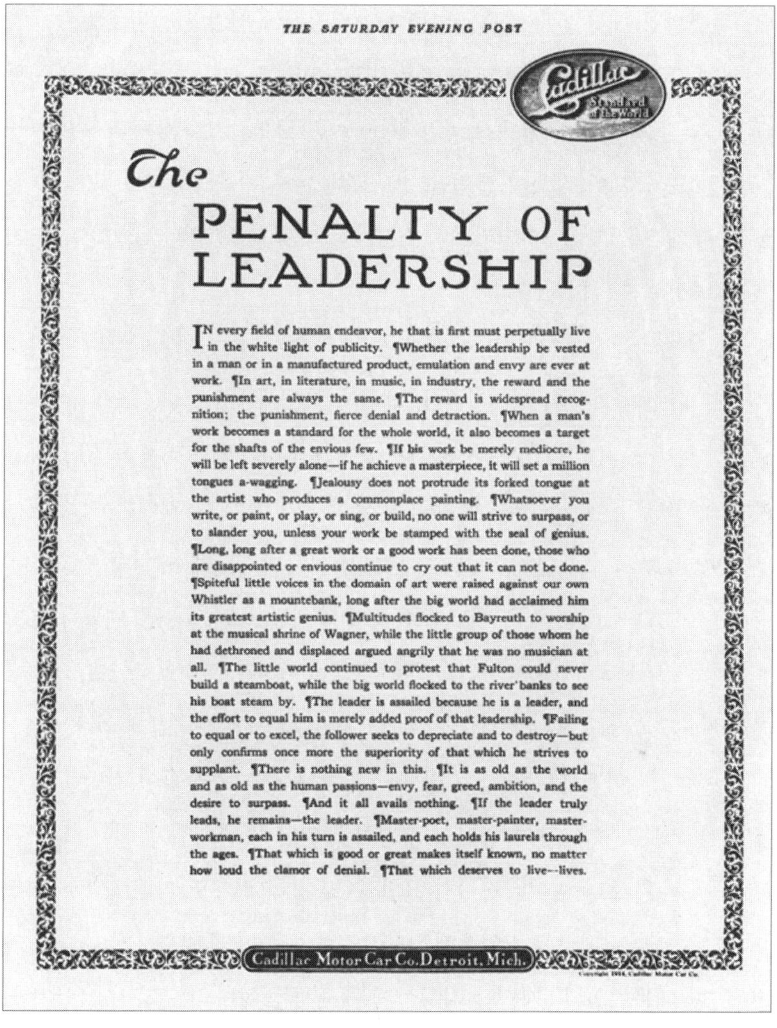

THE SATURDAY EVENING POST

Cadillac
Standard of the World

The PENALTY OF LEADERSHIP

IN every field of human endeavor, he that is first must perpetually live in the white light of publicity. ¶Whether the leadership be vested in a man or in a manufactured product, emulation and envy are ever at work. ¶In art, in literature, in music, in industry, the reward and the punishment are always the same. ¶The reward is widespread recognition; the punishment, fierce denial and detraction. ¶When a man's work becomes a standard for the whole world, it also becomes a target for the shafts of the envious few. ¶If his work be merely mediocre, he will be left severely alone—if he achieve a masterpiece, it will set a million tongues a-wagging. ¶Jealousy does not protrude its forked tongue at the artist who produces a commonplace painting. ¶Whatsoever you write, or paint, or play, or sing, or build, no one will strive to surpass, or to slander you, unless your work be stamped with the seal of genius. ¶Long, long after a great work or a good work has been done, those who are disappointed or envious continue to cry out that it can not be done. ¶Spiteful little voices in the domain of art were raised against our own Whistler as a mountebank, long after the big world had acclaimed him its greatest artistic genius. ¶Multitudes flocked to Bayreuth to worship at the musical shrine of Wagner, while the little group of those whom he had dethroned and displaced argued angrily that he was no musician at all. ¶The little world continued to protest that Fulton could never build a steamboat, while the big world flocked to the river'banks to see his boat steam by. ¶The leader is assailed because he is a leader, and the effort to equal him is merely added proof of that leadership. ¶Failing to equal or to excel, the follower seeks to depreciate and to destroy—but only confirms once more the superiority of that which he strives to supplant. ¶There is nothing new in this. ¶It is as old as the world and as old as the human passions—envy, fear, greed, ambition, and the desire to surpass. ¶And it all avails nothing. ¶If the leader truly leads, he remains—the leader. ¶Master-poet, master-painter, master-workman, each in his turn is assailed, and each holds his laurels through the ages. ¶That which is good or great makes itself known, no matter how loud the clamor of denial. ¶That which deserves to live—lives.

Cadillac Motor Car Co. Detroit, Mich.

그림 1-21 리더십의 형벌

귀성을 증폭시켜 전국의 소비자들로부터 광고 복사물에 대한 요구가 폭발했다. 이후 수년 동안 한 해 평균 1만 장 이상의 광고 복사물이 우편으로 발송되었을 정도였다. '리더십의 형벌'은 캐딜락사의 모든 사무실 벽에 붙었고, 판매용 매뉴얼과 세일즈 미팅에서 널리 인용되었다.

게재 후 20년이 지난 1935년 ≪프린터스 잉크≫에서 "지금까지 나온 광고 중 가장 훌륭한 것이 무엇인가"라는 설문조사를 실시한 결과 2위와 압도적인 표차로 이 작품이 뽑혔을 정도로 높은 평가를 받았다. 이 광고 한 편을 통해 시어도어 맥매너스는 '소프트셀의 클로드 홉킨스'라고 불릴 정도로 명성을 드날리게 된다.

이 전설적 광고에서 가장 눈에 띄는 것은 비주얼이 최대한 생략된 카피 텍스트 위주의 작품이라는 점이다. 레이아웃도 여유가 있다. 크리에이티브 측면에서 두드러진 특징은 33줄이나 되는 긴 바디카피를 통틀어 정작 '광고 집행의 발단이 된' V8 엔진에 대한 언급이 전혀 없다는 것이다. 심지어는 캐딜락(Cadillac)이란 단어 자체가 아예 안 나온다. '이게 캐딜락 광고구나' 유추할 수 있게 하는 것은 지면 오른쪽 상단에 슬로건이 붙은 캐딜락 로고(Cadillac Standard of the World)와, 맨 아래쪽에 미시간주 디트로이트, 캐딜락 자동차회사(Cadillac Motor Car Co. Detroit. Mich.)라는 회사명밖에 없다.

그 외에는 어떤 분야에서든 지도적 위치에 있는 인물들이 감당해야 할 고귀한 의무와 책임감이 한편의 수필처럼 담담히 펼쳐질 뿐이다. 뜬구름 잡는 것 같은 추상적 이야기처럼 읽힐 수 있다. 그런데도 이런 작품이 어떻게 그토록 높은 평가를 받았을까? 바로 소비자 심리를 냉철하게 꿰뚫는 카피의 힘 때문이었다. 캐딜락 자동차에 대해서는 한마디도 하지 않았지만, 역사를 통틀어 존경받는 리더들의 고귀한 가치를 캐딜락의 이미지와 절묘하게 결합시킨 것이다. 리더들은 뒤를 따르는 경쟁자들로부터 필연적으로 질투와 부당한 비판을 당한다는 것이다. 그럼에도 불구하고 그러한 시기, 질투, 공포는 선구자를 죽일 수 없다는 것이다. 이렇듯 자신감 넘치는 메시지를 꼭 한편의 문학작품처럼 설득력 있게 전하고 있다.

바디카피를 읽어보면 절로 감탄이 나온다. 당시 V8 엔진에 대한 패커드의 공격은 그저 승용차 업계의 리더에게 던지는 질투와 시기심의 산물일 뿐이란 주장을 '패커드'와 '캐딜락'이란 단어 한마디 쓰지 않고 다음과 같이 기품 있게 전달하고 있다. 경지에 이른 카피 솜씨가 아닐 수 없다.

> "사람들이 노력해온 모든 분야에서, 그것이 무엇이든 최초의 자리에 오른 사람은 환한 빛살 속에 있는 것처럼 대중의 주목 속에서 살아야 합니다 … 그 사람의 업적이 모든 세상의 기준이 될 때는 소수의 시기심 지닌 자들의 표적이 됩니다.
>
> In every field of human endeavor, he that is first must perpetually live in the white light of publicity … When a man's work becomes a standard for the whole world, it also becomes a target for the shafts of the envious few.

맥매너스의 광고는 고급스런 비주얼과 결합된 암시적이고 우아한 카피 기법으로 유명했다. 지적인 추구를 즐겨하고 삶에 대한 균형 감각을 지녔다는 점, 특히 소프트셀을 추구하는 창작 스타일 측면에서 보자면 그는 어니스트 엘모 컬킨스와 닮은 점이 많다. 하지만 조금 깊이 파고들어가면 양자의 색깔은 상당히 다르다. 두드러진 차이점을 하나 들라면, 컬킨스가 소프트셀 소구를 추구하면서도 예술적 레이아웃과 세련된 비주얼 표현을 중시한 반면 맥매너스는 광고 표현에 있어 비주얼을 매우 드물게 사용하거나 아예 사용하지 않았다는 점이다.

개인적 영감과 직관에 기초한 우회적 카피를 통해 브랜드가 지닌 품격 높은 이미지를 창출하는 것이 맥매너스의 특기였다. 이 같은 고급스런 이미지를 구축하기 위해서는, 홉킨스 스타일의 떠들썩하고 공격적인 리즌와이(reason why) 소구보다는 독자의 잠재의식을 자극하는 고차원적 암시가 보다 중요하다는 것이 맥매너스의 신념이었다(Wells, Burnett & Moriaty, 1992). 그의 카피 가운데 이 같은 특성이 가장 분명하게 드러나는 것이 '리더십의 형벌'로 대표되는 캐딜락 광고 시리즈였던 것이다.

맥매너스는 조급하고 과장된 하드셀 광고를 경멸했다. 대신 소비자 마음속에 서서히 호의적 이미지를 구축하는 암시적이고 간접적인 광고를 선호했다. 실제로 그는 당시 광고계를 지배하던, 앨버트 라스커와 클로드 홉킨스의 리즌와이 방식을 두고 "모든 사람들은 바보라고 전제한 후 유사 과학을 동원해 물건을 팔고 있다"고 비판했다. 거기에 비해 자신의 카피라이팅은 상상력을 통해 "대중의 마음을 좀 더 존중하며, 그들이 지닌 본질적이고 고결한 품성에 소구하는 한층 우월한 방식이라고 강조했다"(Fox, 1997).

이러한 카피라이팅 철학에 바탕하여 맥매너스는 장기간에 걸쳐 고급스런 브랜드 이미지를 소비자 마음속에 심어주는 크리에이티브를 전개했다. 그리고 연속으로 큰 성공을 거두었다. 1950년대 후반 데이비드 오길비(David Ogilvy)에 의해 이론적으로 체계화된 브랜드 이미지 전략을 이미 반세기 전에 완벽한 형태로 구현한 셈이다.

맥매너스는 '리더십의 형벌'이 대히트를 친 후, 시카고의 모 광고대행사로부터 수십만 달러 연봉의 스카우트 제의를 받았지만 이를 거절했다고 한다. 그는 존경받을 만한 인품을 갖춘 사람이었다. 삶을 관조하는 차분하고 성숙된 인간미를 지닌 인물로서, 당대의 라이벌이자 일벌레(workaholic) 그 자체였던 라스커나 홉킨스와는 크게 달랐다. 골프와 낚시 등의 취미생활을 즐겼고 정치, 철학, 경제학 분야의 폭넓은 독서 편력을 즐겼다. 광고업계의 일화와 관련된 책과 자작시집 세 권을 자비로 출간하기도 했다. 그는 1927

년 자신의 이름을 딴 맥매너스 광고대행사(MacManus agency)를 설립했다. 이 회사는 1934년 맥매너스, 존 앤드 아담스(MacManus, John & Adams)로 이름을 바꿨다가 다시 맥매너스 벤튼 앤드 보울스(D'Arcy MacManus Benton & Bowles: 후일 맥매너스라는 이름이 빠지고 오늘날의 DMB & B's 사로 바뀌었다)로 발전하게 된다.[42]

13) 헬렌 랜스다운 레조

그림 1-22 헬렌 랜스다운 레조

1919년 제1차세계대전이 끝나자 미국 기업들은 군수용품 생산을 통해 벌어들인 막대한 이윤을 사용하여 전시경제를 최대한 빨리 소비경제로 전환시키려 노력했다. 이후 경제대공황이 시작되기까지 10년간은 산업생산력이 엄청난 속도로 커지고 거품경제라 불릴 만큼 주식시장이 폭발적으로 성장했다. 소비만능주의와 사치 풍조가 뒤따랐다. 이러한 **1920년대 미국 사회** 분위기 변화에는 광고가 큰 역할을 했다. 속속 등장하는 신제품 사용에 대하여 소비자를 교육하고 지금까지 존재하지 않던 새로운 라이프스타일을 만들어내는 사회제도적 역할을 수행했기 때문이다(Sivulka, 1998).

이 시기를 전후하여 최고의 활약을 보인 인물 중 하나가 제이 월터 톰슨

42 http://adage.com/century/people056.html

사의 여성 카피라이터 헬렌 랜스다운 레조(Helen Lansdowne Resor, 1886~1964)다(그림 1-22). 그녀는 켄터키주 산악지방 그레이슨(Grayson)의 농가에서 조지 랜스다운과 헬렌 베이리스 랜스다운의 9남매 중 여덟째로 태어났다. 4살 때 아버지를 잃고 외삼촌들이 살고 있던 코빙턴(Covington)으로 이주하여 고등학교를 최고 성적으로 졸업했다. 그녀의 어머니는 당시 여성으로는 보기 드물게 대학을 졸업한 인텔리였다. 아이들을 키우기 위해 낮에는 점원으로 일했는데, 어려운 환경 속에서도 딸들에게 "여자도 자기 직업을 지니고 당당히 살아야 한다"고 늘 가르쳤다. 헬렌은 평생 동안 여성의 독립과 자유에 대한 굳은 믿음을 가지고 있었는데 그것은 어릴 적 교육의 영향이었다(Peiss, 1998).[43]

그녀의 첫 직장은 화장품 제조 및 우편판매 회사인 월드 매뉴팩처링사(World Manufacturing Company)였다. 1년이 지난 후 신시내티에 있는 프록터 앤드 갬블(Proctor & Gamble, 약칭 P&G) 계열 광고회사 프록터 앤드 콜리어(Proctor & Collier) 회계부서에 입사한다(Peiss, 1998). 그리고 이곳에서 나중에 남편이 되는 7세 연상의 스탠리 레조(Stanley Resor)를 만났다. 이후 신시내티 신문사, 도시전차 광고회사 등에서 카피라이터로 일하다가 JWT 신시내티 지사에 입사하게 되고 곧 실력을 인정받아 1911년 JWT 뉴욕 본사로 영전한다.

당시 JWT 뉴욕의 광고주는 대부분 여성용품 회사였는데 그녀가 맡은 캠페인이 연이어 대성공을 거두면서 명성을 얻기 시작한다(Keding, 1994). 그녀

43 그녀가 결혼 후에 남편의 성(Resor)를 따르면서도 처녀 시절의 성을 버리지 않고 이름을 헬렌 랜스다운 레조(Helen Lansdowne Resor)로 바꾼 것이 그러한 상징이었다.

1920년대 미국 사회

1920년대는 미국 사회가 오늘날의 모습을 갖추기 시작한 시발점이 되는 시기다. 제1차세계대전 이전에 비해 상전벽해라 불릴 만큼 사람들의 일상과 사고방식이 바뀌기 시작한 것이다.

우선 문화적 측면에서 보면 라디오방송이 보편화되고 재즈 열풍이 전국을 휩쓸었다. 전쟁의 공포와 참상이 불러온 허무주의가 영향을 미쳤다. 빅토리아 시대(Victorian age)의 금욕주의는 자취를 감추고 성적 개방과 연애지상주의가 광범위하게 퍼져나갔다. 향락주의(hedonism)가 만연했고, 소비의 즐거움이 서구 사회 최초로 본격화되었다.

특히 1919년 발효된 금주법(禁酒法)은 오히려 밀주(密酒) 제조와 판매를 부추겨 갱단들의 조직범죄를 횡청거리게 만들었다. 1927년 찰스 린드버그(Charles Augustus Lindbergh)가 '세인트루이스의 정신(Spirit of Saint Louis)'호를 타고 뉴욕-파리 간 대서양 무착륙 단독 비행에 성공함으로써 민간 항공 시대가 개막되었고, 베이브 루스(Babe Ruth), 잭 뎀프시(Jack Dempsey) 같은 스포츠스타들이 절정의 인기를 누렸다.

문학에서는 어니스트 헤밍웨이(Ernest M. Hemingway)와 프랜시스 스콧 피츠제럴드(Francis S. K. Fitzgerald) 등이 등장했다. 여성 패션에서는 소년 같은 느낌을 주는 가르손느 룩(Garconne look)과 피츠제럴드의 소설 『위대한 개츠비(The Great Gatsby)』에서 비롯된 개츠비룩(Gatsby look)이 유행했고, 남성복은 알 카포네 스타일이 큰 인기를 끌었다.

경제적 측면에서 보자면, 공장에서 유통업체에 직접 상품을 배달하는 서비스(Door-to-door)가 확산되어 체인스토어(chain store), 슈퍼마켓, 셀프서비스 스토어 등이 크게 늘어났다. 월스트리트를 통한 주식 투자 광풍이 미국 경제 전체를 뒤흔들었다. 포드사의 T카가 선도하는 승용차 붐이 본격화되었다.

특히 전쟁 참여를 통해 자아의식과 경제력을 얻은 여성들의 구매력이 크게 높아졌고 전기냉장고, 식기세척기, 전기면도기 등의 신제품이 대거 등장함에 따라 가사노동의 족쇄에서 풀려나기 시작한 여성들이 여가생활을 즐기게 되었다. 여성들이 점차 주력 소비자계층으로 부각되기 시작한 것이다. 예를 들어 화장품 광고비는 1917년부터 1929년 사이에 300%나 증가하였는데 그 규모가 10억 달러에 이르렀다.

기업규제정책이 완화되고 고가의 내구제품에 대한 할부판매제도(hire purchase)가 본격화되기 시작했다. 서민에게는 그림의 떡에 불과했던 자동차, 내구소비재의 구입이 가능해진 것이다.

경기호황이 도래하자 기업의 생산성이 높아지고 덩달아 임금도 상승곡선을 그리기 시작했다. 특히 이민제한법이 실시됨에 따라 노동자 평균 임금이 높아지고 가처분소득이 증가함에 발맞춰 미국의 소비자대중은 "나는 행복해질 거야(I want to be happy)"란 슬로건 아래 과거의 내핍 생활을 멀리 내던지고 소비의 쾌락에 몰입하게 되었다.
자동차 등록대수가 급속히 증가하고 신문, 잡지 발행 부수도 급증했다. 과잉에 가까운 대량 생산의 물결이 미국 시장을 넘실거렸다. 사상 초유의 호황이 사회 전체를 들뜨게 한 것이다. 위와 같은 거대한 변화의 물결은 광고산업의 폭발적 성장에 중요한 동력을 제공했고, 역설적으로 광고 산업의 그러한 성장이 당대의 소비, 향락 풍조를 부추기고 확산시키는 중심 역할을 했다. 대량 생산과 대량 소비로 상징되는 소비지상주의야말로 광고가 꿈꾸는 신천지였기 때문이다.
기업들의 이윤이 연일 기록을 갱신했고 그들은 적극적으로 광고예산을 늘리기 시작했다. 초과이윤을 세금으로 납부하기보다는 영업손실로 처리할 수 있는 광고에 쏟아붓는 것이 더 낫다는 것을 간파한 것이다. 전쟁 전에 비해 광고지면 크기가 늘어나고 화려한 비주얼이 보편화되었는데, 일반 상품 제조 기업들도 전면 신문광고와 양면 페이지 잡지 광고를 자주 집행하였다. 이 같은 과감한 매체 활용은 이전 시대의 경우 백화점 광고를 제외하고는 매우 보기 드문 것이었다.

는 스탠리 레조가 JWT를 인수하여 대표이사가 된 1년 후 결혼을 하게 되고, 이사회 멤버이자 제작팀 총책임자로 이후 JWT에서 40년을 일한다.

본질적으로 광고 크리에이티브는 토론과 합의의 소산이 아니라 뛰어난 영감과 상상력을 지닌 개인의 창조 소산이라 할 수 있다. 하지만 JWT는 창설자 제임스 월터 톰슨 이래 실력파 AE들이 조직의 중추적 역할을 수행하는 회사였다. 남편 스탠리 레조도 마찬가지였다. 그는 늘 AE들이 광고대행사의 유일한 대표자라고 강조하곤 했다. 이런 분위기가 광고 창작에 좋은 영향을 미칠 수는 없다. 제작팀에 대한 견제를 통해 실패작을 방지하는 역할을 하기도 하지만, 광고주의 요구나 때로는 담당 AE 자신의 요구를 광고

제작에 반영시키는 일이 자주 발생하기 때문이다. 무엇보다 이런 분위기에서는 자유로운 발상과 과감한 시도를 꿈꾸는 재능 있는 광고 크리에이터들이 답답증을 느끼기 쉽다. 어니스트 엘모 컬킨스가 왜 찰스 오스틴 베이츠사를 뛰쳐나왔는가를 떠올려보라.

하지만 JWT는 경쟁사로부터 속속 대형 광고주를 빼앗아오는 엄청난 사세 확장과 함께, (놀랍게도) 당대의 크리에이티브를 선도하는 명작들을 속속 생산했다. 광고주(혹은 AE)의 과도한 입김을 저지하면서 수많은 명작 캠페인을 탄생시킨 주역이 제작팀을 총지휘했던 헬렌 레조였다. 그녀는 한마디로 광고역사상 최초로 톱클래스에 오른 여성 카피라이터였다. 그리고 시대를 대표하는 초일류 크리에이티브 디렉터이기도 했다.

헬렌 레조는 자신의 당대에 여러 가지 '여성 최초' 타이틀을 기록했다. 대형 생활용품 회사 프록터 앤드 갬블(P & G)이 처음으로 외부에 광고대행을 맡긴 곳이 JWT였는데, 헬렌은 P & G의 이사회에 참석하여 캠페인 프레젠테이션을 실시한 최초의 여성이었다.[44] 지역광고가 아닌 전국 집행 광고를 스스로 기획하고 제작한 첫 번째 여성이기도 했다.

그녀는 JWT 안주인으로 광고 제작을 총괄했을 뿐 아니라, 회사의 내부 장식도 진두지휘했다. 1927년 JWT는 사세 확장에 따라 당시 세계에서 가장 큰 사무용 건물이었던 뉴욕 중앙 철도역(Grand Central Station) 근처 그레이바(Graybar)빌딩으로 이전했다. 이 건물은 외벽을 유리로 장식했고 화려한 입구 장식을 갖춘 아르데코(art deco) 스타일[45]의 고층빌딩이었다. 헬렌은

44 http://adage.com/century/people014.html

45 1920년대에 크게 유행한 미술사조의 한 종류. 20세기 초의 아르누보가 수공예적 예

사무실 공간을 일반 벽이 아니라 주물로 정교하게 다듬은 예술적 칸막이로 만들어 전 직원들이 자리에서 바깥 풍경을 조망할 수 있도록 꾸몄다. 개개인이 원하는 스타일로 임원 사무실이 꾸며졌고 회사 식당은 18세기 매사추세츠 농가의 부엌 분위기를 내도록 설계되었다(Turngate, 2007).[46]

그녀는 광고 표현에 있어 상상력의 중요성을 강조했고, 직관적 카피 메시지와 비주얼의 감각적 아름다움을 높이 평가했다. 특히 좋아했던 광고 매체는 ≪레이디스 홈 저널≫과 ≪새터데이 이브닝 포스트≫였는데, 1921년 10월호에는 JWT 광고주의 작품이 14가지나 실렸을 정도였다(Fox, 1997). 그녀의 카피라이팅 스타일은 앞서 살펴본 어니스트 엘모 컬킨스와 클로드 홉킨스라는 두 거물의 영향을 동시에 흡수한 결과물이라 할 수 있다. 헬렌의 장기는 주목을 끄는 심미적 비주얼을 배경으로, 임팩트 있는 헤드라인과 소비자가 제품을 구입해야 할 이유를 상세하게 밝힌 바디카피를 결합시키는 방식이었다.

그녀는 일생을 두고 여성도 남성과 똑같은 능력을 지녔다는 신념을 놓지 않았다. 제작팀 안에 여성으로만 구성된 카피라이터 팀을 직접 교육하고 이끌면서 여성 소비자 대상의 특화된 캠페인을 주도했던 것이 대표적 사례다. 나아가 공적, 사적으로 자기가 뽑고 육성시킨 휘하 여성 광고인들의 멘토(mentor)가 되어줌으로써 그들의 삶에 지대한 영향을 미쳤다.[47]

술성을 특징으로 한다면, 아르데코는 공업적 생산방식을 미술과 결합시킨 기능적 직선미를 특징으로 한다.

46 턴게이트에 따르면, JWT는 이 같은 화려한 실내 장식 때문에 대형 광고주를 잃기도 했다. 구강청정제 리스테린(Listerine) 회장 제리 램버트는 JWT 사무실을 방문한 다음 이렇게 말하면서 대행을 끊었다. "나는 벌어들인 수입을 가구 장식보다는 광고주에 대한 서비스에 투자하는 회사를 더 선호합니다".

헬렌은 페미니즘에 대한 자신의 식견과 지식을 크리에이티브에 훌륭하게 도입했다. JWT의 광고주들 다수가 식품, 세제, 화장품 등 여성용 소비재를 생산하고 있었던 것과도 연관이 컸다. 그녀를 광고 역사상 최초로 '여성의 관점에서 여성의 마음을 헤아리면서' 아이디어, 카피, 비주얼을 발상한 카피라이터로 평가하는 이유가 그 때문이다.

또한 샘플 제공을 통한 회수쿠폰 제공 기법과 유명인을 등장시켜 메시지 신뢰도를 높이는 증언식광고(testimonial advertising)의 귀재이기도 했다. 그녀가 유행시킨 증언식 광고는 당대는 물론 훗날까지 광고 크리에이티브에 큰 영향을 미쳤다. 앨버트 라스커의 왕국 로드 앤드 토머스까지 그러한 태풍 영향권에 들 정도였다. 1923년 정치계를 떠나 광고계에 복귀한 라스커는, 자신의 회사가 당대를 풍미하던 JWT 스타일에 영향을 받고 있는 것을 발견하고 경악했다. 라스커는 헬렌 레조의 기법을 시대착오적이라고 맹렬한 비난을 퍼부으며 이를 차단하고자 부심했다고 한다(Fox, 1997).

JWT 초창기에 기록한 그녀의 대표적 히트작은 '우드버리(Woodbury) 비누' 광고였다(그림 1-23). 1910년 나온 이 작품의 비주얼은 알론조 킴볼(Alonzo Kimball)이 만들었다. 옅은 갈색 머리의 가슴이 파인 드레스를 입은 아름다운 여인. 그녀의 목덜미에 얼굴을 묻으려는 젊은 남자의 가려진 얼굴이 로맨틱한 분위기를 자아낸다. 헤드라인은 더욱 묘하다. "만지고 싶은 피누(The skin that you loved to touch)". 서브헤드에서는 보다 구체적인 구입 동기를 자극한다. "당신도 다음 순서대로 (우드버리를) 사용하기만 하면 그 매력을

---

47 아민타 캐세레스(Aminta Casseres), 루스 왈도(Ruth Waldo), 페기 킹(Peggy King), 낸시 스티븐슨(Nancy Stephenson) 등 미국 여성 광고의 선구자가 된 많은 크리에이터들이 모두 헬렌 레조의 부하이자 동료였다(Peiss, 1998).

그림 1-23 우드버리 비누 광고

당신 걸로 만들 수 있어요(You, too, have it's charm if you will begin the following treatment tonight)". 필자가 보기에 이 서브헤드에서 백미는 쉼표 다음에 들어간 '당신도(too)'란 단어다.

어떤 여성이라도 우드버리 비누를 사용하기만 하면 광고에 나온 여인처럼 남자들을 푹 빠져들게 만든다는 성적 암시가 담긴 메시지다. 멋진 남자와 사랑을 나누고 싶은 아가씨치고 누가 이런 유혹을 거부할 수 있으랴. 사상 최초의 섹스어필 광고로 불리는 이 작품은 동일한 헤드라인에 비주얼만 달리하여 여러 해 동안 반복적으로 집행되었다. 효과는 놀라울 정도였다. 우드버리 비누가 JWT에 광고를 맡긴 지 8년 만에 판매고가 무려 1000%나 증가한 것이다.

그녀는 1910년대 중반부터 시작된 미국 여권운동에 대한 열렬한 지지자였다. 뉴욕에서 여성참정권 시위를 조직하였고 일찍이 가족계획의 필요성을 주창한 선구자였다. 미국 헌법에 여성투표권이 보장된 것은 1920년인데 이 운동에도 중요한 기여를 했다. 뉴욕의 현대미술박물관 이사로 재임하면서 걸작 예술품들을 수집한 미적 감각의 소유자라는 점도 빼놓을 수 없을 것이다. 1917년에는 후버 대통령의 요청에 따라 제1차세계대전 수행을 위한 '식품절약 캠페인'을 시작으로 적십자사, YMCA 등 수많은 공익광고 제작을 이끌었다. 여자대학인 래드클리프 대학(Radcliffe College)과 공공병원의 후원자 역할을 자임하기도 했다(Peiss, 1998).

위대한 카피라이터이자 시대를 이끈 선각자였던 헬렌 랜스다운 레조는

1967년 '광고 명예의 전당'에 헌액되었다. 그리고 ≪애드버타이징 에이지(Advertising Age)≫가 뽑은 20세기를 대표하는 광고인 가운데 14번째로 선정되었다.

14) 제임스 웹 영

그림 1-24 제임스 웹 영

제임스 웹 영(J. W. Young, 1886~1973)은 레조 부부의 평생 동지로서 JWT 전성시대를 이끌어간 또 다른 주역이다(그림 1-24). 또한 그 자신 탁월한 카피라이터였다. 그는 1911년 우드버리 비누, 럭스 비누 캠페인 등의 대성공으로 헬렌 레조가 JWT 뉴욕 본사로 영전한 후 신시내티 지사에 입사했다. 헬렌 레조와 초등학교를 같이 다닌 인연으로 JWT에 합류했다고 전해진다. 영은 명 카피라이터였을 뿐 아니라 논리 정연한 이론가였다. JWT 회장이었던 스탠리 레조가 비사교적 성격이었는데 반해, 활발한 성품과 폭넓은 대인관계로 미국 광고의 장로(Dean of american advertising)라 불릴 만큼 업계의 리더 역할을 수행한 인물이었다. 현대 광고 역사에서 다재다능한 인물을 손꼽으라면 뒤에 나오는 레이먼드 루비캄과 함께 이 사람을 내세울 수 있지 않을까 한다.

영의 어린 시절은 파란만장 그 자체였다. 신시내티에서 태어나고 자란 그는 12살 때 학교를 그만두고 백화점 경리부에 취직했다가 선생님께 붙잡혀 다시 학교로 돌아갔다. 그리고 석 달 만에 다시 집을 뛰쳐나와 신시내티의 한 출판사에 취직함으로써 본격적인 사회생활을 시작한다. 이후 서적 통신판매원을 거쳐 26살 때 JWT 신시내티 지사 카피라이터가 된다(Jones,

There isn't a girl who can't have the irresistible, appealing loveliness of perfect daintiness

Within the Curve of a Woman's Arm

A frank discussion of a subject too often avoided

A woman's arm! Poets have sung of its grace; artists have painted its beauty.

It should be the daintiest, sweetest thing in the world. And yet, unfortunately, it isn't, always.

There's an old offender in this quest for perfect daintiness—an offender of which we ourselves may be ever so unconscious, but which is just as truly present.

Shall we discuss it frankly?

Many a woman who says, "No, I am never annoyed by perspiration," does not know the facts—does not realize how much sweeter and daintier she would be if she were *entirely* free from it.

Of course, we aren't to blame because nature has so made us that the perspiration glands under the arms are more active than anywhere else. Nor are we to blame because the perspiration which occurs under the arm does not evaporate as readily as from other parts of the body. The curve of the arm and the constant wearing of clothing have made normal evaporation there impossible.

Would you be absolutely sure of your daintiness?

It is the chemicals of the body, not uncleanliness, that cause odor. And even though there is no active perspiration—no apparent moisture—there may be under the arms an odor unnoticed by ourselves, but distinctly noticeable to others. For it is a physiological fact that persons troubled with perspiration odor seldom can detect it themselves.

Fastidious women who want to be absolutely sure of their daintiness have found that they could not trust to their own consciousness; they have felt the need of a toilet water which would insure them against any of this kind of underarm unpleasantness, either moisture or odor.

To meet this need, a physician formulated Odorono—a perfectly harmless and delightful toilet water. With particular women Odorono has become a toilet necessity which they use regularly two or three times a week.

So simple, so easy, so sure

No matter how much the perspiration glands may be excited by exertion, nervousness, or weather conditions, Odorono will keep your underarms always sweet and naturally dry. You then can dismiss all anxiety as to your freshness, your perfect daintiness.

The right time to use Odorono is at night before retiring. Pat it on the underarms with a bit of absorbent cotton, only two or three times a week. Then a little talcum dusted on and you can forget all about that worst of all embarrassments—perspiration odor or moisture. Daily baths do not lessen the effect of Odorono at all.

Does excessive perspiration ruin your prettiest dresses?

Are you one of the many women who are troubled with excessive perspiration, which ruins all your prettiest blouses and dresses? To endure this condition is so unnecessary! Why, you need *never* spoil a dress with perspiration! For this severer trouble Odorono is just as effective as it is for the more subtle form of perspiration annoyance. Try it tonight and notice how exquisitely fresh and sweet you will feel.

If you are troubled in any unusual way or have had any difficulty in finding relief, let us help you solve your problem. We shall be so glad to do so. Address Ruth Miller, The Odorono Co., 719 Blair Avenue, Cincinnati, Ohio.

At all toilet counters in the United States and Canada, 60c and $1.00. Trial size, 30c. By mail postpaid if your dealer hasn't it.

Dr. Lewis B. Allyn, head of the famous Westfield Laboratories, Westfield, Massachusetts, says:

"Experimental and practical tests show that Odorono is harmless, economical and effective when employed as directed, and will injure neither the skin nor the health."

Address mail orders or requests as follows:
For Canada to The Arthur Sales Co., 61 Adelaide St., East, Toronto, Ont. For France to The Agencie Américaine, 38 Avenue de l'Opéra, Paris. For Switzerland to The Agencie Américaine, 17 Boulevard Helvetique, Geneve. For England to The American Drug Supply Co., 6 Northumberland Ave., London, W. C. 2. For Mexico to H. E. Gerber & Cia, 2a Gante, 19, Mexico City. For U. S. A. to The Odorono Co., 719 Blair Avenue, Cincinnati, Ohio.

그림 1-25 오도르노 카피

2001).

카피라이터로 맹활약하던 1919년에 쓴 오도르노(Odorno) 카피는 체취제거제(deodorant) 광고의 명작으로 꼽히는 작품이다(그림 1-25). 이 광고에서 가장 눈에 띄는 것은 남성의 품에 안겨 춤추는 미인의 모습과 멋진 조화를 이룬 헤드라인이다. 카피는 이렇다. “여자의 팔 곡선 안쪽에(Within the Curve of a Woman's Arm)”. 생략법 테크닉[48]을 사용함으로써 강한 호기심을 유도하고 있다. 미묘한 섹스어필의 분위기까지 풍긴다. 하지만 이 광고가 던지는 핵심 메시지는 이어지는 서브헤드에서 나온다. “너무나 자주 외면되어왔던 주제에 대한 솔직한 논의”. 바로 여성의 겨드랑이에서 나는 불쾌한 체취, 암내(body odor)를 정면으로 다룬 것이다. 목표고객으로 설정된 젊은 여성 입장에서 이 카피가 어떻게 받아들여질까? 전형적인 위협소구(threat appeal)가 아닐 수 없다.

이 광고가 세간의 관심을 집중시킨 내막을 이해하려면 당시 시대 상황을 봐야 한다. 미국의 1920년대는 이 같은 **청결 용품의 소비**가 유례가 없을 정도로 급속히 증가한 시대이기 때문이다. 구취제거제, 겨드랑이 냄새 제거제와 같은 청결 용품의 소비는 제1차세계대전 이후 미국 사회에 불어닥친 급격한 사회적 변화를 배경에 깔고 있다. 질풍노도와 같은 이런 시대에는 벼락출세한 졸부들도 많이 나타나지만, 실패한 사람들도 다량 나타날

48 생략법(省略法, Ellipsis). 음절이나 단어, 구절을 생략하는 방법으로 간결미와 암시를 주는 카피라이팅 기법이다. 메시지에 대한 호기심을 자극하며 문장에 함축적 여운을 주는 것이 특징이다. 생략된 부분에 대하여 관심을 이끌어냄으로써 메시지 수용자들이 생략된 문장 복원에 자신도 모르게 참여하게 만든다. 빙산이 물 위에 떠있는 부분은 10%정도이다. 하지만 사람들은 수면 아래 잠겨 있는 90%를 상상하고 짐작한다. 이처럼 생략된 카피 메시지에 대한 보완과 상상 여지를 주기 위해 쓰인다.

청결 용품의 소비

1920년대의 특징 중 하나는 신체 청결 용품 광고가 갑자기 폭발적으로 증가하기 시작한다는 것이다. 이 시기 전까지만 해도 평균적 미국인들은 일주일에 한 번 목욕을 했고, 머리를 감는 일도 드물었다. 당연히 몸에서 나는 냄새에 둔감했고, 구취나 체취가 사회적 무례로 받아들여지지 않았다고 한다.

하지만 오늘날 미국인들은 1인당 청결 용품 소비에서 압도적 세계 1위를 기록 중이다. 특히 백인들의 경우 자기 몸에서 나는 냄새에 대해 거의 강박에 가까운 두려움을 지닌 경우가 많다. 광고 사학자 트위첼은 이런 모습을 "자연스러운 체취를 바꾸려는 단 한 가지 목적을 위해 오늘날 미국인들은 1년에 40억 달러를 쓰고 있다"고 비꼬고 있다(Twitchell, 2000).

90년 사이에 어떤 변화가 일어난 것일까? 바로 광고를 통해 청결한 신체, 깨끗한 옷, 건강한 주거 환경이 하나의 사회문화적 규범으로 형성되었기 때문이다.

이는 현대 광고의 사회문화적 기능과 관련되어 의미심장한 메시지를 던진다. 광고가 단순한 마케팅 목표 달성 수단을 넘어 사람들의 생활방식과 새로운 습관을 만들어내는 강력한 힘을 지닌 존재임이 드러나기 때문이다. 이 시기의 청결 및 위생용품광고가 얼마나 성행했는지 "치료를 창조하기 위해 먼저 병을 만들어내었다"고까지 비판을 받았을 정도다. 정서적, 사회적 위협소구가 남용된 광고 캠페인을 통해 생리대, 무좀약, 체취 및 구취 제거제, 화장실 휴지와 향수 등의 광범위한 청결/위생용품을 사용하는 새로운 습관이 생겨났다.

사람들이 칫솔과 치약을 사용해서 이빨을 닦기 시작한 것도 이때부터다. 제1차세계대전 이전에 칫솔과 치약을 쓰는 사람의 비율이 26%에 불과했던 것이 1926년이 되면 40%로 증가한 것이다. 일회용 생리대가 광범위하게 보급되고 크리넥스(Kleenex)라는 이름이 붙은 일회용 화장지가 가정에 파고들었다. 다양한 위생용품을 통해 위생관념을 지키는 것이 현대적 삶의 필수 조건으로 정착하기 시작한 것이다.

수밖에 없다.[49] 생존경쟁이 치열한 사회에서 탈락자의 열패감은 더욱 클 수밖에 없으며, 이들은 끊임없이 타인의 평가에 신경을 쓰게 된다. 관계 설정이 잘못되거나 소외될 경우 바로 사회적 실패로 연결될 수 있기 때문이다. 1920년대를 통틀어 사람들의 마음속에 "다른 사람이 나를 이상하게 생각하지 않을까?"라는 걱정이 생겨난 것은 당연한 일이었다. 이 같은 분위기를 청결 용품 광고가 교묘하게 파고들었다. 체취나 위생 상태에 대한 대중의 강박증을 교묘하게 부추김으로써 막대한 상품을 팔아치운 것이다(Marchand, 1985).

미국에서 개인 위생과 관련된 언급은 오랫동안 금기의 영역이었다. 하지만 1920년대의 광고는 판매를 위한 의도적 목적에 의해 내밀한 금기를 깨고 위생 용품을 공적인 담론의 영역에 끌어들였다. 제임스 웹 영이 쓴 카피는 이 같은 시대 흐름을 대변하는 것이었다. 당시 사람들이 알면서도 애써 숨기려 하던 금기를 건드린 이 광고는 즉각 화제를 불러 일으켰다. 여성들의 은밀한 비밀을 광고가 정면으로 거론했다는 사실에 많은 사람들(특히 여성들)이 화를 냈다. 심지어 영이 개인적으로 알고 지내던 여러 여성들이 "모욕적이고 구역질이 난다"면서 절교를 선언했다. 그러거나 말거나 제품의 판매고는 놀라운 상승곡선을 그렸다. 광고가 집행된 지 1년 만에 무려 112%가 증가할 정도였다(Fox, 1987).

제임스 웹 영은 천재적 카피라이터였다. 동시에 뛰어난 대인관계와 협상력을 지닌 초일류 경영자였다. 카피라이터 역사와 관련해서 그가 더욱 주목되는 것은 스스로 창안한 '아이디어 발상 5단계법' 때문이다. 영이 저술한 『아이디어를 내는 기술(A Technique for Producing Ideas)』에 이 방법이 나와 있는데, 많은 카피라이터들이 아이디에이션을 다룬 가장 훌륭한 책 가

49 1925년 발표된 프랜시스 스콧 피츠제럴드의 『위대한 개츠비』는 '광란의 1920년대'를 대표하는 소설이다. 벼락출세와 퇴폐, 그리고 처절한 몰락의 길을 걷는 소설 주인공 개츠비는 부와 성공에 눈먼 이 시대 사람들의 심리를 대변하는 비극적 캐릭터다.

운데 하나로 이것을 들고 있다. 광고 아이디어가 태어나는 과정을 이보다 쉽고 명쾌하게 설명하는 책이 흔치 않기 때문이다. 이 책은 머리말(Foreword)과 서언(序言, prefatory)을 빼면 50페이지가 안 되는 짧은 내용이다. 하지만 그 안에 아이디어 발상과 실행의 기술이 다 나와 있다. 조금 길기는 하지만 인용할 가치가 충분한 내용이라서 소개한다. 영이 밝힌 아이디에이션의 각 단계는 다음과 같다(Young, 1987).

• **제1단계: 섭취 단계(Ingestion stage)**

가능한 많은 자료를 체계적으로 모으고 정리하는 단계다. 수집해야 할 자료는 두 가지로 분류된다. 첫 번째는 제품 특성, 시장 환경, 목표고객에 대한 체계적이고 직접적인 자료다. 두 번째는 광고 제품과 관련된 포괄적 자료로 매스미디어에서 수집된 자료가 대표적이다.

• **제2단계: 소화 단계(Digestion stage)**

수집·정리된 자료를 읽고 숙지하고 외워서 자기 것으로 소화하는 단계다. 이 단계에서는 수집된 자료들을 상호 결합시키는 작업이 핵심이다. 이를 통해 상관없어 보이는 기존 자료 사이에서 관련성을 찾아내도록 해야 한다. 영은 진짜배기 아이디어는 기존 자료를 결합시킨 다음, 그 자료 사이의 상관관계를 볼 줄 아는 힘에서 나온다고 말한다.

• **제3단계: 부화 단계(Incubation stage)**

아이디어와 관계된 모든 것을 완전히 잊고 무의식으로 돌아가는 단계이다. 병아리가 알에서 깨어나기 위해 어미닭 품속에서 조용히 부화를 기다리는 것과 같은데, 흔히 망각과 방치의 단계라고도 부른다. 이 단계에서는 두뇌 속에서 보이지는 않지만 맹렬한 아이디어의 부화가 진행된다. 기존 자료들이 상호 결합되고, 정보들이 새로운 정보와 조합된 다음 잠재의식 깊숙이 가라앉아 발효 과정을 겪게 된다.

- **제4단계: 조명 단계(Illumination stage)**

예기치 않은 상황에서 "바로 이거야!(Eureka!)"라는 식으로 고민하던 아이디어가 번쩍 태어나는 단계이다. 하지만 이때 떠오른 아이디어는 완전히 구체화되지 않았기 때문에 메모를 하는 것이 중요하다고 영은 강조한다.

- **제5단계: 입증 단계(Verification stage)**

떠오른 아이디어를 좀더 다듬고 발전시켜 완성된 작품으로 구체화시키는 단계다. 떠오른 아이디어가 복수(複數)인 경우에는 그것들을 하나하나 검토해서 실현 가능한 것들은 채택하고 나머지는 배제하는 과정을 밟아야 한다. 탄생한 아이디어를 대충대충 작품화시키지 않도록 끈기 있게 매달려야 한다. 처음부터 완벽한 아이디어는 매우 드물다. 비판적 조언이 가능한 사람에게 아이디어를 보여주고 그것을 보완·발전시키는 과정이 요청된다.

레조 부부의 그늘에 가려 있는 듯 했으나, 일생을 두고 오히려 그들에 버금가는 존재감을 보였던 제임스 웹 영. 그는 카피라이터는 자신의 시대 한 복판을 살아가며, 그가 속한 시대의 흐름을 정확히 파악해야 한다고 믿었다. 『한 광고인의 일기(The Diary of an Ad Man)』라는 자전적 저술에서 그는 이렇게 말한다. 변치 않는 광고 창작과 카피라이팅의 본질을 알려주는 내용이기도 하다(Young, 1990).

"모든 제품과 아이디어는 당대 사회에 물결치는 생각과 감정의 조류를 제대로 탈 때 비로소 가치를 인정받는다. 이러한 조류를 만드는 기세야말로 광고보다 더 힘 있는 존재이기 때문이다. 그 같은 흐름에 역행하는 광고는 아무짝에도 쓸모가 없다."

그는 JWT 뉴욕 본사 부사장, 유럽 지사장을 거쳐 42세에 광고계를 은퇴하고 세계 일주에 올랐다. 이후 JWT 회장직을 비롯한 수많은 직책에서 은퇴와 복귀를 반복했다. 그런 와중에 미국광고협의회(Advertising Council) 창설 회장을 비롯한 여러 공직을 역임하기도 했다. 제임스 웹 영은 1973년 미국 최고의 카피라이터상인 '카피라이터 명예의 전당(Copywriter's hall of fame)'에 헌액되었다.

15) 브루스 바턴

그림 1-26 브루스 바턴

테네시주 시골 마을에서 태어난 브루스 바턴(Bruce F. Barton, 1886~1967)은 고향에서 멀리 떨어진 매사추세츠주 애머스트 대학과 위스콘신 대학원을 졸업했다(그림 1-26). 그는 대학교수가 되어 역사학을 가르치고 연구하는 것이 꿈이었다. 하지만 젊은 시절의 신경질환 때문에 그 뜻을 접었다. 학업을 마친 후 '콜리어 위클리(Collier's Weekly)' 출판사의 영업사원 관리자로 입사했다. 이때 우연한 기회에 하버드 대학 고전선집의 카피를 쓰게 되고 이것이 명성을 얻으면서 광고와 인연을 맺게 된다. 그 후 잡지 편집자로 자리를 옮겨 경력을 쌓아가던 그의 인생에 일대 전기를 마련해준 것은 제1차세계대전이었다. 전쟁 수행을 위한 공공정보위원회 일을 도와주다가 광고인 알렉스 오스본과 전직 신문기자 로이 더스틴을 만나게 된 것이다(Fried, 2005).

세 사람은 미국 적십자사를 위한 전쟁노동캠페인(United War Work Campaign)을 함께 진행하면서 곧 의기투합하게 된다. 1919년 1월 바턴은 오스본과 더스틴의 회사 설립 제안을 받아들였고 마침내 BDO[50]를 설립하게 된다. 창립 초기부터 명성을 드날린 BDO는 제너럴 모터스, 레버 브라더스(Lever Brothers), 던롭(Dunlop) 같은 굴지의 광고주를 얻게 된다. 조지 배튼사와 합병 후 BBDO로 이름을 바꾼 후에는 3200만 달러의 취급고를 올리면서 JWT, 에이어 앤드 선과 함께 3대 대행사로 급성장을 거듭하게 되는 것이다.

그는 1920년대 미국에서 대중들 사이에 가장 널리 알려진 광고인이었다. 단순한 카피라이터를 넘어 당대를 대표하는 베스트셀러 작가 중 한 명이었기 때문이다. 그의 대표작은 『아무도 모르는 사람(The Man Nobody Knows)』[51]이었다. 이 책은 예수를 기존의 관점과는 완전히 다른 현대적 차원에서 해석했다. 33세에 목숨을 잃은 이 사람이 대중의 관심을 끌어내고 설득할 줄 아는 타고난 '광고인'이라는 것이다. 예수를 신적 존재에서 끌어내려 쾌활한 성품에 잘 웃으며, 사람들을 지휘하여 목표를 달성하는 탁월한 리더로 설명했다. 그의 책은 보수적 종교계로부터 극심한 비판과 불매운동에 직면했다. 그럼에도 불구하고 대중에게 큰 인기를 끌어 발매 1년 반 만에 무려

50 Barton, Dustin, Osborne의 이름 첫 글자를 딴 것이다.

51 김충기가 번역하여 『예수, 영원한 광고인』이라는 제목으로 1995년 국내에서 출간되었다.

25만 부가 팔려나갔다.[52]

『아무도 모르는 사람』은 자유주의 청교도 목사의 아들로 태어난 브루스 바턴의 종교관이 투영된 책이다. 하지만 동시에 카피라이팅 원칙과 방법에 대한 그의 철학을 엿볼 수 있는 훌륭한 교과서이기도 하다. 이에 따라 조금 자세히 책의 내용을 살펴볼 필요가 있다. 바턴은 이 책의 서문에서 어릴 적 교회에서 예수를 연약한 '어린 양'과 같다고 말하는 데 의문을 지녔다고 고백한다. 그리고 나이가 들면서 "사람들로 하여금 무언가를 행동하게 만들고 큰 조직을 창조하는 사람은 반드시 타인을 끌어들이는 매력이 있을 것"이라는 생각을 하게 되었다는 것이다. 이러한 체험을 통해 기존의 상식을 털어버리고 예수의 본모습에 다가서리라 결심한 결과, 그는 기존의 선입견과는 전혀 다른 새로운 예수의 모습을 발견하게 된다. "예수가 현대 비즈니스의 창시자"라는 것이다(Barton, 1926).

카피라이팅과 관련해서 이 책에서 가장 주목되는 것은 바턴이 예수를 남을 설득하는 명수로 이해했다는 것이다. 역사학자 와인스타인과 루벨(Weinstein & Rubel, 2002)은 이 대목에서 바턴이 예수의 설교를 "역사상 가장 강력한 광고"라고 설명했음을 지적한다. 바턴이 신이나 구원과 같은 최고의 형이상학적 주제를 온전히 상업적 코드로 해석했다는 뜻이다. 두 사람은 바턴의 책이 큰 성공을 거둔 이유로 두 가지를 든다. 첫째는 1920년대 미국을 휩쓴 독점 대기업 중심주의의 영향이 컸다는 것이다. 둘째는 1920년대의 거품경제를 관통하던 극단적 자유방임 자본주의 풍토가 작용했다는 것이다. 바턴이 강고한 우파 보수주의 정치관을 지니고 자본주의 경제

52 http://en.wikipedia.org/wiki/Bruce_Fairchild_Barton

체제를 옹호했으며, 심지어 자신의 이념을 실천하기 위해 현실 정치인이 되었다는 점에서 와인스타인과 루벨의 지적은 예리한 진실을 담고 있다고 필자는 생각한다.

이 베스트셀러를 관통하는 주장을 요약하면 이렇다. ① 광고 크리에이티브는 불특정 다수를 설득하여 특정 대상에 대한 인지와 태도 즉 마음을 변화시키는 커뮤니케이션이다. → ② 인류 역사상 이 과업을 가장 효과적으로 성공시킨 사람이 예수다. → ③ 따라서 예수가 행했던 설교와 행적은 오늘날의 광고에도 충분히 적용될 수 있다. 바턴의 주장에 동의하시는가? 예수를 현대 상업주의의 첨병으로 내세우는 이 독특한 관점을 당신은 결코 인정할 수 없을지 모른다. 하지만 이 주장이 매우 참신하다는 점은 인정할 수밖에 없을 것이다.

브루스 바턴은 캠페인의 대대적 성공이나 산업 전체에 미치는 영향력에서 명실공히 당대 광고계를 대표하는 스타였다. 하지만 아이러니하게도 개인적 차원에서는 광고계에 대하여 일정한 거리를 두려고 평생을 노력했다. 그러한 모순적 태도의 배경에는 자유주의적 신앙의 청교도 순회목사였던 아버지의 영향이 컸다. 어떤 의미에서 그의 일생은 아무리 몸부림쳐도 기독교라는 자장을 크게 벗어나지 못한 것이었다(Fried, 2005).[53]

그는 큰 키와 당당한 체격, 그리고 연한 푸른색 눈동자의 호남이었다. 수천 권의 개인 장서를 소유한 독서가였으며 버번위스키를 즐겼고 경마에 열광적 관심을 기울였다. 특히 설교자와 같은 부드러운 카리스마로 사람들

53 반면에 5살 어린 유부녀와 3년 동안이나 밀회를 즐겼고, 남편의 협박을 막기 위해 거액의 합의금을 지불한 양면적 성격을 지닌 인물이기도 했다.

의 집중을 이끌어내는 재능이 있었다. 이것이 광고 프레젠테이션에서 광고주를 매혹시키는 무기로 사용되었다. 엔지니어 출신의 제너럴 모터스 사장이었던 찰스 케터링(Charles Kettering)의 다음 발언은 그가 광고주들에게 얼마나 설득력과 인기가 있었던가를 짐작하게 한다(Fox, 1997).

"나는 자네 덕에 내겐 아무짝에도 쓸모없는 심리학과 광고에 푹 빠지게 되었네."

그가 창립한 BBDO는 (클로드 홉킨스의) 하드셀과 (어니스트 엘모 컬킨스의) 비주얼 임팩트를 조화롭게 결합시킨 당대의 경쟁사 JWT와 다른 창조 전략을 내세웠다. 하드셀 소구를 줄이고 맥매너스의 소프트셀 크리에이티브 전통을 이어받아 더욱 강화시킨 것이다. 바턴은 ≪레이디스 홈 저널≫ 광고상 등 당대의 모든 광고상을 휩쓴 크리에이티브의 총아였다. 특히 제너럴 모터스(GM), 제너럴 일렉트릭(GE) 등 대기업의 기업광고(institutional advertising)에 특출한 재능을 발휘했다.

카피라이팅 측면에서 보자면 대화체 카피의 귀재였다. 회사 설립 초창기에 쓴 알렉산더 해밀턴(Alexander Hamilton) 학원 통신강좌 메일오더(mail order)는 이후 20년 동안 대중들에게서 끊임없이 복사본 요청을 받을 정도였다. 바턴은 1925년이 되자, 미국을 대표하는 24명의 부자들에게 편지를 썼다. 빈곤 아동을 돕기 위해 최소 1000달러 이상의 기부를 요청하는 내용이었다. "존경하는 아무개 씨에게(Dear Mr. Blank)"란 문장으로 시작되는 이 편지를 읽은 후 수신자 전부가 기부 요청에 적극적으로 응했다. 이 사건이 언론에 보도되며 엄청난 대중적 화제를 불러일으켰고, 다시 바턴의 명성을 높인 것은 당연한 귀결이었다.

하지만 그의 대표작을 추천하라면 많은 광고전문가들이 식품회사 제너럴 밀스(General Mills)를 위해 만든 '베티 크로커(Betty Crocker)' 캠페인을 든다. 그녀는 "빵 만드는 것에 대해 여성이 알아야 할 모든 것"이란 헤드라인과 함께, 갓 구운 빵 접시를 들고 미소 짓는 모습으로 처음 광고에 등장했다(그림 1-27). 하지만 베티 크로커는 가공의 여성 식품전문가였다.

그림 1-27 베티 크로커 캠페인

이 캐릭터는 원래 1921년 요리 경연대회에 참여한 주부들에게 보내는 회사 편지에 사인을 하기 위해 만들어졌다(Marchand, 1984). 베티 크로커가 단순한 가공인물에서 벗어나 생명을 얻게 된 것은 라디오를 통해서였다. 1924년과 1925년에 걸쳐 제너럴 밀스는 지역의 요리학교를 위한 라디오 토크쇼를 송출하기 시작한다. 이때 블란쳇 잉거솔(Blanche Ingersol)이란 성우를 베티 크로커 역으로 내세워 목소리를 내보낸 것이다. 친근한 목소리로 수다를 떠는 '베티'의 음성은 금방 제너럴 밀스의 핵심 고객층인 주부들의 관심과 인기를 끌었다. 이후 베티 크로커는 제너럴 밀스의 제품 광고에 대대적으로 등장하면서, 모턴 소금 소녀(Morton Salt girl)와 쌍벽을 이루는 불멸의 광고 캐릭터가 된다.

그는 광고계에 들어온 초창기부터 공화당을 후원했고 상호 긴밀한 관계를 구축했다. 애머스트 대학 동문인 캘빈 쿨리지(Calvin Coolidge)를 재정적으로 후원하여 1919년 대통령 선거 승리에 큰 기여를 했다. 이후 공화당 대통령 후보들의 여러 선거 캠페인에 깊숙이 관여했다. 마침내 스스로가 직

뉴딜정책에 대한 강력한 비판

특히 바턴은 루즈벨트 정부가 추진한 광고 규제정책에 대하여 가장 격렬하게 반대한 인물로 기록된다. 그가 전성기를 누리던 광고 황금시대는 1929년 대공황이 닥치자 순식간에 붕괴했다. 예산을 줄이려는 광고주들의 추가 서비스 및 특별계약요구(special deal)가 광고대행사 재정을 압박함에 따라, 허위과장은 물론 염치없을 정도로 가격을 전면에 내세우는 하드셀 광고가 나타나기 시작했다.

소비자를 속여서라도 물건만 팔면 된다는 식의 노골적 광고가 판을 치자 마침내 광고에 대한 비판이 폭발하기 시작했다. 이 같은 흐름은 크게 세 방향에서 전개되었다. 첫 번째는 광고업계 내부에서 터져 나왔다.

대공황이 숨 가쁘게 진행되던 1933년, 칼렛과 시링크(Arther Kallet & F.J. Schlink)가 『1억마리 기니아피그(100,000,000 Guinea Pigs)』라는 책을 쓴다. 이 책은 6년 동안 52만 부나 팔린 베스트셀러였는데, 의약품, 식품 등의 피해 사례를 집중 조명하였다. 1934년이 되면 BBDO 카피라이터 출신의 제임스 로티(James Rorty)가 『우리 주인님의 목소리(Our Master's Voice)』를 출간했다. 이 책은 판매 지상주의에 함몰되어 도덕적 위상을 상실해가는 광고인들의 허상을 통렬하게 찔렀다.

1936년에는 루스 램(Ruth de Forrest Lamb)이 『미국, 공포의 방(American Chamber of Horrors: The Truth About Food and Drugs)』에서 시판되는 식품, 의약품, 화장품의 위험성을 낱낱이 파헤침으로써 충격파를 던진다. 이러한 비판의 불길에 기름을 부은 것은 유독성용제를 섞은 '술파닐아미드 만병통치약(Elixir of sulfanilamide)'이 어린이를 포함한 107명의 목숨을 앗아간 사건이었다.

두 번째 흐름은 부당 광고에 대한 감시를 실행하는 소비자운동의 거센 물결이었다. 1929년 결성된 소비자연구소(The Consumers' Research)와 1936년 소비자연구소에서 갈라져 나온 소비자연맹(Consumers' Union)이 양대 축을 이뤘다. 그밖에도 소비자조합(Consumer Union), 여성유권자연맹(League of Women Voters), 미국가정경제협회(American Home Economics Association), 여성클럽총연맹(General Federation of Women's Club) 등이 우후죽순으로 생겨났다. 이들 단체는 줄어드는 광고 예산과 광고주의 압박에 지친 광고대행사들에게 사정없는 강편치를 먹였다.

광고에 대한 세 번째이자 가장 강력한 압력은 정부로부터 행해졌다. 공황 극복을 위한 뉴딜정책을 강력히 추진하던 루스벨트 정부의 눈에 일탈에 가까운 허위 및 과장광고는 더 이상 묵과할 수 없는 문제였다. 광고산업 감독업무를 맡은 미국연방거래위원회(FTC: Federal Trade Commission)가 기만(deceptive) 및 불공정(unfair)광고에 대한 강력한 가이드라인을 제시했지만, 그 같은 활동도 부족하다는 비판이 터져나왔다. 1938년이 되면 광고와 관련된 중요한 법률안 두 개가 의회를 통과한다. 첫 번째는 뉴욕주 상원의원 로열 새뮤얼 코플랜드(Royal S. Copeland)가 상정하여 1938년 통과된 법안으로 식품의약국(FDA: Food and Drug Administration)에 의약품, 식품, 화장품의 안전성을 감독하도록 하는 것이었다.

광고업계에 해머와 같은 충격을 던진 것은 두 번째 법안이었다. 일명 반(反)광고법안으로 불리는 '휠러-리 법안(Wheeler-Lee Act)'이 그것이다. 이 법안은 FTC가 허위나 위해(危害) 광고 중지를 명령할 수 있게 했고, 이를 거부한 회사를 사법기관에 기소까지 할 수 있는 막강한 권한을 부여했다. 실제로 FTC는 1940년까지 라이프부이, 럭스, 보던 낙농제품과 같은 주요 광고주의 광고 캠페인 18개에 대하여 게재 금지 명령을 실시하게 된다. 정부의 강력한 광고 규제에 위기감을 느낀 광고업계의 리더들은 대중연설과 기고를 통해 맹렬한 저항을 보인다.

공화당 의원이었던 브루스 바턴이 최선봉에 섰다. 그는 평생 루즈벨트에 대하여 적대의식을 지녔는데, 민주당 정부를 맹비난하면서 루스벨트가 FTC에 반기업적, 반광고적 인물을 포진시켰다고 맹렬히 비난한 것이다. 바턴의 싸움에도 불구하고 그러나 광고업계는 소비자운동 등 사방에서 조여오는 압력에 대응하여 결국 자율규제라는 방패를 꺼내들 수밖에 없게 된다.

코플랜드 법안 발의 이듬해 전매의약품협회(Proprietary Association)가 윤리강령을 채택했고 OTC 약 규제를 위한 특별위원회를 만들었다. 이때부터 정부의 타율규제와 광고업계의 자율규제가 상호협력하는 시스템이 서서히 미국에 자리를 잡게 된다. 이처럼 해일과 같이 일어나던 소비자운동을 잠재운 것은 바로 전쟁이었다. 제2차세계대전이 벌어지자 사회운동단체들은 전쟁 수행에 대한 문제로 급속히 관심을 옮겼고, FTC에 의한 광고 감시도 현저히 힘을 잃어갔다. 이후 광고 규제를 주장하는 새로운 소비자운동은 30여 년이 지나서야 미국사회에 다시 등장하게 된다.

접 정치에 뛰어들었는데, 1937년 시어도어 페이서(Theodore A. Peyser)가 세상을 떠난 후 실시된 뉴욕 맨해튼 지역 연방하원 의원 보궐선거에 출마한 것이다. 그는 너끈히 당선의 영광을 안았고 다음 선거에서 재선되었다. 그러나 바턴은 하원의원 재임기간 내내 당시 민주당 대통령 프랭클린 루스벨트(Franklin D. Roosevelt)의 **뉴딜정책에 대한 강력한 비판**을 퍼부었다. 그리고 보다 큰 야망을 품고 1940년 뉴욕주 연방 상원의원 선거에 출마했다. 결과는 패배였다. 민주당 후보 제임스 미드(James Mead)가 53.26%의 득표율을 보인 반면에 그의 득표율은 46.6%에 그쳤다(Fried, 2005).

브루스 바턴은 이후 BBDO 회장으로 복귀하여 제2차세계대전이 끝난 후 캠벨 수프(Campbell Soup), 레브론(Revlon) 화장품 등 대형 광고주 획득에 선봉장이 되었다. 그가 회장직을 물러난 해인 1961년, 회사는 미국 광고업계에서 4위의 규모를 자랑했다. 광고계 현역에서 은퇴한 뒤에는 뉴욕 매디슨 애비뉴의 사무실에 출근하면서 아메리칸 드림(American dream)을 찬양하는 보수주의적인 글을 써서 언론에 기고했다. 그는 1967년 7월 뉴욕시에서 숨을 거두었다. 묘지는 매사추세츠주 폭스보로의 록힐에 있다.

16) 스털링 게첼

스털링 게첼(J. Stirling Getchell, 1899~1940)은 20세기 광고사에서 손꼽히는 천재 카피라이다(사진 1-28). 하지만 오히려 현대 광고에서 사진의 중요성을 뿌리 내린 사람으로 더 유명하다. 그는 확고한 신념 아래 당시까지 비주얼 요소로 잘 사용되지 않던 사진을 광고제작의 핵심 요소로 활용했고, 자신의 크리에이티브 스타일을 널리 확산시켰다. 1899년 뉴욕에서 태어난 게첼은 급성 박테리아 감염증으로 마흔 두 살의 나이로 요절했다. 어릴 때 류

마티스열(rheumatic fever)을 앓은 후 심장이 약해졌고 이것이 서서히 악화되어 결국 치명적 원인으로 작용했다. 실크(silk) 원단 세일즈맨과 학교 선생을 부모로 태어난 그는 육체적 약점에도 불구하고 대담한 용기와 불굴의 에너지를 지닌 인물이었다. 17살의 어린 나이에 제1차세계대전에 군인으로 자원입대했을 정도였으니 그 성품이 짐작될 것이다.

그림 1-28 스털링 게첼

스무 살이 되던 해 뉴욕의 소형 광고회사에서 카피라이터로 광고인생을 시작한 게첼은, 광고계를 풍미한 멋진 카피를 쓰면서도 레이아웃과 비주얼에 더 큰 관심을 쏟는 독특한 성향을 보인다. 그의 위 세대인 어니스트 엘모 컬킨스를 연상시키는 면모다. 특히 자동차 광고에 장기를 발휘한 게첼은 필라델피아, 디트로이트, 뉴욕의 광고대행사를 옮겨 다니다 1924년 로드 앤드 토머스사의 앨버트 라스커의 휘하에 들어가면서 광고에 완전히 눈뜨게 된다(Jones, 2001).

이후 JWT를 거쳐 1931년 자신의 이름을 딴 회사(J. Stirling Getchell)를 설립한 게첼은 크라이슬러자동차의 플리머스 광고로 결정적 명성을 얻게 되었다. 그가 설립한 광고회사는 혼자서 북 치고 장구 치는 1인 회사나 마찬가지였다.[54] 게첼은 부하 직원들에게 끝없는 열정을 요구했다. 제작회의 중에 고함을 치고 욕설을 하는 것은 예사였다. 새벽까지 자기가 고생시켜서

54 이 같은 1인 주도의 영향 때문일까, 그가 세상을 떠난 후 뉴욕 본사와 디트로이트, 캔자스시티, 샌프란시스코, 로스앤젤레스 지사들이 모두 폐업의 운명을 맞았다.

만들어낸 시안을 바로 그다음 날 아침에 거부하는 경우도 숱했다. 길지 않은 광고 인생동안 게첼만큼 뜨겁게 살다 간 크리에이터도 많지 않았을 것이다. 하도 부하들을 닦달한 탓에 그의 회사에서 오래 버티는 사람들은 많지 않았다. 하지만 잠깐이라도 그에게서 광고를 배운 것을 자랑으로 여기는 크리에이터들도 많았다. 광고를 향한 순수한 열정에 감화되어서이기 때문일 것이다.

1935년 게첼이 발간한 사진 전문잡지 ≪픽처(Picture)≫는 광고뿐 아니라 미국의 보도사진에도 큰 영향을 미쳤다.[55] 그는 로드 앤드 토머스의 카피라이터로 근무하던 1925년에 전문 사진잡지 발간의 아이디어를 얻었다고 한다(Marchand, 1984). 그리고 회사를 설립한 후 틈틈이 시간을 할애하여 애초의 아이디어를 현실화시켰다. 게첼은 이 잡지에서 당시까지 ≪룩(Look)≫, ≪라이프(Life)≫ 같은 경쟁지들이 시도하지 않던 새로운 방식의 작품을 대거 선보인다. 1937년 12월 7일 자 기사에서 시사잡지 ≪타임(Time)≫이 라이벌 잡지인 ≪픽처≫를 다음과 같이 경멸스런 어투로 소개한 것도 그러한 파격 때문이었다(Turngate, 2007).

"뉴스 스타일의 그림을 광고에 도입한 선구자로 알려진 게첼은 여성 합창단원의 일상이나 번개의 위험, 동물의 이상한 식습관, 터키풍 욕조를 사용하는 사람에게 일어날 수 있는 사건과 같은 테마를 일러스트 형식으로 보여주기 위한 작업을 시작했다."

그는 **현대 광고에서 사진의 의미**에 결정적 비중을 두었던 최초의 크리에이터였다. 좋은 사진 한 장을 얻기 위해서 엄청난 비용을 아끼지 않았다. 당

55 http://www.time.com/time/magazine/article/0,9171,758766,00.html

현대 광고에서 사진의 의미

광고에서 일러스트레이션을 대신하여 사진이 널리 쓰이기 시작한 것은 대공황에 허덕이는 광고주들의 예산 절감 요구에서 시작되었다. 1920년대처럼 비싼 돈을 주고 호사스런 일러스트레이션을 쓰는 것이 어려워졌기 때문이다. 그런데 생각지도 않았던 반전이 일어났다. 사진이 오히려 일러스트레이션보다 광고에 훨씬 적합한 표현 수단이라는 것이 밝혀진 것이다.

그 이유는 두 가지였다. 첫째 사진의 사실적 재현성이 일러스트레이션보다 훨씬 뛰어났기 때문이다. 아트디렉터들은 점차 제품 비주얼이나 제품 사용 장면을 사진으로 보여주면 소비자들이 더 큰 신뢰감을 느낀다는 것을 알게 되었다. 특히 제품 중요 부분을 클로즈업(close-up)하거나 식품 및 음료 제품에서 필수적인 시즐감을 높이는 데 사진을 따라올 수단이 없다는 것이 드러난 것이다.

둘째는 경제성이다. 일러스트레이션은 작가의 붓끝을 통해 현실에 존재하지 않는 환상적 장면을 아름답게 묘사하는 장점이 있다. 부드럽고 인간미가 넘치는 특징도 있다. 하지만 제작 비용이 비쌀 뿐 아니라, 단 하나의 장면만을 묘사할 수 있다는 약점도 존재했다. 반면에 사진은 동일 제품이나 인물에 대하여 여러 컷을 동시에 찍을 수 있는 탁월한 경제성이 있다. 원본 필름이 존재하는 한 저렴한 가격으로 무한 복제가 가능하다는 것도 일러스트레이션이 흉내 낼 수 없는 특징이었다.

대 최고의 사진작가를 고용해서 찍어낸 독창적 사진을 충격적이며 선정적인 헤드라인과 결합시키는 것이 그의 핵심적 기법이었다.[56] 어떤 의미에서 그의 작품에서는 사진이 다른 모든 구성 요소를 앞서 크리에이티브의 중심을 차지한다 해도 과언이 아닐 정도였다.

56 http://adage.com/article/adage-encyclopedia/j-stirling-getchell-inc/98489/

그림 1-29 플리머스 자동차 광고

그는 광고를 만들 때 수십, 때로는 수백 장에 달하는 사진을 테이블 위에 늘어놓은 다음 아이디에이션을 시작했다. 그렇게 해서 골라낸 사진 주위에 헤드라인을 만들어 배치하고 나중에 바디카피를 첨부하는 순서를 밟았다. 아직도 카피 위주로 만들어지던 것이 당시의 광고 크리에이티브 주류였다. 따라서 게첼이 만든 사진 비주얼 위주의 작품은 경쟁광고들을 단번에 압도하는 높은 주목효과를 발휘했다. '팍팍 튀는(highly recognizable)'이라고 번역되는 충격적 광고가 그의 트레이드마크였던 것이다. 탁월한 솜씨를 지닌 카피라이터로 광고인생을 출발했지만 그는 단순히 카피라이터 범주를 넘어서는 영역에까지 자신을 밀어붙였다. 게첼이 그 위력을 선보인 이후 세계의 인쇄광고는 손으로 그린 일러스트레이션을 밀쳐두고 본격적으로 사진을 활용하기 시작하게 된다.[57]

스털링 게첼의 대표작으로는 1932년에 만든 플리머스 자동차 광고를 꼽을 수 있다(Pincas & Loiseau, 2008). 당시 승용차 시장의 선두 주자였던 제너럴모터스와 포드는 크라이슬러 산하의 플리머스를 무관심에 가까울 정도로 무시했다. 광고 의뢰를 받은 게첼은 수없는 헤드라인과 레이아웃 작업을 한 끝에 현대적 비교 광고의 효시라 불리는 강력한 카피를 뽑아낸다(그림

57 1930년대 광고 비주얼에 사진이 대거 사용되는 역전이 일어난 후, 광고 크리에이티브에서 차지하는 사진의 우위 현상은 지금까지 지속되고 있다. 20세기 말에 이르기까지 광고에서 일러스트레이션 사용 비중은 80%에서 20%로까지 급감하였다.

1-29). 경쟁 차종인 제너럴모터스(GM) 쉐보레 6기통과 포드(Ford) 8기통을 정면으로 도발하는 이 헤드라인은 다음과 같은 세 단어로 이뤄졌다. "세 가지를 모두 보십시오!(Look at All Three!)". 서브헤드는 "그러나 새로 나온 플리머스의 두둥실 떠가는 듯한 힘을 느끼기 전에는 아무리 저가를 강조하더라도 다른 차는 구입하지 마세요."

화면 중앙에는 조금 위쪽에서 각도를 잡은 사진 한 장이 놓여 있다. 신형 플리머스의 돌출 엠블럼을 오른손에 감싸 쥐고 자신만만한 표정을 짓고 있는 사장 월터 퍼시 크라이슬러(Walter Percy Chrysler)의 모습이다. 헤드라인과 서브헤드 그리고 사진 비주얼이 결합되어 압도적 카리스마를 풍긴다. 바디카피를 읽어보면 플리머스의 새로운 서스펜션과 4기통 엔진이 다른 2가지 경쟁 차종에 비해 훨씬 뛰어난 승차감을 제공한다고 풀어낸다.

이 작품이 유명한 것은 그때까지 침묵 속에 유지되어오던 금기를 확실하게 깨뜨리고 최초의 본격적 비교소구를 선보였기 때문만은 아니다. 바로 기사형 레이아웃(journalistic style)을 목적의식적으로 활용했기 때문이다. 이른바 게첼 스타일이라 불리면서 후대의 광고 레이아웃에 큰 영향을 준 이 기법은 19세기에 유행했던 평범하고 지루한 편집형 레이아웃(editorial layout)과는 완전히 다른 것이었다. 가장 두드러진 차이점은 사진의 활용이었다. 이를 통해 마치 신문기사의 한 부분을 연상케 함으로써 신뢰감과 호소력을 강화시킨 것이다.

처음에 플리머스 광고시안이 들어갔을 때 크라이슬러 임원진은 시큰둥한 반응을 보였다. 자칫 비싼 돈을 들여 경쟁 차종을 광고하는 게 아닌가, 라는 우려 때문이었다. 하지만 시안을 본 회사의 오너 월터 크라이슬러의 반응은 달랐다. 그는 손바닥으로 책상을 치면서 이렇게 말했다고 한다. "즉시 광고로 만들어!" 과감하고도 자신만만한 이 비교광고는 폭발적 반응을 불러일으켰다. 광고가 나가기 전 크라이슬러의 자동차시장 점유율은 16%에 불과했다. 하지만 광고 집행 후 1년이 지나자 그 수치가 무려 24%로 솟구쳐 올랐다. 비교광고의 위력을 만천하에 과시한 것이다.

17) 레이먼드 루비캄

그림 1-30 레이먼드 루비캄

레이먼드 루비캄(Raymond Rubicam, 1892~ 1978)은 거대 다국적 광고회사 영 앤드 루비캄을 세운 사람이다(그림 1-30). 광고회사의 일급 경영자, 후배를 양성하는 교육자로서의 재능, 사회과학에 대한 해박한 지식, 추진력과 비전, 타협 불가의 도덕성을 갖춘 인물이었다. 그가 현역에서 활약하던 시절로부터 반세기가 지난 후까지 미국 광고계를 대표하는 '신화적 인물'로 불릴 정도였다.

1892년 6월 필라델피아에서 독일계 루터파 교인인 아버지와 프랑스 위그노 혈통 어머니의 8남매 중 막내로 태어난 루비캄은 15세까지 학교를 다닌 것이 최종 학력이다.[58] 아버지는 무역업 관련 기자였고 어머니는 잡지에 시를 기고할 정도로 문학적 재능이 있었다. 그 점에서 크리에이터로서 자질을 부모로부터 타고났다고 하겠다. 하지만 그의 나이 5살 때 아버지가 폐결핵으로 죽고 곧이어 어머니까지 세상을 떠나면서 생활 근거를 잃는다.

58 후일 그가 광고계의 거물이 되고 난 후, 누가 출신 대학을 물으면 태연스럽게 존재하지도 않는 '저지(Jersey) 대학'을 나왔다 말하곤 했다.

그 후 오하이오, 텍사스, 덴버 등에 사는 누나와 형 집을 떠돌며 자라는데, 결국 초등학교 8학년을 마친 후 집을 떠나 험난한 세상으로 나가게 된다. 이때부터 9년 동안 미국 전역을 돌아다니며 식품점 종업원을 시작으로 선박회사 사환, 가축 돌보기, 영사실 직원, 방문 외판원, 자동차 판매원, 뉴스기자 등의 다양한 직업을 경험했다. 그러다가 24살이 되던 해 당시 산업으로서 체계를 갖추기 시작한 광고계에서 어떤 운명적인 빛을 보게 된다. 막 결혼을 했기 때문에 그때까지 수입으로는 생활이 어려운 것도 영향을 미쳤다.

카피라이터가 되겠다고 결심한 그는 스스로 쓴 담배 광고카피 몇 개를 들고 필라델피아시 전화번호부에 첫 번째 순서로 등재된 광고회사 암스트롱(F. Walls. Amstrong)사를 찾아간다. 사장이었던 암스트롱은 고약한 성품에 직원들 몰아세우기를 좋아했던 독재자였다. 취업을 위해 찾아온 루비캄을 무려 9일 동안이나 회사 로비의 딱딱한 의자 위에 앉혀두고 애를 태웠다 한다(Turngate, 2007). 마지막이 되던 날 인내의 한계에 도달한 루비캄은 사장에게 편지를 던지고 자리를 일어섰는데, 편지 내용인즉슨 "즉시 취업면접을 해주든지 아니면 한 대 맞을 각오를 하라"는 것이었다. 그다음 날 암스트롱은 루비캄을 회사로 불러 이렇게 말하고는 주급 20달러짜리 인턴 카피라이터로 채용했다.

"자네가 쓴 습작 카피들은 별 볼 일이 없었네. 하지만 이 편지는 대단했어".

카피라이터에는 두 가지 유형이 있다. 첫 번째는, 꾸준하고 반복적인 노력을 통해 쓸 만한 아이디어와 카피를 뽑아내는 사람들이다. 대부분이 여기에 속한다. 두 번째 유형은 매우 드물다. 이들은 유별나게 직관력이 뛰어

그림 1-31 스퀴브 기업광고

나다. 엄청난 집중력으로 자료를 소화하고 그것을 바탕으로 아이디어를 내는 과정은 다를 바가 없다. 하지만 주위 사람들이 보기에 순간적으로, 그다지 어렵지 않게 눈이 번쩍 뜨이는 놀라운 발상을 터뜨린다.

광고 역사상 천재 카피라이터라 불리는 이들은 하나같이 이 같은 능력이 뛰어났다. 그 대표적 인물이 바로 레이먼드 루비캄이었다. 그는 학력도 없고 배경도 없었다. 하지만 놀라운 창조력을 무기로 파괴력 강한 카피를 뽑아내는 점에서 당대 최고의 인물이었다. 그가 영 앤드 루비캄을 설립한 이후 부하 직원들에게 '광고에서 가장 중요한 것은 아이디어'라고 늘 강조한 것은 이처럼 자신의 생생한 경험에서 비롯된 것이었다.

암스트롱사에서 솜씨를 갈고 닦은 루비캄은 1919년 미국 최초의 광고회사로 불리는 아이어 앤드 선(N. W. Ayer & Sons)에 주급 125달러를 받고 직장을 옮기게 된다.[59] 그는 이 회사에서 주옥같은 명작 광고를 여럿 만든다. 그중 하나가 제약회사 스퀴브(E. R. Squibb)의 기업광고다(그림 1-31). 1945년 ≪프린터스 잉크≫는 그때까지 나온 광고 가운데 최고의 작품을 독자들에

59 원래 당시 업계 1위였던 JWT로 전직을 염두에 두고 있었다. 하지만 그가 살던 필라델피아에는 JWT 지사가 없었으므로 차선책으로 이 회사에에 입사했다고 한다.

게 추천받았는데, 앞서 살펴본 맥매너스의 '리더십의 형벌'이 1위였다. 그 다음으로 많은 이들이 추천한 것이 이 스퀴브의 기업광고였다. 스퀴브는 조제약을 생산하던 평범한 제약회사였다. 그러다가 1921년 처음으로 OTC 약[60]을 시판하기로 결정하고 아이어 앤드 선에 광고를 의뢰한다. 여러 개의 시안을 거부당한 끝에 루비캄은 비주얼이 없는 타이포그래피 광고 시안을 제시했다. 광고 헤드라인은 이랬다.

> 모든 제품에서 값을 매길 수 없는 성분은 제조회사의 명예와 성실입니다.(Priceless Ingredient of Every Product is the Honor and Integrity of its Maker).

루비캄은 아침은 그냥 보내고 오후까지 빈둥대다가 저녁이 되면 헤드라인을 쓰는 버릇이 있었다.[61] 스퀴브 기업광고 헤드라인을 쓸 때도 그랬다. 새벽 두시까지 해결책을 찾지 못해 이리저리 헤매다가 잠자리에 들기 전에 마지막으로 그때까지 쓴 수많은 헤드라인을 살펴보았는데, 그 순간 각각 다른 2개의 헤드라인에서 별개의 개념이 결합되면서 위의 문장이 튀어나왔던 것이다(Fox, 1997). 하나는 '값을 매길 수 없는 성분'이었고 다른 하나는 명예와 성실이었다. 그는 이 두 문장을 연결시켜 "모든 제품에서 값을 매길

60 Over The Counter의 머리글자를 딴 것이다. 의사처방전 없이 소비자가 약국에서 직접 구입 가능한 약을 말한다. 일반약이라고도 불린다. 우리나라의 경우 약국에서 그냥 구입할 수 있는 파스, 초기 감기약, 두통약 등이 해당된다. 반면에 반드시 의사 처방을 통해서만 조제될 수 있는 약이 전문약이다.

61 이 책을 위해 필자가 만난 21명의 카피라이터 중에도 꼭 이런 사람이 있었다.

수 없는 성분은 제조회사의 명예와 성실입니다."라는 명카피를 만들었다. 스퀴브의 사장은 까다로운 감식안을 지닌 사람으로 광고회사가 만든 시안을 반복해서 거부하는 습관으로 유명했다. 하지만 이 헤드라인을 보고는 감탄을 금치 못했다. 스퀴브는 즉시 자사의 이념을 상징하는 기업슬로건으로 이 카피를 채택했고 수십 년 동안 사용하였다.

눈부신 활약을 통해 광고대행사의 스카우트 제의가 잇따르자, 아이어 앤드 선은 하룻밤 사이 그의 연봉을 50%나 급증시킨 1만 2000달러로 올려주는 파격적 대우를 했다.[62] 하지만 루비캄은 아이어 앤드 선의 고답적 분위기에 한계를 느끼게 된다. 그리하여 1923년, 역시 암스트롱에서 아이어 앤드 선으로 자리를 옮긴 AE 출신 존 영(John Orr Young)과 손잡고 자기들만의 회사를 창립한다. 미국 최초의 본격 크리에이티브 대행사로 불리는 영 앤드 루비캄이 태어난 것이다.

총 자본금 5000달러로 설립된 이 회사는 곧 '광고인의 천국'이란 별명으로 불리게 된다. 광고제작물에 대한 리뷰 권한을 관리부서나 AE가 아니라 카피라이터와 아트디렉터에게 허락함으로써 광고 창작의 자유를 보장한 최초의 광고회사였기 때문이다. 레이먼드 루비캄은 심지어 병적인 집착을 보이거나 편벽증이 심한 크리에이터조차도 통 크게 받아들였다. 그들의 내면에 잠재된 창조적 능력을 높이 샀던 것이다.

하지만 그가 아이디어 만능주의자는 아니었다. 엄청나게 환상적인 크리에이티브라고 해도 반드시 튼튼한 조사결과 뒷받침이 필요하다는 것이 일관된 신념이었다. 루비캄은 이런 원칙을 "사실에 바탕을 둔 아이디어"라고

62 http://www.brandingstrategyinsider.com/great_moments

불렀다. 그는 "모든 광고업자들은 경쟁 회사들보다 시장에 대해 더 잘아야 하며, 카피라이터와 일러스트레이터의 손에 이러한 시장에 대한 지식을 반드시 전달해야 한다"고 주장했다(Turngate, 2007). 루비캄이 노스웨스턴 대학 광고 및 언론학 교수였던 조지 갤럽(George Gallup)을 거액으로 영입한 이유가 여기에 있다. 갤럽은 1932년 제32대 대통령 선거에서 루스벨트의 당선을 예측함으로써 광고조사 분야의 떠오르는 별로 부각된 인물이었다.[63] 또한 잡지광고와 목표고객 특성을 결합시킨 연구를 통해 광고조사 영역에서도 독보적 역량을 발휘 중이었다.

루비캄이 갤럽을 채용한 것은 이 시기가 대공황의 정점이었기 때문이기도 했다. 광고예산이 축소됨에 따라 광고주들은 자기들 돈이 어떤 광고효과를 불러오는지 그리고 실질적 구매와 연결되는지 파악하기를 원했다. 이에 따라 광고대행사들은 시장 및 소비자 조사에 인력과 예산을 투입할 수밖에 없었고 이런 흐름에 영 앤드 루비캄이 선두에 서 있었던 것이다(Hebert, 1994). 갤럽은 당시의 많은 광고가 제품의 경제적 가격이나 효능을 강조하는 하드셀 소구 일변도임을 비판했다. 정작 소비자들은 제품의 품질력뿐 아니라 허영심, 섹스어필 등 경제외적 요소에도 이끌리고 있음을 간파했기 때문이다.

그는 영 앤드 루비캄에서 마케팅조사 부서를 설립하여, 미국 전역에서 400명이 넘는 조사인력이 필드 리서치(field research)를 수행하도록 이끌었다. 나아가 특정 광고의 효과를 조사하고 그러한 효과의 원인을 치밀하게

63 갤럽은 이 조사를 위해 응답자 대표성을 높이기 위한 할당표집(Quota Sampling)을 실시하였는데, 이는 정치 여론조사의 신기원이 되었다.

분석하였다. 1935년 갤럽은 루비캄의 전적인 후원 아래 미국여론연구소(American Institute of Public Opinion)를 영 앤드 루비캄 안에 창설하여 체계적 시장 및 소비자 조사의 길을 닦는다.[64] 광고제작에 있어 크리에이티브와 과학적 조사의 결합이 비로소 영 앤드 루비캄에서 시작된 것이다(양정혜, 2009).

이 같은 활약이 이어지면서 **광고대행사들이 대대적으로 감원을 단행하고 생존에 급급하던 대공황 시절** 오히려 영 앤드 루비캄은 JWT에 이어 업계 2위로 급속히 성장하는 예외적 성공을 기록한다. 목표고객의 주목을 끄는 독창적 카피와 비주얼, 날카로운 임팩트, 그리고 과학적 조사시스템을 겸비한 독보적 회사였기 때문이다(Wells, Burnett & Moriaty, 1992).

루비캄은 광고 이외의 분야에서도 팔방미인에 가까운 재능을 자랑했다. 모임에서 격렬한 논쟁을 즐겼고, 천성적으로 내기를 좋아한 까닭에 심지어는 담배피우기 대회에 출전하기도 했다. 펜실베이니아의 목장에서 소와 돼지를 키우는 데 관심을 쏟기도 했으며 골프 실력이 핸디 6에 달했다. 그는 부하 직원들을 늘 부드럽고 정중하게 대하는 인격자였다. 압도적 실력과 부드러운 카리스마를 통해 강압적 지시가 없어도 휘하 직원들을 자발적으로 복종시키는 스타일이었다. 스털링 게첼이나 레오 버넷이 크리에이티브 리뷰 보드[65]의 황제로 군림하면서 부하들을 사정없이 닦달한 것과 비교가

64 1958년에는 영 앤드 루비캄에서 독립하여 독자적 연구소를 설립하는데 이것이 오늘날 조사회사 갤럽(Gallup Organization)의 시작이다. 갤럽이 죽은 후인 1984년 이 회사는 네브래스카 링컨 소재의 조사회사 SRI(Selection Research Incorporated)에 인수되어 오늘에 이르고 있다.

65 크리에이티브 리뷰 보드(creative review board): 광고주 제시를 위해 크리에이티브 시안을 검토, 발전, 채택하는 광고회사 내부 위원회를 말한다.

광고대행사들이 대대적으로 감원을 단행하고 생존에 급급하던 대공황 시절

경제공황의 쓰나미가 가장 먼저 불어닥친 곳 중의 하나가 광고산업이었다. 오늘날에도 불황이 닥치면 광고주들이 가장 먼저 삭감하는 예산이 광고비다. 마케팅 목표 달성에 영향을 미치는 여러 요인 가운데 광고비가 주축을 이루는 촉진(promotion) 요인 효과를 따로 떼어내서 계산하기 어렵기 때문이다. 하물며 계량적 광고효과에 대한 사회과학적 탐구가 존재하지 않았던 대공황 시대에 있어서랴. 생사의 기로에 처한 당시의 기업들이 광고에 대해 어떤 입장을 취했을지는 물어볼 필요조차 없을 것이다.

1920년대 붐을 이뤘던 기업광고가 가장 먼저 중단되었다. 그리고 제품 광고 캠페인 비용을 최대한 삭감시키기 시작했다. 1929년에 34억 달러에 달하던 미국의 연간 총광고비는 이듬해에 26억 달러로, 1931년에는 23억 달러로 줄어들었다가 1933년이 되면 공황 직전에 비해 38%에 불과한 수준으로 떨어진다. 거품경제기에는 서민층에까지 일반화되었던 신용 구매에 대한 대부금 회수가 잇따랐고 가계의 가처분소득과 소비가 극도로 위축되었다. 그리고 다시 이것이 광고예산 축소에 부메랑으로 돌아왔다.

이 같은 변화가 광고대행사들에 가한 충격은 가히 살인적이었다(우리나라의 경우 1997년 IMF 구제금융 사태 시 이런 사태가 쌍둥이처럼 나타났다). 1930년대 초반까지는 그래도 불황의 파도를 간신히 넘을 수 있었다. 그러나 1932년이 되면 영 앤드 루비캄 등 극소수를 제외한 거의 모든 광고회사들이 심각한 경제적 위기에 빠진다. 이에 대한 첫 번째 대응은 여름휴가의 전면 취소였다. 아이어 앤드 선은 매주 하루를 무급으로 일하도록 직원들을 몰아붙였다. 어윈 웨이시(Erwin Wasey) 같은 회사는 직원 봉급을 절반으로 깎았다. 브루스 바턴의 BBDO는 가능한 한 해고를 줄이려 했으나, 이것이 원인이 되어 경영 상태를 크게 악화시켰다. 천하의 앨버트 라스커도 로드 앤드 토머스의 모든 직원 급료를 25%나 삭감했다. 그것도 모자라 1933년 2월 13일에는 고참 직원을 포함한 50명이 넘는 부하들을 해고했다. 이 사건을 두고 사람들은 '성 발렌타인 데이 전날 밤의 대학살(St. Valentine's Eve Massacre)'이란 끔찍한 이름을 붙였다.

대공황 직전 광고대행사의 중간 수준 카피라이터 주급이 230달러 정도였는데, 이것이 60달러로 줄어드는 사태가 예사로 벌어졌다. 수많은 카피라이터와 아트디렉터들이 졸지에 거리로 내몰렸다. 차가운 칼바람이 광고계에 몰아닥친 것이다. JWT, 로드 앤드 토머스, BBDO, 아이어 앤드 선 등의 대형회사들은 휘청거리기는 했지만 애써 불황을 견뎌냈다. 하지만 자본이 영세하고 광고주가 튼튼하지 않은 중소 규모 광고대행사의 경우 문을 닫는 회사가 속출한 것이다.

된다. 데이비드 오길비, 윌리엄 번벅 등 그가 생전에 만났던 후배 광고인들은 루비캄을 진심으로 존경했으며 그를 역할 모델(role model)로 삼았다.

미국 광고사에서 루비캄만큼 광고 크리에이티브의 발전과 후배 크리에이터 육성에 큰 영향을 끼친 사람은 없었다 해도 과언이 아니다. 그는 1940년 두 번째 결혼에서 아이를 얻었고, 회사의 엄청난 성장에도 불구하고 광고에 대한 흥미를 잃어가기 시작했다. 1944년 7월 루비캄은 늦둥이와 사랑스런 아내에게 더 많은 시간을 할애하기 위해 광고계를 은퇴했다.

하지만 그 이후에도 다양한 사회봉사 활동을 펼쳤다. 제2차세계대전이 일어나자 전쟁광고자문위원회(War Advertising Council) 및 전쟁국채(War Bond) 캠페인을 이끄는 리더 역할을 했다. 뉴욕생명보험 회사(New York Life Insurance Company), 밸리 내셔널 은행(Valley National Bank) 이사회 의장을 지내기도 했다. 그는 1974년 '광고 명예의 전당'에 헌액되었다. 탁월한 카피라이터를 넘어 광고와 사회봉사 전 영역에서 광고인의 자존심을 지켰던 이 거인은 86세의 나이로 애리조나 스콧데일(Scottsdale)에서 세상을 떠났다.

18) 존 케이플스

그림 1-32 존 케이플스

데이비드 오길비는 존 케이플스(John Caples, 1900~1990, 그림 1-32)를 "불굴의 분석가, 그리고 광고의 선생일 뿐 아니라 역사상 가장 효과적인 광고를 만든 사람"으로 칭송하고 있다(Ogilvy, 1983). 20세기가 시작하는 첫 해에 태어난 그는 1924년 미 해군사관학교[Naval Academy, 보통 아나폴리스(Anapolis)라고 불림]를 졸업한 뒤, 뉴욕전

신전화회사(New York Telephone Company)에서 엔지니어로 직장생활을 시작했다. 하지만 엔지니어 직업이 자신의 적성과 상극에 있음을 얼마 안 되어 깨닫게 된다. 고민을 풀기 위해 케이플스는 직업소개업자에게 상담을 받는데 이때 글쟁이로서의 소질이 있다는 판정을 받게 되고, 컬럼비아 대학의 카피라이팅 코스에 등록한다. 그리고 마침내 1925년 가을 메일오더[66] 광고회사인 루스라우프 앤드 라이언(Ruthrauff and Ryan)에서 주급 25달러짜리 카피라이터로 생애 첫 광고 일을 시작한다(White, 1977).[67]

그림 1-33 케이플스의 스토리텔링 광고

이 회사에서 그는 자습교육코스(home study course) 광고를 자주 만들었는데, 입사한 지 2달 만에 "그들은 내가 피아노 앞에 앉았을 때 웃었습니다. 그러나 내가 연주를 시작하자마자 … (They laughed when I sat down at the piano. But when I started to play …)라는 전설적 스토리텔링 광고를 만듦으로써 천부적 재능을 입증했다(Watkins, 2012)(그림 1-33). 이 작품은 메일오더 광고 역사상 가장 놀라운 판매고를 기록한 것 중 하나로, 케이플스를 직접반응식 광고

66 우편주문판매를 말한다.

67 케이플스의 개인사는 주로 http://www.makepeacetotalpackage.com/daniel-levis/john-caples-on-headlines-web-marketing-and-life.html, http://www.hardtofindseminars.com/John_Caples.htm 등을 참고했다.

(direct response advertising)의 거장으로 불리게 만든 출발점이기도 하다. 그는 몇 달 후 프랑스어 통신강좌 광고에서는 "웨이터가 내게 프랑스어로 말하자 그들은 씨익 웃었습니다. 그러나 … (They Grinned when the Waiter Spoke to Me in French - But …)"라는 후속 카피를 썼는데, 이들 카피는 모두 큰 화제를 불러일으키면서 이후 오랫동안 만화와 코미디의 풍자 소재로 등장하였다.[68]

그로부터 1년 후 BBDO로 자리를 옮기게 된 케이플스는 제2차세계대전 때 2년간 해군에 복무한 것을 제외하고는 크리에이티브 디렉터, 부사장 등의 직책을 맡으며 58년 광고인생 가운데 56년을 BBDO에서 근무하게 된다. 그는 루비캄, 로서 리브스, 오길비 등이 자기 회사를 설립하거나 최고경영자로 변신하면서 실질적 크리에이티브 제작에서 멀어진 반면에, 일생을 두고 현장에서 자신의 철학을 광고제작으로 구현한 인물로 유명하다(Cooper, Easley and Hebert, 1994).

케이플스는 광고제작에 과학적 방법론을 도입한 선구적 인물 중 하나

68 첫 광고의 빅뱅(big bang)에 고무된 케이플스는 그해 크리스마스 때 고향집을 찾았다. 그리고 자랑스럽게 자신의 성공 광고 스크랩북을 어머니에게 보여주었다. 큰 소리로 이들 광고 헤드라인을 읽고 난 어머니는 다음과 같은 반응으로 그를 일대 충격에 빠뜨렸다고 한다. "얘야, 이 메일오더들에서처럼 진짜 책만 한 권 읽으면 피아노를 훌륭하게 칠 수 있냐? 사람이 이렇게 금세 매력적인 성품(magnetic personality)으로 변할 수 있다는 거니?"그런 다음 책을 덮고 나서 조용히 "네 아버지가 보시기 전에 이걸 얼른 치워버리는 게 좋겠다"라고 충고한 것이다. 당대의 보통 사람들이 광고 메시지를 얼마나 불신했던가를 상징하는 에피소드라 하겠다. 하지만 얼마 안 있어 케이플스가 당대 최고의 광고회사 BBDO로 자리를 옮긴 후 잇달아 만루 홈런을 터트리기 시작하자 상황은 급반전한다. ≪하퍼스(Harper's Monthly)≫, ≪애틀랜틱(Atlantic)≫, ≪새터데이 이브닝 포스트(Saturday Evening Post)≫ 등 최고급 매체에 그의 작품이 대문짝만하게 실리면서부터 마침내 부모님도 크게 기뻐하시면서 케이플스를 인정하기 시작했다고 한다.

다. 그는 일찍이 1940년대 초반부터 카피 테스팅의 한 종류인 스플릿 런(split-run)을 현장에서 시도했다.[69] 이 실험은 처음에는 광고업계에서 거센 조롱의 대상이 되었지만 오랜 시간이 흐르지 않아 모든 광고회사에서 수용되기 시작했다. 그리고 오늘날에는 TV, 인쇄, 라디오, 인터넷, 소셜 미디어 등 전 매체 영역을 대상으로 광범위하게 실행되는 기본적 효과조사 기법이 되었다. 케이플스의 조사는 최초에는 카피를 대상으로 제한적으로 실시되었다. 그러나 점차 매체, 사이즈, 광고물 색상 등을 달리하여 다양한 변인 효과를 측정하는 방식으로 넓혀졌다. 그는 대학에서 전문적으로 조사 방법론을 배우지 않았다. 하지만 BBDO가 대행을 맡았던 듀퐁, 제너럴 일렉트릭, 월스트리트 저널, 존슨 앤드 존슨 등 초대형 광고주의 조사를 직접 감독할 정도로 뛰어난 실무 조사 능력을 발휘했다(White, 1977).

그는 전설적 카피라이터였을 뿐 아니라, 컬럼비아 대학 비즈니스스쿨 등 여러 곳에서 강의를 했고 다음과 같은 5권의 베스트셀러 광고 책을 쓴 작가이기도 했다. 『광고, 이렇게 하면 성공한다(Tested Advertising Methods)』(1932), 『즉각 판매를 위한 광고(Advertising For Immediate Sales)』(1936), 『광고 아이디어(Advertising Ideas)』(1938), 『돈 버는 광고(Making Ads Pay)』(1957), 『광고로 돈 버는 법(How to Make Your Advertising Make Money)』(1983). 이들 저서 가운데 케이플스가 특히 자랑스럽게 여긴 것은, 자신의 경험을 바탕으로 광고제작

69 스플릿 런이란 신문이나 잡지광고의 표현 효과를 측정하기 위한 분할 테스트를 말한다. 먼저 의도적인 목적 아래 표현 내용 가운데 일부를 살짝 다르게 만든 두 종류의 광고를 만든다. 이것을 같은 날 발행되는 신문 또는 잡지에 스페이스, 위치, 면을 동일하게 잡은 다음 집행하는 것이다. 그런 다음 각각의 주목률, 이미지 평가, 의견 등을 조사해서 광고효과를 비교 측정하는 방식이다.

의 법칙을 상세히 수록한 『광고, 이렇게 하면 성공한다』였다.[70] 데이비드 오길비가 "헤드라인 작성 테크닉을 더 자세히 알고 싶으면 케이플스 책을 참고하라"고 했는데 카피 작성의 옳고 그른 방법, 효과적 소구점 찾기 등이 다양한 사례와 함께 제시되어 있는 이 책을 두고 한 말이었다(Ogilvy, 1980).

케이플스는 오랜 광고 체험을 바탕으로 다양한 창작 원칙을 정리해서 후대에 큰 영향을 주었다. 하지만 정작 자신의 광고철학을 구체적 수사(修辭)를 통해 명쾌하게 정리한 적은 없다. 필자가 그의 저술을 기초로 재정리해본 케이플스의 카피라이팅 특징은 네 가지로 요약된다. 첫 번째는 오랜 기간 스스로 만들고 집행한 광고 크리에이티브 경험을 통해 구축된 현장지향성이다. 케이플스의 카피는 단순한 추상이나 다른 곳에서 빌려온 이론에 기초하여 작성되지 않았다. 하나같이 수십 년에 걸친 자신의 체험을 재료로 만들어졌다. 그리고 제시된 카피라이팅 가이드라인 모두가 지금 바로 현장에서 적용될 수 있는 강한 실전적 특성을 지니고 있다. 이는 반세기가 넘는 시간을 한 회사에서만 근무했고, 또한 세계적 명성을 얻었음에도 불구하고 끝까지 현역 카피라이터이기를 고집한 그의 성품과도 연관이 있을 것이다.

두 번째는 과학적 조사에 근거한 카피 창작이다. 케이플스가 자주 사용한 표현을 빌리자면, 광고에서 테스팅(testing)의 핵심적 중요성을 말하는 것이다. 그는 대단히 실제적인 인물이었다. 자신이 쓴 5권의 책에 나오는 원칙과 방법론은 모두 스스로 경험한 사례를 통한 객관적 근거를 지니고 있

70 케이플스는 『광고, 이렇게 하면 성공한다』를 1947년, 1961년, 1974년 세 번에 걸쳐 개정판으로 냈다. 우리나라에서도 카피라이터 송도익(1990)이 번역해 서해문집에서 출간되었다. 이 책은 종종 "How to 카피의 바이블"이라 불리곤 한다.

기 때문이다. 그의 카피 철학의 세 번째 핵심은 다양한 제품 편익 가운데 핵심적 사항을 찾아내어 그것을 단순명쾌하게 표현해내는 것이다. 케이플스는 늘 광고 크리에이티브에서는 단순성(simplicity)이 중요하다고 말했다. 카피와 비주얼 모두 목표고객이 쉽게 이해할 수 있도록 단순하고 명확해야 한다는 믿음이었다.

네 번째는 전략에 기초한 명확한 소구점(appeal point) 확보이다. 소구점이란 '광고가 목표를 달성하기 위해 근거하는 중심 메시지'를 뜻하는데, 케이플스의 카피라이팅 철학 가운데 가장 핵심적인 내용이 이것이라 하겠다. 케이플스는 광고 제작에 있어 제대로 된 소구점 발견의 중요성을 다음과 같이 강조한다(Caples, 1932).

> "나는 어떤 메일오더 광고가 다른 것보다 실제로 두 배도 아니요, 세 배도 아닌 자그마치 19배 반이나 물건을 더 파는 것을 본 적이 있다. 두 가지 모두 같은 간행물에 같은 크기로 같은 사진을 넣고, 용의주도하게 카피를 썼다. 단지 하나는 올바른 소구점을, 또 하나는 잘못된 소구점을 사용했다는 것이다."

예나 지금이나 좋은 카피는 목표고객의 주목을 끈 다음 구체적 사실과 근거를 통해 설득을 시도하는데, 최종적으로 소비자들이 저항하기 힘든 편익(benefit)을 제시해야 한다. 그런 의미에서 케이플스의 관점은 오늘날에도 여전히 큰 힘을 발휘하고 있다. 그가 활약하던 시대에 비해 소비자 취향과 마케팅 환경은 천변만화를 겪었다. 하지만 처음 보는 표현에서 호기심을 느끼고, 제품 구입을 위한 납득할 만한 이유를 원하며, 구체적 혜택을 확인하고자 하는 인간의 본성은 변하지 않고 있기 때문이다. 특히 케이플스는 자신의 메일오더 광고 제작과 현장조사 체험을 통해 헤드라인에서 '끌어당기는 힘(pulling power)'이 핵심적 역할을 한다는 사실을 발견했다. 그는 말맛(wordy)과 유머가 있는 과장광고의 명수이기도 했다. 그의 카피는 단어, 문장, 구문 모두에서 짧고 힘이 있었다.

케이플스는 광고계 현장에서 평생을 보냈다. 만년이 될 때까지 카피라이터와 크리에이티브 디렉터를 하면서 직접 광고를 만들었다. 82세가 되어 광고계에서 은퇴한 것도 자신의 뜻에 의해서가 아니라 사다리에서 떨어져 척추를 크게 다쳤기 때문이었다. 그는 1973년 '카피라이터 명예의 전당(Copywriters Hall of Fame)'에 헌액되었고, 1977년에는 '광고 명예의 전당'에 헌액되었다. 다이렉트 마케팅을 개척한 그의 업적을 기리기 위해 1978년 앤디 에머슨(Andi Emerson)이 '존 케이플스 국제광고상(John Caples International Awards)'을 제정하기도 했다. 이 위대한 백전노장은 1990년 6월 10일 고향인 뉴욕 맨해튼에서 90세를 일기로 세상을 떠났다.

19) 로서 리브스

그림 1-34 로서 리브스

로서 리브스(Rosser Reeves, 1910~1984)는 유난히 별명이 많았다. 그 가운데 가장 인상적인 것은 역시 "광고계의 불한당"이란 닉네임이다(Higgins, 1986). 얼마나 독불장군 스타일이었으면 이런 별명이 붙었을까? 그만큼 개성이 강하고 에너지가 넘치는 인물이었다. 리브스는 회사에서 부하직원을 엄하게 몰아세우는 보스였고 내기 당구, 내기 체스, 요트 경주, 해상 비행기 조종 등을 즐기는 외향적 캐릭터의 전형이었다(그림 1-34). 하지만 8000여 권 장서를 갖춘 저택의 개인 도서실에서 사색을 즐기며, 비밀스레 시와 소설을 창작했던 섬세함을 동시에 지닌 인물이었다.[71] 이런 복합적인 면모로 보아, 사회적 페르소나(persona)[72]와 내면적 자아가 상당히 다른 성격이었다는 것이 필자의 추론이다.

미국 버지니아주 댄빌(Danville)에서 신실한 감리교 목사의 아들로 태어난 리브스는 어릴 때부터 책벌레로 동네에 소문이 자자했다. 10살 때 벌써 시와 소설을 창작함으로써 후일 명카피라이터로서의 소질을 보였다. 그는 법률 전공으로 버지니아(Virginia) 대학에 입학했고 역사 선생을 꿈꾸었다. 하지만 2학년이 되던 해에 대공황의 폭풍이 들이닥쳤다. 학교를 중도에 그만두고 직장을 찾을 수밖에 없었다. 리브스가 처음 문을 두드린 곳은 ≪리치먼드 타임스 디스패치(Richmond Times-Dispatch)≫ 신문의 기자 역할이었다. 그 후 리치먼드 은행 사보팀 및 광고 부서를 거쳐 24살 되던 1934년 뉴욕의 세실 워릭 앤드 세실(Cecil, Warwick & Cecil)사에서 주급 34달러짜리 신입 카피라이터로 데뷔하게 된다.

그는 윌리엄 번벅, 데이비드 오길비[73], 레오 버넷과 함께 묶여 광고 크리

---

71 광고계 은퇴 후 소설을 출간했는데, 뉴욕 그리니치빌리지에 사는 시인이 주인공으로 나오는 『포포(Popo)』가 그것이다. 이 작품은 여러 문학평론가들의 호평을 받았다.

72 그리스어 '가면'이란 말에 어원을 둔 개념으로, 심리학에서는 '외적 인격' 혹은 '가면을 쓴 인격'으로 풀이한다. 칼 구스타프 융(Carl Gustav Jung)에 의해 체계화된 개념이다. 그에 따르면 인간의 마음에는 의식과 무의식이 있는데, 페르소나는 자아가 외부세계와 관계를 맺으면서 둘러쓰게 되는 일종의 가면과 같은 것이다. 페르소나는 사회 집단 내부에서의 행동규범에 어울리는 역할을 수행하게 만들어주는데 숨겨진 내면의 자아와는 다른 경우가 많다고 융은 지적한다.

73 리브스는 특히 데이비드 오길비와 공적, 사적으로 깊은 관계를 맺었다. 오길비보다 1

에이티브 혁명을 주도한 4대 천왕으로 불리지만, 엄밀히 따지고 보면 카피라이팅 철학에 있어 나머지 3명과 극단적으로 두드러진 차이를 보인다.[74] 번벅, 오길비, 버넷은 정도의 차이는 있으되 모두 어니스트 엘모 컬킨스와 시어도어 맥매너스 등이 개척한 감성적 이미지 소구의 소프트셀(soft sell) 전통을 이어받았다. 반면에 리브스는 19세기 말엽 존 파워스가 개척했고 존 케네디, 앨버트 라스커, 클로드 홉킨스가 체계화시킨 이성적 설득 위주의 하드셀(hard sell) 카피를 철저히 신봉했다.

그는 평생을 두고 판매지상주의적 리즌와이 크리에이티브를 추구했다. 때로는 비난을 무릅쓰면서 논란이 될 만한 비교 광고와 과장된 캠페인을 서슴지 않고 실행했다. 리브스는 광고란 마치 엔지니어링과 같은 과학이며, 예술적 측면이 광고 안에 포함될 수도 있지만 그것은 단지 우연일 뿐이라고 주장했다. 광고에 표현된 화려한 예술성은 소비자 주의를 끄는 정확한 메시지가 전제되지 않는 한 브랜드에 대한 기억을 흐리게 함으로써 오히려 제품 판매에 역효과를 미친다는 것이다(Smith, 1994).

살 많을 뿐이었지만 오길비가 미국 광고계에 입문했을 무렵 이미 일가를 이룬 스타 광고인이었다. 그리고 광고에 대한 관점이나 회사 경영에 대한 중요한 조언을 해준 멘토(mentor)이기도 했다. 오길비에게 동업 제안을 했을 정도로 서로 뜻이 맞았다. 리브스의 부인 멜린다(Melinda)를 만난 이후 오길비는 그녀의 여동생 엘리자베스(Elizabeth)를 소개받아 결혼에 골인하게 되었다. 동서지간이 된 것이다(나중에 이혼함). 이후에도 두 사람은 격렬한 경쟁을 벌이는 업계 라이벌이면서도 수시로 흉금을 털어놓는 동지로서 관계를 유지하였다.

74 이들 4명이 창시한 크리에이티브 접근법은 각각 다음과 같은 이름으로 불린다. ① USP 유파(USP school): 리브스 ② 비저빌리티 유파(Visibility school): 번벅 ③ 브랜드 이미지 유파(brand image school): 오길비 ④ 시카고 유파(Chicago school): 버넷. 뒤의 3명을 묶어 보통 이미지 유파(image school)의 대가라 부른다.

그는 광고의 예술성을 주장하는 이들을 "예술가인 척, 거장인 척 하는 사람"으로 몰아붙였다. 심지어 광고 안의 메시지로부터 집중을 분산시키는 독창적 예술성이 발견되면 그것을 악마라고까지 불렀으니 더 이상 무슨 말이 필요하랴. 그만큼 하드셀 크리에이티브에 대한 주관이 확고한 사람이었다. 존 케네디가 주장한 "카피는 종이 위에 쓰인 세일즈맨십이다"란 소신을 관철시키기 위해, 리브스만큼 사방에 적을 만들면서 싸운 인물도 드물 것이다.[75] 그와 반대 진영에 서 있었던 이들은 윌리엄 번벅, 레오 버넷 등 광고계의 라이벌들뿐 아니라 때로는 소비자 단체와 정부기관을 포함하기도 했다. 리브스가 일선에서 맹활약하던 1950년대, 그가 재직하던 테드 베이츠가 FTC[76]로부터 제일 많은 제소를 당한 광고회사가 된 것은 그런 면에서 당연한 결과였다.

이 불퇴전의 용사에게 하드셀 기법을 처음 가르친 사람은 세실 워릭 앤드 세실 사장이었던 제임스 케네디(James Kennedy)였다. 복잡한 성격만큼이나 삶의 다양한 면모에 대한 끝없는 열정을 지닌 젊은 날의 리브스는, 케네디를 통해 마른 땅이 물을 흡수하듯이 크리에이티브 철학을 받아들였다. 그리고 예술가들의 구역이라 불리는 그리니치빌리지에 살면서 정력적으로 카피를 썼다. 밤새워 술을 마시며 뉴욕의 문화를 만끽하는 젊은 시절을 보냈다. 그를 가르친 케네디는 "젊은 나이에 벌써 통찰력 있는 눈과 놀라운

75 http://ciadvertising.org/studies/student/96_fall/kennedy/JEKennedy.html

76 미국연방거래위원회(Federal Trade Commission). 1914년에 설립된 정부기관으로 독점금지법 감사, 가격담합 등 불공정경쟁 방지 그리고 과대광고 단속을 주 업무로 한다. 사법권 발동 요청 혹은 독자적 정지명령 권한을 지니고 있다. 미국에서 기업 및 대행사의 광고 커뮤니케이션 활동에 대한 가장 대표적이며 강력한 규제기관이다.

취미를 가졌습니다. 한 시간에 백 마일씩 계속해서 달릴 수 있는 열정을 가졌구요. 우리는 그가 쓰러질까봐 걱정을 할 정도였습니다"라고 이 시절의 리브스를 회고한다(Fox, 1997).

세실에서 나온 리브스는 존 케이플스가 근무했던 루스라우프 앤드 라이언에서 4년을 일한 다음, B-S-H(Blackett-Sample-Hummert)로 이직한다. 그리고 이 회사에서 자신의 크리에이티브 스타일에 가장 중요한 영향을 미친 두 사람의 상사를 만나게 된다. 두에인 존스(Duane Jones)와 **프랭크 허머트**(Frank Hummert)(그림 1-35)가 그들이다. 특히 허머트는 리브스가 "내가 지금 알고 있는 광고는 당신에게서 배웠다"고 고백할 만큼 결정적 영향을 받은 인물이다. 리브스는 1950년대부터 본격화되기 시작한 미국 TV광고의 개척자로 불린다. 미디어 역사를 송두리째 바꾼 (당시로서는) 이 획기적 광고 수단의 가치를 일찌감치 간파하고 강력하고 효과적인 캠페인을 성공시킨 인물이었기 때문이다.[77] 그의 이러한 이력은 라디오라는 새로운 매체를 광고 수단으로 활용했던 프랭크 허머트의 영향을 받았기 때문으로 판단된다.

리브스는 카피라이터라는 직업의 전문성에 대하여 대단한 자부심을 지닌 인물이었다. 다른 분야에서 일하던 사람이 광고계에 들어와서 성공적 카피라이터가 될 수 있는가, 라는 히긴스의 질문에 "그건 카피라이터가 소설가가 될 수 있다는 것만큼이나 바보 같은 말입니다"라고 단언할 정도였다. 그러면서 헤밍웨이, 셰익스피어, 심지어 도스토옙스키나 톨스토이조차도 카피라이터가 되었다면 서투른 카피라이터가 되었을 것이라고 말했다 (Higgins, 1986).

77 http://en.wikipedia.org/wiki/Rosser_Reeves

프랭크 허머트

그림 1-35 프랭크 허머트

프랭크 허머트(Frank Hummert, 1890?~1966년)는 1930년대를 풍미한 소프 오페라(Soap Opera)를 창시한 인물이다. 소프 오페라는 일종의 라디오 연속극인데, 이런 이름이 붙은 것은 세제나 비누 기업이 이 방송 프로그램들의 주된 스폰서였기 때문이다. 1932년 프랭크 허머트가 최초로 창안한 이 방송극은 주부들이 집안일을 하면서 들을 수 있도록 라디오를 사용했는데 금방 폭발적인 인기를 얻었다. 일부러 일어나 라디오 다이얼을 돌리지 않는 한, 후원 광고주(sponsor)의 광고를 듣지 않을 수 없었기 때문에 인기 프로그램의 경우 광고된 제품이 덩달아 높은 판매고를 기록했다.

최초의 소프 오페라는 1933년 12월 프록터 앤드 갬블(P & G)의 세탁세제 옥시돌(Oxydol)이 후원하는 방송프로그램이었다. 제목은 '퍼킨스 엄마(Ma Perkins)'. CBS 전파를 타고 12회 단위로 방송된 이 15분짜리 라디오 연속극은 단번에 청취자들의 주목을 끌었다. 프랭크 허머트는 아내인 앤 애셴허스트 허머트와 함께 여러 드라마를 기획했는데 대본 집필, 프로그램 제작까지를 모두 떠맡았다. '허머트 라디오 공장(The Hummert Radio Factory)'이라 이름 붙인 대본 제작 시스템을 통해 두 사람은 라디오 역사에 길이 남을 히트작을 연속으로 터뜨렸다. 작가들을 고용해서 대본당 25달러를 지불했는데, 마감이 다가오면 작가를 호텔방에 격리시켜 음식과 타자기만 넣어주었다. 프랭크는 큰 틀을 잡고 작가나 성우, 음악 등은 앤이 전담 관리하는 시스템이었다. 1930년대 말이 되면 드라마 제작사인 B-S-H에 매주 100만 통 이상의 팬레터가 쏟아져 들어왔고, 14명의 작가가 매주 50편의 대본을 써냈을 정도로 전성기를 누렸다.

프랭크 허머트는 신비에 싸인 인물이었다. 생일조차 불분명했다. 인터뷰에서 그에 대한 질문을 받으면 허머트는 늘 "저는 1890년 이전에 태어났습니다"라고만 답했다. 허머트와 그의 두 번째 아내가 된 앤 애셴허스트는 여러 면에서 JWT의 스탠리와 헬렌 레조 부부와 비교된다. 두 부부 다 비상한 재능의 소유자들이었지만 레조 부부와 달리 허머트 부부는 대중 앞에 나서기를 꺼렸고 소문의 대상이 되는 것을 극도로 피했다. 특히 남편인 프랭크가 그랬다. 그는 사람들과 마주치는 것조차 꺼려 회사에서 혼자만 드나드는 전용 출입구를 만들었다. 드문 말수에다 간혹 말을 해도 웅얼거리는 스타일이었지만, 라디오 프로듀서로서의 그의 천부적 재능은 누구도 범접할 수 없을 만큼 탁월했다.

리브스의 광고철학은 흔히 USP(Unique Selling Proposition)라 불린다. 이 전략은 1961년에 그가 출간한 『광고의 실체(Reality of Advertising)』를 통해 널리 알려졌지만, 사실은 리브스의 세 번째 직장이자 15년간 근무했던 테드 베이츠(Ted Bates)에서 진작부터 활용되고 있던 전략이었다. 클로드 홉킨스의 선제적 리즌와이를 더욱 심화시킨 이 크리에이티브 접근법을 리브스는 사방팔방 소리 높여 외쳤다. 히긴스와의 인터뷰에서 "카피를 쓸 때 이미 확정된 아이디어를 가지고 시작한다고 들었는데 도중에 바뀌는 일은 없나요?"라는 질문에 그는 이렇게 답한다.

> "많이는 아니고 아주 조금요. 광고의 테크닉은 연구할 수 있을 만큼 연구되어서 거의 완벽에 가까워졌습니다. 나는 1929년에 카피라이터로 시작, 현재 36년째 이 일을 하고 있는데요. 내가 광고의 불변의 원칙에 대해서 말하고 싶은 것은 36년 동안 눈에 보일 만큼의 아무런 변화가 없었다는 겁니다."

이 도발적 발언이 나온 시점이 1965년이라는 사실을 기억해야 한다. 레오 버넷의 말보로 캠페인, 번벅의 폭스바겐 캠페인, 오길비의 해서웨이셔츠 캠페인 등 혁명적인 이미지 소구 광고들이 광고역사를 바꿔 놓은 지 벌써 상당한 시간이 지난 때이다. 그럼에도 불구하고 "36년 동안 (자신이 믿는 하드셀 소구와 비교했을 때) 눈에 보일 만큼의 아무런 변화가 없었다"고 강변하고 있는 것이다. 이 같은 리브스의 생각이 100% 객관적이라고 평가할 수는 없으리라. 하지만 하늘을 찌를 듯한 자부심이 이해가 가는 측면도 있다. 그만큼 리브스가 주창하고 실천한 USP 전략이 1950년대라는 광고 역사의 한 시대를 완전히 휩쓸어버릴 정도로 위력을 발휘했던 것이다.

그렇다면 USP란 무엇인가? 제품이 지닌 특별한 소비자 이익을 명확하게 제시하고 이를 계속 반복, 확대, 강조함으로써 충분한 신뢰감이 들도록 만드는 전형적 하드셀 전략이다. 리브스는 광고와 소비자 간의 상호작용에 대한 분명한 관점을 지니고 있었다. 그에 따르면 소비자들의 현명한 결정을 방해하는 것은 비합리적 충동이 아니라 오히려 넘쳐나는 광고메시지라는 것이다. 따라서 이런 광고 환경 속에서 목표고객을 효과적으로 설득할 수 있기 위해서는, 특정 브랜드를 타 브랜드와 차별화할 수 있는 단 하나의 고유한(unique) 판매제안점(selling proposition)을 찾아낸 다음 그것을 슬로건을 통해 집중적으로 반복해야 한다고 강조했다. 중요한 것은 그 같은 판매제안점을 경쟁제품이 "제안하지 못하거나", "안하고 있는" 제품의 독창적 이점에서 찾아야 한다는 점이다(Reeves, 1961).

이 소구 방식의 특징은 경쟁제품에 대한 품질 우위를 주장하는 비교광고 그리고 집중적이고 반복적인 슬로건의 활용이다. 오늘날에도 사용되는 엠 앤드 엠즈(M & M's) 초콜릿의 "손에서는 안 녹고 입에서만 녹아요(melt in your mouth, not in your hand)가 대표적 사례다. 초콜릿은 전 세계적으로 애용되는 대표적 기호식품이지만, 융점(融點, melting point)이 체온보다 낮기 때문에 손가락에 불유쾌한 흔적을 남기는 문제가 있다. 엠 앤드 엠즈는 이 문제를 해결하기 위해 한 입에 털어 넣을 수 있을 정도로 소형화한 초콜릿에 당의정(糖衣錠)을 입힌 신제품을 개발했다. 로서 리브스는 1954년 자신을 찾아온 엠 앤드 엠즈 사장 존 맥나마라(John McNamara)와 단 10분간 대화를 나눈 후 경쟁 초콜릿이 "결코 제안할 수 없는" USP와 위의 슬로건을 찾아냈다. 그리고 그 슬로건을 계속 반복, 확대, 강조하여 엠 앤드 엠즈 초콜릿만의 독보적 위상을 구축했다.

USP 전략은 1960년대에 들어오면서부터 광고에 대한 소비자 선호도가 바뀌고 이른바 크리에이티브 혁명이 폭발하면서 점점 위력을 잃어갔다. 천하의 리브스도 세상의 변화 앞에서는 어쩔 수가 없었던 것이다. 그는 테드베이츠 회장 자리에서 물러난 후 스스로 현장 카피라이터로 돌아와서 크리에이티브에 매진했지만 회사의 규모는 갈수록 줄어들기 시작했다(Smith, 1994). 리브스는 55세가 되던 해 광고업계를 은퇴했고 2년 후 다시 돌아온다. 그가 설립한 타이드록(Tiderock Corporation)은 처음에는 기업을 위한 싱크탱크 역할을 했다. 그러나 담배회사 지원을 받아 흡연 찬성 캠페인 등을 실시하는 등 윤리적인 면에서 많은 구설수에 오르게 된다. 이 광고계의 풍운아는 1984년 1월 74세의 나이로 세상을 떠났다. 1965년 '카피라이터 명예의 전당', 그리고 세상을 떠난 후인 1993년 '광고 명예의 전당'에 헌액되었다.

20) 레오 버넷

그림 1-36 레오 버넷

시카고 유파(chicago school)의 창시자라 불리는 레오 버넷(Leo N. Burnett, 1891~1971).[78] 그는 미시간주 세인트존스에서 건조식품 가게 주인의 아들로 태어났다(그림 1-36). 어릴 적부터 아버지 일을 도우는 과정에서 나름대로 독자적 영업, 판촉 테크닉을 익혔다. 예를 들어 배달 트럭에 가게 이름을 써넣는다든지 전단지를 만들어 배포하는 것 등이었다(양정혜, 2009). 스스로 학비

78 그의 풀 네임은 Leo Noble Burnett이다.

를 벌면서 1914년 미시간 대학 저널리즘 전공을 졸업한 후, 일리노이주의 ≪피오리아(Peoria) 신문≫에서 첫 직장을 잡았다. 이후 버넷은 캐딜락 자동차 사보부서와 광고팀을 거쳐 광고대행사 어윈 웨이시(Erwin Wasey) 부사장을 역임한다. 그는 44살 되던 1935년 시카고에서 자본금 5만 달러를 빌려 레오버넷사를 설립한다. 대공황의 폭풍이 미국을 휩쓸고 있던 시기였음을 감안하면 대단히 모험적 출발이었던 셈이다(Jones, 2001).

버넷의 생일은 1891년 10월 21일이다. 나이로 따지면 오히려 레이먼드 루비캄보다 1살이 더 많다. 하지만 루비캄이 은퇴한 나이(52세)를 훨씬 지난 60대가 되어서야 광고인생의 전성기를 꽃피운 대기만성형 인물이었다. 그는 광고 역사를 논할 때 스무 살이나 적은 윌리엄 번벅, 데이비드 오길비와 자주 패키지로 묶여 설명되곤 한다. 그가 세운 광고회사 '레오버넷'은 오길비 앤드 매더나 DDB보다 먼저 대형 광고회사 대열에 진입하였지만 세 회사가 최전성기를 동시에 맞은 것이 1960년대였기 때문이다. 이 시기의 광고 크리에이티브 혁명을 이끌어간 주역이 바로 세 사람이었다(Morrison, 1994).

버넷, 번벅, 오길비는 모두 전설적 카피라이터다. 하지만 버넷은 앞의 두 사람에 비해 성장 환경과 나이 그리고 카피라이팅 철학에서 두드러진 차이를 보인다. 우선 출생지(일리노이)에서 근무했던 회사(디트로이트 등), 스스로 창립한 광고회사의 소재지(시카고)까지가 모두 미국 중서부 지역이다. 광고 산업의 중심지인 뉴욕 매디슨 애비뉴를 벗어난 5대호 연안의 도시들에서 한평생을 보낸 셈이다. 전형적 뉴요커(New Yorker)인 번벅, 영국 태생인 오길비와 비교했을 때 삶의 환경 자체가 이렇게 달랐던 것이 그만의 독특한 카피 철학에 중요한 영향을 미친 것으로 평가된다.

버넷은 구겨지고 담뱃재가 잔뜩 묻은 양복만큼이나 퉁명스런 매너로 유명했다. 히긴스와의 인터뷰에서 (스스로 인터뷰를 응낙했음에도 불구하고) 상대를 앞에 앉혀둔 채 오랫동안 침묵한 끝에 "알았어요 알았어. 난 정말 인터뷰를 싫어하지만 … 그래 어디 시작해봅시다"라고 첫마디를 꺼낼 정도였다(Higgins, 1991). 강단에서 연설할 때는 고개를 숙인 채 제스처도 거의 없이 조용하게 말했다. 하지만 일단 입을 열면 불가사의한 보스 기질로 좌중을 압도했다고 한다.

그는 광고인이란 존재가 얼마나 열정적이며 자기 직업을 사랑하는 사람인가를 다양한 일화를 통해 보여줬다. 예를 들어 광고 아이디어를 생각하느라 깊은 생각에 잠긴 채 시카고역에 내린 버넷은, 택시를 집어타고는 기사에게 이렇게 말했다. "15층(자기 사무실이 있는 층)으로 갑시다!"라고. 또 다른 사건은 플로리다에서 일어났다. 켈로그(Kellog)사를 위한 마케팅 컨퍼런스였다. 말년에 당뇨 증세가 있던 버넷은 광고주 앞에서 직접 프레젠테이션을 하다가 갑자기 저혈당 증세가 왔다. 의식을 잃고 쓰러지는 순간 그가 (혈당치를 상승시키는 응급 처방으로) '캔디바'라고 힘없이 말하자, 부하직원 가운데 한 사람이 근처에 있는 캔디바 자판기로 뛰어갔다. 의식이 가물가물해지는 와중에도 버넷은 부하를 향해 이렇게 외쳤다. "여보게, 캔디바는 네슬레(Nestle) 걸로...!" 네슬레는 레오 버넷이 오랫동안 모시고 있는 단골 광고주였던 것이다. 데이비드 오길비는 칼 힉슨(Carl Hixon)의 표현을 빌려 이 카피라이팅 거장의 독특한 외모를 다음과 같이 묘사한다(Ogilvy, 1980).

> "레오 버넷은 키가 작고 어깨는 아래로 축 처졌으며 배는 올챙이배였다. 옷깃에는 담뱃재가 떨어져 있었다. 두 겹으로 된 커다란 턱 때문에 개구리처럼 보였다. 목소리는 통명스럽고 호전적이었다. 그러나 가장 기억에 남는 것은 툭 튀어나온 아랫입술이다."

그는 평상시의 무뚝뚝하고 가끔은 수줍음에 가까운 태도와는 달리, 일단 광고 이야기만 나오면 '불타오르는 남자'로 변했다. 버넷이 주재하는 크리에이티브 리뷰 보드는 격렬한 전쟁터였고 그는 전장을 지배하는 독재자였다. 카피라이터 존 매슈스(John Mathews)는 레오 버넷이 자신이 내놓은 광고 아이디어를 냉혹하게 난도질하는 것을 듣고, 12종류나 만든 광고주 제시 시안을 휴지통에 던져버렸다. 레오버넷사를 대표하는 크리에이티브 디렉터였고 말보로 담배 광고 모델로도 출연했던 앤디 암스트롱(Andy Armstrong)은 자기가 낸 시안을 제쳐둔 채, 버넷이 다른 아이디어를 고집하자 말 없이 그를 째려보다가 회사를 나와 고향 캘리포니아로 돌아가버렸다고 한다.[79]

레오 버넷은 부하들이 내놓은 아이디어가 자기 마음에 안 들면 아랫입술을 앞으로 쑥 내미는 습관이 있었다. 이 때문에 제작팀의 크리에이터들은 스스로 시안이 채택되는가 아닌가를 판단하기 위해 (버넷의) "입술돌출지수(LPI: Lip Projecting Index)라는 유머러스한 기준을 만들기도 하였다. 보통 버넷이 시안을 선택하는 비율은 열에 하나 정도였고, LPI가 50%를 넘어설 경우 그날은 밤을 새워야 한다는 것을 의미했다(Morrison, 1994).

버넷은 부하 직원에게 아주 혹독한 보스였지만, 동시에 자식한테 하는 것 같은 애정을 표현하는 사람이었다. 시카고 레오버넷 본사에는 바깥에서 안이 들여다보이는 노출형 엘리베이터가 있었다. 그는 매일 아침 엘리베이터를 가득 채워 출근하는 직원들을 바라보며 "우리 회사 최고의 자산들이 저기 올라가는구먼"이라 말하며 흐뭇하게 미소 지었다고 한다.

---

79 물론 얼마 안 가 버넷의 설득을 받아들여 다시 회사로 돌아왔다.

그는 캐딜락 자동차의 광고팀에서 카피라이팅을 배웠다. 이때 대선배 시어도어 맥매너스에게서 큰 영향을 받았는데, 버넷이 맥매너스를 '전 세대를 통틀어 가장 위대한 광고인 중 한 사람'으로 칭송한 것도 그 때문이었다(Higgins, 1986). 버넷은 광고 관련 조사가 실제 내용을 부풀리는 경우가 많다고 생각했으며, 이에 따라 광고조사의 의미와 활용에 대해서 소극적 입장을 취했다. 그보다는 제품의 독특한 특성을 찾아내어 그것을 소박하고 진실되며 흥미진진하게 표현하는 것이 카피라이팅의 핵심이라고 굳게 믿었다. 회사 내에 존 콜슨(John Coulson)을 책임자로 하는 조사부서가 있었지만, 그곳에서 만든 소비자조사보고서를 "콜슨의 멍청이들이 발견한 것"이라 부를 정도였다.

레오 버넷에게는 다른 사람과의 평범한 대화 속에서 아이디어의 싹을 찾아내는 재능이 있었다. 뭔가 새로운 말을 듣거나 기발한 착상이 떠오를 때 메모를 써서 커다란 파일에 모으는 습관이 있었는데, 일 년에 서너 번씩 모아놓은 내용을 직원들에게 회람시켜 아이디어 소스로 삼게 하였다. 메모와 일상어 목록의 크리에이티브 활용에 대하여 버넷은 다음과 같이 효용가치를 설명하곤 했다.

> "저에게는 아주 큰 서류철이 있어요. 계속 커지고 있죠. 제 기억으로는 회사를 차리면서 계속 지니고 있었는데, 전 그걸 Corny Language(진부한 언어모음)라고 부르죠. 대화를 하다가 혹은 아이디어를 내는 과정에서 좋다 싶은 표현이 있으면 바로 그곳에 기록하여 보관합니다. 일 년에 서너 번은 그것들을 뒤적이며 적용할 수 있는 제품이 있으면 활용하곤 해요." (Higgins, 1991).

버넷의 크리에이티브 철학은 두 가지 명제로 요약된다. 내재적 드라마(Inherent Drama)와 커먼 터치(Common touch)[80]다. 이 두 가지야말로 버넷이 창조하고 확산시킨 시카고 유파(chicago school)의 핵심 코드다. 먼저 내재적 드라마는 광고 대상 제품 속에 숨어 있는 독특한 극적 요소를 말한다. 이는 광고 크리에이티브의 강력한 실마리로 변화될 수 있는 제품의 물리적, 심리적 편익(benefit)이라 할 수 있다. 버넷은 "모든 제품은 스스로 타고난 내재적 드라마가 있는데, 광고인은 그 드라마를 찾아내 의도적으로 소박한 언어적 형상을 통해 크리에이티브화시키면 된다"(An intuitive ability to identify the inherent drama that resided within a product through the conscious use of 'earthy vernacular' imagery)고 밝힌다.[81]

그는 속임수를 쓰지 않는 내재적 드라마야말로, 천박한 유머로 광고 독자를 현혹시키지 않으면서도 가장 자연스럽게 주목을 끌어낼 수 있는 강력한 무기라고 강조한다. 버넷은 1945년 집행된 미국식용육협회(American Meat Institute) 광고[82]를 내재적 드라마의 초기 사례로 들었다. 이 광고에서 그는 그때까지의 광고 표현에서 볼 수 없었던 전혀 다른 접근을 시도했다. 즉 쇠고기의 이미지는 '살아 있는 싱싱함'이 되어야 한다고 생각했고, 이를 위해 붉은색의 살코기를 그대로 보여주었던 것이다.

80 커먼 터치(common touch)는 굳이 번역하자면 '일반적 솜씨', '평범한 터치' 등이 되겠다. 하지만 어떤 식으로 번역을 해도 버넷이 평생을 살았던 미국 중서부 지역 주민들의 고유한 정서를 포함하는, 단어의 미묘한 어감을 살리기에는 부족하다. 그래서 이 책에서는 원어 그대로 '커먼 터치'라는 표현을 선택하였다.

81 http://en.wikipedia.org/wiki/Leo_Burnett

82 흔히 'Red on Red'라고 통칭되는 불리는 광고캠페인이다.

당시에는 광고에서 요리하지 않은 날고기를 그대로 보여주는 것이 터부시되었다. 메인 타깃인 주부들이 징그럽게 생각할 수 있다는 것이었다. 그러나 버넷은 광고주가 강하게 반대했음에도 불구하고 금기를 깨어버렸다. 두껍게 자른 붉은 날고기를 빨간색 바탕 위에 대담하게 제시함으로써, 쇠고기가 지닌 남성적 힘을 가감 없이 표현하는 데 성공한 것이다. 고기를 단순한 요리 재료로 보지 않고, 그 안에서 '강한 에너지의 원천(A virile one)'이라는 '숨겨진' 드라마를 발견해냈기 때문에 가능한 일이었다.

두 번째 명제인 커먼 터치는 '광고 크리에이티브는 소비자들이 친밀한 정감과 신뢰감을 느낄 수 있도록 창조되어야 한다'는 관점이다. 내재적 드라마가 버넷 크리에이티브 철학의 영혼(Spirit)이라면, 커먼 터치는 그것을 도구적으로 형상해내는 육체(Body)라고도 할 수 있겠다. 버넷은 "(우리는 광고를) 날카로운 표현보다는 솔직하게 묘사하려 한다. 그리고 다정스럽게 만들려고 한다"라고 말한다. 그가 만든 광고는 이 같은 목적을 달성하기 위해 활자체와 심볼 비주얼을 일반인이 익숙한 것으로 사용했다.

또한 당대의 문화를 배경으로 소비자 욕구나 믿음을 자연스럽게 제품과 연결시키기 위해 역사적 소재나 민담에서 자주 소재를 찾아내기도 했다. 미국 민담에 등장하는 거인 폴 버니언(Paul Bunyan) 이야기를 빌려서 독창적 캐릭터를 창조한 졸리 그린 자이언츠(The Jolly Green Giant) 통조림 캠페인이 커먼 터치의 대표적 사례다(그림 1-37). 대중 심리 속에 내재된 집단 무의식적 원형(archetype)을 유연하게 활용하는 이러한 방식은 버넷의 크리에이티브를 윌리엄 번벅 등 동시대의 소프트셀과 차별화시키는 독보적 특징이라 할 수 있다(Mierau, 2000).

그의 광고 철학을 압축한 사례로 꼽히는 것이 1967년 레오버넷사의 연례조찬회에서 행한 다음의 연설이다. 지금도 후배 광고 크리에이터들에게 여러 의미의 울림을 주는 내용이라 하겠다.

그림 1-37 졸리 그린 자이언츠 캠페인

> "당신이 광고를 만드는 데 시간을 아끼는 대신 돈을 버는 것에 시간을 소모한다면, 완벽한 광고를 만들기 위한 열정을 포기한다면, 당신의 핵심적 관심사항이 훌륭한 광고 수준이 아니라 광고 집행 비용의 규모라면, 그저 입으로 우리는 창조적 광고회사라고 말할 뿐 진실로 창조적인 광고회사가 되려는 노력을 포기한다면 … 모든 크리에이터들은 그냥 엘리베이터 구멍으로 뛰어내리는 게 더 낫습니다."[83]

레오 버넷은 자타공인 일중독자(workaholic)였다. 단지 두 가지 취미를 제외하고는 말이다. 첫 번째는 140에이커 크기의 고향 마을 농장을 찾는 것이었고 두 번째는 경마장에서 마권을 사는 일이었다. 그는 1961년 윌리엄 번벅, 데이비드 오길비와 동시에 '카피라이터 명예의 전당'에 최초로 헌액되었다. 그리고 1972년 '광고 명예의 전당', 1993년 '아트디렉터스클럽 명예의 전당'에 역시 헌액되었다. 그는 1971년 6월 1일, 사랑하는 아내 나오

83 양정혜, 『광고의 역사: 산업혁명에서 정보화사회까지』(서울: 도서출판 한울, 2009), 187쪽에 나온 내용을 수정하여 재인용했다.

미 버넷(Naomi Burnett)과 함께 가족 농장에서 저녁을 먹던 중 심장마비로 별세했다. 79세의 나이였다(Morrison, 1994).

21) 윌리엄 번벅

그림 1-38 윌리엄 번벅

1960년대 미국 광고의 황금시대(golden age)를 대표하는 천재 카피라이터 윌리엄 번벅(William Bernbach, 1911~1982). 그는 네드 도일(Ned Doyle: AE), 맥스웰 데인(Maxwell Dane: 관리/재무)과 함께 창설한 크리에이티브 지향 광고회사 DDB(Doyle Dane Bernbach)를 통해 AVIS 넘버 투, 폭스바겐, 폴라로이드 캠페인 등 현대 광고 크리에이티브의 새로운 혁명을 일으킨 인물이다[84](그림 1-38). 1982년 그가 사망하자, 잡지 ≪하퍼스(Harper's)≫는 "지난 133년간 하퍼스 지면에 등장한 작가와 아티스트 가운데 그 누구보다 미국문화에 위대한 충격파를 던진 인물(probably had a greater impact on American culture than any of the distinguished writers and artists who have appeared in the pages of Harper's during the past 133 years)"로 그를 칭송했다.

번벅은 1911년 뉴욕 브롱크스에서 유태계 혈통의 부모로부터 태어났다.

84 크리에이티브 혁명이란 말은 1965년에 처음 등장했는데 번벅의 DDB, 오길비의 오길비 앤드 매더, 버넷의 레오버넷 3대 대행사가 불러일으킨 독창적 크리에이티브 조류에서부터 비롯된 것으로 전해진다.

학교도, 회사도 같은 도시에서 다녔던 100% 뉴욕 토박이였다. 동시에 그는 "디자인 감각을 갖춘 카피라이터이자 인재를 정확히 알아내는 인사담당자였으며, 예술적 재능을 길러주는 양육자였고 영감이 뛰어난 교사의 자질을 지닌" 광고인이었다(Fox, 1997). 철학, 사회학, 소설 등에 관심을 지닌 번벅의 으뜸 취미는 독서와 음악 감상이었다. 다방면에 걸친 박식함을 자랑했지만 야외 스포츠 같은 외향적이고 격렬한 활동은 좋아하지 않았다. 그는 남성적이고 부드러운 말투에 분별 있고 균형 감각이 잘 잡힌 성품을 지닌 사람이었다. 하지만 오랫동안 그를 모셨던 카피라이터 밥 레븐슨(Levenson, 1987)의 다음과 같은 묘사에 따르면 그렇게 사교적인 성품은 아니었던 모양이다.

> "그는 체구가 말랐고 안색이 좋지 않으며 활동적이지도 않았다. 전체적 인상으로 보자면 사람을 좋아할 타입은 아닌 것처럼 보인다. 허약한 편이며 키는 170cm, 머리색은 블론드, 눈은 회색이다. 위트가 넘치지만 에고(Ego) 덩어리다. 그는 야심과 자신감과 결단력 그리고 에너지가 충만한 사람이었다."

번벅은 영문학 전공으로 뉴욕 대학을 졸업한 1933년 스켄리 디스틸러스사(Schenley Distillers Company) 우편배달 부서에서 직장생활을 시작했다. 경제 대공황이 한창 진행되던 시기였기에 고작 주급 16달러의 박봉이었다. 그러던 중 우연한 기회에 스켄리 아메리칸 크림 위스키(Schenley's American Cream Whiskey) 브랜드의 광고카피를 썼는데, 이것이 좋은 평가를 받아 광고부서로 보직을 이동하게 된다. 이어 1939년에는 뉴욕세계박람회 문헌 파트에 부임해 『브리태니커 대백과사전』에 게재될 박람회의 역사를 썼고, 박람회 총재인 그로버 훨런(Grover Whalen)의 연설문을 대필하면서 카피라이팅 실력을 쌓았다(Cummings, 1984).

그는 제2차세계대전이 발발한 1939년 광고회사 와인트럽(Weintraub)에 카피라이터로 입사했다. 정식으로 광고계에 입문한 것이다(Levenson, 1987). 그 후 4년 만에 제2차세계대전 참전을 위해 회사를 사직하고 버지니아에 있는 포트 유스티스 육군훈련소에서 근무했다. 1945년 제대 후에는 그레이광고(Grey Advertising)로 회사를 옮겼는데 이곳에서 카피팀장, 크리에이티브 담당 부사장까지 역임하게 된다. 그리고는 마침내 1949년 6월 DDB를 설립한다.[85]

번벅은 이 회사를 완전히 새로운 방식으로 운영했다. 자유방임적 경영을 통해 부하 직원들이 지닌 특출한 개성을 발견하고 그것이 꽃피어날 수 있도록 격려하는 역할을 수행한 것이다. 그리고 이를 통해 DDB를 1960년대를 대표하는 광고 인재의 산실로 만들었다. 그는 직원 채용에 있어 학력 등의 자격 조건을 염두에 두지 않았고, 몇 달에 걸친 채용 인터뷰를 하는 경우는 있어도 한 번 인연 맺은 사람은 잘 해고하지 않는 것으로 유명했다.

1960년대 광고 크리에이티브 혁명을 주도한 세 명의 거장으로 보통 윌리엄 번벅, 데이비드 오길비, 레오 버넷이 꼽힌다. 이들 세 사람은 넓게 보자면 모두 이미지 유파(image school)에 속하지만 각각의 구체적 크리에이티브 철학은 뚜렷한 차이를 보였다. 번벅은 '광고의 피카소'라는 별명에서 짐작할 수 있듯이 그중에서 가장 광고의 창조성과 예술성을 신봉하고 강조하였다.

그는 고정관념을 뛰어넘는 기발한 발상의 명수였다. 드라마틱한 비주얼 구성은 물론 당시까지 광고에 활용하지 않았던 콜라주 기법 등을 과감하게

85 http://www.answers.com/topic/william-bernbach

도입하기도 했다. 주로 카피를 통한 언어적 설득을 중요시했던 당시 경향과 달리 카피와 비주얼의 시너지 효과를 무엇보다 중시했다.[86] 번벅의 이 같은 크리에이티브 스타일은 당시 광고계에서 "뉴 애드버타이징(new advertising)"이라 이름 붙여졌으며, 나중에 비저빌리티 유파(Visibility school)[87]라는 명칭으로 광고사에 한 자리를 차지하게 된다(Sivulka, 1998).

번벅이 이 같은 소신을 가지게 된 데는 와인트럽에서 만난 선배 아트디렉터 폴 랜드(Paul Rand)의 영향이 컸다. 에어윅(Airwick) 등의 캠페인을 함께 만든 두 사람은 궁합이 잘 맞았다. 점심시간이 되면 식사를 마친 후 근처 미술전시회를 돌아다니면서 카피와 비주얼의 조화에 대한 대화를 많이 나누었다고 한다. 그레이사에서 카피팀장으로 근무하면서는 또 다른 아트 디렉터 밥 게이지(Bob Gage)를 만나게 된다. 게이지와도 잘 통했다. 번벅은 게이지와 뉴욕 7번가의 할인매장을 위해 시계, 셔츠, 주류 등의 소매용품 광고를 제작했는데, 이들 광고주는 광고 효과에 따라 그날그날 판매량이 큰 차이를 보이는 특성이 있었다. 번벅은 시간에 쫓기는 이 같은 반복 작업을 통해 참신하고 기능적인 비주얼이 광고에서 얼마나 즉각적 반응을 불러일으키는가를 배웠다(Fox, 1997). 두 사람이 처음 만난 날 게이지는 자기 부인에게 이렇게 말했다고 한다.

> "언젠가는 번벅과 사업을 하고 싶어. 나는 그가 하는 말을 이해했고 그 사람도 나를 이해했거든. 영감(靈感)이 대단한 인물이야."

86 훗날 이러한 스타일은 "카피와 비주얼의 행복한 결혼"이라는 이름으로 불려졌다.

87 굳이 번역하자면 시각주의(視覺主義)가 되겠다.

레오 버넷이 부하들의 아이디어에 대하여 울분이 터질 정도로 간섭을 일삼았던 데 반해, 번벅은 심한 압박을 삼가고 크리에이터들의 개성과 독창성을 존중하는 스타일이었다. 또한 오길비가 광고조사에 기초한 수많은 광고 창작 법칙 준수를 요구한 데 반해, 번벅은 크리에이티브에 대한 보편적 원칙 외에는 자기 기준을 강요하지 않았다. 그런 의미에서 번벅이 1950년대를 풍미한 로서 리브스류의 무미건조하고 반복적인 하드셀 크리에이티브를 싫어한 것은 당연한 일이었다.

인간 심리는 반복을 지겨워하는 반면 신기한 것을 갈망하며, 재미있는 메시지에만 반응하기 때문에 USP 같은 획일적 크리에이티브는 광고에 대한 거부감과 짜증을 극대화시킬 뿐이라고 비판한 것이다. 이성적 주장에만 급급한 그때까지의 주류 광고 크리에이티브의 흐름을 과감하게 역전시키지 않는 한 결국 소비자에 대한 설득적 영향력을 급속히 잃어갈 것이라는 것이 번벅의 믿음이었고, 스스로 그러한 믿음을 광고 역사에 길이 남는 명캠페인으로 증명해냈다.

엘 알 이스라엘(El Al Israel) 항공 광고는 번벅의 과감한 발상을 상징적으로 보여주는 작품이다(그림 1-39). 1957년 DDB와 처음 손잡은 이 항공사는 광고 예산이 작았고 지명도도 낮았다. 하지만 같은 유태계 핏줄인 번벅이 모국에 도움을 준다는 차원에서 대행을 맡았다고 한다. 당시 엘 알 이스라엘은 업계 최초로 제트 프로펠러 항공기를 도입해 대서양을 무급유로 횡단할 수 있는 서비스를 시작했다. 번벅은 파도치는 바다 사진으로 지면을 가득 채운 비주얼을 보여준 다음, 오른쪽 상단에서 아래로 비주얼을 잘라낸 여백을 만들었다. 그리고 그 흰 여백 위에 이런 헤드라인을 올려놓았다.

"12월 23일부터 대서양이 20% 작아집니다(Starting Dec. 23, the Atlantic Ocean will be 20% smaller)".

그림 1-39 엘 알 이스라엘 광고

광고 지면을 찢다니! 그때까지 보기 힘든 기발한 상상이 아닐 수 없었다. 논스톱으로 대서양을 횡단할 수 있으니 시간이 20% 절약된다는 메시지를 임팩트 있는 비주얼을 통해 단번에 전달하는 데 성공한 것이다. 이 광고는 단 1회 게재되었을 뿐인데도 목표소비자들에게 강력한 인상을 남겼고 엘 알 이스라엘의 인지도를 크게 높였다.

다른 광고회사들이 광고주에게 좋은 인상을 심어주기 위해 인테리어에 큰 비중을 둔 반면에, DDB를 창립한 다음 번벅은 사무실을 극히 기능적으로 꾸몄다. 그리고 카피라이터와 아트디렉터들을 한 층에 몰아넣고 얼굴을 맞대고 북적거리면서 광고를 만들도록 했다. 그는 늘 크리에이티브 부서를 돌아다니며 진행 중인 프로젝트를 점검했는데, 무엇보다 카피와 비주얼의 상호 교류와 드라마틱한 결합을 중요시했다. 당시의 대부분 광고회사에서는 카피가 비주얼보다 먼저 나오는 것이 상례였다. 하지만 DDB는 달랐다. 카피라이터와 아트디렉터의 역할은 완전히 수평적이었다. 비주얼 아이디어가 헤드라인보다 먼저 나오거나 심지어 아트디렉터에 의해 핵심 카피 아이디어가 먼저 제시되는 일도 허다했다. 이러한 크리에이티브 시스템은 광고제작 양대 직종 간의 양보 없는 경쟁을 유도하는 것이었다. DDB 전성기를 수놓았던 폴라 그린(Paula Green)은 당시의 분위기를 이렇게 표현했다

(Turngate, 2007).

"우리는 문이 닫힌 방에서 서로 죽도록 물어뜯습니다."

윌리엄 번벅의 카피라이팅 철학을 요약하자면 "법칙이란 깨지라고 있는 것(Rules are what the artist breaks)"이란 한마디로 압축된다 하겠다. "사람들의 기억에 남는 광고는 결코 (미리 만들어진) 법칙으로부터 태어나지 않는다(The memorable never emerged from a formula)"는 것이다. 그에게 광고 크리에이티브는 직관, 영감, 재능, 독창적 비약과 반짝이는 아이디어의 결과물이었다. 동갑내기이자 일생을 두고 라이벌이었던 데이비드 오길비가 과학으로서의 광고를 주장하면서 광고에서 무엇을 말할 것(what to say)인가를 강조한 반면에, 번벅은 "광고는 기본적으로 설득이다. 그리고 그 같은 설득은 과학이 아니라 예술을 통해 일어난다(Advertising is fundamentally persuasion and persuasion happens to be not a science, but an art)"라고 반박한 것이다.

번벅이 보기에 "마케팅조사(marketing research)는 광고를 따분하고 모두 비슷하게 만드는 것"이었으며, "수학적 정확성이라는 구실을 내세워 조사하고 인터뷰하고 평가하고 계수화"하는 것에 불과했다. 광고에서 조사가 의미를 지니는 것은 분명하지만 매사를 조사 결과에 붙들려 숫자의 노예가 되는 것은 오히려 크리에이티브의 감옥이 된다는 것이다.[88] 이는 다음 발

88 과학적 조사의 의미를 중시하는 데이비드 오길비는 번벅의 이러한 주장에 대하여 "분명히 존재하는 법칙을 전면적으로 거부하는 이 같은 생각은 무에서 유를 창조하려는 일종의 망상"이라고 강력한 비판을 퍼부었다. 두 사람의 라이벌 의식이 명백히 드러나는 대목이다.

언에서 여실히 드러난다(Higgins, 1991).

> "모든 걸 조사와 명령에 의해 수리적으로 수행하는 것의 폐단은, 결국 모두가 같은 방법으로 그 일을 할 수 있다는 겁니다. 똑같은 걸 얻어내고 발견할 수 있기 때문에 당신은 다른 사람들과 마찬가지로 예전에 했던 것과 똑같은 태도를 취하게 될 겁니다 … 그러면 임팩트를 완전히 없애버리게 됩니다".

심지어 바트 커밍스와의 인터뷰에서는 폭스바겐 캠페인 등 유명 광고를 만들게 된 배경에는 자신이 광고 창작에 대한 고정관념이나 지식이 없었던 것이 도움이 되었다고 밝힐 정도였다(Cummings, 1984).

> "내가 광고를 잘 몰랐기 때문에 오히려 더 다행스러운 점도 있었다고 생각합니다. 잘 모르기 때문에 광고에 대해 다른 사람들보다도 신선하고 독창적인 생각을 할 수 있었죠. 어떤 정석이나 틀에 얽매이다 보면 나중에는 다른 사람과 다른 점이 없어져 버립니다. 주위 사람과 똑같은 일을 해서는 사람의 주의를 끄는 광고를 만들 수 없지요."

그는 18년 동안 DDB CEO로 일한 후 1976년에 광고계를 떠났다. 1961년 '카피라이터 명예의 전당'에 헌액되었고, 1976년에는 '광고 명예의 전당'에도 헌액되었다. 그밖에도 '올해의 광고인상'(2년 연속), '미국 유대인협회 인간상', '파슨스 디자인스쿨 50주년 기념상' 등 수많은 상을 받았다. 이 희대의 광고 천재는 스켄리 디스틸러스 시절 우편배달실 근무 때 봉투 붙이는 조수로 만난 에벌린 카본(Evelyn Carbone)과 1938년 결혼하여 평생을 해로

했고 슬하에 두 아들을 두었다. 그는 백혈병이 악화되어 1982년 10월 2일 자신이 태어난 뉴욕 브롱크스에서 세상을 떠났다.

22) 데이비드 오길비

그림 1-40 데이비드 오길비

데이비드 오길비(David Ogilvy, 1911~1999)는 다국적 광고회사 오길비 앤드 매더(Ogilvy & Mather)의 설립자이자, 브랜드 이미지 전략을 창조한 탁월한 이론가였다(그림 1-40). 하지만 그는 무엇보다 광고 역사에 남을 위대한 카피라이터로 기억되어야 한다. 오길비가 만든 광고는 광고조사(testing)를 기반으로 한 철저한 사실 추구와, 소비자의 이해력에 뿌리를 내린 명료하고 힘찬 크리에이티브로 정평이 나 있다. 그는 광고 경영자로서도 지대한 영향을 미쳤는데, 대표적 업적으로는 커미션 제도[89]를 대신하여 피(Fee) 제도[90]를 광고계에 처음으로

89 커미션 제도(commission system). 광고매체비나 제작물 비용 등의 취급고 가운데 일정 비율을 지급받는 광고회사 보상 제도이다. 1920년 미국에서 시작되어 전 세계적으로 널리 확산된 이 시스템은 일반적으로 매체 비용의 15%, 광고제작물 비용에 대해서는 17.65%의 가산액(mark up이라 불림)을 부과한다.

90 피 제도(fee system). 광고회사가 광고주에게 제공하는 다양한 서비스에 대해 비용과 시간을 계산하여 보상하는 제도로 전통적인 커미션 시스템을 대체하는 것이다. 시간당 요율과 고정 수수료 명목으로 제공되는 피(fee)는 매체비나 제작비가 아니라 광고회사의 전문적 업무 수행에 대한 보상으로 지급되는 것이다. 1960년 석유회사 셸(Shell)이 오길비 앤드 매더와 대행계약을 맺으면서 처음 도입한 것으로 알려져 있다.

도입함으로써 광고업의 전문성 확보에 공헌한 것이 꼽힌다.

오길비는 미국에서 광고의 거인이 되었지만, 원래는 1911년 런던 근교 웨스트 호슬리(West Horsley)에서 태어난 영국인이다. 스코틀랜드 혈통의 몰락한 귀족 후예인 부친과 아일랜드 혈통 모친이 낳은 5남매 중 넷째였다. 자서전 『피와 뇌, 그리고 맥주: 데이비드 오길비 자서전(Blood, Brains, and Beer: An Autobiography of David Oglivy)』에 따르면 그의 생일은 신기하게도 할아버지, 아버지와 꼭 같은 6월 23일이었다(Ogilvy, 1978). 아홉 살 때 이스터본의 사립학교 도더보이스 홀(Dotheboys Hall)에 들어갔고, 열세 살 때는 스파르타 교육으로 이름 높은 스코틀랜드 페티스(Fettes)에 입학했다. 하지만 오길비는 어릴 적 내내 체력이 뛰어나고 공부도 잘했던 형 프랜시스(Francis)의 그늘에 가려 수줍고 겁 많은 어린 시절을 보냈다고 한다.

청소년기에 접어들어 비로소 형의 그늘에서 벗어난 오길비는 옥스퍼드 대학에 입학했으나 성적 부진으로 퇴학을 당하게 된다. 이후 파리 마제스틱 호텔의 보조 주방장으로 일주일에 65시간을 일하면서 고작 7달러의 주급을 받는다. 노동조건은 가혹했지만 일과 후 같은 호텔 여직원과 데이트를 하거나 몽마르트에서 파리의 야경을 즐기는 등 자유로운 경험을 만끽했다(Fox, 1997). 이때의 경험은 오길비에게 두고두고 추억거리를 남겼다. 얼마 안 있어 가족이 그를 영국으로 불러들이자, 이번에는 스코틀랜드에서 아가 쿠커스(Aga Cookers)라는 이름의 고급 부엌 스토브 외판원이 되었다. 집집마다 찾아다니며 스토브를 세일즈하던 중 자신의 판매 비결을 『아가 쿠커스 판매의 이론과 실제』라는 팸플릿으로 만들었는데, 이것이 눈에 띄어 마침내 광고인의 길로 접어들게 된다.

그의 첫 번째 광고회사는 형이 AE로 있던 런던의 매더 앤드 크로서(Mather & Crowther)사였다. 이곳에서 오길비는 운명을 결정지을 자신의 천부적 자질을 깨닫게 된다. 그는 이 시절을 회상하며 다음과 같이 말한다 (Higgins, 1991).

"내게 주어진 일 가운데 광고가 제일이었습니다. 내 평생에 내가 잘 할 수 있는 유일한 직업이었죠."

방황하던 청춘기를 마감하고 새로이 발견한 천직을 자기 것으로 만들기 위해 매일 새벽 3시까지 일하곤 했던 오길비는, 당시 영국에 비해 30년 정도 앞서가는 것으로 평가되던 미국 광고계를 동경하였다. 그는 영국의 광고주들을 위해 미국의 우수 광고들을 배달해주는 시카고 스크랩서비스에 가입했는데, 이를 계기로 마침내 27세 되던 해 '허클베리 핀의 나라' 뉴욕으로 오게 된다. 하지만 미국 광고계는 청운을 꿈을 품고 온 오길비에게 냉담하기만 했다. 당대 최고의 광고회사 영 앤드 루비캄에 들어가고 싶었지만 감히 입사원서를 낼 생각조차 하지 못했다 한다.[91]

광고회사 입사에 실패한 그는 프린스턴과 할리우드에 있는 조사회사 갤럽에서 일하면서 3년 동안 400건 이상의 전국 규모 조사를 담당했다. 이는

91 Ogilvy, D., *Ogilvy on Advertising*(NewYork, N.Y: Crown Publishing, 1983), p.193에서 재인용함. 오길비는 처음 미국에 도착한 다음 날, 로즈마리홀 여 교장 캐롤린 루츠 리스(Caroline Ruutz-Rees)의 추천장을 들고 루비캄을 만났다. 첫 대면에서 레이먼드 루비캄은 큰 소리로 "당신의 사업에 대해서 설명해 보시오"라고 말했고, 오길비는 그저 버벅대면서 "저는 당신의 지혜를 빌리고 싶습니다"라고만 답했다 한다. 그만큼 영 앤드 루비캄이 경외의 대상이었고, 이 때문에 감히 입사지원할 생각을 하지 못했다는 것이다. 스스로 대행사를 차렸던 사정이 여기에 있었다고 그는 고백한다. 젊은 시절에는 의외로 소심한 면이 있었던 모양이다. 어쨌든 이렇게 이어진 두 사람의 인연은 상호존중과 배려의 관계를 통해 무려 40년 동안 지속된다.

미국인의 라이프스타일과 심리구조를 이해하는 데 더할 나위 없는 기회를 제공했다. 제2차세계대전 중에는 워싱턴에 있는 영국대사관에서 근무했다. 그리고 아내와 아들을 데리고 펜실베이니아주 랭커스터카운티의 아미시[92] 농장에 들어가 3년간 농사를 지으며 살게 된다. 오길비는 이곳을 처음 방문하자마자 19세기적인 목가적 삶에 흠뻑 빠져버렸다. 그는 수염을 길렀고 수백 에이커에 달하는 땅에 담배농사를 지었지만, 스스로가 농부 적성에 맞지 않는다는 사실을 절감하면서 틈틈이 광고 일을 손에서 놓지 않았다고 한다.

오길비는 광고 역사를 뒤흔든 다른 카피라이터들과는 달리, 이례적으로 늦은 나이인 서른아홉 살에 자기 회사를 차린 다음 처음 카피를 쓰기 시작했다(Fox, 1997). 자본금 6000달러와 형이 근무하던 매더 앤드 크로서 등에서 돈을 빌려 자칭 '뉴욕의 영국 광고회사 휴잇, 오길비, 벤슨 앤드 매더(Hewitt, Ogilvy, Benson & Mather)'를 설립한 것이다. 손위 동서인 로서 리브스에게 사장직을 제안했지만 거절당한 다음에, JWT에서 AE로 일하던 앤더슨 휴잇(Anderson, F. Hewitt)을 대표이사로 영입했다. 자신은 조사담당 부사장(research director)을 맡으면서 동시에 카피를 쓰기 시작한다.

데이비드 오길비는 동갑내기 윌리엄 번벅과 함께 1960년대 미국광고의 크리에이티브 혁명을 주도했다. 하지만 두 사람은 인종적 배경, 개인적 성격, 광고 크리에이티브 철학 등에서 대조적 면모를 보인다.[93] 크리에이티

92 1700년대 독일에서 미국으로 이주한 메노나이트교회에 소속 신교도 집단이다. 펜실베이니아주를 중심으로 오하이오, 인디애나 등에서 집단생활을 하고 있다. 지금도 검은 모자, 검은 옷의 18세기식 복장과 생활방식을 고수하면서 보석이나 자동차 등의 현대문명을 거부하는 독특한 생활방식을 유지하고 있다.

브 지상주의자라 불린 번벅과 달리, 오길비는 독창적 광고 발상에는 예술적이며 천재적 소질보다는 광고제작물에 대한 조사를 바탕으로 만들어진 일반적 창작 법칙을 적용하면 된다는 주장을 평생 포기하지 않았다. 이러한 관점에서 오길비는 존 E. 케네디라는 샘에서 발원되어 클로드 홉킨스와로서 리브스라는 큰 강을 흘러온 리즌와이(reason why) 크리에이티브를 승계한 인물이었다.

오길비는 광고업계 초창기에는 차별적 독창성을 강조하는 레이먼드 루비캄에게 큰 영향을 받았고 이후에는 홉킨스, 허머트, 리브스에게 배운 바가 컸다고 고백하고 있다. 그만큼 그의 크리에이티브에는 제품 특성에 입각하여 구매의 당위성을 이성적으로 소구하는 하드셀의 분위기가 짙게 배어 있다. 오길비가 홉킨스의 『과학적 광고(Scientific Advertising)』를 자기 인생의 진로를 바꿔놓은 책이라 격찬한 것에는 이런 이유가 있는 것이다(Ogilvy, 1983).

그는 이 책에서 언급된 최정상급 카피라이터들 가운데 누구보다 광고에서 조사가 차지하는 비중을 높게 본 사람이다. 카피라이터가 되기 전에 갤럽(Gallup)사의 조사원으로 일한 경력이 큰 영향을 미쳤을 것이다. 하지만 조사결과를 직접적으로 수용한 홉킨스나 리브스의 무미건조한 하드셀과는 달리, 오길비는 흥미와 설득력을 겸비한 감성적 광고에 능했다는 점에서

93 오길비가 광고계에서 비로소 경력을 쌓기 시작할 무렵, 번벅은 'Avis 넘버투' 캠페인 등을 통해 이미 떠오르는 스타 자리를 굳히고 있었다. 이 당시 번벅과의 면담을 신청한 오길비는 면담 시간 내내 "완전히 풋내기 취급"을 당했다고 한다. 이 기억이 뼈에 사무친 오길비는 그 후 단 한 번도 개인적 교류 차원에서는 번벅을 만나지 않았다고 전해진다.

특징적 차이를 보인다. 제품 자체의 사용가치뿐 아니라 제품에서 연상되는 고유한 브랜드 개성과 이미지 때문에 제품구매 행위가 생겨난다는 그의 믿음 때문이었다.

데이비드 오길비 광고에 나타난 하드셀과 소프트셀의 이 같은 긴장과 조화를 이해하려면 광고계 입문 당시 오길비의 경험을 찬찬히 살펴봐야 한다. 당시 그에게 가장 핵심적 영향을 미친 인물이 로서 리브스였기 때문이다. B-S-H사에 근무하며 카피라이터로 이름을 날리던 리브스는 오길비에게 클로드 홉킨스의 『과학적 광고』를 빌려주었고, 자주 점심을 함께 먹으면서 하드셀 철학을 열렬히 강의했다고 한다. 나이는 한 살밖에 차이나지 않지만, 만남의 초기에 두 사람은 거의 스승과 제자의 관계였던 것이다. 영국 광고 특유의 기발한 발상 및 소프트셀 이미지광고에 뿌리를 두었던 오길비는 리브스의 관점을 속속 흡수했다. 그러나 다음과 같은 회상을 보면 마음속으로는 양대 크리에이티브 유파를 조화시키는 데 애를 많이 먹었던 모양이다(Fox, 1987).

> "서로 상반된 두 학파에 대한 존경심이 나를 둘로 갈라놓았습니다. 나는 양쪽에서 배운 것을 조정하는 데 상당한 시간이 걸렸습니다."

그는 천재적 자질보다는 노력의 가치를 믿는 사람이었다. 일생을 통틀어 번쩍이는 예술적 영감으로 일관했던 라이벌 윌리엄 번벅과 대조되는 측면 가운데 하나이다. 오길비는 스스로 가장 마음에 드는 광고로 푸에르토리코 관광 광고를 꼽는다. 하지만 이 작품을 만들기 위해 열흘 동안 아무것도 하지 않고 아이디어와 카피만을 생각했다고 고백한다. 그는 광고주 프레젠테이션 시안에 들어갈 카피를 위해 적어도 19종류의 초안을 썼고,

시어즈 로벅(Sears Robuck) 광고를 위해서는 무려 37개의 헤드라인을 만들기도 한 사람이었다.

오길비는 광고작품에 숨어 있는 스토리 어필을 매우 중시하였다. 고객들이 광고를 봤을 때 무언가 흥미로운 '이야기'가 숨어 있는 것처럼 보여야 한다는 것이 그의 지론이었다. 이를 위해 이야기를 숨긴 듯 보이는 유명인을 자주 모델로 사용함으로써 목표고객의 흥미를 극대화시키고 모델의 독특한 이미지를 브랜드에 투사시키는 기법을 창안했다. 이것이 현대 광고 크리에이티브 흐름을 바꾼 것으로 평가되는 브랜드 이미지 전략(brand image strategy)이었다.

브랜드 이미지란 쉽게 말해서, 특정 브랜드에 대하여 지닌 소비자들의 개성(personality) 즉 자신도 모르는 사이에 지니게 된 인상을 뜻한다. 이 전략은 고급 패션, 명품, 보석, 화장품 등 고관여 감성 제품이나 위스키, 담배 등 기호품 광고에 효과적이다. 이 유형의 제품들은 제품들 간에 차별적 특성이나 고유한 편익이 부족하다. 경쟁사가 제품을 쉽게 모방할 수 있는 이유가 그 때문이다. 이때 광고를 통해 독특한 크리에이티브를 구사하여 해당 브랜드를 차별화시키고 궁극적으로 제품 개성을 창조하여 브랜드 선호도를 키우는 것이 이 전략의 핵심이다. 제품을 사용함으로 얻어지는 정서적 만족감을 소비자 마음속에 '전이(轉移)시키는' 이러한 특성 때문에 브랜드 이미지 광고는 흔히 전이적 광고(transformational ad)라고도 불린다(Puto & Wells, 1984). 한마디로 소비자들은 제품 자체를 사기보다는 브랜드에 부여된 이미지를 구매한다는 관점이다. 그가 개척한 이러한 크리에이티브 스타일을 일반적으로 브랜드 이미지 유파(brand image school)라 부른다.

데이비드 오길비는 1961년 '카피라이터 명예의 전당'에, 그리고 1977년 '광고 명예의 전당'에 헌액되었다. 1967년에는 엘리자베스 여왕으로부터

훈작사(勳爵士, knight of the carpet) 작위를 받았다. 그는 1973년 오길비 앤드 매더(Ogilvy & Mather) 회장직을 물러나 프랑스의 고성(古城) 투푸(Château de Touffou)에서 은퇴 생활을 즐기기 시작했다. 그리고 1999년 7월 21일 세 번째 부인과 외아들, 손주들이 지켜보는 가운데 투푸 성에서 88세를 일기로 삶을 마감했다.

3. 카피라이터의 역할

1) 무엇을 말할 것인가(What To Say)와 어떻게 말할 것인가(How To Say)

지금까지 우리는 고대에서부터 현대에 이르기까지 카피라이터 직업의 역사적 진행과 전문화 과정을 살펴보았다. 그렇다면 오늘날의 광고 산업 안에서 카피라이터가 수행하는 구체적 역할은 무엇인가? 그것은 어떻게 규정될 수 있을까?

카피라이터란 명칭이 영어권에서 왔으니 영어로 된 정의부터 살펴보자. 『맥밀란 영어사전(Macmillan English Dictionary: for Advanced Learners, 2002)』은 카피라이터 역할을 다음처럼 간명히 설명한다. "Someone whose job is to write the words for advertisements." 즉, 광고물의 말과 글 쓰는 것을 직업으로 삼는 사람이다. 『옥스퍼드 비즈니스 사전(Oxford English Business Dictionary, 1978)』은 이 직업의 역할에 대해 좀 더 자세한 설명을 내놓는다. "A person who writes the text for advertisements or other promotional material. Copywriters are usually employed by an advertising agency, although for highly technical matters they are often employed directly by the company manufacturing or distributing the product." 카피라이터는 광고나 기타 판촉물의 텍스트를 쓰는 사람으로 일반적으로는 광고회사 소속이다. 하지만 특정한 전문적 지식을 필요로 하는 영역에서는 제품을 생산 혹은 유통하는 회사에 직접 소속되기도 한다는 것이다.

한편 한국직업능력개발원 직업사전(2012)은 카피라이터 역할을 다음과 같이 풀이한다. "기발한 아이디어나 감수성으로 특정 상품이나 서비스가 일반인들에게 쉽게 기억될 수 있는 광고 문구나 문안을 작성하는 일을 담당한다. 상품 또는 용역에 관한 정보를 얻고 광고 문안의 길이와 형태 등을 토의하기 위해 광고주 및 시장조사 분석가와 협의한다. 조사와 인터뷰를 통해 광고를 위한 부가적인 배경 정보를 얻고, 광고 문안을 작성하기 위하여 상품 및 용역의 시장조사, 소비자성향조사, 광고경향조사 등의 자료를 검토한다. 상품의 효능, 기업 이미지, 대중의 생활 방식 등에 대한 자료를 바탕으로 상품과 서비스의 판매촉진을 위한 아이디어와 원고를 작성한다. 광고전략에 따라 광고 문안, 즉 표제어(head copy), 부제어(sub-head copy), 본문(body copy), 슬로건(slogan) 등을 작성한다."

위의 정의들을 보면 카피라이터 역할은 크리에이티브 디렉터(Creative Director), 아트디렉터(Art Director), CM플래너(CM Planner) 등 제작팀 내 파트너와 협업을 통해 주로 광고의 글과 말을 창조하는 전문직으로 설명되어 있다. 사람들이 카피라이터를 소비자 주목을 집중시키고 설득하는 기발하고 멋진 말 만들어내는 직업으로 생각하는 것이 이 때문일 것이다.

그러나 카피라이터의 역할은 단순한 광고글 쓰기 즉 "문안 작성"에만 그치지 않는다. 카피라이터는 자기만의 고유한 독창적 레토릭을 구사하여 강력하고 효과적인 설득메시지를 창조하는 광고언어 전문가임에 틀림없다.

하지만 그 이전에 여러 가지 과업을 사전에 거쳐야 한다. 첫째, 광고제품/서비스와 유통 현장에 대한 방대한 자료를 읽고 그것을 소화할 필요가 있다. 둘째 주도면밀하게 목표고객의 심리와 특성을 이해한 다음 그 안에서 인사이트(insight)[94]를 찾아내야 한다. 셋째, 광고의 핵심메시지인 표현콘셉트를 추출하고 그것을 아이디어화할 줄 알아야 한다. 카피라이터가 행하는 최종적 '광고글 쓰기'는 이 모든 단계를 거쳐야 비로소 시작될 수 있는 작업인 것이다. 단순한 손끝 글재주만으로 카피라이터 역할을 수행할 수 없는 이유가 바로 여기에 있다.

위의 여러 선행 과업 가운데 특히 주목해야 할 것은 표현콘셉트 도출이다. 광고제작팀에 속한 크리에이터들 가운에 'What to say(무엇을 말할 것인가)'[95]에 가장 깊이 관여하는 직능이 카피라이터이다. 카피전략(copy strategy)[96] 구사를 통해 표현콘셉트를 도출해내는 역할을 담당해야 하기 때문이다.

카피전략의 구사를 위해서는 먼저 표현콘셉트(creative concept) 개념을 정확히 이해해야 하는데, 이는 한마디로 광고카피에서 가장 눈에 띄게 강조

94 인사이트(insight). 광고계 현업에서 널리 통용되는 개념으로, 쉽게 말해 소비자들이 브랜드에 대해 지닌 참된 속마음을 뜻한다. 일반적으로 특정 제품과 관련하여 소비자들이 잠재적으로 어떤 공감대를 가지고 있는가, 그것을 제대로 찾아냈는가를 지적할 때 "인사이트를 찾았다"라고 표현한다.

95 'What to say'는 "제품분석과 시장 및 소비자 조사를 바탕으로 목표고객, 광고목표를 설정하고 그것을 최종적으로 표현콘셉트로 도출하는 작업"을 말한다. 광고 제품 혹은 서비스의 차별적 특성을 찾아내고 그것을 바탕으로 광고가 던져야 할 메시지를 찾아내는 논리적, 과학적 단계이다.

96 카피전략은 광고목표를 달성하기 위한 표현콘셉트를 결정한 다음, 그것을 효과적으로 표현하기 위해 카피라이팅의 틀(Frame)을 세우는 작업이다. 이 단계를 거치고 나야 비로소 아이디에이션과 본격적 레토릭을 시작할 수 있다.

되어야 할 핵심 포인트를 말한다. 표현콘셉트를 인쇄광고 헤드라인 또는 전파광고의 키카피로 오해하는 사람도 적지 않은데, 하지만 이 개념은 소비자에게 직접적으로 전달되는 카피 자체가 아니며 아이디어도 아니다. "하나의 광고가 특정 광고목표를 달성하기 위해 목표고객에게 던지는 가장 핵심적인 메시지(key message)"이며 "목표고객을 결정적으로 설득시킬 수 있는 경쟁적 소비자 편익(competitive consumer benefit)"으로 정의될 수 있다.

일반적으로 신제품이 시장에 나올 때 기업의 제품개발자나 마케터들은 프로덕트 콘셉트(product concept: 제품 콘셉트)[97]를 설정한다. 이를 바탕으로 광고회사의 전략기획팀(AE: Account Executive)[98]에서 제품을 소비자에게 쉽게 접근시키기 위해 광고콘셉트(advertising concept)를 만들게 된다. 표현콘셉트란 것은 이처럼 AE들이 만들어 전달한 광고콘셉트를 광고 크리에이티브 작업에 직결될 수 있도록 좀 더 생생히 구체화시킨 것이라 할 수 있다. 그런 의미에서 프로덕트 콘셉트가 광고콘셉트를 거쳐 최종적 광고제작물로 만들어지는 직전 단계에 있는 것이 표현콘셉트이다. 조지 펠턴(1994)은 광고를 일러 "제품이 목표고객에게 줄 수 있는 핵심적 소비자 편익을 발견내해고 그것을 드라마화시키는 것(Dramatizing Benefits)"이라고 규정했는데, 여

97 코래드광고전략연구소(1996)의 『광고대사전』은 제품콘셉트를 "제품 속성을 사용자의 생활체계에 연결시켜 주는 것이며, 제품을 '무엇이라고 해서 파느냐'를 결정하는 기본적 사고이다. 제품콘셉트 전개에는 네 가지 요인이 필요한데 ① 제품 아이디어에 내재하는 속성 또는 기능과 독창성, ② 그것에 적합하다고 생각되는 목표고객층과 크기, ③ 그 고객층의 생활양식 속에서 제품 속성 또는 기능이 작용할 생활국면과의 관련의 깊이, ④ 그 속성 또는 기능이 시장에서 갖는 경쟁관계와 위치설정이 그것이다"라고 설명하고 있다.

98 광고대행사에 소속되어 있으면서, 광고전략 입안(Planning)과 광고주관리(Handling)를 담당하는 직종.

기서 핵심적 소비자 편익이 바로 표현콘셉트라 할 수 있다.

목표고객을 선정하는 작업이 "누구에게(For whom?) 말할 것인가?"를 발견하는 것이라면 카피라이터의 과업인 표현콘셉트 도출은 광고 전체를 통틀어 "무엇을(What for?) 말할 것인가?"를 찾아내는 것이다. 표현콘셉트를 찾아내는 작업은 카피라이팅과 관련된 What to say에 있어 하나의 정점(Peak)이다. 왜냐 하면 이를 완전히 확정하지 못한 상태에서는 이어지는 아이디에이션과 레토릭 구사가 제대로 실행될 수 없기 때문이다.

카피라이터들이 카피전략을 구사하여 표현콘셉트를 도출하는 방법은 매우 다양하다. 제품 특성, 시장 환경, 소비자 특성, 광고 목표 등의 변수에 따라 100가지 광고 작업이 있다면, 100개의 카피전략이 있다는 말까지 나올 정도다. 하지만 그 가운데 수많은 시행착오를 겪은 후 테크닉적으로 갈고 다듬어져 널리 통용되는 몇 가지 방법이 있는데, 그중 가장 유명한 것이 **'카피플랫폼'**이다. 이 책 2부의 제4장을 보면 전략기획팀에서 제시된 광고콘셉트를 기초로 최종적 표현콘셉트를 도출하기 위해 카피라이터와 제작팀이 활발한 토의를 하는 장면이 나온다. 제대로 도출된 표현콘셉트가 광고 제작 및 캠페인의 승패를 결정할 만큼 중요하기 때문이다. 이러한 토의 과정에서 핵심적 역할을 해야 하는 것이 카피라이터인 것이다.

카피라이터의 역할은 여기에서 끝나지 않는다. 다음 단계로 아트디렉터 등과 함께, 도출된 표현콘셉트를 구체적 광고제작물로 이끌기 위한 "How to say(어떻게 말할 것인가)"[99]의 중심에 서야 하기 때문이다. 그 첫 번째 단

99 카피라이팅에 있어 'How to say'는 "도출된 표현콘셉트를 바탕으로 아이디에이션을 거쳐 구체적 카피 결과물을 창조하는 언어기호화 작업"으로 정의될 수 있다. 인쇄광고, 전파광고, 뉴미디어광고 등 실제로 제작물을 구상하고 그것을 완성하는 단계다.

카피플랫폼

카피플랫폼(Copy Platform)은 효과적이고 능률적으로 표현콘셉트를 찾아내주는 방법론이며, 목표고객을 설득할 수 있는 수많은 이유를 빠짐없이 일목요연하게 적어놓은 표라 할 수 있다(김동규, 2003).
이 개념이 우리나라에 처음 알려진 것은 1986년 오리콤 광고신서로 발간된 니시오 다다히사(西尾忠久)의 『효과적인 광고카피(效果的な コピ作法)』란 책에서부터다. 다다히사는 이 책에서 카피플랫폼을 "광고의 목적이나 기획에 따라 카피라이터가 작성해야 하는 표로서, 제품이 주는 이점을 제품의 특징으로서 증명한, 말하자면 카피의 대차대조표"라고 설명하고 있는데 이후 이 개념은 우리나라 카피라이터에게 심대한 영향을 미쳤다. 본격 카피라이팅에 들어가기 전에 광고의 핵심 메시지, 즉 표현콘셉트 추출하는 방법을 최초로 소개했기 때문이다.
구체적으로 카피플랫폼은 두 가지 측면에서 이해될 수 있다. 첫째, 과정으로서의 카피플랫폼은 "제품의 특성을 찾아내고 그것에서 경쟁적 소비자 편익을 발견해내는 방법"이다. 둘째, 결과로서의 카피플랫폼은 "제품의 핵심 특성을 소비자가 그 제품을 사용하면 얻는 편익(혜택)으로 바꿔 빠짐없이 적어놓은 대차대조표"다.
표현콘셉트 도출을 위해 카피플랫폼이 왜 쓸모가 큰가에 대한 답이 여기에 있다. 표현콘셉트는 곧 경쟁제품은 줄 수 없고 자사 제품만이 목표 소비자에게 줄 수 있는'경쟁적 소비자 편익'인데 카피플랫폼에서 그것을 많이 찾아서 제시하면 할수록, 카피가 더 큰 설득력을 지니기 때문이다.

계가 아이디에이션이다. 아이디에이션(ideation)은 "목표고객의 눈길을 끄는 기발한 착상을 찾아내는 작업" 혹은 "광고작품에 나타난 새롭고 신선한 발

카피라이터가 아이디어를 내고 그것을 인쇄광고 헤드라인이나 전파광고 키카피로 만드는 작업이 해당된다.

상"을 뜻한다. 표현콘셉트 도출이 논리적 추론(推論, Deduction)을 요구하는 작업이라면 반대로 아이디에이션은 영감(靈感, Inspiration)을 동원하는 작업이라 볼 수 있다.

광고학자 슐츠(D. E. Schultz)는 "광고에서 아이디어라는 것은 특정한 판매물건이 잠재고객으로서의 당신에게 어떤 도움을 줄 것인가를 그림과 언어를 조합하여 드라마화시켜놓은 것이다"라고 말한다. 또한 아렌스와 보비(Arens & Bovee, 1999)는 "광고 아이디어란 전달하고자 하는 메시지를 말 또는 그림으로 나타낸 것이다. 신선하고 이해가 쉽도록 제품 편익을 소비자 욕구에 접목시킨 것이며, 독자나 시청자가 메시지를 보고 듣게 하려는 전략에 부응한 통찰력이다"라고 정의 내린다. 한편 김동규(2003)는 카피라이터가 수행하는 아이디에이션 작업을 "광고의 핵심 메시지(표현콘셉트)에 흥미와 기억요소 혹은 극적 내용을 추가하여 독자 및 시청자의 주목을 이끌내는 독특한 발상"이라고 보다 명확히 규정한다.

카피라이터가 광고제작 과정에서 수행하는 마지막 역할은 표현콘셉트와 아이디어를 원재료로 목표고객을 설득하는 강력하고 효과적인 광고언어를 만들어내는 작업이다. 이 단계야말로 카피라이팅을 마무리 짓는 결승점이다. 레토릭(rhetoric)[100] 구사를 통한 카피 창조는 광고회사 조직 내에서 카피라이터만이 수행할 수 있는 독점적인 역할이다. 광고학자 매커리와 믹(McQuarrie & Mick, 1996)은 광고홍수 현상이 보편화된 오늘날의 미디어 환경에서 소비자들은 광고 자체를 완전히 무시하거나 기껏해야 최소한의 주목만 한다고 지적한다. 이때 광고카피에 포함된 레토릭은 사람들의 주목을

100 레토릭에 대한 상세 개념은 이 책의 15쪽 박스를 참조할 것.

이끌어내고 관심을 유도하는 핵심적 역할을 하게 된다.

특히 현대 소비자들이 반드시 이성적 이유만으로 제품을 구입하는 것이 아니라는 사실이 카피라이팅 레토릭의 중요성을 부각시키는 점이다. 저(低)가격이나 최신 기능 등의 전통적 요소 외에도 제품 이미지, 기업 이미지, 기대 충족감 등의 다양한 공감 요소가 있어야 비로소 지갑을 열기 때문이다(Russell & Lane, 1996). 광고가 던지는 메시지를 자기 안에 받아들이는 것에 대한 심리적 저항감이 매우 강한 것이 오늘날의 소비자들인데, 이때 광고 카피에 포함된 레토릭 요소가 기쁨과 즐거움의 감정을 자극시키고 저항감을 줄여주는 역할을 하기 때문이다.

이상에서 살펴본 카피라이터 역할을 다시 한번 정리해보면 카피라이터는 표현콘셉트를 도출하고 아이디어를 창조하는 역할을 수행한다. 다음으로 독창적 레토릭을 구사하여 소비자를 설득하는 광고언어를 창조한다. 카피라이터들에게 제품, 소비자, 시장을 냉철하게 분석하는 리얼리스트(Realist)의 능력과, 고객 마음을 감동시키는 로맨티스트(Romantist)의 감성이 동시에 요구되는 이유가 여기에 있다. 실제로 광고회사 내에서 카피라이터만큼 전략기획, 마케팅, 매체 등등의 다양한 파트너들과 폭넓은 커뮤니케이션을 하는 직능은 없다 해도 과언이 아니다. 이 같은 팔방미인적 특성 때문에 광고산업에 종사하는 많은 이들이 카피라이터를 "광고의 꽃"이라 부르는 것이다.

2) 학자들과 실무자들의 정의

카피라이터 역할을 좀 더 다양한 각도에서 이해하기 위해서는 광고학자들과 실무자들이 내린 정의를 참고해보는 것이 도움이 된다. 먼저 영국의 카피라이터 매슬런(Maslen, 2007)에 따르면 카피라이터는 "광고 수용자에게 판매를 유도하기 위한 상업적 글쓰기를 하는 사람"이다. 조지 펠턴(Felton, 1994)은 카피라이터는 구체적 언어 창조 이전에 광고 아이디어를 창출하는 역할이 중요함을 다음과 같이 강조한다. "카피라이터는 카피를 잘 써야 한다. 하지만 그 이전에 아이디어를 잘 내놓아야 한다."

카피라이터이자 광고학 교수인 우에조 노리오(植條則夫, 1988)는 카피라이터가 수행하는 기능을 세 가지로 나누어 제시한다. 첫째, 광고전략의 핵심인 광고계획의 입안.[101] 둘째, 캠페인 아이디어나 광고 작품 아이디어의 창조. 셋째, 구체적 문장 표현, 즉 카피라이팅이라는 것이다. 한편 베스트셀러 카피라이팅 교본을 쓴 조너선 거베이(Gabay, 2000)는 카피라이터의 기능적 측면을 강조한다. "커뮤니케이션 미디어를 통해 언어를 취급하고 다루는 판매원(Salesperson)"이 카피라이터라는 것이다. 반면에 광고학자 토머스 러셀과 로널드 레인(Russel & Lane, 1996)은 카피라이터의 콘셉트 창조 능력을 다음과 같이 강조한다. "카피라이터는 광고언어를 창조하는 사람이다. 어쩌면(maybe) 광고콘셉트까지도."

우리나라 연구자들도 다양한 정의를 내놓고 있다. 조금 길기는 하지만 광고학자 유종숙의 정의를 인용해보자(유종숙, 2014).

> "카피라이터는 각종 광고에 사용될 글과 문장을 만든다. 대표적으로 인쇄광고의 헤드라인, 카피 본문과 방송광고의 멘트, 내레이션, 광고 노래의

101 여기서 광고계획이란 카피전략 수립, 즉 광고 핵심메시지인 표현콘셉트 찾아내는 과정과 방법을 의미한다.

가사 등이 있다. 대개 사람들은 획기적인 광고를 보며 카피라이터는 번뜩이는 광고의 문구를 쓰는 사람이라고만 생각한다. 하지만 사실 카피는 책상 위에서 쉽게 나오지 않는다. 카피를 쓰기에 앞서 광고주 회사와 관련된 방대한 자료를 수집하고 소화해야 하며, 제품의 특성을 이해하고 소비자 심리를 파악해야 한다. 이를 통해 콘셉트를 추출해 아이디어를 개발해야 한다. 이렇게 발로 뛰는 과정들이 있고 난 뒤에야 본격적인 카피라이팅이 시작된다. 카피라이터는 글만 쓰지 않는다. 광고를 만들기 위해서는 제작에 관련된 여러 광고인들과 팀을 이루어 일을 하기 때문에 각 업무에 대한 전반적인 이해가 필요하며, 광고가 전파될 매체에 관한 지식 또한 요구된다. 그렇기 때문에 카피만을 쓸 줄 아는 카피라이터는 진정한 의미에서 카피라이터라고 할 수 없다".

원로 광고인 신인섭(1980)은 카피라이터의 역할을 이렇게 종합적으로 규정한다. "과학(마케팅과 커뮤니케이션학)이 밝혀주는 모든 자료에 기초하고 시인이나 작가에 못지않은 상상력을 발휘하여 하나의 광고 아이디어를 만드는 사람." 오창일(2011)은 "카피라이터는 단지 카피만 쓰는 사람이라기보다 광고 콘셉트를 잘 찾아내는 것이 중요하며 그런 사람이 능력 있는 카피라이터"라고 강조한다. 즉, 말 잘하는 사람이나 글 잘 쓰는 사람보다 콘셉트를 잘 찾아내는 것이 바로 카피라이터의 첫째 자격 요건이라는 것이다. 다음으로 김병희(2007)는 카피라이터 역할을 일러 다음과 같이 말한다.

"카피라이터를 '언어의 마술사'나 '광고 제작의 꽃'이라고 부르지만 이는 어디까지나 수사적 표현에 불과하며 "커뮤니케이션 이론과 마케팅 이론을 폭넓게 공부하고, 사람들이 살아가는 문제에 관심이 많아야 한다."

앞서 살펴본 대로, 광고의 하늘에서 명멸한 거장 카피라이터들은 하나같이 시장을 보는 거시적 마케팅 감각과 소비자 마음을 울리는 미시적 창조력을 동시에 갖춘 인물들이었다. 따라서 그들의 입을 통해 카피라이터 역할이 무엇인지, 또한 좋은 카피라이터가 되려면 어떤 자격을 갖춰야 하는지를 살펴보는 것도 의의가 있을 것이다. 체험에서 우러나온 생생한 가이드라인이기 때문이다.

먼저 존 E. 케네디는, 훌륭한 세일즈맨이 가게에서 고객과 얼굴을 마주 대고 물건을 팔 때 쓰는 말을 창조할 수 있는 능력이 카피라이터에게 필수적이라고 말한다. 이를 위해서 경쟁 제품은 제시할 수 없는 고유 특성과 더불어 소비자가 제품을 구입해야 하는 명확한 이유를 찾아내는 능력이 필요하다고 강조한다. 콘셉트 메이킹(concept making) 능력, 곧 앞서 살펴본 표현 콘셉트를 찾아내고 결정하는 역할을 의미한다. 윌리엄 번벅은 자신의 경험 사례를 통해 카피라이터가 반드시 지녀야 할 자질로 '제품에 대한 지식(What to say)과 소비자 욕구를 하나로 결합(How to say)시킬 줄 아는 능력'을 들고 있다.

> "나는 가능하면 많은 책을 읽고자 한다. 내가 흥미롭게 여기는 대상은 주로 철학과 소설이다. 이를 통해 더 많은 것을 고민하고 더 많은 것에 흥미를 지닐수록 더 좋은 카피가 태어난다. 무엇보다 카피라이터 자신이 취급하는 제품에 대한 충분한 지식과 흥미가 필수적이다. 제품에 대한 지식과 그것에 대한 소비자 욕구를 하나로 결합시키는 것이 바로 카피라이터의 과업인 것이다."[102]

번벅은 자신이 생각하는 카피라이터의 자질을 다음과 같이 지적한다.

⑤번이 특히 눈에 띈다.

① 남의 뒤를 따라가지 말고 항상 앞서갈 것.
② 남이 주목할 만한 광고를 만들 것.
③ 제품을 팔지 못하는 광고는 만들지 말 것.
④ 광고주 제품을 숙지하고 그 제품의 개성을 구체화할 것.
⑤ 신념이 있을 때는 과감히 광고주에게 맞설 것.

불세출의 여성 카피라이터 헬렌 랜스다운 레조는 카피라이터에게 상상력, 즉 아이디에이션 능력이 필요함을 강조한다. 상상력이 없는 카피라이터는 아예 이 전문직을 수행할 자격이 없다는 것이다. 그 같은 상상력이 바탕이 되어야 비로소 소비자를 설득하는 직관적 카피가 태어나기 때문이다(Fox, 1997). 레이먼드 루비캄 역시 카피라이터가 갖춰야 할 으뜸가는 자질로 아이디어 창조 능력을 든다. 그리고 이 같은 아이디어 임팩트를 만들 수 없다면 고객의 눈을 결코 사로잡을 수 없고 차별적 설득 효과를 발생시킬 수 없다고 말하고 있다. 광고에서 제품을 팔아주는 것은 아이디어와 직관의 힘이라고 확신했던 것이다. 그는 카피라이터의 아이디에이션 능력을 이렇게 설명한다.

"시장과 소비자 심리를 깊이 이해하는 바탕 위에서 독자의 무관심을 깨

102 植條則夫, 植條則夫のコピー教室: 廣告情報作論(1988), 맹명관 역, 『카피교실』(서울: 들녘출판사, 1991). 44쪽에서 재인용.

고 메시지에 대한 관심을 집중시키는 강렬한 임팩트(Impact)를 만들어내는 능력"

평생을 두고 자신이 카피라이터임을 자랑스러워했던 레오 버넷은 카피라이터 역할을 수행하기 위한 기본적 조건을 다음과 같이 지적한다(Higgins, 1991).

"표현에 대한 예리한 직감을 지니고, 이미 알고 있는 것을 다시 조합하여 새로운 것으로 만들어내는 것입니다."

버넷이 말하는 "알고 있는 것"이란 곧 시장 및 소비자 본질에 대한 심층적 이해 능력을 뜻한다. 자료를 읽고 그 속에서 핵심적 방향을 찾아내는 솜씨가 없다면 카피라이터의 자격이 없다는 것이다. 한편 새로운 것을 만들어내는 능력이란 곧 아이디에이션을 거쳐 강력하고 설득적인 문장을 만들어내는 재능이다. 한편 데이비드 오길비는 카피라이터 역할을 이렇게 묘사하고 있다(Ogilvy, 1983).

"광고회사 내에서 눈에 잘 띄지는 않지만 가장 중요한 일을 하는 사람."

겉으로 화려하게 드러나지는 않지만 광고 제작의 중심에서 핵심 역할을 하는 카피라이터 특성을 재치 있게 설명하는 대목이다. 그는 좋은 카피라이터의 역할은 목표고객 마음을 움직여 제품을 구입하도록 결심시키는 설득하는 사람이라 규정하는데, 『광고 불변의 법칙(Ogilvy on Advertising)』에서 카피라이터가 지녀야 할 자질을 여섯 가지로 요약해서 제시한다. 첫 번째,

제품, 인간 그리고 광고에 대한 강박에 가까운 호기심(Obsessive curiosity about products, people and advertising). 두 번째, 유머감각(A sense of humor). 세 번째 하드 워크의 습관(A habit of hard work). 네 번째, 인쇄매체광고에서 재미있는 산문을 쓰고, TV광고에서 자연스런 대화체 문장을 쓸 수 있는 능력(The ability to write interesting prose for printed media, and natural dialogue for television). 다섯 번째, 비주얼적으로 생각하는 능력(The ability to think visually). 마지막으로 여섯 번째, 남들이 한 번도 쓰지 못한 더 좋은 캠페인을 쓰려는 야망(The ambition to write better campaign that anyone has ever written before)이 그것이다.

제임스 웹 영은 카피라이터에게 필요한 자질로 두 가지를 제시하고 있다. 첫 번째는 모든 것을 매력적으로 바라보는 사고방식이다. 그리고 두 번째는 수많은 지식을 소화, 습득하는 능력이다. 아이디어 발상 5단계법을 창안한 "아이디어 맨"다운 이야기다.

한편 우에조 노리오(植條則夫, 1988)는 자신의 책『우에조 노리오의 카피 교실: 광고정보작론(植條則夫のコピー教室: 廣告情報作論)』서문에서 카피라이터가 지녀야 할 자격으로 무려 15가지를 제시하고 있다. 카피라이터가 슈퍼맨이란 말인가? 놀랄 필요는 없다. 제대로 된 카피라이터가 되기 위해서 이만큼 다양한 능력이 요구되는구나, 라는 정도로 읽어주면 되겠다.

① 카피라이터는 폭넓은 교양을 갖추고 있어야 한다.
② 카피라이터는 세상의 움직임에 민감해야 한다.
③ 카피라이터는 광고이론을 갖춰야 한다.
④ 카피라이터는 광고계의 동향을 파악해야 한다.
⑤ 카피라이터는 광고전략을 입안할 수 있어야 한다.
⑥ 카피라이터는 아이디어 발상이 풍부해야 한다.

⑦ 카피라이터는 날카로운 감각을 지녀야 한다.

⑧ 카피라이터는 카피를 써야 한다.

⑨ 카피라이터는 아트를 보는 눈이 있어야 한다.

⑩ 카피라이터는 사업감각이 있어야 한다.

⑪ 카피라이터는 인간관계가 좋아야 한다.

⑫ 카피라이터는 말솜씨가 좋아야 한다.

⑬ 카피라이터는 인내력이 있어야 한다.

⑭ 카피라이터는 인간성이 풍부해야 한다.

⑮ 카피라이터는 건강해야 한다.

4. 시대에 따른 역할 변화

1) 거시적 미디어 환경의 격동

지금까지 살펴본 것이 전통적 의미의 카피라이터 역할이었다면 이제부터 시대적 변천에 따른 카피라이터의 역할 변화에 대해 살펴보기로 하자. 광고의 핵심 콘셉트를 찾아내고 아이디에이션을 거쳐 그것을 구체적 말과 글로 만들던 카피라이터 역할이 21세기 들어오면서 중요한 변화를 경험하고 있기 때문이다. 거시적으로 보면 사회경제적 환경의 반영이고, 미시적으로 보면 광고회사 내부에서 카피라이터에 대한 기대 역할이 다양화되고 있는 것이다. 그렇다면 도대체 어떤 변화가 카피라이터를 둘러싸고 일어나고 있는가?

여러 학자들이 21세기를 두고 새로운 자본주의 경제패러다임이 싹을 틔우는 시기로 평가한다. 제러미 리프킨(Rifkin, 2014)의 '한계비용 제로사회(The Zero Marginal Cost Society)'가 한 사례이다. 즉 창조적 기술혁신을 통해 한계비용[103]이 급속히 줄어듦으로써 제품 가격과 이윤이 급속히 떨어지는 경향이 뚜렷이 나타나고 있는 것이다. 이 현상이 가장 구체적인 곳이 바로 매스미디어 분야다. 뉴스 및 정보 상품의 취득 비용이 무료에 가까운 수준으로 하락함에 따라 기존의 미디어생태계[104]가 격동적 변화를 겪고 있기 때문이다. 종이신문의 급속한 쇠퇴가 그것을 대변한다. 이러한 흐름을 보다 가속화시키는 요인이 이른바 디지털 사회(digital society)의 대두이다. 탈대량화, 탈규격화, 탈동시화를 통해 지식과 정보의 대중적 확산 및 글로벌화가 빠르게 진행되고 있으며 스스로 정보와 뉴스 콘텐츠 생산에 참여하는 프로슈머(prosumer)들이 늘어나고 있다. 소비자들의 매스미디어 활용 방식이 이처럼 혁명적 전환을 보이고 있으니 광고의 설득 메커니즘도 변화하지 않을 도리가 없는 것이다.

지금까지 TV, 라디오, 신문, 잡지라는 핵심 4대 매체를 중심으로 진행되던 대중들의 미디어 사용 행태는 뉴미디어, 인터넷, 사회관계망서비스(SNS: Social Network Service) 등의 광역적, 통합적(integrated) 형태로 빠르게 확장하고 있다. 매스미디어와 필요불가결한 관계를 맺는 광고 산업 및 그 하부 구성 요소로서의 크리에이티브 제작과 카피라이팅에도 연쇄적으로 충격파가 전

103 기존의 생산 제품이나 서비스 가운데 추가로 한 개를 더 생산하는 데 추가되는 비용을 의미한다.

104 http://www.media-ecology.org, 미디어생태학 연합 홈페이지에서는 '미디어생태계' 개념을 당대를 구성하는 복잡한 커뮤니케이션시스템으로서의 환경, 보다 구체적으로 미디어를 구성하는 기술, 정보, 커뮤니케이션 형태로 규정한다.

해지는 것은 당연한 일이다. 광고시장에서 일어나는 이 같은 변화는 매체비 상황을 통해 가장 뚜렷이 감지된다. 예를 들어 1990년대에 국내 총광고비에서 80% 이상을 차지하던 4대 매체 광고비 비중은 2001년 70% 수준으로 떨어졌다가 2007년을 기점으로 50% 이하로 급속히 추락하고 있는 중인데, 그중 가장 쇠퇴 속도가 빠른 것이 신문이다. 이에 반해 온라인광고와 케이블TV 광고 등의 뉴미디어 광고의 성장이 가파르게 진행되고 있다.

세계적 규모의 기업들은 마케팅커뮤니케이션 전략에 있어 이 같은 환경 변화에 재빠르게 적응하고 있다. 이 흐름에서 우리나라 기업들도 예외가 아니다. 특히 온라인 기반 마케팅에 대한 비중을 늘려가고 있는 것이 주목을 끈다. 자사에서 직접 운영하는 웹사이트를 매개체로 기업 및 제품 상세 정보를 제공하고, 이를 통해 잠재고객들과 활발한 쌍방향적 커뮤니케이션을 실행하는 방식을 말한다. 이런 추세를 반영하여 2010년을 넘어서면서부터 중요한 마케팅 커뮤니케이션 채널로 등장하고 있는 것이 블로그, 페이스북, 트위터 등의 SNS이다.

여기에 더하여 기존의 ATL보다는 다양한 형태의 BTL 활용이 늘어나고 있다.[105] 우리나라 광고회사들이 프로모션팀 혹은 SP(Sales Promotion)팀이라

105 ATL(Above the Line)이란 명칭은 현대 광고산업 정착기에 광고회사들이 광고주에 청구서를 발행하면서 대행수수료(fee)를 받는 내용을 청구서 상단 부분에 게재하였기 때문에 생겨났다. 반대로 대행수수료 없이, 제공하는 서비스에 대한 직접 수수료를 받는 내용은 청구서 하단에 적었기 때문에 BTL(Below the Line)이라 불렀다. 쉽게 말해 ATL은 기업이 펼치는 마케팅 커뮤니케이션 활동 가운데 비(非)대인적 커뮤니케이션을 총괄하는 것으로 주로 TV, 라디오, 신문, 잡지, 옥외광고 등의 전통적 매체를 지칭한다. 반면에 BTL은 위와 같은 매체를 통하지 않고 직접 광고회사가 실행하는 활동인데 대표적인 것이 비매체 프로모션(Non-Media Promotion)이다. 판매 지원, 유통 지원, 샘플링, 경품 제공 등의 면대면 커뮤니케이션(Face-to-Face Comm

부르던 부서 이름들을 BTL로 바꾸고 규모를 확장하기 시작한 것은 2000년대 중반부터였다. 4대 매체 광고의 보조적 수단으로만 인식되던 BTL이 급속한 성장세를 보이면서 기존의 ATL을 능가하는 수익성을 창출하기 시작했기 때문이다(김정기·김동규, 2012).

이러한 추세에는 몇 가지 핵심 요인이 있다. 첫째, 4대 매체 중심의 마케팅커뮤니케이션의 설득 효과가 정체 혹은 쇠퇴하고 있다는 것이다. 스마트미디어 환경이 대두됨에 따라 광고시장 확대 재편을 위한 BTL이 보다 활발히 실행되고 있기 때문이다. 기업들이 주력 설득 수단이었던 ATL에 대한 선호를 거둬들이고 있는 추세인 것이다. 둘째, 소비자들이 갈수록 세분화, 파편화되고 있다는 것이다. 시장세분화(market segmentation) 전략에서 분중(分衆)이란 개념이 등장한 것은 1984년 일본의 광고회사 하쿠호도(博報堂) 생활연구소에서 『분중의 탄생』이란 책을 펴내면서부터이다. 이 책에서는 다음과 같이 분중 개념을 정리한다.

> "대중왕조는 바야흐로 지금 그 전성기를 지나 붕괴의 과정에 있다. 획일성을 특징으로 하는 대중은 차별성을 축으로 하는 다수가 움직이는 세분화된 사람들로 분화되었다. 우리는 이러한 상황을 분할된 대중 곧, '분중(分衆)'이라고 부른다."

30년이 흐른 현재 분중은 연령, 성별, 소득 수준, 주거 지역, 학력 등의

unication)을 사례로 들 수 있다. 요즘 각광받기 시작한 뉴미디어 활용 PR, 세일즈 프로모션 등도 이에 해당된다.

인구통계학적 기준은 물론 욕구, 취향, 개성에 따라 더욱 잘게 파편화되고 쪼개진 상황이다. 이러한 상황 전개에 따라 전통적 매체를 통해 거대 대중 혹은 불특정 다수 소비자에게 설득메시지를 던져왔던 ATL의 비용 대비 효율성이 급속히 떨어지고 있는 것이 발견된다(이병락, 2011).

셋째, 현대 기업들의 마케팅커뮤니케이션이 단계적, 전략적으로 시행되기 때문이다. 즉 일단 ATL을 통해 불특정 다수 소비자에게 포괄적 메시지와 기업 또는 제품 이미지를 전달하고 난 다음, BTL을 통해 구체적 목표고객을 상대로 직접 참여와 체험 소비를 유발하는 방식이 갈수록 확산되고 있다(문철수·윤석년·황성연, 2001). 당연히 전통 매체에 집중되던 마케팅 비용이 분산되고 축소될 수밖에 없는 것이다.

넷째, ATL과 BTL을 상호 결합하여 진행하는 새로운 마케팅커뮤니케이션이 본격화되고 있다는 점이다. 흔히 TTL(Through-the-Line)이라는 이름으로 불리는 이 변화 흐름은 기업들의 중점적 마케팅커뮤니케이션 수단이 매스미디어에 대가를 지불하는 기존 방식(paid media)보다는 자사가 보유하고 획득한 미디어(owned media, earned media)를 활용하는 방식으로 기울어가는 추세를 반영하고 있다.

21세기 현재 한국은 세계 첨단의 IT 활용 국가로 부상하고 있다. 이 같은 환경 변화가 마케팅 및 광고의 변화를 직접적이고 급속히 추동하고, 광고를 통한 설득 콘텐츠의 생산 과정에 영향을 미치는 것은 당연한 일이다. 동시에 전통적 의미에서 4대 매체 광고의 언어콘텐츠 생산을 맡았던 카피라이터 역할에도 변화를 요구하고 있는 것이다.

현대 미디어 생태계 변화를 총체적으로 규정하는 개념은 '스마트미디어(Smart Media)의 확산'이다. 21세기 기술, 정보, 커뮤니케이션 방식을 주도하는 것이 스마트미디어이기 때문이다. 이 새로운 미디어에 대한 정의는 연구자 관점에 따라 다양한데, 이를 종합하자면 다음과 같이 규정될 수 있다. 즉 "클라우드 컴퓨팅, 스마트폰, 태블릿PC, 스마트TV, e-book 등의 디지털 기기를 이용하여 시공을 초월한 쌍방향적 정보 전달을 실행하며, 미디어와 통신의 융복합을 통해 콘텐츠를 생산, 소비하는 매체 형태"란 것이다(김병희·안종배, 2011).

스마트미디어는 탈시공간성, 능동성, 효율성, 유연성, 개방성, 평등성의 복합적 특징을 지니고 있다. 이 새로운 매체는 포터블(portable)한 하나의 단말 내에서 기존의 컴퓨터 기능을 수행하며 이와 더불어 텍스트, 음악, 동영상 등의 콘텐츠를 복합적으로 그리고 손쉽게 이용할 수 있도록 도와준다. 스마트폰, 스마트 패드 등의 개별 스마트 미디어가 인류 역사상 가장 단시간에 가장 광범위한 규모로 개별 대중의 손에 보급되는 이유가 여기에 있다. 현대의 소비자들은 이제 단순히 미디어 콘텐츠를 소비하기만 하는 존재가 아니다. 그들은 자신의 스마트미디어를 통하여 스스로 정보를 생산하고 유통하고 소비한다. 페이스북, 카카오스토리 등 SNS에 매일매일 얼마나 다양하고 풍부한 콘텐츠가 올라오고, 공유되고 사라지는가를 떠올려보면 쉽게 이해가 될 것이다.

나아가 현대 소비자들은 이들 미디어를 통해 쌍방향적 소통과 여흥(entertainment)을 복합적으로 즐기고 있다. 급속한 기술 발전에 힘입어 이제 스마트폰, 태블릿PC, 그리고 그 중간적 형태인 패블릿 등은 기존의 데스크톱 컴퓨터나 노트북이 지닌 공간적, 시간적 한계를 뛰어넘고 있다. 언제, 어디서나 긴급한 일을 처리할 수 있는 탈시공간적 이동 사무실(Everytime, Everywhere Office) 역할을 충분히 수행할 수 있는 성능과 속도를 보유하고 있기 때문이다. 사람들은 기존의 휴대전화나 컴퓨터에서 분산적으로 존재하던 음성, 화상, 문자, 이메일, 문서작업을 원스톱(one stop)으로 처리하고 있다. 동시에 개인이 보유한 단말을 통해 인터넷 검색과 게임과 같은 오락 기능까지 만능으로 즐기는 수준에까지 도달하고 있는 것이다(정두남·정인숙, 2011).

주목되는 것은 이 같은 기술 확산이 지금까지 볼 수 없었던 새로운 융복합 콘텐츠 서비스를 탄생시키고 있으며 이에 따른 각종 산업의 구조적 변화에 영향을 미치고 있다는 점이다. 예를 들어 쌍방향적 맞춤형 학습인 스마트 러닝(smart learning), 문자나 화상 정보를 디지털 미디어를 이용한 스마트 퍼블리싱(smart publishing)이 대표적이다. 문자나 화상 정보를 디지털 미디어를 활용하여 출판하는 전자 출판이나 스마트 기기를 융합시켜 기존의 출판 방식에 비해 획기적 생산성을 구현한 스마트 퍼블리싱도 마찬가지다(김정기·김동규, 2012). 아래 〈그림 1-41〉은 서비스 형식, 요소 기술, 콘텐츠 플랫폼, 디바이스와 솔루션, 유통 기술, 서비스 기반 기술 등의 몇 가지 층위에 따라 구분된 오늘날 스마트미디어의 특성과 유형을 자세하게 알 수 있게 해준다. 이를 간단히 설명하자면 먼저 서비스 형식면에서는 도서, 신문/잡지, 교과서/참고서, 웹, vod/aod, E-러닝, 게임/가상현실 등이 분류된다. 두 번째로 요소 기술은 텍스트, 이미지, 비디오, 그래픽, 오디오, 햅틱(haptic)[106], 상호작용적 이벤트로 나뉜다. 그리고 콘텐츠 활용을 위해 소비자들이 주로 사용하는 스마트 기기로는 스마트폰, 태블릿PC, 스마트TV 등이 예시될 수 있다.

스마트미디어가 이처럼 빠른 속도로 확산되면서 기존의 미디어생태계에 불가피한 지각 변동이 초래되고 있다. 그 변화 양상은 다시 세 가지로

106 컴퓨터의 기능 가운데 촉각과 힘, 운동감 등을 느끼게 하는 기술을 의미한다.

그림 1-41 스마트 미디어의 특성과 유형

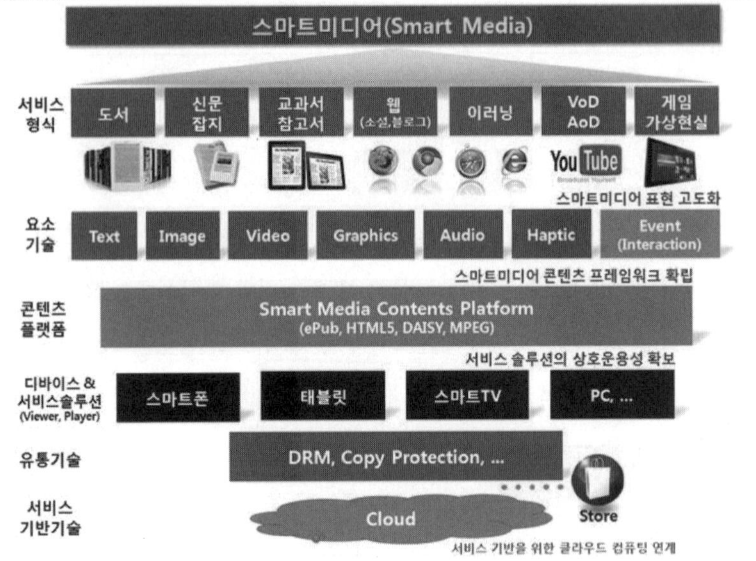

출처: 문화체육관광부(2011.5.3), 'SMART on ICT 2011' 콘퍼런스 보도자료.

축약된다. 첫째, 수용자의 미디어 활용 방식의 변화다. 기존의 아날로그 미디어에서 원웨이 커뮤니케이션(one way communication)을 감내할 수밖에 없던 수용자 대중들이 디지털화(Digitalization), 이동화(Mobilization), 사회화(Socialization)로 상징되는 다양한 스마트 기기와 SNS를 통해 쌍방향적, 능동적, 자발적 정보 창출과 전달을 경험하고 있기 때문이다. 둘째, 미디어의 구조와 속성에 대한 질적 진화 부분이다. 대중에게 광범위하게 보급된 스마트미디어는 지금까지 존재한 정보의 산출, 전달, 소비 시스템의 본질을 완전히 뒤바꾸고 있다. 예를 들어보자. IPTV는 초고속 인터넷망을 통해 입체적 방송 콘텐츠를 쌍방향적으로 전달한다. e-book의 경우 단말기 하나만 있으면 도서 및 잡지, 신문 콘텐츠를 실시간 전송을 통해 시공을 초월한 환경에서

표 1-1 전통적 미디어와 스마트미디어의 광고 특성 비교

분류	과거	현재
전송 방식	유선	무선
이용 형태	고정	모바일
콘텐츠 소비	공적 소비	사적 소비
광고 범위	전국/대량화	개인/맞춤형
광고 노출 방식	일방적 노출(Full)	맞춤형 노출(Push)

출처: 정두남·정인숙(2011). 한국방송광고공사 연구보고서, 66쪽.

능동적으로 열독할 수 있다. 특히 스마트폰과 태블릿PC라는 두 가지 종류의 기기가 1인 1대에 가까울 만큼 폭발적 보급률을 기록하면서, 오늘날 미디어 환경을 메시지 발신자 위주에서 메시지 수용자 위주로 뒤바꾸는 원동력을 제공하고 있다.

셋째, 미디어 종속적인 특징을 지닌 광고 산업에도 필연적인 구조 변화를 초래하고 있다는 점이다. 이종관과 남승용(2011)은 한국방송광고공사 연구보고서에서 스마트미디어가 광고 산업에 미치는 영향을 이렇게 설명하고 있다. 이 새로운 미디어는 우선 소비자 생활패턴을 크게 변화시키고 있는데 구체적으로 SNS 등의 자기 표현적 미디어를 이용한 소비가 증가된다는 것이다. 나아가 MP3(MP4), DMB, 와이브로와 같은 다양한 1인 미디어 확산에 따라 미디어이용의 개인화와 사용 시간 분절화[107]가 진행된다. 특

107 이는 스마트미디어의 편재성(遍在性)과 이동성으로 인해 수용자들이 미디어를 이용

히 블로그, 미니 홈피, 팟캐스트, 위키, P2P, 페이스북, 카카오스토리 등을 통해 다양한 콘텐츠를 직접 만들고 그것을 소비하고 공유, 확산시키는 프로슈머(prosumer)가 늘어난다. 이러한 요인들이 복합적으로 작용한 것이 바로 전통적 미디어를 통한 광고 수요의 급속히 하락인 것이다(김정기·김동규, 2012).

기존의 전통 미디어와 새로운 스마트미디어를 메시지 전송 방식, 소비자 이용 행태, 콘텐츠 소비 방식, 광고의 범위, 광고 노출 방식 차원에서 상호 비교 정리한 내용이 〈표 1-1〉에 나와 있다. 이를 살펴보면 스마트미디어 시대의 소비자는 시공간적 제약이 없는 무선 전송 모바일 매체를 통해 매우 사적인 콘텐츠 소비를 하고 있다. 또한 기존의 4대 매체가 보다 광역적인 범위(전국)에서 대량의 광고 노출을 실행하는 반면에 개인적이며 맞춤형의 노출을 실행하는 특징이 있다. 여기에 추가해서 빅데이터(big data)[108] 활용을 통해 고도화된 고객 데이터베이스 축적을 실행하는 기업들의 세분화된 관계마케팅이 결합된다. 이것이 현대 기업들이 기존 매체보다는 스마트미디어를 보다 선호하는 중요한 원인으로 작용하고 있는 것이다.

할 때 틈새 시간을 활용하는 경향이 늘어난다는 뜻이다.

108 빅데이터(Big Data). 급속도로 진화한 새로운 미디어 환경에서 생산된 방대한 규모의 데이터를 말한다. 아날로그 환경에서 산출되던 데이터와 비교했을 때 생성 주기가 짧으며 계량적 수치, 문서, 영상 정보를 포괄하는 대규모성을 특징으로 한다. 이는 21세기에 들어오면서부터 확산된 모바일과 인터넷 환경과 깊은 관련이 있는데, 그것은 스마트 미디어를 통해 사람들이 남긴 정보 총량이 기하급수적으로 늘어나고 있기 때문이다. 나아가 사람과 기계 간, 기계와 기계 간의 정보 교환을 의미하는 사물지능통신(M2M, Machine to Machine)이 증가하고 있는 것도 핵심 원인 중의 하나다. CCTV, 트위터, 블로그, 유투브, 페이스북 등 SNS를 통해 창조되는 방대한 정보 역시 빅데이터를 구성하는 핵심적 요소 가운데 하나로 평가된다.

2) 카피라이터 역할의 변화

앞서 살펴본 스마트미디어 환경의 확산은 광고산업과 그 생산물로서 광고크리에이티브 제작에도 심대한 영향을 미치고 있다. 동시에 콘텐츠 제작의 핵심 구성 요소로 작용하는 카피라이터 역할에도 변화를 강제하고 있다. 그렇다면 구체적으로 어떤 변화가 일어나고 있는 것일까?

21세기가 시작되는 첫 해 문철수·윤석년·황성연(2001)은 디지털미디어(혹은 스마트미디어) 활용 광고를 양방향 광고(two way ad)로 부르면서 그 특징을 다음과 같이 정리했다. 세 사람의 설명은 원래 카피라이터 역할 변화에 포커스를 맞춰 제시된 것은 아니다. 하지만 여기에 카피라이터 역할 변화에 관련된 해석을 추가해서 논의를 진행해보기로 하자.

첫째, 디지털 광고는 목표고객 설정(targeting)과 집행 방식, 효과 측정에서 기존의 광고와 양상이 전혀 다르다는 것이다. 예를 들어 신문광고로 대표되는 다수 대중을 향한 전형적 일방향 소구에 비해 디지털 광고는 불특정 다수 대중을 목표고객으로 삼지 않는다. 그보다는 스마트 디바이스(smart device)를 통한 1대 1 혹은 1대 소수(少數)의 노출을 시도하는 것을 기본 특징으로 한다. 디지털 광고의 이러한 면모가 카피라이팅에 미치는 영향은 무엇일까. 그것은 수만 명 때로는 수백만 명의 메시지수용자를 대상으로 언어적 설득을 시도하던 기존의 카피라이팅 방식이 개인적 커뮤니케이션 혹은 소수를 대상으로 하는 설득 방식으로 바뀌어야 한다는 것이다. 현대의 20~30대 소비자들이 뉴스, 정보, 광고를 탐색하고 수용하는 주력 매체가 무엇인가를 떠올려 보면 자명해진다. 그들은 더 이상 TV, 신문, 잡지, 라디오 같은 올드미디어가 아니라 모바일로 대표되는 스마트미디어를 주력 매체로 사용하기 때문이다. 이에 따라 카피라이터의 문법도 보다 친밀한 쌍방향적 대화 방식 레토릭과 즉각적인 소비자 반응을 유도하는 형태로 진화되지 않을 수 없는 것이다.

둘째, 기존의 미디어는 수용자 관여도[109] 정도를 염두에 두지 않고 획일적으로 정보를 제공했다. 하지만 심화된 스마트 미디어 환경 속에서 소비자들은 기업에 대해 보다 사실적이며 상세한 고관여 정보를 요구하고 있다는 점이다. 인터넷 환경의 보편화로 소비자들의 정보 수집 및 판단 능력이 비교를 불허할 정도로 급속히 발전하고 있는 것이 이러한 추세를 가속화시키고 있다. 21세기의 개별 소비자 한 사람이 지닌 정보 수집 능력이 1960년대 대기업 전체가 지닌 능력과 필적한다는 분석이 나올 정도다.

카피라이터의 역할도 이러한 트렌드에 적응하지 않을 수 없다. 그 대표적 현상이 웹 카피라이팅(web-copywriting) 영역이 갈수록 발전하고 있다는 점이다. 웹 카피라이터라는 융복합적 신(新) 직능은 목표고객 이해, 카피라이팅 기법과 실행 전술 등에서 기존의 전통적 카피라이터와 뚜렷한 차이를 보이고 있다.[110] 대표적 아날로그 미디어인 신문광고와 비교해보면 그 특

---

109 관여도(Involvement Level)은 제품에 대한 개인적 중요성이나 관심도 수준을 말한다. 보통 고관여, 저관여로 구분한다. 고관여 제품은 제품 선택 여부가 소비자 자신에게 중요한 결과를 미치거나 중요한 개인적인 목표를 달성하는 데 도움이 된다고 생각하는 것이다. 아파트와 토지 같은 부동산, 고가의 가정용 내구재, 승용차, 보석 등이 전형적 사례이다. 반면에 저관여 제품은 제품을 설사 잘못 선택하더라도 그 같은 선택이 소비자에게 핵심적 영향을 미치지 않는다고 판단되는 것이다. 일회용 휴지, 과자, 저급 볼펜, 청량음료 등이 전형적 사례가 되겠다. 관여도 개념은 클루그먼(Klugman, 1965)이 *Public Opinion Quarterly*지에서 그 개념을 주창한 이래 현대 마케팅커뮤니케이션 이론 분야의 핵심적 개념 중 하나로 간주되고 있다.

110 새로운 형태의, 스마트 미디어 지향적 카피라이터 직능의 대두에 관련해서는 이 책 303~307쪽 '카피라이터 21'의 발언을 참조할 것.

징이 명백하게 발견된다. 즉 신문과 웹 광고는 다량의 이성적 고관여 정보를 제공한다는 점에서는 유사하지만, 제공 정보의 쌍방향적 특성과 수용자 관여도 확보 측면에서 웹 광고가 보다 우세한 특징이 있다. 일찍이 마셜 매클루언(Mcluhan, 1964)이 『미디어의 이해(Understanding Media)』에서 주장했던 "미디어가 곧 메시지다"라는 명제를 빌리자면, 메시지를 전달하는 미디어 즉 '전달 수단(vehicle)'이 무엇인가에 따라 동일한 메시지를 동일한 수용자에게 전달하더라도 발현되는 의미 자체가 달라진다. 따라서 이러한 광고미디어 환경 변화에 따라 카피라이터의 설득 전술과 카피 테크닉도 불가피한 변화를 요구받고 있는 것이다.

셋째, 스마트 미디어광고는 멀티미디어를 활용한 드라마틱하고 복합적 메시지 제시가 가능하다는 특징이 있다. 이 같은 융복합적 특성을 통해 메시지 수용자들의 주목과 흥미를 유발시키는 힘을 증대시킨다. 특히 광고 콘텐츠를 노출시키는 방식에 있어 단계에 따라 목표고객 주목과 참여를 유도할 수 있다는 것이 장점이다. 그밖에도 IPTV에서 전형적으로 구현하고 있듯이 쌍방향 커뮤니케이션을 통해 고객의 직접 주문과 구매가 가능한 것도 빠트릴 수 없는 특징이다. 이러한 상황은 카피라이팅 작업에 있어서도 소비자 반응지향적인 접근을 강력히 요구하고 있다.

문철수·윤석년·황성연의 연구가 나온 지 십수 년이 지난 현재 앞서 살펴본 카피라이터의 역할 변화는 더욱 가속화되고 있다. 그 변화 양상을 두 가시 측면에서 살펴보면 다음과 같다.

첫째, 소비자들의 미디어 활용 방식이 무서운 속도로 바뀌고 있다는 점이다. 스마트 기기를 활용한 소비자 대중들의 디지털화, 이동화, 사회화가 보다 가속을 붙임에 따라 소비자들은 이제 단순히 정보 수용자 입장에 머무르지 않고 SNS 등을 통해 스스로 만들어낸 자발적 정보 창출과 유통을 보편적 현상으로 만들고 있다. 무엇보다 주목되는 것은 이러한 현상과 맞물려 커뮤니케이션 콘텐츠의 내용이 단속화(斷續化), 간략화되는 경향이 뚜렷하다는 점이다.[111] 전통적 4대 매체 시대가 대변하던 다량 정보의 원웨이 커뮤니케이션(one way communication) 전송은 이제 갈수록 궁지에 몰리고 있다. 예를 들어 SNS와 스마트미디어 어플리케이션이 결합하면서 폭발적으로 성장하고 있는 모바일광고의 경우 카피라이터가 TV, 신문, 잡지, 라디오 광고 제작에서 수행하던 'What to say'와 'How to say' 창조 단계 모두에서 강력한 역할 변화를 요구하고 있다.

특히 표현 전략 측면에서 중요한 변화가 일어나고 있다. **표현 전략**(advertising appeal)이란 광고를 창조하는 과정에 있어 특정한 지도 원리나 기법을 말하는데, 스마트미디어 발전에 따라 소비자들의 메시지 수용 양태가 개별화되고 있기 때문이다. 이에 따라 과거에 빈번히 활용되던 선점 전략(preemptive strategy)[112]과 같은 전통적 표현 전략이 더 이상 효과를 발휘하지 못하고 있다. 이에 따라 카피라이터 고유 역할로서의 표현 콘셉트 도출, 아이디어 발상 전반에 걸쳐 접근법 자체가 변화하지 않을 수 없게 된 것이다.

레토릭 구사 차원에서는 전통 매체에서 일반화된 메시지 발신자 위주의 밀어내기식(push) 표현이 점점 힘을 잃어감에 따라, 보다 유연하면서도 일대 일 지향적인 언어 구사가 필수요소가 되고 있다. 여기에 더하여 목표고

111 카카오톡과 같은 어플리케이션이나 SNS 등에 나타나는 약어, 속어 사용이 대표적이다.

112 앞에서 살펴본바 클로드 홉킨스가 창안한 선제적 리즌와이의 다른 이름이다. 경쟁브랜드 간 기능적 차이가 부족할 경우, 상품 우월성을 선점적으로 강조해서 이미지를 확보하려는 표현 전략을 말한다.

표현 전략

효과적 광고 표현 전략은 특정 조건에 있어 상이한 광고효과를 발생시키는 핵심 변인이며, 캠페인 성패를 좌우하는 요소로 작용한다(Ramaprasad & Hasegawa, 1992).
김동규(2011)에 따르면 1960년대 이후 나온 표현 전략 연구에서 공통적인 것은, 이성적(rational)/정보적(informational) 소구와 감성적(emotional)/감정적(affective) 소구의 양대 방식이 대표적 분류 기준으로 나타난다는 점이다.
사이먼(Simon, 1971)은 표현 전략을 메시지 전달을 위해 언어적, 이미지적 요소를 사용하는 명시적, 암시적 표현구조물로 규정하면서 10가지 유형을 제시했다. ① 정보(information), ② 논거(argument), ③ 심리적 동기 소구(motivation with psychological appeals), ④ 반복주장(repeated assertion), ⑤ 명령(command), ⑥ 브랜드 친숙화(brand familiarization), ⑦ 상징적 연상(symbolic association), ⑧ 흉내(imitation), ⑨ 책무(obligation), ⑩ 습관 개시(habit-starting)가 그것이다.
그밖에도 프란젠(Franzen, 1994)은 광고 표현 전략을 8가지로 나누는데, ① 발표(announcement), ② 전시(display), ③ 연상이전(association transfer), ④ 수업(lesson), ⑤ 드라마(drama), ⑥ 오락(entertainment), ⑦ 상상(imagination), ⑧ 특수효과(special effect) 등이 그것이다.

객의 흥미를 유발시키는 스토리텔링과 상호작용(interaction)적인 카피 구사가 없으면 캠페인의 성공률이 현저히 떨어지는 추세가 나타나고 있다.

둘째, 기존의 전통 매체에서 주 수익원을 얻던 광고회사들이 디지털광고에 치중하지 않고는 장기직으로 생존을 보장할 수 없게 되었다는 점이다. 이는 글로벌 시장이 이미 빠른 속도로 인터넷 베이스로 변화하고 광고주들이 선도적으로 시장 변화에 적응하고 있기 때문이다. 해외의 경우 유럽과 미국 광고산업이 광고주들의 이러한 요구에 가장 빨리 적응하고 있는 것으로 평가받고 있다. 특히 영국의 경우는 **바이럴 마케팅**(viral marketing)에서

바이럴 마케팅

바이럴 마케팅(Viral marketing)은 디지털 매체 사용자들이 이메일, SNS 등이 다양한 미디어를 사용하여 자발적으로 특정 기업 혹은 제품을 호의적으로 홍보하도록 하기 위한 마케팅 기법을 말한다.
2000년대 초반부터 시작된 새로운 인터넷 광고 테크닉인데, 해당 기업이 직접 홍보에 나서지 않고 정보수용자들의 입에서 입으로 전해진다는 뜻에서 'VIRAL'이란 이름이 붙었다. 흥미롭고 화제를 불러일으키는 웹 애니메이션을 인터넷 사이트에 무료로 게재하는 방식의 간접광고가 전형적이다.

세계 최고 수준의 기술력을 자랑하고 있는데, 우리나라의 경우도 대형 광고회사의 경우 유럽 등지의 바이럴 전문 광고회사 혹은 유튜브 콘텐츠 제작 회사를 흡수합병하거나 제휴관계를 맺는 등의 시도가 빈번해지고 있다. 특히 전자제품, 자동차 등 글로벌 마케팅이 필수적인 다국적 기업이 주력 광고주인 광고대행사는 생존 차원에서라도 회사의 시스템과 사업부문을 디지털 중심으로 조정하지 않으면 안 되게 되었다.

빅데이터 시대 대두와 함께 이에 기초한 고객관계마케팅(CRM: Customer Relationship Marketing)이 폭발적으로 증가하고 있는 것도 주요한 변화다. 이들 빅 데이터의 특징은 데이터의 양(Volume), 데이터 생성 속도(Velocity), 형태의 다양성(Variety)에서 과거와 비교를 불허한다는 점이다. 기업 입장에서 당연히 이처럼 방대한 정보를 가공, 활용하여 마케팅 자원으로 삼는 것이 황금어장을 얻는 것과 같은 의미를 지니게 되었다. 선도적 기업들이 분산처리 등 급속히 발전한 빅데이터 처리 기술을 활용하여 대량의 고객 관련 정보를 짧은 시간 내에 분석하여 마케팅에 적용하는 이유가 여기에 있다.

이 같은 변화가 광고회사의 제작물 산출 시스템과 카피라이터 역할에 강력한 임팩트를 던지고 변화를 유도하고 있다. 우선 표현콘셉트 도출 → 아이디에이션 → 각 제작 직능별 고유 작업이라는 선형화(linear)된 광고제작 시스템이 통합적, 비선형적 형태로 변화하는 경향이 가시화되고 있다. 이에 따라 (과거에는 수용되기 힘들었던) 제작 회의 세부 단계를 뛰어넘거나 역진(逆進)하는 방식이 빈번히 나타난다. 한마디로 광고회사의 크리에이티브 산출 구조가 대대적 변화를 맞이하고 있는 것이다.

이러한 흐름에서 가장 큰 역할 변화를 요구받는 것이 무형적 아이디어와 광고언어를 창출하는 카피라이터 직능이라 할 수 있다. 분업화된 세부 역할에 만족하기보다는 보다 광역적 시점에서 아이디어를 창조하고 캠페인 전반의 스토리텔링을 주도하는 등의 다면적 역할이 요구되는 것이다. 이 책을 위한 심층인터뷰에 참여한 카피라이터 1은 2010년대에 들어서면서 급속히 변화하는 환경이 카피라이팅에 미치고 있는 변화를 다음과 같이 단적으로 설명한다.

> "이제 전통적인 카피라이팅 레토릭 그런 부분은 거의 무너졌어요. 인쇄 광고를 예를 들자면 옛날에는 헤드라인, 서브 헤드 그리고 리드 카피, 바디 카피 있고 뭐 이런 식으로 카피에 어떤 구조적인 형식이라는 게 있었잖아요. 근데 요새 캠페인에 그런 게 먹히지를 않게 된 거예요. 광고 자체가 급속히 진화하고 변화하고 있기 때문에 그런 게 다 깨져버렸어요."[113]

113 문제는 이러한 새로운 카피라이터 역할의 확산 정도라고 할 것이다. 이 책의 제2장을 보면 이 같은 트렌드에 대응하는 카피라이터들의 인식 변화가 나타나는 것이 분명하지만, 기존 카피라이터의 웹 카피라이터로의 실질적 업무 전환이나 직무 변화에 대

그렇다면 향후 카피라이터 역할은 어떻게 진화해갈 것인가? 우선 카피라이터는 그동안 그저 관념적 발상이라 치부되었던 아이디어라이터(Idea writer) 역할을 보다 구체적으로 요구받게 될 것이다. '아이디어라이터'는 사전적으로 명확히 규정된 개념은 아니다. 일반적으로 설득적 광고언어 창출에 집중되었던 기존의 역할을 넘어 캠페인 전체의 아이디어를 창출하고 복합적 캠페인 흐름을 리드하고 조정하는 역할로 통용되고 있다(Iezzi, 2010). 4대 매체 위주 시대의 카피라이터는 콘셉트와 아이디어를 내고 그것을 TV 광고의 키카피[114]와 인쇄광고의 헤드라인으로 산출하는 것이 주된 역할이었다고 할 수 있다.

하지만 마케팅 커뮤니케이션 형태가 보다 직관적이고 쌍방향적으로 변화하고 있는 오늘날에는 간략하고 생생한 구어 지향적 메시지가 중요해지고 있다. 실제로 광고계 현장에서는 키카피나 헤드라인 창출이 AE, CM플래너 심지어 광고주에 의해서 시도되고 성공적으로 구체화되고 있는 사례가 다수 보고되고 있다. 심층 인터뷰에 참여한 카피라이터 21의 다음 발언은 광고산업 현장에서 보편화되고 있는 새로운 흐름을 대변하는 것이다.

> "솔직히 말씀 드리면 요즘에는 회사 내에 제작팀끼리 경쟁 체제로 가기 때문에, 예를 들어서 카피일 경우에 서로 거기에 대한 얘기를 많이 안 하

비한 교육 등은 아직 태동기에 있는 상황이다. 오히려 기존 직능의 변환보다는 포털 사이트, 방송 작가 등의 완전히 새로운 영역에서 인력이 충원되는 현상도 발견된다.

114 키카피(key copy)는 사전적으로 엄격하게 정의된 개념은 아니다. 하지만 광고계에서 빈번히 사용되는 용어다. 일반적으로 TV광고나 라디오CM과 같은 전파광고에서 표현콘셉트를 바탕으로 그것을 레토릭으로 구현시킨 핵심 카피를 의미한다.

고 그래요. 왜냐, 카피라이터가 쓰지 않는 카피들이 되게 많거든요. 그러니 카피라이터들이 이 카피가 내 꺼다 이렇게 이야기를 하지 못하는 경우가 많죠. 이건 특히 회사 크기하고 연관이 있는데요, 큰 회사는 조직 내부적으로 딱딱 셀(cell)[115]로 구분되고 그 자체가 독립적으로 돌아가는 완성된 조직이잖아요. 그런데 예를 들어 OOO나 그런 좀 작은 데를 보면, 외국회사인데도 불구하고 가족적으로 뭉쳐서 돌아가고 그런 구분이 무너져 있다고 들었어요. 이런 이유가 영향을 미치는데, 요새는 광고 카피가 진짜로 카피라이터 머릿속에서 나오는 게 얼마나 될까 싶어요. 카피라이터가 정식으로 쓴 것보다 아트(art)하는 애들이 툭 내뱉은 말이 더 좋아서 크리에이티브 디렉터가 그걸 채택해서 이거 괜찮다 카피화시키자 이런 케이스죠. 그러니까 사실 옛날처럼 카피 하나 잘 써서 히트 광고 하나 나오고 이런 게 거의 없어요. 어찌 보면 카피가 옛날보다 힘이 없어진 걸 수도 있는데, 카피 하나로 승부하는 광고들이 거의 없고 사람들이 광고물 자체를 종합적으로 보기 때문이죠. 그림이 재미있다 그래서 광고가 히트를 치면 메시지는 하나도 기억을 못하는 거예요. 저도 어렸을 때는 선배들이 쓴 카피보고 카, 이렇게 막 감동받고 그랬어요. 근데 요즘은 정말 그런 게 잘 없어요. 온라인 모바일 같은 디지털이 발달되니까 오히려 어떻게 하면 이상한 짓을 해서 사람들 관심을 끌지? 이런 현상이 빈번해요. 카피나 카피라이터의 중요성이 갈수록 떨어지는 거지요."

---

115 셀(Cell)이란 단일 크리에이티브 디렉터 아래 2, 3개 정도로 소속된 작은 크리에이티브 소집단이다. 카피라이터와 아트디렉터 서너 명으로 구성되는 것이 일반적 형태이며 광고 크리에이티브 생산의 기초 단위라고 할 수 있다.

이 같은 상황에서 카피라이터는 특정 매체에 국한된 개별 아이디어보다는 브랜드와 관련하여 소비자와 장기적 관계를 구축하는 다양한 캠페인 아이디어를 창조하는 역할을 요구받고 있다. 심지어 캠페인 콘셉트를 넘어 개발 단계의 제품 콘셉트를 만드는 역할을 맡는 사례까지 발견되고 있다. 카피라이터가 담당해야 하는 이처럼 전혀 새로운 형태의 복합적, 총체적 과업을 포괄하는 명칭이 바로 아이디어라이터다(Iezzi, 2010).

다음으로 스토리텔러(Story teller) 역할을 강력하게 요구받게 될 것이다. 스토리텔러는 새로 나온 개념은 아니다. 과거에도 이 역할은 다양한 형태로 존재해왔다. 넓게 봐서 메시지 수신자에게 전달하는 콘텐츠 내용에 흥미롭고 기발한 스토리를 포함시켜 발화(發話)하는 사람은 모두 스토리텔러라 할 수도 있다. 모든 시대 모든 인류 사회에서 내러티브(narrative) 또는 플롯(plot)과 유사한 개념으로 이해되어온 스토리텔링은 메시지의 전달, 기억, 보존과 관련된 상호 커뮤니케이션에 있어 핵심적 역할을 해왔다. 전통 사회에서 흔히 '이야기꾼'이라 불리는 사람들 역할이 그것이다. 원래 문학, 영화 등에서 사용되던 이 명칭은 오늘날 다양한 영역에서 중층적인 의미로 사용되고 있다. 영화, 비디오, 애니메이션, 만화, 게임, 광고 등의 전달 미디어에 따라 각종 서사 방식의 재료로 활용되는 '창조된 이야기'를 만드는 직업 자체가 모두 해당되기 때문이다.

앞서 살펴본 매스미디어 전달 수단과 방식의 급속한 변화는 이제 카피라이터에게 총체적 스토리텔러 역할을 향한 진화를 불가피하게 요구하고 있다. 단순한 카피 언어 창조에서 캠페인 메시지를 총체적 스토리로 전환시키는 기능이 필요해지고 있기 때문이다. 기존의 정형화된 카피라이팅 기법과 레토릭으로는 더 이상 스토리텔링 기반의 캠페인을 감당하기 어렵게 된 것이다. 광고계에서 "카피라이터는 죽었다"라는 과장된 주장이 나오는 이유가 여기에 있다.

단적인 실례가 포털 웹사이트를 중심으로 콘텐츠를 창조하던 스토리텔러들이 광고회사의 신설 디지털광고제작팀이나 디지털 광고 전문회사에서 채용되는 경향이다. 카피라이터들에게 강력한 경쟁자가 생기고 있는 셈이다. 하지만 어떤 의미에서 이러한 추세가 카피라이터들에게 양날의 칼로 작용하기도 한다. 오히려 발전 가능성에 있어 획기적 기회를 제공할 가능성이 크기 때문이다. 제품 및 서비스에 대한 명시적 콘셉트를 수립하고 그것을 바탕으로 스토리를 만들고 텍스트를 창출하는 능력에서, 유관 산업 분야를 통틀어 카피라이터만한 커뮤니케이션 전문가가 드물기 때문이다. 카피라이터 1의 다음 지적은 정확히 이 지점을 찌른다.

> "저는 카피라이터가 여전히 중요한 역할을 할 거라고 생각해요. 디지털 광고가 커지면서 미디어 환경이 급속히 바뀌는 것은 사실이지만, 결국 승부가 가려지는 건 크리에이티비티(ceativity)거든요. 명칭이 카피라이터에서 아이디어라이터로 또는 뭐 스토리텔러로 바뀌는 게 중요한 게 아니라, 누가 새로운 생각을 잘 하느냐 다양한 관점에서 바라보는 시각을 가졌느냐가 핵심이거든요. 제가 보기에 광고회사 내 인력자원을 놓고 봤을 때, 아니 더 영역을 넓혀서라도 그 역할을 가장 잘 할 수 있는 사람이 카피라이터인 것 같아요. 변화하는 환경적인 요인들 그것이 매체가 됐건 소비자가 되었긴 아니면 기술이 되었선 간에, 크리에이티비티의 본질이 바뀌는 건 없기 때문이죠."

이 책을 쓴 2017년 현재 시점에서 보자면, 디지털 광고 시장이 마냥 장밋빛만은 아니다. 아직까지 수익성 창출 부분에서 궤도에 오르지 못한 현실 때문이다. 여전히 전통적 ATL과 BTL이 광고산업 매출에서 차지하는 비중이 압도적인 일종의 과도기적 시장이라 평가될 수 있다. 하지만 문제는 진행의 속도일 뿐, 장기적 이윤 창출의 무대가 아날로그 광고에서 디지털 혹은 스마트 미디어 광고를 향해 자리를 옮길 것이라는 추세가 분명하다는 점이다. 이러한 상황을 반영하듯이, 아직까지는 대부분의 카피라이터 역할이 ATL 중심의 매체 크리에이티브에 속해 있으며 확고한 미래 지향을 지니고 새로운 매체융합적 콘텐츠 제작에 뛰어드는 카피라이터들이 많지 않은 것으로 나타나고 있다.

명백한 것은 마케팅 커뮤니케이션 메시지 창조 주체로서의 카피라이터 역할이 거시적 환경 변화에 적응해갈 수밖에 없다는 것이다. 그리고 그 같은 새로운 역할에 대한 적응 여부가 향후 카피라이터라는 직업의 승패를 결정짓는 핵심적 화두가 될 것이라는 사실이다. 오늘날 카피라이터 직업의 역할 변화는 완결된 것이 아니라 여전히 현재진행형이라는 것이다.

그렇다면 이미 가시화된 영역에 진입하고 있는 아이디어라이터와 스토리텔러 이외에도 카피라이터들에게 새롭게 요구되는 역할에는 어떤 것들이 있을까. 두 가지만 사례를 들어보기로 하자.

첫째, 서서히 모습을 드러내는 새로운 역할로서 전자적(電子的) 구전 전파자(Viral Propagator)[116]를 들 수 있다. 구전 전파자란 전통적 의미의 여론 선도자(opinion leader)를 대치하는 개념으로 '특정 관련 정보를 수집하여 공유하고 그것을 네트워크에 전파하는 드러나지 않은 실체를 의미한다(Keller &

116 켈러와 베리(Keller & Berry, 2004)의 책을 번역한 김종식은 이를 "입소문 전파자"로 이름 붙이고 있다. 하지만 오히려 '구전(口傳)'이라는 단어가 함축성이나 연상 능력에서 우월하다는 판단에 따라 이 책에서는 구전 전파자라는 용어를 사용했다.

그림 1-42 카피라이터의 역할 변화

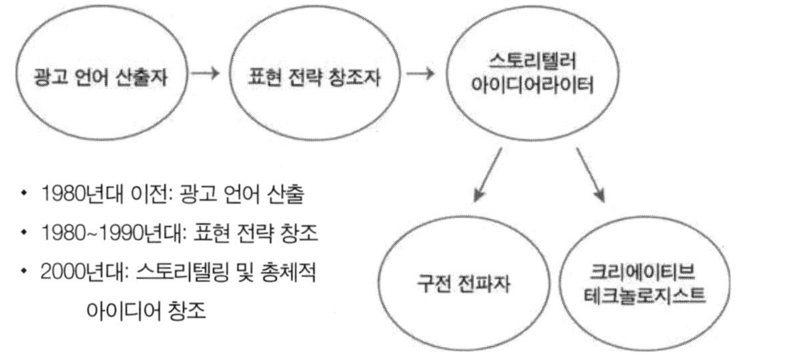

Berry, 2003). 이들은 투표 행위, 외식 결정, 상품 구매에 이르기까지 주위 사람들에게 중요한 영향력을 발휘하는 특징을 지니고 있다. 스마트 미디어 시대의 카피라이터는 마케팅 규칙과 전파 경로를 적극적으로 창출함으로써, 소비자들에게 드러나지 않는 영향력을 행사하고 브랜드에 대한 여론을 형성하는 태풍의 눈이 되어야 한다.

둘째, 크리에이티브 테크놀로지스트(Creative Technologist) 기능이 부상하고 있다. 이 개념은 비단 광고에서만 쓰이는 것은 아니다. 한마디로 브랜드와 광고 전략에 대한 심층적 이해를 바탕으로 전자장비, IT 활용 기술에 대한 활용 능력을 겸비한 직종을 의미하는 것이다. 이들은 특정 분야에 국한되지 않고 시장(market), 크리에이티브, 디지털에 대한 폭넓은 융합(convergence)을 통해 시너지효과를 만들어내는 역할을 한다. 특히 온라인과 오프라인의 경계가 무너지는 오늘날의 광고 환경에서, 브랜드 특성과 마케팅 상황을 이해하고 그것을 디지털로 크리에이티브화하는 역할에 가장 잘 어울리는 것이 바로 카피라이터라고 할 수 있다.[117]

요약하자면 오늘날 카피라이터에게 요구되는 역할은 과거와 미래의 연장선상에서 맹렬한 변화의 과정에 있다고 할 수 있다. 그 구체적 변화의 면모에 대해서는 이 책의 제2장에서 카피라이터들의 증언을 통해 모습이 드러날 것이다. 이상에서 살펴본 카피라이터 역할의 변화를 통시적 관점에서 종합하여 다이어그램으로 표현한 내용이 〈그림 1-42〉에 나와 있다.

117 연령과 경력에 따라 차별적 양상을 보이고 있지만, 상대적으로 젊은 세대의 카피라이터들에게서는 자료 수집과 카피라이팅 발상 전 영역에 걸쳐 첨단 테크놀로지를 적극적으로 수용, 활용하는 모습이 심층 인터뷰에서도 뚜렷이 발견되고 있다. 이에 대해서는 이 책의 제2장을 참조할 것.

제 2 장

대한민국 카피라이터의 초상

1. 들어가는 말

카피라이터들은 누구인가? 그들은 어떤 개인사적 배경을 지니고 있는가? 이 직업의 이름이 인구에 회자된 지 오래되었지만, 산업사회의 시인이라 칭해지는 이들 광고언어 창조자(copywriter)들이 구체적으로 어떤 심리적, 행동적, 직업적 특성을 지닌 사람들인지에 대하여는 제대로 알려진 사실이 없다. 제2장에서는 이 같은 문제의식에 기초하여 카피라이터들의 실체와 면모, 자기 인식, 업무 환경과 고용 형태, 교육 및 훈련 시스템, 조직 내 상호관계 등을 상세하게 살펴보았다. 특히 카피라이터들이 어떤 생각을 하고 어떻게 직업적 삶을 영위하는지를 이해하기 위해 그들의 경험과 인식을 내부자적 관점(emic)에서 분석하고자 했다.

제작 전문가 집단이 커뮤니케이션 조직에 모여 수용자 공중을 대상으로 협업적, 창조적 콘텐츠를 창조하고 유통시킨다는 점에서 광고제작물과 유사한 속성을 지닌 것이 방송 프로그램이다. 국내외적으로 방송 분야의 콘텐츠 창조 커뮤니케이터를 주제로 한 연구는 다양하게 출간되었다. 그 고전적 연구로 꼽히는 것이 캔터(Cantor, 1971)의 『할리우드 TV 프로듀서(The Hollywood TV Producer: His Work and His Audience)』다. 지상파 방송국에서 TV프로그램을 만드는 프로듀서들의 세계를 질적으로 분석한 이 책에서는 해당 직종의 근무 환경, 실무 교육과 업무 특성, 조직 내외적 파트너들과의 관계, 방송사 조직구조, 콘텐츠 통제 시스템, 송출 및 배급 시스템, 제작된 콘텐츠가 미치는 사회적 영향력 등을 주제로 광범위한 심층 분석이 이뤄지고 있다.

그렇다면 언어의 마술사라 불리며, 소비자에게 물건을 팔기 위한 아이디어와 언어를 창조하는 카피라이터들은 유사 콘텐츠 창조 분야의 전문가

집단과 어떤 유사성과 차별성을 보이는가? 작업 환경과 조직문화 특성은 어떠한가? 그들의 보수 체계 및 고용 형태 특성은 무엇인가? 공식/비공식 교육 체계와 훈련 시스템의 특징은 무엇인가? 또한 협업(協業)적 소산인 광고크리에이티브 제작에 참여하는 파트너들의 면모는 어떠하며 상호 관계는 여하한 특징을 지니고 있는가? 지금부터 그 비밀의 열쇠를 찾기 위한 여행을 떠나보자.

2. 카피라이터, 스물 한 사람

이 책을 위해 심층 인터뷰에 응한 카피라이터들 특성을 요약한 내용은 서론의 '카피라이터 선정' 대목에 이미 제시된 바 있다.[1] 여기에서는 이들 카피라이터들이 지닌 선유적 배경(background), 카피라이터 직업을 선택하게 된 동기와 준비 과정, 업무에 대한 자기 인식, 기타 특징적 경험을 중심으로 그들의 육성을 들어보았다. 인용된 세부 내용은 각 인터뷰가 실행된 당시 시점을 기준으로 하고 있다.

카피라이터 1

대형 광고회사에서 제작임원(1차 인터뷰 시는 제작국장)으로 근무하고 있다. 카피라이터로 입사했다가 현재는 크리에이티브 디렉터 겸 임원 직책을

1 이 책의 41~44쪽을 참조할 것.

수행하고 있다. 필자는 카피라이터 1과 두 차례에 걸친 심층 인터뷰를 가졌다. 2차 인터뷰 시점을 기준으로 20년 차의 광고업계 경력을 지니고 있는 그는, 사회생활의 첫발을 딛은 현재 회사에서 계속 근무 중이다. 그가 광고계에 입문한 시기는 1990년대 중반으로 한국의 광고산업이 성장세나 발전 가능성에서 최고의 전성기를 누릴 때였다.

> "저희 들어올 때가 대한민국 광고산업이 마지막 피크 때였어요. 입사동기들이 엄청 많았어요. 카피라이터만 열 두 명이었으니까…"

그는 단일 회사에 오랫동안 근무하면서 광고업계의 전성기와 쇠퇴기를 직접 경험했다. IMF 구제금융사태를 거쳐 한국 광고계가 급격한 구조적 변화를 통과하는 것을 목격했고 그 와중에 카피라이터 선후배 간 사회적 상호작용 양태가 빠르게 변화하는 것을 경험했다. 나아가 오늘날 카피라이터의 역할과 기능이 진화하는 것을 예민하게 포착하고 있었다. 필자는 그를 통해 이 책의 세부 주제와 관련된 미시적 경험 자료뿐 아니라, 통시적 관점에서 한국 광고산업의 구조적 변화 그리고 카피라이팅 실무 교육의 현실에 대해 많은 시사점을 얻었다. 카피라이터 1은 복수의 대학에서 카피라이팅 강의를 통해 후진을 양성하는 교육자이기도 하다. 그는 문학을 전공했는데, 처음 입사했을 때는 광고와 카피라이팅에 대한 사전 지식이 거의 없었다고 고백한다. 하지만 그 후 개인적 결심을 하고, 1년간 150권에 달하는 광고 책을 집중적으로 읽은 후부터 카피라이팅에 대한 눈이 뜨이기 시작했다고 한다.

그는 오늘날의 광고계는 자신의 신입사원 시절과 비교가 불가능할 정도로 급속한 변화를 겪고 있다고 말한다. 특히 매체융합 시대를 맞아 카피라이터에 대한 기대 역할이 빠르게 변화하고 있다는 점을 강조한다. 그럼에도 불구하고 광고가 사라지지 않는 한, 변화하는 시대 상황 속에서 콘셉트를 발견하고 그것을 구체화시키는 가장 효과적인 능력을 갖춘 사람은 카피라이터라는 것이 그의 믿음이다.

"저는 카피라이터 역할이 크게 변한 건 없다고 봐요. 디지털이나 미디어 융합이 분명히 대세기는 하지만, 광고는 어디까지나 광고거든요. 캠페인 방향을 잡고 메시지를 만들어내는 게 제일 중요하다는 사실은 변할 수가 없는 거죠. 결국은 누가 가장 새로운 눈을 가졌느냐 누가 다양하게 볼 수 있느냐 이게 중요한데, 대행사 내 인력자원을 봤을 때 그 역할을 할 수 있는 건 역시 카피라이터예요. 지금은 디지털 광고 쪽에 기능적 테크닉이 뛰어난 전문가들이 많이 들어오는데요. 문제는 크리에이티브 퀄리티가 상당히 허술하거나 아니면 외국 걸 듣고 와서 살짝 변형하는 이런 게 많다는 거예요. 한국 디지털 시장이 전적으로 오픈이 안 되고 낙후됐기 때문에 저거는 새롭네 저거는 처음 보는 거네 하지만, 사실은 어딘가에 이미 있던 거예요. 근데 이제 곧 오픈이 되면 그런 사람들이 중요한 게 아니라, 캠페인의 콘셉트를 잡고 핵심을 볼 줄 아는 능력이 반드시 필요해진다 이거죠. 카피라이터가 그걸 제일 잘 할 수 있다는 거고, 그러니까 이런 변화 상황에서도 주눅들 필요가 없다 늘 그렇게 이야기해요."

카피라이터 1은 2000년대 이후 광고회사 내 카피라이팅 교육 시스템이 그 체계성과 지속성에서 매우 퇴보하고 있다는 관점을 제시한다. 광고산업 전체를 통틀어 장기적 지식 경영 관점에서 무형적 자산으로서의 광고전략 및 크리에이티브 지식 가치에 대한 인식이 크게 부족하다는 것이다. 나아가 지속 가능성 차원에서 의식적이고 체계적인 신입사원 교육 시스템이 갈수록 쇠퇴하는 경향을 지적한다. IMF 이후 한국 광고업계가 이익 창출 위주의 단기적 비전에 몰입하고 있는 환경적 영향이 크다는 것이 그의 분석이다. 또 하나의 문제는 세대 간 격차인데 새롭게 광고계에 진입하는 신세대 카피라이터들이 지닌 독립적, 불간섭주의 선호 경향이 특히 도제적 형태로 진행되는 카피라이팅 지식 이전에 부정적 영향을 미치고 있다고 밝힌다.

> "결국 요즘은 카피고 뭐고 가르쳐줄 사람이 없어지는 추세예요. 메이저 광고회사에서도 신입을 안 뽑고 경력을 주로 뽑으니까 과거의 사수, 부사수[2] 같은 도제적 교육 이런 게 다 부서져버리는 거죠. 메이저에서도 그런 게 없어지고 있는데 더 작은 회사에서는 상상하기가 어렵고요. 이런 추세가 IMF 이후에 시작되었는데 갈수록 심해지는 것 같습니다."

하지만 그는 이러한 광고업계의 변화에도 불구하고 여전히 전통적 의미의 지식 이전을 통한 카피라이팅 실무 교육의 가치를 믿고 있으며 후배 카피라이터들에게 구체적 실무 테크닉을 포함한 다양한 방식의 지식 이전을 시도하고 있었다. 그중에서 특이한 것은 자신의 성장 경험에 기초한 다음과 같은 자율적 교육 방법이다.

2 이 책에서 자주 등장하게 될 용어다. 군(軍)의 사격장 용어에서 비롯된 속어로 광고계에서 널리 통용되고 있다. 여기서 사수(射手)는 경력이 더 많아서 후배를 지도해주는 고참을 뜻하고 부사수(副射手) 혹은 조수는 경력이 짧아서 지도를 받는 후배를 말한다. 한마디로 선배-후배로 맺어진 상호작용적 관계인데 두 당사자는 도제(徒弟)적 형태로 결합되어 있는 경우가 많다. 카피라이팅 지식과 노하우를 전달해주는 지식 제공자가 사수, 지식 수혜자는 부사수에 해당된다.

"제자들이나 후배들한테 그런 얘기를 해요. 일 년에 백 권의 책을 읽어라. 일주일에 두 권씩. 그렇게 하면 어느 순간 변화된 너를 만나게 될 거다. 그런 과정에는 임계치가 있어서 99번 해도 안 된다. 물이 100도부터 끓는 것처럼 비등점이 있다. 99도하고 1도 차이밖에 안 나지만, 100도가 넘어야 물이 끓는 것처럼 100권의 책을 읽으라고."

그는 카피라이팅을 위한 지식을 전형적인 **암묵지**로 규정한다. 카피라이팅 지식에 대한 그의 의견은 여러 심층 인터뷰 참여자 의견 가운데 가장 무형적이고 포괄적인 관점을 지니고 있다. 그는 카피라이팅 지식이 규범화되거나 형식화되어 있는 것은 없다고 생각하며, 매우 다양한 요소로 이뤄진다고 확신하고 있다.

"카피라이팅 지식이라 규정을 짓자면, 전 둘 중에 하나라고 생각을 해요. All or Nothing. 즉 카피라이팅의 지식은 없거나 혹은 세상의 모든 지식이거나 그렇다는 거죠. 이게 무슨 수학공식처럼 딱 대입을 하면 튀어나오는 게 아니라는 겁니다. 만약에 그러면 카피라이터가 필요가 없어지지 않겠습니까. 이건 창의성하고도 연결되는데 창의성에 규범화되고 정해진 형식이 있을 수 없듯이, 카피라이팅에 관한 지식은 규범화되거나 형식화되기 어렵다고 봅니다. 그렇다면 뭐냐. 결국 카피라이팅을 할 수 있게 만드는 그 무엇이 지식이라면 그건 요소가 너무나 많은 것 같아요. 기본적인 마케팅 이론에서부터 예를 들어 제품의 공학적 부분에까지… 가령 무슨 탱크를 판다, 비행기를 판다 이러면 항공역학이라든지 물리학도 알아야 하잖습니까. 소비자를 위해서라면 행동론이라던지 심리학이라든지 이런 부분도 그렇고."

암묵지

암묵지(暗黙知, tacit knowledge)는 학습과 체험을 통해 개인에게 습득되어 있지만 겉으로 드러나지 않은 상태의 지식을 의미한다. 일반적으로 개인적 노하우, 습관, 행동, 통찰과 같은 주관적, 무형적, 내재적 지식으로 나타난다.

그 대척점에 서 있는 것이 형식지(形式知, explicit knowledge)인데, 이것은 데이터와 텍스트를 담은 문서자료, 책자, 보고서 등 객관적으로 측정 혹은 관찰 가능한 지식이며 외부로 표출되어 공유할 수 있는 지식을 뜻한다.

폴라니와 프로시(Polanyi & Prosch, 1975)는 양대 지식의 차이점을 이렇게 설명한다. 즉 지식은 대상에 대한 외재적 분석보다는 주체적 경험, 보다 구체적으로 현실과 생각의 주체가 통합되는 참여행위를 통해 구체화되는 것인데, 이 과정에서 암묵지와 형식지의 분화가 시작된다는 것이다.

암묵지는 형식지에 비해 상대적으로 이전이 어려운, 고착적(sticky) 특성을 지닌다. 창출 과정 측면에서 보자면 암묵지는 직관적 인식을 거쳐 태어나며, 형식지는 암묵지가 명시적 추론 과정을 거쳐 기호화되는 과정을 거친 것으로 이해된다(Krough, 1988).

한편 레너드와 스펜사이퍼(Leonard & Spensiper, 1998)는 지식의 표현 가능 정도를 기준으로 형식지와 암묵지를 분류한다. 그의 정의에 따르면 형식지는 표현의 명시성이 높고, 창조되기까지 소요시간이 길며, 경험과 분석을 통해 획득된 지식이 지식소유자와 분리되어 표현되는 정도가 강하다. 이에 반해 암묵지는 표현 명시성이 낮고, 지식 발현의 과정과 구조적으로 연결되어 있어 지식보유자와 객관적 분리가 힘들며 타인에 대한 전달 난이성이 높은 특성을 지니게 된다. 암묵지와 형식지 개념은 광고카피 창출의 원천이 되는 카피라이팅 지식의 이해에 핵심 시사점을 제공하는 것으로, 이 책의 제3장에서 보다 정교한 설명이 이뤄질 것이다.

카피라이터 2

광고계 경력 7년 차의 여성 카피라이터다. 대학에서는 카피라이터가 되기 위해 준비를 따로 한 것이 없다. 방송 작가를 거쳐 공채로 카피라이터가 되었는데, 이전 광고회사에서 6년을 근무하고 현재 회사로 자리를 옮겼다. 카피라이터 2를 통해서는 사수-조수 관계로 통칭되는 현업 실무에서의 카피라이팅 지식 이전 현상에 대한 집중적 인터뷰를 했다. 그녀는 광고 카피라이팅에 활용되는 지식을 대부분 무형적인 지식이라 믿고 있으며, 이러한 지식은 공식적 강의나 교육으로는 획득되기 힘들다는 의견을 지니고 있다.

> "예를 들어 콘셉트 찾아내는 방법인데, 인사이트가 되든 포지셔닝이 되든 그런 거는 선배들도 명확히 자기가 어떻게 해서 찾는다 설명하지 못하고 자기들도 힘들어했던 거 같아요. 저도 몇 번이나 어떻게 콘셉트 찾냐 물어봤는데, 답을 모르겠다는 게 대답이구요. 그거는 아무도 딱 잘라 못 가르쳐준다, 일 하면서 경험이 쌓이면 저절로 알게 된다 뭐 이런 정도로…"

카피라이터 2는 이전 직장에서 신입 카피라이터로 입사해서 "독하게" 실무 교육을 받았다고 밝힌다. 그녀가 있던 회사는 전통적으로 카피라이터 선후배 간 관계가 돈독하고, 신입 카피라이터가 입사하면 선배 카피라이터를 교육책임자로 짝 지워서 일정 기간 동안 교육을 전담시키는 관행이 있었다. 이를 통해 광고카피 산출에 필요한 유무형의 지식과 노하우는 물론 업무 외적으로도 큰 도움을 받았다는 것이 그녀의 토로이다. 카피라이터 2의 이야기를 들어보자.

> "저희 사수를 처음 만났을 때인데요, 무섭게 딱 들어와서는 "나는 네가 카피 쓰는 법을 가르칠 거다. 그리고 네가 카피를 잘 쓰게 만들 거다"이런 말을 처음부터 하는 거예요. 지금은 외부로 나가신 OOO 실장님인데, 그때 지금 저처럼 대리셨어요. 근데 숙제를 매일매일 내주시는 거예요. 주

중에 매일 내는 숙제도 있었고, 주말에도 숙제를 내주고 그랬어요. 어떨 때 시키는 걸 못하면 바로바로 독한 말이 날아오고 (하하). 그때는 동기들 사이에 그런 말이 많았어요. 누구는 헤드라인을 100개 써 갔는데 하나도 쓸 게 없다고 보는 앞에서 찢어버렸다는 둥. "나는 네가 쓰는 카피의 A4용지조차 마음에 안 들어" 뭐 이런 말까지 하고. 그런 전설적인 사람들과 저도 같은 시기를 보냈는데, 여기 와서 보니까 제가 OO에서 정말 많이 배운 거예요. 저는 마음을 먹고 입사 준비를 했던 게 아니라 어쩌다보니 카피라이터가 되어버린 케이스인데, 그래서 준비가 부족했어요. 그런 입장에서 여러 선배들한테 많이 배웠고 지금도 좋은 관계로 지내고 있어요. 저한테는 그게 좋은 기억이라서 '그래 나도 사수가 되면 신입들한테 잘 해줘야지' 이런 생각을 하게 되었지요."

그녀는 이전 직장에서 자신이 선배로부터 카피라이팅 지식을 전달받은 보다 구체적인 상황을 설명해달라는 요청에 다음과 같은 사례를 들려준다.

"인쇄광고카피에서 제가 배웠던 것 중에 하나가 뭐였냐 하면 말이죠. 선배가 시킨 게, '매일 신문광고를 보고 그중에 네가 가장 마음에 드는 걸로 골라서 그걸 그대로 베껴 쓰라'라는 거였어요. 근데 그걸 A4용지에 그냥 옮겨 쓰는 게 아니라, 해당 광고의 레이아웃을 손으로 그리고 가장 중요도가 높은 헤드라인 크기, 리드카피 크기, 바디카피 크기를 다 다르게 표시해서 그걸 베껴 쓰라는 거였어요… 그걸 통해서 제가 뭘 배웠는가 하면 메시지 중요도에 따라서 우선순위를 정하고 말을 정리하는 법을 배운 거예요. 그때는 도대체 이걸 왜 시키는 거야, 이런 반발심도 있었는데 나중에 보니까 레이아웃을 연관시켜서 카피 안 쓰면 이런 오류가 생기는구나 이걸 몸으로 알게 된 거예요."

신입사원으로서 자신을 가르친 '사수'와는 같은 팀에서 4년을 같이 근무했는데, 그 기간 동안 카피라이팅 테크닉, 광고에 대한 접근 등에서 매우 큰 영향을 받았다고 밝힌다. 심지어 자기가 익힌 구체적 카피라이팅 테크닉의 80% 정도는 선배로부터 전해진 것이 아닌가, 라고 생각하고 있다.

> "4년이 짧은 기간이 아니잖아요. 딱 붙어서 그렇게 집중적으로 교육을 받았으니까 지금 생각해보면 제가 카피 쓰는 방식이나 좋아하는 광고스타일 이런 게 그분하고 많이 닮아 있는 것 같아요. 가장 많은 시간을 같이 보냈으니까 당연한 건지도 모르겠지만 … 왜냐하면 제가 아주 밀착해서 개인적으로 배웠기 때문인데 예를 들어 세부적 카피라이팅 기술 같은 경우에는 80% 이상을 선배들을 통해 익혔던 것 같습니다."

하지만 7년 차 고참 대리 직급으로 현재 회사에서 신입 카피라이터를 가르치는 입장이 된 카피라이터 2의 상황은 자신의 경험과 많이 다르다. 신세대 카피라이터들이 선배 카피라이터들의 도제적 실무 교육에 응하는 태도와 시각이 많이 달라졌기 때문이라는 것이다. 그 이유를 그녀는 두 가지로 설명한다. 첫 번째는 복수의 심층 인터뷰 참여자들에게서 공통적으로 지적되는 사항이다. 즉 광고계 일반의 채용 형태와 경영진의 마인드가 변화했다는 것이다. 사람을 뽑으면 현장에서 바로 활용하기를 원하며 그에 반해 시간과 비용을 투자하는 실무 교육을 꺼린다는 것이다.

또 한 가지는 신세대 카피라이터들의 개인주의적 성향이다. 이들은 높은 경쟁률을 뚫고 입사를 했고 자부심이 강하기 때문에 신입사원 시절부터 자신을 완성된 카피라이터로 생각하는 경우가 적지 않다는 것이다. 따라서 도제적 통제를 견디기 힘들어하고 때로는 거부하는 경향이 높다는 것이다. 그녀에게 주로 질문한 내용은 카피라이팅 지식제공자(고참 카피라이터)와 지식수혜자(신입 카피라이터) 사이에 중개적 영향을 미치는 사회적 상호작용 요인이었다. 아래는 그에 대한 카피라이터2의 해석이다.

> "요즘 아이들은 단점에 대해서 "그건 틀렸어. 그건 아니야" 라고 지적을 하면 감정적으로 그걸 잘 받아들이지 못해요. 물론 저 때도 정말 힘들 때는 "저 새끼 나중에 죽여버릴 거야" 막 울면서 이렇게 혼자 소리도 지르고 했지만, 속으로는 그래도 존경이라는 걸 했던 것 같아요. 근데 옛날보다 사람을 더 적게, 고작해야 한두 명씩 신입을 뽑게 되면서부터 우선 회사에서 얘들을 가르칠 여력이 없다 이렇게 생각을 하는 것 같구요, 스스로도 그렇게 생각하는 게 이미 자기들은 완성되어 있거나 완성 상태로 들어왔다고 믿어요. 우리 때만 해도 입사하면 3년 동안은 죽어라고 배워야 한다 이렇게 생각했구요, 처음 입사하자마자 내가 카피라이터라고 남한테 함부로 소개도 못했어요. 근데 요즘은 처음부터 스스로 카피라이터라고 당당히 불리기를 원해요. 그러니까 옛날처럼 도제식으로 '나무 베어와라, 우물 파고 물 길어와라' 이런 게 이제 안 먹히는 거예요. 이런 상황이 길게 보면 그 친구들한테 좋을 게 없는데 좀 안타깝기도 하고, 이게 세대 차이인거죠."

카피라이터 3

경력 2년 차의 카피라이터다. 현재 회사에 인턴을 거쳐 입사했다. 인턴 시절에는 직능이 정해지지 않았는데 그때부터 시종일관 카피라이터를 지망했다. 학부에서는 외국어를 전공했다. 원래 광고에 관심을 가진 것은 아니었다. 졸업 후 별정직 공무원 생활을 6개월 동안 경험했는데, 이때 반복적이고 관료적인 공무원 생활에 회의를 느꼈다고 한다. 그때 만난 것이 광고 공부하는 친구였고 이를 통해 카피라이터 직업에 처음 호기심을 느꼈다. 이후 제대로 된 광고 공부를 위해 대학원에 진학하였고 석사 학위를 받은 후 지금 회사에 취업을 했다.

심층 인터뷰 대상자 가운데 카피라이터 3, 카피라이터 11, 카피라이터 19 등 3명이 경력 2년 이하의 신참 카피라이터들이었다. 이들과의 인터뷰 주제는 주로 "지식의 획득, 이전, 활용"을 중심으로 진행되었는데, 보다 구체적으로 광고 현장에서 체험한 실무 지식의 수혜 경험을 집중적으로 수집하였다. 그밖에도 광고회사 조직 속에서 경험하는 크리에이티브 디렉터, 선배 카피라이터, 아트디렉터, CM플래너 등 협업적 파트너들과의 관계, 즉 사회적 상호작용도 주요 관심사였다.

카피라이터 3은 이 직능을 수행하는 데 가장 필요한 자질을 글 쓰는 능력보다 "설득하는 방법"이라고 생각하고 있다. 목표고객을 설득하는 핵심 아이디어와 비주얼적인 카피라이팅 발상이 있고 난 다음에 비로소 구체적인 레토릭 발휘가 시작된다는 믿음이었다. 제1장에서 데이비드 오길비가 '카피라이터의 자질'로 언급한 비주얼적으로 생각하는 능력(The ability to think visually)과 일맥상통하는 시점이다. 인쇄광고, TV광고, 뉴미디어 광고까지 카피라이터는 제작팀의 파트너와 협업해야만 한다. 이때 카피와 비주얼이 유기적으로 결합되어야 상승효과가 발생한다. 따라서 광고카피는 항상 비주얼과의 의도적 조화가 필요하며, 카피라이터에게는 탁월한 비주얼 아이디어를 이끌어내는 시각적 언어능력이 핵심적이라는 것이 그의 인식이다.

"옛날에는 카피는 그냥 카피다 생각했는데, 제가 요즘 느끼는 건 광고에서 비주얼 쪽이 더 중요해지고 있다는 겁니다. 비주얼을 보고 카피를 써야 할 일이 많아지고 비주얼처럼 탁 한마디로 다 말할 수 있는 그런 카피를 뽑아내는 능력이 필요하다는 생각이 갈수록 많이 들어요. 근데 그게 신입사원으로서는 아직 힘이 듭니다(웃음)."

카피라이터 3은 카피라이터가 현업 실무를 수행하기 위해서는 새로운 지식을 받아들이는 형태의 교육이 반드시 필요하다고 믿는다. 하지만 이러한 '교육'은 학교의 정규 수업에서 얻을 수 있는 정형화된 내용이 아니라고 생각한다. 회사에 입사해서 밑바닥에서부터 일을 배우는 과정 전체가 교육이라는 것이다. 특히 현재 제작팀의 크리에이티브 디렉터로부터 지식을 흡수하고 받아들이는 것을 매우 중요시하고 있었다. 심층 인터뷰에 응한 신입 카피라이터들 중에서 가장 적극적인 태도였는데, 이를 통해 얻어지는 카피라이팅 실무 지식의 형태는 명시화되지 않은 무엇이라고 생각하고 있다.

"제 생각에 카피라이팅에 필요한 지식은 말로 표현하기 어려운 체험 뭐 그런 형태인데… 하루하루 체험을 통해 배우는 거라고 생각합니다. 제 능력이 부족해서 그런 건지 모르겠지만, 카피 써가지고 가서 팀장님한테 받는 컨펌(confirm)이나 피드백 같은 게 굉장히 도움이 됩니다. 이렇게 고쳐봐라 저렇게 수정해봐라 이런 과정을 통해서 제가 느끼는 체험이 매우 크게 느껴져요… 이건 공짜로 배우는 1:1교육인데, 노하우를 직접적으로 전수받고 가장 가까이 있는 분한테서 도움을 직접 받으니까 더 효율적이고요."

그는 학부 시절에 문학 습작을 많이 했고 대학원 시절에는 다량의 광고 관련 책을 읽었는데, 책을 통해 얻는 지식과 실무에서 얻는 지식의 차이를 이렇게 설명한다.

"한마디로 해석의 차이인 것 같습니다. 그게 뭐냐면, 책은 여러 각도로 해석될 포괄적 여지가 훨씬 많다는 거지요. 읽는 사람이 저자의 의도를 각자 다르게 해석하는 걸 말하는 거죠… 반면에 직접 만나서 사람이 말하는 걸 듣고 배우는 건 훨씬 목적성이 많이 들어가고 의도를 전달하는 정확성이 압도적으로 높지 않은가 생각합니다. 제 생각에는 아무래도 실무에서 훨씬 중요한 의미를 가지는 건 현장에서 직접 제가 선배들이나 팀장님한테 몸으로 배우는 그런 지식이 아닌가 합니다."

카피라이터 4

서울 소재 대형 광고회사에 근무하고 있다. 경력 6년 차 여성 카피라이터로 현재 회사에 오기 전에 인턴으로 입사한 소형 광고회사에 4년간 근무했다. 그녀가 속한 회사는 전체 취급고(billing)에 비해 제작팀원 숫자가 상대적으로 적다. 이 때문에 "팀원들이 집을 여관으로 부릅니다"라고 말할 정도로 업무 강도가 높다. 거기에 더해 인터뷰 시점을 전후하여 크리에이티브 시스템을 팀제에서 페어 시스템(pair system)[3]으로 전환시켰다.

3 아트디렉터와 카피라이터 각 1명으로 구성된 짝(pair)이 서로 아이디어를 교환하면서 작품을 만들어가는 제작팀 구성방식이다. 크리에이티브 디렉터 시스템과 달리 각 페어가 단일 팀 조직 아래 소속되지 않고, 프로젝트 별로 크리에이티브 디렉터가 특정 페어를 지명하는 방식으로 진행되는 것이 일반적이다. 이에 따라 각 페어별 경쟁

이 새로운 시스템은 제작팀 내 크리에이터 간 경쟁을 극대화시키는 특성이 있다. 이에 따라 업무 스트레스가 갈수록 심해지고 있다고 토로한다. 또 다른 특징은 크리에이티브 부티크로 출범한 회사의 독특한 분위기가 남아 있어 기획팀보다는 제작팀의 헤게모니 행사가 뚜렷하다는 것이다. 아트디렉터 출신 대표이사의 카피 결과물에 대한 통제가 인터뷰 대상자 가운데 가장 강력하다는 것도 조직문화[4] 차원에서 주목된다.

카피라이터 4가 카피라이터 직업을 선망하기 시작한 것은 중학교 때부터였다. 대학에 들어올 때 학과 선택에서도 카피라이터 진출에 가장 유리한 학과를 기준으로 삼았으며, 3학년 때부터 사설 카피라이팅 학원을 6개월간 다녔다. 광고에 대한 전문지식을 넓히기 위해 국문학과를 졸업한 다음 다시 신문방송학과를 복수전공하기도 했다.

> "그냥 어린 마음에는 재미있어 보였죠. 그래서 이제 그런 꿈을 갖고 대학 와서도 관련된 이런 저런 수업을 많이 들었어요. 학교 내에서 관련 활동도 하고 그랬죠. 카피라이터란 직업이 재미있을 거 같더라구요. 직장치고는 답답하지 않고 새로울 거 같고, 그런 흥미들이 있어서."

카피라이터 4에게 주목되는 것은 카피라이팅을 위한 자료 수집을 매우

의식과 업무 긴장도가 상대적으로 크게 높아지게 된다. 미국 광고회사 DDB가 처음 정착시킨 것으로 알려져 있다.

4 조직문화(organizational culture)란 "조직구성원들이 조직에서 적응하고 생존하기 위하여 어떠한 행동을 취할지를 알려주는 조직 내 행동 규범이나 규칙"으로 정의된다(Deal & Kennedy, 1982).

꼼꼼하고 체계적으로 한다는 것이다. 자료 수집의 체계성 정도는 심층 인터뷰에 응한 카피라이터들의 선유적 성향, 신입 카피라이터 때 배우고 익힌 자료 활용 습관 등의 변수에 따라 각자 뚜렷한 대비를 보이는 대목이었다. 이 점에서 그녀는 카피라이팅을 위한 방대한 메모와 아이디어 소스를 체계적으로 정리해서 보관하고 있다는 것이 주목되었다. 6년 동안 정리한 자료가 몇 박스나 있는데 그것이 카피라이터로서 재산목록 1호라고 밝힌다. 앞서 살펴본 레오 버넷의 메모 수집 습관을 떠올리게 한다.[5]

아이디에이션에 대한 인식도 관심을 끈다. 카피라이터는 비주얼 발상 능력도 필요하지만 결국 최종적으로는 언어적 발상을 구체화시키는 능력이 없으면 안 된다는 것이 카피라이터 4의 믿음이다. 이에 따라 아이디에이션과 러프카피(rough copy)를 쓰면서 다른 카피라이터들과 뚜렷이 구별되는 독특한 방법들을 활용하고 있었다. TV광고 아이디에이션의 경우 "먼저 서너 구절 정도로 구성된 짤막한 문구를 만들고, 그것들을 풀어나가면서 세부 설명을 문장화시키는" 방식으로 시놉시스 형태의 언어적 표현을 만들고 있다. 한편 인쇄광고 아이디에이션을 위해서는 단어 연상 지도를 만들거나 단어 카드를 조합하는 등 매우 체계적이고 구조적인 방법을 사용하고 있었다.

예를 들어 연상 그물망 방식은 넓은 종이 위에 콘셉트나 개념을 먼저 쓴 다음, 거기에서 연상적으로 뻗어나가는 언어의 그물망을 만드는 것이다. 단어 카드 방식은 복수의 단어 카드를 만든 다음, 명함첩 같이 회전을 시킨 다음 정지를 시키고 이때 교차된 단어를 결합시켜 새로운 구절이나 문장을

5 이 책의 172쪽을 참조할 것.

만드는 것이다. 그녀의 아이디에이션 결과물은 언제나 '언어적 형태'로 나타나고 있다. 심지어 떠오르는 비주얼 아이디어도 일단 언어화시킨 다음 후속 작업을 진행시키고 있었다. 심층 인터뷰에 응한 카피라이터 가운데 아이디에이션 발상 결과물이 '언어'적 형태로 구체화되는 가장 대표적인 사례였다.

> "저 같은 경우는 종이 위에 시트로 정리를 해요. 가장 핵심적인 매체로 TV를 예로 들어보면요, 먼저 어떤 시놉시스 형태로 정리를 해요… 그게 정리가 되면 어떤 한두 가지 특징적인 말로 짤막한 문구로 만들어내죠. 그리고 그것들을 풀어나가는 세부 설명을 페이퍼 위에 쓰고 그런 아이디어를 가짓수대로 쭉 정리를 하는 겁니다."

카피라이터 직업에 대한 만족도를 묻는 질문에 그녀는 "보수 등은 다른 회사에 비해 상대적으로 큰 불만은 없지만" 외국과 대비했을 때 '전문직으로서 광고인에 대한 절대적 대우'는 외국에 비해 우리나라가 많이 부족하다고 토로한다. 특히 광고주와의 관계에 있어 전문성과 수평적 파트너십 문제는 하루빨리 개선되어야 한다는 것이 카피라이터 4의 생각이다.

카피라이터 5

서울 소재 대형 광고회사 소속에 소속된 6년 차 남성 카피라이터다. 학부를 졸업할 때까지 카피라이터가 되기 위한 특별한 공부나 준비는 하지 않았다. 현재 직장에 인턴으로 들어온 다음 정식 채용되어 계속 근무하고 있다. 당시 40명의 인턴 가운데 최종적으로 4명만이 입사를 했다고 한다.

그는 카피라이터에게 특별히 필요한 자질로 프레젠테이션 능력을 제시한다. 아무래도 언어를 통한 설득을 하는 직능이기 때문에 광고주에 대하여 크리에이티브를 설명할 때 아트디렉터보다는 카피라이터가 유리하다는 것이다. 카피라이터 5에게서는 두 가지 독특한 면모가 발견된다. 첫 번째는 카피라이팅 관련 자료를 매우 조직적으로 수집, 정리, 활용하고 있다는 것이다. 별도의 컴퓨터를 마련하여 하드디스크 전체를 자료로 채울 정도로 방대한 수집을 하고 있다. 이들 자료는 아이디에이션, 카피 레토릭 구사 등에 체계적으로 활용되고 있었다.

두 번째는 전략파트에서 실행하는 오리엔테이션 직후에 제품과 관련된 주변의 지인들을 대상으로 독자적 인터뷰를 실행하고 있다는 것이다. 예를 들어 현재 진행되고 있는 냉장고 캠페인을 위해 주변에 목표고객이 될 수 있는 20~30대 주부에서부터 50대 중년 주부까지 16명을 인터뷰했다. 기존의 자사 광고물과 다른 회사 제품 광고를 보여주며 카탈로그 등도 제시했다. 그리고 '어떤 냉장고를 갖고 싶은가?', '어떤 메시지를 듣고 싶은가?' 등을 질문하는 방식이다. 소비자가 광고 제품에 대하여 무엇을 원하는가 하는 인사이트(insight)를 일차적으로 파악하기 위해서라는 것이다.

> "오리엔테이션 끝나고 나와서 제일 먼저 하는 게 와이프가 됐든 어머니가 됐든 주변사람들에게 이 제품에 대해서 듣고 싶은 얘기를 물어보는 거에요. 내가 무슨 이야기를 하면 귀에 솔깃하셨냐 서꾸로 물어보는 거죠. 거기서 큐를, 실마리를 많이 얻는 거 같아요."

카피라이터 5의 케이스에서 주목되는 것은 광고회사의 조직문화와 시스템이 카피라이팅에 미치는 영향에 관련된 것이다. 그가 소속된 회사는 카피라이터 4와 마찬가지로 광고제작팀 조직을 크리에이티브 페어 시스템으로 운영하고 있다. 이 같은 특성이 카피라이팅 각 세부 과업과 카피 결과물의 통제 양상에 큰 영향을 미치고 있음이 나타난다. 현재 회사는 세 개의 크리에이티브 그룹별로 책임 크리에이티브 디렉터(executive CD)을 두고, 각 그룹 아래 4명의 크리에이티브 디렉터와 8개 크리에이티브 페어를 소속시킨 중층적 조직을 운영하고 있다.

그가 속한 크리에이티브 그룹의 경우 제작 진행 방식은 이렇다. 먼저 특정 프로젝트가 시작되면 프로젝트를 책임지는 크리에이티브 디렉터가 그룹에 속한 8개 페어 가운데 복수로 몇 개를 지명하여 제작에 참여시킨다. 때로는 하나의 프로젝트에 2명의 크리에이티브 디렉터가 임명되어, 각각 서로 다른 페어를 지명하기도 한다. 둘째, 각 페어로부터 제출된 아이디어와 시안을 대상으로 경쟁을 시켜서 그중에서 가장 우수한 시안을 선택하게 된다.

이러한 조직 형태가 카피라이터의 개별 과업에 미치는 영향은 무엇일까? 우선 프로젝트에 참여한 각 페어 사이의 상호경쟁이 극대화된다는 것이다. 각 페어별로 일정하게 고정된 광고주가 없이 특정 프로젝트마다 무한 경쟁을 강제하기 때문이다. 당연히 업무 스트레스와 몰입도가 극단적으로 높아지게 된다. 이에 따라 각 페어(카피라이터)는 경쟁에서 이기기 위한 최고의 긴장 상태를 유지하고 다양한 방법으로 자기들 시안을 채택시키기 위해 애쓰게 된다.

카피라이터 5는 심층 인터뷰에 응한 카피라이터들 가운데 유일하게 인쇄광고 시안을 설명할 때, 러프카피 수준에서도 바디카피를 모두 작성한 풀카피(full copy) 상태로 담당 크리에이티브 디렉터에게 제시하고 있었다. 헤드라인과 서브헤드 정도만 쓰는 일반적인 시안 제시 방식보다 몇 배의 시간과 노력이 소요되는 방식이다. 그는 이 같은 방식을 채택하는 이유를 "아이디어 개수는 적더라도 채택 확률을 높이기 위해서"라고 설명한다. 냉장고 캠페인 프로젝트에 참여한 자신의 경험을 그는 이렇게 구체적으로 묘사하고 있다.

> "처음에 캠페인을 시작할 때 3페어 정도가 경쟁을 붙었어요. 그러다가 여러 사정으로 제가 마지막에 남아서 최종 카피까지 쓰게 된 거예요. 이러니까 처음 콘셉트 잡고 그럴 때부터 CD[6]팀 내에서 치열한 경쟁이 벌어질 수밖에 없어요. 서로 경쟁적으로 자기 안을 팔고… 그때 제가 문학적인 이야기를 드라마 스타일로 풀어낸 다음, 제품 특장점을 강조하자는 아이디어를 냈어요. 거기서 제가 낸 슬로건이 살아남았고, 그 슬로건에 맞춘 안들이 광고주에 제시되고 빠꾸를 먹고… 그러다가 마지막으로 현재 크리에이티브로 확정된 거예요."

카피라이터 6

경력 6년 차의 여성으로 지역 소재 독립광고대행사에서 근무하고 있다. 현재 회사는 두 번째 직장으로 첫 직장은 보다 규모가 작았다. 대학에서는 신문방송학을 전공했으며, 고등학교 시절부터 카피라이터 직업을 동경했다고 밝힌다. 첫 직장에는 학과 교수 추천으로 입사했다. "하고 싶은 일을

6 광고계에서 널리 쓰이는 약어로 크리에이티브 디렉터를 줄여서 부르는 명칭이다. 이 책을 통틀어 카피라이터들의 인터뷰에서는 대부분이 이 CD란 단어를 쓰는 것을 발견하게 될 것이다.

하니까 일주일 날밤을 새도 기쁜 맘으로 일하고 싶을" 만큼 카피라이터라는 직업 자체에 만족하고 있지만, 회사에서 카피라이터가 혼자뿐이기 때문에 업무 부담을 크게 느끼고 있다.

그녀는 자신의 조직 내 역할을 축구팀의 미드필더 같다고 표현한다. 이는 제작, 기획, 관리 부서를 포함한 총인원이 15명이며 제작팀 인원도 크리에이티브 디렉터를 포함하여 총 5명인 소규모 광고회사 조직에서 일하는 방식과 관련이 크다고 스스로 평가한다. 특히 지방 소규모 광고회사의 경우는 CM플래너를 별도로 두는 케이스가 드물다. 이에 따라 TV광고 제작 과정에 AE와 카피라이터가 직접 참여하는 정도가 높은 것이 특징으로 나타났다.

카피라이터 6에게서 주목되는 것은, 광고시장 및 광고회사 조직 규모가 상대적으로 작은 지역 광고회사에서 카피라이터가 수행하는 역할에 관한 내용이다. 카피라이터 실체를 체계적으로 이해하기 위한 차별적 비교 샘플로서의 의미가 크기 때문이다. 그녀가 소속된 회사는 (카피라이터 17이 소속된) 크리에이티브 부티크 1개사를 제외하고는, 심층 인터뷰에 참여한 모든 카피라이터 소속 회사 가운데 제일 크기가 작다. 주력 광고주도 광고비 지출이 많지 않은 지역 소재 중소기업이 대부분이다.

이 같은 업무 환경적 특성은 보다 규모가 큰 서울 지역 대형 광고회사 카피라이터에 비해 카피라이팅 각 세부 단계에 어떤 차별적 영향을 미치고 있는가? 먼저 카피라이터의 광고주 오리엔테이션 참여 정도가 높다는 것이다. 특히 주력 광고주인 O수족관의 경우 광고계획이 확정되기 이전 단계인 광고주 마케팅회의에서부터 카피라이터가 참여하는 독특한 양상을 보이고 있었다.

"오리엔테이션은 오리엔테이션인데 광고를 위한 오리엔테이션이 아니라, 전시 사육팀, 마케팅팀, 광고팀이 다 모여서 같이 마케팅 회의를 하는 거예요. 이번 시즌에 호주특별전이 12월부터 시작되거든요. 제가 어제도 O에 갔다 왔는데, 이렇게 행사가 결정이 나면 사장님 주관하에 쫘악 모여서 전체 회의를 하는 거예요. 이때 전시 사육팀에서는 오스트레일리아에서 캥거루를 데리고 올 거다, 그러면 광고팀에서는 이걸 어떤 식으로 광고적으로 포장을 할 거다 이런 식으로 이야기를 하죠. 그러면 마케팅팀에서는 이게 예산이 얼마고, 어떤 매체를 집행할 것이다 라고 설명을 해주고 우리 쪽(광고회사)에서는 보다 구체적으로 집행계획 제안을 하는 거예요. 한마디로 제가 광고 시작 전 단계부터 참여하는 경우가 많다는 거죠."

또 한 가지는 카피라이팅 지식의 획득, 이전, 활용과 관련된 한계이다. 지역 소재 소형 광고회사의 경우 카피라이터가 회사 내에 혼자인 경우가 많은데, 이는 "도제적 쌍방향 커뮤니케이션을 통한 체험적 암묵지 전달하기"로 특징 지워지는 카피라이팅 실무 지식의 획득과 이전에 있어 중요한 한계점으로 작용한다.[7] 특히 신입 카피라이터로 들어왔을 때 어려움을 많이 겪었다는 것이 카피라이터 6의 토로다.

"지방 대행사는 거의 다 비슷한 거 같아요. 저 같은 경우에도 첫 직장에서 3년 조금 넘게 있다가 여기 왔는데 있는 내내 카피는 저 혼자였어요. 특히 CF 만들 때도 CM플래너가 없는 경우가 많은데, 그럴 때는 제작 진행

---

7 이 책의 438~441쪽을 참조할 것.

은 AE가 역할을 하고 시안 만들고 이런 거는 카피가 하고 그런 식이죠. 카피라이터를 두 명씩 두는 그런 회사는 아마 잘 없을 거예요. 아예 없는 경우도 있고. 회사에 제가 처음 입사를 했을 때 사수가 없었어요. 신입으로 들어갔는데 가르쳐줄 사람이 없잖아요. 그래서 AE분이 교육을 담당하셨어요. 그분이 AE 역할도 하고 플래닝도 하고 크리에이티브까지 총괄했어요."

카피라이터 6의 경우 자료 수집 방법에 있어 매우 적극적으로 인터넷과 컴퓨터를 사용하고 있다. 그녀는 컴퓨터에 스캔 혹은 다운받은 자료를 주제별로 방대하게 정리하고 있으며, 그밖에도 책이나 잡지 등의 문서자료를 읽은 다음 밑줄을 그어놓고 그것을 나중에 워드프로세서로 파일화시키는 등 다양한 방법을 활용하는 것으로 나타났다.

카피라이터 7

서울 소재 중형 광고회사에 근무하는 경력 5년 차 남성 카피라이터다. 현 회사에 오기 전에는 두 군데의 작은 광고회사에서 근무했다. 그는 성격이 적극적이며 논리적 설득력이 강하다. 자기가 산출한 카피에 대한 자부심이 크며 그것을 크리에이티브 디렉터 등에게 적극적으로 설명하는 성향도 뚜렷하다. 카피라이터 7은 대학 졸업반 때까지 광고에 관심이 없었다고 밝힌다. 그러다가 4학년 겨울이 되어서 비로소 카피라이터라는 직업이 뭔지 알게 되고 관심을 가지게 되었다. 현재 그는 카피라이터가 자기 적성에 잘 맞는 멋진 직업이라 생각하고 있다. 그리고 카피라이터가 된 경로를 아래와 같이 설명한다.

"저는 공학계열이었는데 학교 다닐 때부터 그게 워낙 맞지 않았어요. 정말 4학년 졸업할 때까지 제가 뭘 해야 될지 몰랐거든요. 그래서 화학과 다니는 선배 따라 제약회사 영업사원 같은 데 이력서 넣고 그렇게 하다가, 우연히 인터넷 서핑을 하던 중에 카피라이터라는 직업을 처음 알았어요. 4학년 2학기 12월 달 쯤에요. 그때까지는 광고 이런 거를 잘 몰랐어요. CF를 누가 만드는 건지 이런 것도 전혀 몰랐고. TV에서 광고만 나오면 무조건 채널을 돌리고 그랬거든요. 근데 카피라이터를 알게 되고 좀 더 자세히 인터넷을 검색하다보니 내 세계하고는 전혀 관련이 전혀 없던 이 직업에 뿅 가게 되었죠."

카피라이터 7은 이 책을 위한 참여관찰 대상자 중 한 사람이었다. 참여관찰 기간 동안 필자는 광고회사 조직 속에서의 다양한 구성원과의 사회적 상호작용을 통해 그가 카피를 발상하고 산출하는 과정 전체를 집중적으로 살펴보았다. 특히 광고제작 회의의 각 세부 단계에 따라 카피라이터의 과업이 어떻게 진행되는가 하는 것이 초점이었다. 이에 따라 첫 회의인 오리엔테이션에서부터 표현콘셉트 도출과 아이디에이션 그리고 구체적 레토릭 구사에 이르기까지 카피라이터 7이 어떤 과업을 수행하는가 그리고 이에 따르는 태도적, 정서적, 행동적 경험은 어떠한가의 자료를 세밀하게 수집하였다. 특히 주목한 것은 카피라이터가 일차적으로 산출한 카피가 어떤 과정과 절차를 거쳐 광고회사 조직 내부에서 게이트키핑(gatekeeping)되고 통제작용을 거치는가의 세부 과정이었다. 관찰 결과에 따르면 카피라이팅 결과물에 대한 통제적 게이트키핑에는 다양한 변인이 작용하고 있었다. 가장 영향력이 큰 순서대로 보자면 첫 번째는 소속 크리에이티브 디렉터의 성향이다. 두 번째는 제작팀 내부에서의 상호관계였고 세 번째는 기획(AE)

부서의 관여 정도로 나타났다. 그의 발언을 들어보자.

"카피에 대한 수정 요구라든지 그런 역할은 실장님(크리에이티브 디렉터를 말함)이 가장 많이 하시죠. 지금 실장님은 제가 쓴 카피에 대해서 뭐 그런 이야기를 많이 하지 않고 수용을 많이 하는 편이고, OOO실장님하고 할 때는 세부적으로 좀 달랐어요. 카피를 이렇게 좀 고쳐봐라 이런 이야기는 안하고, 이 안이 마음에 들면 그 안 자체를 좋아했고 혹시 다른 쪽으로 이렇게 한번 새로 풀어보면 안 되겠냐 그렇게 이야기를 했죠. 라이팅한 결과물에 대해서 뭐라 하는 게 아니라… 거꾸로 기획팀 리뷰 끝나고 광고주 제시 직전에 예를 들어가지고 요런 단어는 좀 빼면 어떻겠냐 이런 이야기가 나오죠. 시안 확정하기 전에."

제작팀 내 다른 직능과의 상호관계에 있어서는 심층 인터뷰에 참여한 대부분의 카피라이터 케이스와는 조금 다른 상황이 발견되었다. 즉 아트디렉터나 CM플래너의 개인적 성향에 따라 오히려 크리에이티브 디렉터보다 더욱 강한 게이트키핑이 시도되기도 한다는 것이다. 하지만 이러한 통제에 대해서는 크리에이티브 디렉터의 게이트키핑과는 달리 지적을 받아들이는 수용 정도가 약했다. 크리에이티브 디렉터와의 수직적 위계관계와 달리(직급 차이와 상관없이) 아트디렉터와의 상호관계가 수평적 특성을 지니고 있기 때문이다.

"OOO 차장 같은 경우는 자기 의견을 많이 주입을 하려고 해요. 저번에 피티(PT)할 때도 몇 번 보셨지만 카피 나온 거에 대해, 말맛이나 뭐 그런 거에 자기 의견을 굉장히 많이 반영을 하려 하잖아요. 근데 저는 그건 카피 영역이라고 보거든요. 카피라이터가 자기 카피 느낌을 가지고 써야 하는데, 그런 지적은 디자이너의 감각이잖아요. 그게 이제 자기가 직급이 높다 이런 식으로 고쳐라 이러면 충돌이 일어나는 거죠. 그때 보셨는지 안 보셨는지 몰라도 제가 수용을 안 했어요. 딱 받아치면서 이거는 제가 알아서 할게요 이런 식으로. 그렇게 내부에서도 의견 상충이 많이 일어나죠."

그는 목표고객 설정에 있어 **타깃 프로파일**을 써본 적은 한 번도 없다. 그보다는 자신만의 독특한 접근을 취하고 있는데, 역발상을 통해 거꾸로 목표고객을 찾아내는 방법이다. 카피라이터 7의 테크닉은 이러하다.

"(AE들이 주는 광고기획서에서) 소비자 일상의 동선을 따라가면서 심층적으로 타깃을 파고들어 묘사한 걸 별로 본 적이 없어요. 저는 기획쪽에서 잡아오는 타깃 분석이 뭐랄까 굉장히 정형화되어 있는 거 같아요. 예를 들면 20대 중반 30대 초반 여자를 얘기해보죠. 자기를 소중히 하고, 커피 한 잔을 마셔도 스타벅스에서 폼 나게 마시고 자기한테 쓰는 돈은 아깝지 않고… 이런 상투적인 얘기들이 자꾸 나오잖아요. 그럴 때 저는 오히려 우리 타깃이 20대 중반에서 30대 초반이다 이러면, 너네는 이런 가치관을 좀 가져라! 이런 모습이 어떠냐? 이런 식으로 제가 어떤 가치관을 오히려 타깃에게 주입하는 쪽으로 시도해봐요."

그는 카피라이터의 아이디에이션이 아트디렉터나 CM플래너 같은 제작팀 내 다른 직능과 다르다는 사실을 강조한다. 즉 디자이너가 일단 비주얼적 발상에서 출발한다면 카피라이터는 언어적 요소를 통해 풀어나간다는 것이다.

타깃 프로파일

일반적으로 광고제작을 위해서는 기획팀에서 간이전략 기획서(브리프로 통칭됨)를 작성해서 전달한다. 하지만 이 문건에 나타난 목표고객의 면모는 제한적으로 묘사되는 경우가 많다. 이 같은 추상적 목표고객 묘사를 보다 생생하게 살아 있는 인간적 캐릭터로 바꾸어주는 것이 바로 타깃 프로파일(Target profile) 작업이다.

"목표고객에 대한 인구통계학적, 라이프스타일적, 심리적 특성을 요약한 다음, 그것에 인간미를 불어넣어 생생하고 전형적인 목표고객의 모습을 만들어내는 작업"으로 정의된다(김동규, 2003). 이 문건에는 목표고객이 아침에 일어나서 저녁에 잠들기까지 하루 일상생활에서부터 취미, 패션 취향, 좋아하는 연예인 등 시시콜콜한 모든 정보를 담는 것이 좋다. 주로 문장으로 묘사되지만 경우에 따라서는 이미지에 부합되는 사진 혹은 직접 그린 스케치를 첨부해도 된다. 어떤 방법을 택하든지 문건을 읽고 나서 목표고객의 모습이 눈앞에 선하게 떠올려지기만 하면 된다. 분량은 A4용지 한 장에 정리될 정도면 무난하며, 완성된 타깃 프로파일은 제작팀 내 파트너들에게 배포하여 내용을 공유하는 것이 중요하다.

"확연히 다른 거 같아요 카피와 디자이너가 좀 더 직급이 높아져서 크리에이티브 디렉터급이 되면 어느 정도 중화가 될지는 모르겠지만, 아직까지 실무 역할에 있는 경우에는 디자이너는 확실히 비주얼적인 요소에서 출발하는 거 같아요. 가령 건설광고를 하는데 럭셔리라는 콘셉트로 접근을 한다고 쳐요. 그러면 디자이너들은 럭셔리를 대체 어떤 모습으로 보여줘야 하는가를 비주얼적으로 생각하면서 팁을 얻는 거 같구요. 그래서 자료를 가져와서 이러이러한 게 럭셔리한 모습이 아니겠느냐 이렇게 풀죠. 반면에 카피라이터는 그 럭셔리란 걸 어떻게 이야기로 풀어서 전달해야 하는가를 언어적인 요소로 생각하게 되지요. 그게 결정적 차이인 거 같아요."

그는 카피라이터로서의 자신을 이공계 출신이다 보니까 논리적으로 생각을 하려고 하는 측면에서 장점이 있다고 생각한다. 반면에 "아무래도 대학 4년 내내 문학 등을 공부한 친구들에 비하면" 언어에 대한 체계적 교육을 받은 것이 아니기 때문에, 미사여구로 아름답게 꾸미고 수식할 수 있는 능력에서 부족한 부분을 느낀다고 말한다. 카피라이터 7에게서 발견되는 가장 특징적인 면모는 카피라이팅을 위한 자료 수집에 큰 비중을 두고 있지 않다는 것이다. 자료가 크게 부족한 경우 인터넷이나 현장방문을 통해 개별적으로 자료를 찾기도 하지만, 이러한 자료 수집 결과가 자신의 아이디에이션과 카피 결과물의 수준에는 그다지 영향을 미치지 못한다고 이야기하고 있다.

"일단 기본 자료는 OT 자리에서 기획들이 주는 자료구요. 전에도 말씀드렸지만 저는 자료에 의존을 하거나 애써 찾거나 이런 거에 좀 소홀한 편이라서, 기획이 주는 자료를 주로 많이 참조 합니다. 그걸 가지고 일단 크리에이티브 작업을 하구요, 그렇게 크리에이티브를 풀다 보면 자료가 추가로 필요할 때가 있더라구요. 이런 아이디어가 나왔는데 이게 사실적으로 근거가 맞나 안 맞나, 그런 경우에는 불확실한 상태에서 리뷰에 제출할 수는 없는 거니까, 이럴 땐 인터넷 같은 걸 통해서 자료를 찾아보고 확인을 하죠. AE들 통해서 광고주한테 이거 좀 확인을 해달라 하기도 하고."

카피라이터 8

대학에서 신문방송학을 전공했으며 현재 회사에 입사하기 전에 TV광고 프로덕션에서 조감독으로 2년간 근무했다. 광고에 대한 관심은 고등학교 때부터 일찌감치 있었다. 그러다가 대학에서 관련 전공을 배우면서 생각이 더욱 뚜렷해졌다. 그는 자신과 함께 있던 크리에이티브 디렉터가 회사를 옮기면서 현재 회사에 입사했고 그 후 카피라이터로 직능을 바꾸었다고 한다.

카피라이터 8은 참여관찰 대상자 두 사람 중의 한 명이었다. 하지만 카피라이터 7과는 카피라이팅 스타일, 자료 수집, 아이디에이션 방법 등에서 대조적 면모를 보인다. 카피라이터 7이 형식적 절차나 문서적 틀을 거의 이용하지 않는 직관적 스타일을 보이는 반면에, 상대적으로 카피라이팅에 대한 치밀하고 조직적인 접근 성향이 강하다. 예를 들어 자료 수집에 있어 기획팀에서 제공한 자료를 포함하여 광고 제품과 관련된 가능하면 많은 자료를 도서관, 인터넷, 경쟁 광고, 일반 서적, 조사보고서 등 다양한 루트를 통해 꼼꼼히 수집한 다음 후속 아이디에이션 작업을 진행하려 노력하고 있다.

> "모아놓은 자료, 아카이브나 캠페인 사례를 적어놓은 책, 이런 걸 보면서 떠올리려 하죠. 예를 들어 이런 어프로치를 우리 제품에도 옮길 수 있겠네? 건설 분양 광고 같은 경우는 다른 사람이 어떻게 썼나 이런 데서 힌트를 얻기도 하고… 타깃 프로파일을 한 번씩 만들어보고는 합니다. 어디에 거주하고 소득 수준, 나이, 그 사람이 어떻게 생활하는지 아침에 일어나서 출근할 때 택시를 타는지 자가운전을 하는지 이런 거. 또 밥을 먹을 때는 뭘 먹는지 여가시간에 뭘 하는지 이런 하루 일상을 한번 쭉 적으면서 타깃에 대한 감을 잡아보려 합니다."

그에게서 주목되는 것은 카피 아이디어 발상 시 그것을 어떤 형태로 구체화시키고 기록하는가의 방식이었다. 종이가 있을 때는 종이 위에, 컴퓨터 작업을 할 때는 바로 워드프로세서에 그리고 기록 도구가 없을 때는 핸

드폰의 녹음 기능이나 메모 기능 등 활용 가능한 모든 기록 매체를 동원하여 순간적으로 떠오른 아이디어를 '캐치'하는 모습을 볼 수 있다.

"아이디어가 생각날 때 종이가 있으며 손으로 쓰는데, 경우에 따라 다른 것 같습니다. 컴퓨터 앞에 앉아 있을 때는 아래한글에서 바로 치구요. 회의 중에 생각날 때는 종이에 적어놓았다가 다시 워드로 옮기죠. 어떤 경우는 급하게 출퇴근하는 지하철 안에서 생각이 날 때가 있는데, 수첩이 있을 때는 수첩에 적습니다. 그게 없을 때는 머릿속에 이것저것 생각하다가 모아가지고 워드로 치거나, 요새는 폰에 녹음을 했다가 나중에 다시 풀기도 하고… 하여튼 안 놓치는 게 제일 중요하죠."

참여관찰 과정에서 카피라이터 8을 통해 집중적으로 수집한 자료는 앞선 카피라이터 7과 마찬가지로 광고카피가 산출되는 구체적 과정에 대한 내용이었다. 카피라이팅 세부 단계마다 일어나는 조직 내 상사 혹은 파트너들의 카피 결과물에 대한 통제 방식도 주목을 했다. 같은 회사에 근무하는 카피라이터 8을 7과 비교하자면 이렇다. 제작회의나 기획제작합동리뷰에서 카피라이터 7이 적극적으로 반박 논리를 펼치고 활발한 승낙획득전략을 구사하는 반면에, 카피라이터 8은 카피라이팅 통제에 대한 반응이 상대적으로 수용적이다. 또한 크리에이티브 디렉터와 기획팀에 대하여 자기 카피를 설득하고 승낙을 얻어내는 전략 구사도 소극적인 편이 발견되었다.

"초창기에는 000실장님이 많이 수정을 해주셨어요. 직접 고쳐주기도 하고 이렇게 써봐라 지적하기도 하고. 그렇게 고친 카피를 가지고 기획팀하고 리뷰하기 전에 최종적으로 다시 보여드리면, 다시 수정을 요구하거나 오케이하거나 해서 그걸 가지고 이제 회의를 하죠… 제가 강하게 제 카피를 설득하는 경우는 적고요, 확신이 좀 덜 생기는 경우는 많이 수용을 하는 편이죠. 어떨 때는 그게 안심이 되기도 합니다. 저 같은 경우 조감독으로 시작해서 카피에 대해서 체계적 교육도 없고 기초도 없이 정신없이 지나온 케이스라서… 기획팀 리뷰할 때 기획에서 헤드라인을 여러 개 중에서 고르고 이거는 좀 고치면 어떨까 제시할 때도 있어요. 그럴 때는 조금 제 주장을 하죠. 바디카피 같은 경우는 이런 거 좀 추가해 달라 그러면 그런 건 추가를 해주고요."

그는 자신의 이 같은 태도의 이유를 고유한 커뮤니케이션 스타일과 함께 전체 경력 연차에 비해 아직 카피라이팅 경험이 많지 않기 때문이라 설명한다.

"제가 귀가 얇아서… 이 사람 말을 들으면 이 사람 말이 맞는 것 같고 그렇죠. CD가 고치라고 하면 설득은 잘 안하고 일단 고쳐봐요. 저도 확신이 없으니까 수용을 하는 편이죠. 저 같은 경우 프로덕션에서 와서 체계적 교육이나 기초 없이 정신없이 흘러온 케이스라서, 고치라고 해서 고치면 오히려 제 마음이 편하고 그럴 때도 있습니다."

카피라이터 9

지역에 소재한 대형 광고회사 지사에 근무하고 있다. 학부에서 신문방송학을 전공한 경력 6년 차 여성 카피라이터다. 인턴 사원으로 입사한 후 본사에서 트레이닝 기간을 거쳐 그 후 계속 지사에서 근무를 해왔다. 입사

후 몇 달 동안 고참 카피라이터와 함께 근무를 하다가 그 후 5년 이상 조직 내에서 혼자 카피라이터 업무를 담당하고 있다. 카피라이터 9는 대학 1학년 때 처음 카피라이터란 직업을 알게 되었다. 그리고 2학년이 되면서 장래 직업을 카피라이터로 정하고 체계적으로 준비를 시작했다. 그때부터 카피라이팅 관련 책을 열심히 읽고 관련 과목을 의도적으로 수강했다. 지역연합 대학생 광고동아리에 들어가서 10차례 이상 광고 공모전에 응모했고 여러 번 수상을 했다. 이 동아리는 사진부, 디자인부, 카피부 등 각 제작 직능별 소 조직이 있었는데, 카피부에 들어가서 습작 연습과 시안 제작 경험을 많이 쌓았다고 말한다.

카피라이터 9는 대형 광고회사 지사 그리고 지역 소재 소형 광고회사라는 조직의 이중적 정체성으로 인해 심층 인터뷰에 응한 다른 카피라이터들과 차별화되는 독특한 경험들이 많았다. 그녀는 현재의 임금 수준, 근무 환경이나 업무 강도에는 만족하고 있다. 하지만 계열사인 대형 광고주 1개를 제외하고 모든 광고주가 중소기업으로 구성되어 있으므로, 광고전략 수립 및 크리에이티브 작업 과정이 비체계적이고 생략된 형태로 진행되는 어려움이 많다고 토로한다. 지역의 중소규모 광고주의 경우 즉흥적 요구에 따라 일정이 다급하게 진행되는 것도 고충 사항이다. 광고제작을 뒷받침해주는 외주업체 인프라가 미흡한 것도 중요한 문제점이라 말한다. 총광고비 집행의 90% 이상이 서울에 집중된 우리나라 광고 산업의 한계가 생생하게 반영된 내용이다. 특히 조직 내에 CM플래너가 없어서 카피라이터가 해당 역할을 맡아야 하는 점이 그녀의 업무로드를 가중시키고 있다.

> "서울 가면 잠잘 시간이 부족할 정도로 일하면서 지내야 되는데 여기서는 아시다시피 그만큼 업무가 세지는 않잖아요. 자기 생활이 가능하고, 내

가 좋아하는 광고 일 하면서 욕심을 약간만 줄이면 다른 걸 더 많이 경험할 수 있다는 게 좋죠… 하지만 아무래도 지역이다 보니까 매체비를 많이 집행하는 그런 광고주가 없잖아요. 그러니까 큰 광고주에서 좀 대규모 프로젝트를 한번 해보고 싶은데 그게 힘들고, 그런 여건이 답답할 때가 많아요. 또 이제 작업을 하다 보면 본사에는 PD[8]가 있는데 지방에서는 그게 안 되니까 카피라이터들이 PD 역할까지 할 수밖에 없거든요. 그게 어렵구요. 외주 부분도 한계가 있지요 아무래도. 서울에 비하면 일처리 하는 수준이나 시스템이나 이런 인프라가 따라가지를 못하는 부분이 있으니까."

카피 산출 세부 과정에 있어서도 차별화된 특징이 발견된다. 광고주에서 소집하는 오리엔테이션[9]에 참석하는 빈도가 매우 낮다는 것이다. 이는 앞서 살펴본 카피라이터 6의 경우 광고주 접촉 및 직접 회의 참석 빈도가 매우 높은 케이스와 두드러지게 차별화되는 것이다. 동일 지역의 유사 규모 광고회사이지만 이 같은 차이가 발생하는 이유는 두 가지로 추론된다. 첫째는 카피라이터 9가 소속된 지사의 핵심 광고주가 그룹 계열사 광고주이기 때문이다. 둘째는, 회사 조직 내 업무 분장의 정도 때문이다. 즉 AE 업무와 제작팀 업무 간 분장이 비교적 명확하다는 것이다.

8 CM플래너를 말한다. 광고계 현장에서 이 두 용어는 자주 혼용되어 사용된다.

9 오리엔테이션(Orientation)은 광고제작 과정의 첫 출발점이다. 주체는 광고주다. 신제품 출시나 새로운 광고캠페인을 위해 광고주는 광고회사 담당AE에게 내용을 알리고 회의를 소집한다. 이때 제품 정보와 기타 마케팅 관련 자료를 제시하고, 광고 제작물의 종류와 크기, 희망 집행 시기 등을 알려준다. 신규 캠페인이 아닌 후속 광고나 제작 규모가 상대적으로 작은 경우에는 AE가 광고주 오리엔테이션에 참석을 한 다음, 광고회사 내부에서 제작팀을 소집하여 회의를 실시하기도 한다.

크리에이티브 브리프

광고제작에 참여한 전체 구성원들이 크리에이티브 작업에 들어가기 전에 공유하는 양식이다. brief란 단어가 의미하듯 가능한 축약된 형태로 핵심 전략 내용을 요약한 문건을 통칭한다. 일반적으로 AE가 작성해서 전략회의를 통해 크리에이티브팀에 제시하고 논의를 거쳐 확정한다.
시장 환경과 광고목표, 표현콘셉트 등을 쌍방이 합의한 다음 동일 서식으로 만들어 나눠 갖는 것인데, 이 같은 합의가 있으면 본격 크리에이티브 작업에 들어갔을 때 개인적 이해와 주장에 따르는 마찰과 혼동이 방지된다. 또한 제작 시간과 경비가 줄어들고 소신 있는 크리에이티브 작업이 가능해지는 등 효율성이 높아진다. 이 양식은 보통 두 가지 목적을 지닌다. 첫째는 사외(社外)의 광고주와 광고회사 간 전략방향을 협의, 조정하기 위한 것이다. 두 번째는 광고회사 안에서 기획팀이 크리에이티브팀에게 광고제작을 의뢰하는 지침서 역할을 한다.

"오리엔테이션에 카피라이터는 잘 안 들어갑니다. 시안 제시할 때 가끔 들어가기는 하지만, 대부분은 기획이 오리엔테이션 가서 자료 받아 오면 그걸 가지고 회의가 시작되지요. 아주 드물게 초기부터 제가 들어간 케이스가 있는데. OO 대학교 광고할 때, 결국 나중에 집행은 안 됐는데 그 학교 전체 홍보물을 다 다루었기 때문에 들어갔구요. 대부분은 기획이 이야기 듣고 정리해서 **크리에이티브 브리프**를 주고 그걸로 회의가 시작됩니다."

카피라이터 10

경력 12년 차(1차 인터뷰 시는 8년 차)의 남성 카피라이터다. 그는 총 2회에 걸친 심층 인터뷰에 응함으로써 카피라이터 1과 함께 이 책의 서술에 큰 도움을 주었다. 광고회사에 입사하기 전에 다른 직종에서 2년 이상 근무한 경험이 있다. 대학 시절 광고 직업에 대한 흥미를 느꼈고 그중에서도 카피라이터에 대한 관심이 컸다. 하지만 이 직업을 갖기 위한 특별한 준비나 공부를 한 적은 없다. 그는 지금 직업이 적성에 잘 맞는다고 생각한다. 광고계에 들어오기 전에 겪었던 다른 업종에 비해 일 자체가 역동적이고 흥미롭기 때문이다. 그는 카피라이터의 역할이 아이디어를 내고 그것을 문장화시키는 전통적 역할에서 점점 통합 지향적으로 옮겨가고 있다고 보고 있다. 제1장에서 살펴본 대로, 스마트미디어 시대를 맞은 카피라이터 역할 변화를 현장에서 민감하게 느끼고 있는 것이다.

> "흔히 카피라이터가 광고의 꽃이라 하잖아요, 거기에 대해서는 동의를 합니다. 하지만 이제 시류가 카피라이터한테 말을 만들어내는 기능뿐 아니라 그보다 더 큰 역할을 요구하는 것 같아요. 그래서 저는 광고 제작의 전체 유기적 구조 속에서 카피의 역할을 주목하고 싶구요. 제가 카피라이터니까 카피가 우선이다 이런 생각은 별로 안 하고 있습니다. 기본적으로는 당연히 카피를 라이팅하는 게 분명히 역할이지만, 이제는 영상이나 전체적 캠페인 구조 이런 걸 생각해야 하는 부분이 더 커지고 있다고 봐요. 크리에이티브 하는 사람들의 역할이 분화되기보다는 좀 더 큰 덩어리의 광고제작으로 모아지는 추세가 아닌가 이렇게 생각합니다."

그는 자료 수집은 물론 아이디어 발상 단계에서도 체계적으로 인터넷을 활용하고 있다. 제작회의에서 아이디어를 제시할 때도 인터넷에서 다운받은 자료사진을 활용해서 '깔끔하게' 출력하는 방식을 택하고 있다. 그에게서 주목되는 것은 크리에이티브 디렉터에게 자기 아이디어를 팔고 카피를 설득하는 방식이다. 카피라이터 10이 소속된 제작팀의 크리에이티브 디렉터는 아이디어 취사선택 방법으로 팀 내 경쟁 프레젠테이션 방식을 운용하고 있다. 이에 따라 그는 감각적이고 잘 읽히는 러프 시안을 만들기 위해 세련되고 유려한 결과물을 만드는 노력을 하고 있었다. 제작팀 내 문화가 카피라이팅 과업의 구체적 단계에 직접적 영향을 미치고 있다는 증거로 이해된다. 그의 말을 들어보자.

> "시안에 붙이는 카피활자를 옛날같이 그냥 명조나 고딕체로 뽑아오는 게 아니라, 젊은 타깃 제품이면 요새 캐릭터체 같은 걸 다운받아서 따로 만들기도 하죠. 시안의 활자 포인트가 얼마고 자간은 얼마고, 장편 얼마를 줬을 때 집중도가 더 있더라, 이런 식으로 제 시안을 더 잘 팔기 위해 외주 프로덕션에서 들어온 시안의 제시 방법을 살짝 차용하는 거죠. 좀 더 정성을 들이고 싶은 사람들은 출력실에 가서 시안을 칼라로 뽑아오기도 하고요. 아무래도 그렇게 만들면 더 잘 먹히니까요"

그는 카피라이터 간에 이전되고 활용되는 지식의 실체를 전형적인 암묵지로 규정하고 있다. 글이나 문서로 전달할 수 있는 내용이 아니라, 현장에서의 직접 체험과 시행착오를 통해 경험하고 자기 내부에 구축해가는 무형적 지식 형태라는 것이다. 그는 이 같은 관점이 스스로 경험을 통해 얻어졌다고 토로한다. 신입 사원으로 입사하자마자 자기 팀의 카피라이터 사수들이 모두 퇴사를 했다는 것이다. 이 때문에 혼자 실무를 거듭하면서 다양한 시행착오를 통해 '몸으로 깨지면서' 오늘날과 같은 기능과 지식을 얻었다고 밝힌다.

"말씀드렸듯이 포장하는 방법, 이런 건 경험하지 않으면 얻기 어렵거든요. 예를 들어 건설광고는 이런 이런 타이틀로 많이 가더라. 그러니까 네(후배 카피라이터)가 재미있고 기발한 안을 많이 내더라도, 광고주 입장에서 봤을 때 기본적인 안 하나 정도를 필히 만들어놓을 필요가 있다. 혹은 지금은 많이 없어졌지만 이런 표현은 심의에 걸리니까 이런 경우에는 살짝 흘리면 된다. 이런 내용들은 문서화하기가 애매하잖아요? 매 건별로 상황과 환경이 다르구요. 건설 광고주 이야기 또 하자면, 예를 들어 이 광고주는 건설회사지만 사장 마인드가 굉장히 패셔너블하니까 감각적으로 가야 한다, 이런 건 겪어 보지 않으면 모르지요. 그런 의미에서 보자면 거의 백 프로 암묵지죠."

카피라이터 11

대형 광고회사에 근무하는 경력 2년 차의 여성 카피라이터다. 인턴사원으로 입사하여 6개월 후 정직원이 되었다. 신문방송학을 전공하면서 대학에서 광고와 카피라이팅 수업을 들은 것 외에 실질적 카피라이팅 교육은 회사에 들어와서 현업 경험을 통해 배웠다. 그녀와는 광고실무 현장에서 선배 카피라이터와 크리에이티브 디렉터를 통해 전수, 획득, 내재화 과정을 거치는 카피라이팅 지식의 실체를 중심으로 인터뷰를 진행했다. 카피라이터 11은 제작 현장에서의 도제적 교육이나 실무 지식의 이전이 매우 중요하다는 의견을 지니고 있다. 개인적 공부를 아무리 해도 얻을 수 없는 노하우와 지식을 얻을 수 있는 유일한 통로이기 때문이다.

"물론 선배들에게만 기댈 수는 없고, 자기가 공부를 하는 게 중요하지만 일을 하는 것을 보고 배우면 일의 속도가 빨라지고 그렇죠. 신입사원이다 보니까 예를 들어 피티 진행할 때 선배들이 하는 걸 보면서 이런 생각을 해요. 나도 저 정도로 확실하고 빨리 내 생각을 구성해서 정리하고 싶다, 근데 저한테는 그게 부족하잖아요… 제일 많이 배우는 경우는 제가 아이디어 내서 안을 보여드리고 난 뒤에 거기서 피드백을 받잖아요. 그때 배우는 게 굉장히 많아요. 그렇게 배운 내용을 다시 책에서 확인하고 아 그래서 이랬구나 라고 이제 몸으로 느끼는 거죠."

이 같은 교육의 방식은 신입사원으로 입사했을 때와 약 1년의 시간이 흐른 현재 성격이 조금씩 달라지고 있다. 최초에는 카피라이팅 원칙에 가까운 원론적인 내용이 위주였다면, 지금은 보다 구체적이고 실질적인 지식 이전이 이뤄지고 있다는 것이다.

"처음 사수, 부사수로 만나서 교육을 할 때와 지금은 조금 달라졌는데요. 더 구체적이고 실질적인 그런 이야기를 많이 해주시죠. 전에는 그냥 한번 써봐라, 그리고 나중에 보고 이건 이렇게 접근하면 더 좋겠는데 정도였어요. 근데 요즘은 점점 더 세부적으로 진짜 광고주에게 시안이 들어가기 전 단계까지 제가 갈 수 있도록 이끌어주세요… 늘 민주적이고 자유롭게 이야기하시는데 요즘은 제가 못 했을 때는 옛날보다 더 똑 부러지게 이야기를 해주세요. 배워갈수록 점점 제가 혼자 설 수 있도록 그렇게 많이 이끌어 가시는데, 그런 식으로 교육을 시키시는 것 같아요."

그녀는 실무 현장에서 배우는 이러한 지식은 구체적 양상이 사람마다 매우 달라서 명확한 순서에 따라 체계적으로 습득되는 것은 아니라고 밝힌다. 그녀가 생각하는 가장 중요한 지식 이전 방식은 자신이 쓴 아이디어나 카피 결과물에 대한 선배 카피라이터의 조언과 피드백이다. 사례를 직접 들어보자.

"예를 들어 아이디어를 정리를 하고 나면 여러 안이 나오잖아요. 10개가 나왔다 그러면 이런 코멘트를 해주시는 거죠. 두 번째 안은 기본적으로 나올 수 있는 안이다. 세 번째 네 번째 안은 정말 아이디어가 뛰어나지만 실제로 방송에 나갈 경우에는 이런 문제가 있고 이런 점이 부족하다. 이런 식으로 하나하나 코멘트를 해주시는 거죠. 그리고 제가 생각의 틀에 사로잡혀서 계속 비슷한 아이디어를 내는 경우가 있는데 그럴 때는 조금 더 생각을 열어봐라, 다른 각도에서 봐라 이렇게 조언을 해주시고."

카피라이터 11은 아직 만 1년을 채우지 않은 경력이다. 맡겨진 업무를 잘 처리해내지 못하거나, 배운 지식을 자기 것으로 제대로 소화 못하고 있다 느낄 때 힘이 들고 좌절감을 느끼는 경우가 많다. 하지만 이 같은 스트레스는 자신의 아이디어가 '팔리고' 그것이 실제 광고작품으로 집행될 때 눈 녹듯이 사라지게 된다고 토로한다. 롤러코스트와 같은 좌절과 만족의 순환적 사이클을 통해 점점 실력이 늘어나고 전문적 지식이 쌓여가는 전형적 과정을 밟고 있는 것이다.

"내가 카피라이터를 언제까지 할 수 있을까, 이런 좌절감이 막 들기도 해요. 과연 이 길이 내 길인가 이런 생각도 많이 하구요. 하지만 저는 아까도 말씀드렸지만, 그게 하나의 단계라고 늘 생각하고 살아요. 계속 좌절하면서 이게 정말 벽이구나 하다가도, 그걸 넘어서게 되면 아 이게 벽이 아니라 위로 올라가는 계단이었구나. 그러니 참고 올라가자, 기어 올라가자. 계속 그런 마인드로 살고 있어요."

카피라이터 12

경력 14년 차의 남성 카피라이터다. 그는 대학 4학년 때 6개월간 한국방송광고공사(현 한국방송광고진흥공사의 전신, 이하 KOBACO와 병용) 부설 광고연구원에 다니면서 카피라이터 직업에 대한 구체적 준비를 하기 시작했다. 첫 직장은 외국계 광고회사였다. 그 이후 TV광고 프로덕션과 일반 회사, 다른 광고회사를 거쳐 현재의 대형 광고회사에 근무하고 있다. 그가 소속된 회사는 10명의 크리에이티브 디렉터 아래 각 10개의 제작팀이 구성된 크리에이티브 팀 시스템을 갖추고 있다. 카피라이터 11은 그중 한 팀에서 차석으로 근무하고 있다. 그는 카피라이터 직업에 대한 자기 만족도가 높았다.

"이 직업에 대한 만족도는 되게 높은 편이에요. 광고일 자체가 워낙에 여러 사람하고 부대끼는 일이니깐 광고업이라는 이 자체가 힘들어서 그렇지, 카피라이팅은 아직도 굉장히 매력적이라고 생각해요."

지금 회사에서 그가 담당하는 광고주는 다국적기업 브랜드가 많다. 그중에서도 스포츠브랜드가 핵심 광고주인데, 주로 글로벌 광고캠페인을 수행하고 있다. 카피라이터 12는 카피라이팅을 위해 사용하는 독특한 방법이 여러 가지 있다. 그중에서 특징적인 것 두 가지를 소개하면 이렇다. 먼저 목표고객을 선정하는 방법론이다. 그는 기획팀과의 최초 오리엔테이션

회의(kick off meeting)에서 전달되는 타깃 오디언스(target audience)에 대한 논란을 최소화하는 것을 좋아한다. 회의에서 결론을 내기보다는 혼자 물러나와 연상적 방법을 통해 개별적인 목표고객 파악 작업을 하기 때문이다. 반면에 문서화된 타깃 프로파일을 작성하지는 않고 머릿속에서 정리하는 방법을 택하고 있다.

> "기획들하고 킥오프할 때 타깃에 대한 정보가 넘어오죠. 그런데 대부분은 이때 타깃이 두루뭉술하게 표현돼서 넘어오기 때문에 이걸 좁히려 이야기를 시작하면 애매하기도 하고 한도 끝도 없이 시간이 늘어져요. 그래서 저는 따로 개인 시간을 내서 연상을 해봅니다. 이런 사람인가 저런 사람인가 찾아보는 게 아니라, 내가 가상의 어떤 한 인물을 만드는 겁니다. 그렇게 설정하고 나서 아이디에이션을 할 때, 저는 마음속에 설정한 그 한 사람을 설득시키자라는 생각을 합니다. 다수를 설득시키기려면 굉장히 어려운 일이지만, 한 사람을 설득시키면 그것이 열 사람 백 사람으로 충분히 늘어 날 수 있다고 저는 생각합니다. 그렇게 가상의 인물을 만들고 그 사람을 대상으로 카피를 쓰는 거지요. 근데 보통 말하는 타깃 프로파일같이 이거를 문서화시키는 건 아니구요. 그냥 제 머릿속에 담아둡니다."[10]

또 한 가지 특징적인 것은, 인터뷰 대상 카피라이터 가운데 가장 직관적인 아이디에이션 방법을 사용하고 있다는 것이다. 예를 들어 아이디에이션

10 구체적 방법은 각기 다르지만, 기획팀에서 주어진 목표고객 속성에 의존하기보다는 카피라이터가 타깃오디언스의 면모를 적극적, 주도적으로 설정한다는 점에서 앞서 살펴본 카피라이터 7과 공통적인 부분이 발견된다.

이 벽에 부딪혔을 때 사진을 물끄러미 보거나, 음악을 들으면서 문제를 해결하는 것이다. 관여도가 높은 제품의 경우 클래식을 듣고 관여도가 낮은 제품은 경쾌한 음악을 듣는 등 역발상의 아이디에이션 방식을 설정하여 실천하고 있는 것이 독특하다.

"사진 보는 걸 좋아하고 또 제가 사진을 찍기도 하니까 사진이 중요한 소스구요… 예를 들어 어떤 사진을 보느냐 하면 되도록 반대 사진을 봐요. 전자제품 광고를 한다 그러면 전자 관련되는 건 되도록 안 봐요. 일부러 동물 같은 거나 자연 같은 거를 많이 보지요. 이런 걸 볼 때 거꾸로 굉장히 도시적이고 첨단적인 아이디어가 나오는 경우가 많아요. 음악도 많이 듣습니다. 일단 공산품이고 고관여 제품이다 이러면 음악도 바하 같은 걸 많이 들어요. 아이디어 자체가 처음부터 끝까지 안정적으로 나와야 되니까. 그런데 튀어도 되는 제품 과자나 뭐 이런 관여도가 낮은 제품은 하드락도 듣다가 비틀즈도 듣다가 하면서 이렇게 하지요."

그는 아이디에이션에 있어 최초 결과물은 언제나 "덩어리" 형태로 나타난다고 말한다. 그것이 무엇인가라는 필자의 질문에 대한 그의 답은 이렇다.

"덩어리라는 건 뭐랄까. 언어, 비주얼, 감각 이런 게 하나로 뭉쳐진 일종의 출발점 같은 건데요. 이건 매체별로 딱 정해져 있는 것도 아니고, 예를 들어 아이디에이션을 할 때 아기의 웃는 얼굴이 하나 떠오르잖습니까. 이게 바로 '덩어리'인데 인쇄 같은 경우에는 이 웃는 얼굴에 거꾸로 상반된 방식의 독특한 헤드라인을 붙이면 그게 아이디어가 구체화되는 거구요. 매체가 라디오CM이라면, 까르르 웃는 소리로 시작하면서 그걸 발전시키면 되고 그렇죠."

카피라이터 12를 통해 집중적으로 확인한 주제는, 크리에이티브 디렉터의 출신 배경이 카피 결과물에 대한 통제에 미치는 영향이다. 그는 현재 회사에 옮기기 직전 회사에서 카피라이터 출신 크리에이티브 디렉터와 함께 일한 경험이 있다. 지금 회사에서는 크리에이티브 디렉터가 아트디렉터 출신이다. 이 두 가지 경험을 비교해보자면, 크리에이티브 디렉터가 카피라이터 출신인 경우 광고주 제출 시안을 위한 카피 정교화 과정에서 단어, 구절, 문장에 대한 반복적이고 구체적 통제가 가해지는 경향이 높다는 것이 발견된다. 반면에 아트디렉터 출신 크리에이티브 디렉터의 경우 "전략에 대한 것은 놓치지 않으려고 하지만, 일단 대세에 지장이 없으면 세부적인 부분은 그냥 카피 의견을 따라서 가는 쪽"이라는 것이다. 두 가지 경험을 비교해달라는 요청에 이렇게 답한다.

"예를 들어서 옛날에 O실장 같은 경우에는 카피라이터 출신이니까 카피의 말맛 이런 걸 굉장히 따졌어요. 심지어 카피 하나를 가지고 광고를 완성하려고 하는 정도까지 생각을 해요. 그런데 지금 CD는 카피의 중요성을 인정하기는 하지만, 그것의 완성도가 전체 광고 완성도를 좌우한다까지 생각은 안 하는 거 같아요. 그보다는 이 광고를 보고 난 다음에 소비자들한테 남는 게 뭐냐 그런 걸 생각해요. 그게 굉장히 서로 다르죠."

카피라이터 13

경력 15년 차의 여성 카피라이터로 서울 소재 대형 광고회사에서 근무하고 있다. 대학 졸업 전까지는 카피라이터에 대해서 구체적으로 지식이 없었다. 언론사 입사에 실패하고 난 다음 이 직업에 대한 관심이 생겼고 사설 학원에서 처음 카피라이팅을 배웠다. 첫 번째 광고회사는 소규모였는데 그 후 프리랜서를 거쳐 대형 광고회사로 옮겼다. 현재 소속된 회사는 세 번째 직장이다. 제작팀 내에서 크리에이티브 디렉터 바로 아래 차석으로 근무하고 있다.

그녀는 광고의 기능과 카피라이터 역할에 대하여 매우 함의가 풍부한 말을 들려준다. 즉 광고라는 것이 결국 제품 콘셉트(product concept)란 번데기를 부화시켜 나비가 되어 날아가게 만드는 존재라는 것이다. 그렇다면 여기서 카피라이터 역할은 무엇인가? 부화된 나비 그 자체를 보여 주는 것이 아니라 광고를 제작하는 사람들이 대체 번데기가 무슨 가치가 있는가? 의문을 품고 흔들릴 때 '이 번데기는 분명히 나비가 될 수 있다'는 제시를 통해 광고의 방향을 잡아주는 사람이란 것이다. 카피라이터의 표현콘셉트 창출 능력이 중요함을 지적하는 말이다. 카피라이터 13은 현재 직업에 만족하고 있는가라는 질문에 이렇게 대답한다.

"광고생활 초창기에는 이 직업을 좋아했어요. 광고란 게 남에게 보여주는 거잖아요? 되게 재미있을 거라고 생각했죠. 처음 시작했을 때 많이 혼나기도 하고 해서 괴로웠지만 함께 작업하는 코워커(co-worker)들과의 삶이 굉장히 즐거웠어요. 근데 제 나이가 서른 살 정도 됐을 적부터 자본주의의 한가운데 있는 직업이라는 생각이 들었고, 직업에 대해서 별로 자부심이나 그런 게 안 들더라구요. 그 뒤에는 별로 좋아하지 않구요. 배운 게 도둑질이라서 하고 있는 케이스죠."

그녀에게 카피 아이디어 발상법에 대해 물었다. 아이디에이션을 위한 자기만의 독특한 방식을 가지고 있지는 않다고 답변한다. 자료를 읽는 중에 우연하게 툭 떠오르는 경우가 많다는 것인데, 하지만 본질적으로 아이디어가 탄생하는 원리는 머릿속에 숙지한 정보나 자료가 숙성되고 발전되어서 부화되는 방식이라고 생각하고 있다. 그건 모든 카피라이터가 유사할 것이며, 명시적으로 구체화시키기 쉽지 않을 뿐 자신도 머릿속에서 늘 그러한 과정이 진행되고 있다 믿고 있다.

> "제가 아는 어떤 카피(라이터)는 단어첩을 사용해요. 어떻게 하냐 하면 단어첩을 서로 크로스시키면서 문장을 만드는 거예요. 예를 들어 왕자가 있고 거기에 교차하는 게 스몰(small)이다 그러면 '왕자가 스몰해졌다' 뭐 이런 식으로… 그런데 저는 그렇게는 안 해요. 그냥 툭 떠올라요. 처음부터 카피를 쓰려고 막 덤비는 스타일이 아니구요, 처음에는 아무 생각 없이 계속 자료를 보는 편이예요. 그렇게 자료를 쭈욱 읽다 보면 툭, 거기에 연관된 단어나 문장 그런 게 떠오르는 거죠."

카피라이터 13을 통해 집중적으로 찾아내고자 한 경험은 크게 두 가지였다. 첫 번째는 카피 결과물에 대한 조직 내외부의 통제, 즉 **게이트키핑** 에 관한 내용이었다. 이는 이 책 2부의 제5장에서 제시되는 "광고 산출 과정의 패러다임"상 '중재조건'[11]에 해당되는 것이다. 주로 광고회사 조직 내부

---

11 중재조건(Intervening condition), 근거이론 연구에 있어 중재조건이란 특정 연구 현상에 영향을 미치는 보다 광범위한 구조적 상황을 의미한다. 중재조건은 주어진 현상의 맥락 안에서 향후 도출되는 '작용/상호작용전략'을 촉진하거나 방해하게 된

게이트키핑

게이트키핑(Gate keeping)은 매스커뮤니케이션 연구에서 비롯된 개념이다. 뉴스 콘텐츠를 생산하는 언론조직 내부에서 뉴스 결정 행위에 '통제적' 영향을 미치는 다양한 변인들의 작용을 설명하는 이론이다. 여기서 통제(control)란 "특정 행위자가 선택을 내리는 데 있어 영향이나 제한을 가하는 다른 행위자의 행동"으로 정의되는데(Oppenheim, 1961), 이 관점을 카피라이팅에 적용해보면 다음과 같은 시사점이 도출된다. 즉 많은 이들이 광고카피를 특정 카피라이터 개인의 독창적 창작 결과물로 오해하는데 그렇지 않다는 것이다. 즉 최종 카피 결과물의 산출에 이르기까지 각 단계별로 다양한 형태의 타율적, 자율적 통제가 이뤄지고 있다는 말이다. 카피라이팅에 있어 통제 개념에 대한 상세한 설명과 사례는 이 책의 4, 5, 6장에서 나올 것이다.

에서의 통제(크리에이티브 디렉터, 제작팀 파트너, 상위 직급 카피라이터, AE, 임원 등)와 조직 외부에서의 통제(광고주, 광고 심의 기관 등)로 나타난다. 두 번째는 동일 패러다임상 '맥락'[12]에 해당되는 것으로, 이는 카피라이터가 지

다. 쉽게 말해 특정 카피라이터가 카피를 창조할 때 그 작업을 억제하거나 혹은 촉진하는 다양한 요인, 즉 카피 산출에 영향을 미치는 광고회사 조직 내부와 외부 구성원의 통제적 작용을 뜻한다. 이 같은 통제가 바로 카피라이터가 산출하는 카피 결과물에 대한 개인 혹은 집단적 작용인 게이트키핑이다. 이 과정 또한 제5장에서 보다 상세한 설명이 나온다.

12 맥락(Contextual conditions)은 일반적으로 근거이론 연구에서 "사람들이 작용/상호작용을 통해 반응해야 하는 상황이나 문제들을 만들어내는 특수한 조건들의 집합 혹은 조건의 양상"으로 규정된다. 특정 현상이 일어나는 것에 영향을 미치는 일련의 조건들이 어떤 차원에 처해 있는가의 위치를 설명하는 것이다. 광고카피 산출에 있어 맥락은 카피라이터의 창작 행위에 영향을 미쳐서 세부 내용의 진행에 다양한 차

닌 선유 요인(先有要因, 자기 검열, 가치관, 광고주에 대한 태도, 광고 제품에 대한 태도, 신체적 부조화)과 업무 수행을 둘러싼 환경 요인(環境要因, 평가 시스템, 근무 환경, 업무 강도)으로 구체화된다.

먼저 카피라이팅 통제에 대해서 살펴보자. 그녀는 카피라이터 초창기에는 자신의 주장을 관철하기 위해 충돌을 마다하지 않는 스타일이었다. 하지만 경력이 쌓일수록 같은 제작팀의 구성원이나 특히 기획(AE)에 대해서나 상당히 유연한 쪽으로 태도가 바뀌고 있다고 밝힌다. 과거에 충돌이 잦았던 경우가 기획부서에서 자신의 카피라이팅 결과물에 대한 게이트키핑을 시도할 때였는데, 현재는 그에 대한 매우 유연한 대응을 하고 있다는 것이다. 그녀는 그 이유를 다음과 같이 실감나게 표현하고 있다.

"AE가 하는 통제는 주로 기획 리뷰 때 일어나는데요, 기획하고 시안 가지고 회의할 때 처음 일어나고 그다음에 광고주에게 갔다 와서 광고주가 고치라 그런다 이럴 때 대개 일어나죠. 문제는 광고주가 진짜로 고치라는 경우가 있고, 광고주는 아무 코멘트도 안했는데 심지어는 광고주한테 가지고 가지도 않고 제가 마음에 안 들어서 고치라고 하는 케이스가 있어요… 기획하고 회의할 때는 AE가 얼마나 자질이 있느냐의 문제가 중요한데, 예를 들어 이게 콘셉트하고 맞는 카피냐 이렇게 질문을 하고 이의를

이를 불러오는데, 구성 범주는 다음의 두 가지로 나타난다. 첫 번째는 카피라이터 심리 내부에 구축된 가치관, 규범, 준거 집단 등을 통해 작업에 영향을 미치는 '선유적 요인' 이다. 두 번째는 특정 조건 속에서의 카피라이팅 작업 수행에 긍정적 혹은 부정적 영향을 미치고 있는 물리적, 정신적 근무 환경 요인이다. 역시 제5장에서 상세한 설명이 이루어질 것이다.

제기하면 제가 억셉트(accept)를 하죠. 근데 자기 개인 취향에 맞춰서 뭔가 좀 더 감성적인 거 없냐 이런 식으로 요구를 하면 그런 통제는 받아들이기가 힘들어요. 콘셉트와 맞고 틀리고가 아니라 "이거 말고 좀 더 우아하면서도 그런 느낌 없어?" 이따위로 나오면 진짜 황당한 거죠. 하지만 그래도 요즘은 거의 안 싸우는 편이에요. 우선 O국장(크리에이티브 디렉터)님이 먼저 커트를 해주시구요, 그래도 계속 AE가 고집을 하면 '그래 알았어. 똥인지 된장인지 써 줄게.' 이렇게 일단 써 줘요. 요즘 들어 제가 느끼는 건 결국 대행사에서는 기획이 이긴다는 거예요. 왜냐하면 그 사람들은 광고주 이름을 걸고 이야기하잖아요. 가장 큰 영향력은 광고주가 발휘하니까, 돈을 내는 사람이 그 사람들이니까 결국은 카피가 져요."

광고카피라이팅에 영향을 미치는 선유 요인을 도출하기 위해 카피라이터 13에게 던진 질문은, 개인 내부 차원의 가치관이나 특정 제품에 대한 선호도가 카피라이팅 작업에 영향을 미치는가에 대한 질문이었다.[13] 그녀의 경우는 제품보다는 오히려 광고주 속성에 따른 영향이 큰 것으로 나타났다.

"제품에 대한 제 관점이나 선입견, 제가 그 제품을 어떻게 보고 있느냐 하는 게 미미하나마 영향을 미치죠. 제가 광고회사라는 조직에 속해 있으

13 이 질문에 대한 심층 인터뷰 참여 카피라이터들의 답변은 강도의 차원에서 다양한 편차를 보였다. 제품이나 광고주에 대한 선입견(bias) 혹은 도덕적, 이데올로기적 판단이 카피라이팅에 거의 영향을 미치지 않는다는 답변부터 상당히 큰 영향을 미친다는 답변까지 스펙트럼의 폭이 넓었다. 카피라이터 13의 경우 제품 요인보다는 이데올로기적 요인이 보다 큰 영향을 미치는 것으로 나타나고 있다. 다른 카피라이터들의 인터뷰 내용을 계속 읽어보라.

니까 싫어도 어쩔 수 없는 거지요. 예를 들어서 죽염치약 광고를 하는데 죽염이 0.0001그램밖에 안 들어 있는 거예요. 그런데도 죽염이 잇몸에 좋다고 광고를 해야 해요. 이런 일들이 콘셉트라는 미명하에 자행되고 있는데, 그럴 때 내가 진짜 소비자들한테 잇몸에 효능 효과가 있다고 얘기하는 게 옳나? 이런 것 때문에 갈등이 일어나죠. 하지만 어째요. 목구멍이 포도청인데 그냥 참아내요… 근데 언젠가 한번은 조선일보 버스광고가 있다 그랬어요. 그래서 저한테 왔는데 다른 건 몰라도 조선일보 일은 못한다, 그래서 제가 그 일은 못 하겠다고 돌려보낸 적이 있어요. 딴 사람 찾아보라고. 조선일보를 기꺼이 보고 그것을 수용할 수 있는 사람에게 시켜라."

카피라이터 14

지역 소재 소형 광고회사에 소속되어 있다. 신문방송학과를 졸업하고 지금 소속된 회사에서 인턴 카피라이터로 시작해서 11년째 근무하고 있다. 현재 직책은 제작팀장이다. 그가 현재 일하는 곳은 대표이사를 포함한 총 인원이 12명인 소규모 조직이다. 우선 그는 광고카피를 마케팅 목표 달성을 위해 소비자 마음에 공감을 불러일으키는 정교한 설득 도구라고 인식하고 있다.

"카피가 직관적으로 탁 나와서 순식간에 소비자를 설득한다 이런 생각하는 사람들이 있을 건데요. 저는 그렇게는 생각 안하고, 카피는 전형적인 마케팅 요소라고 봐요. 하지만 딱딱하고 건조한 그런 설명문은 아니지요. 어떻게 보면 소비자들한테 던지는 조용한 웅변이라고나 할까. 요란하지는 않고 고요하지만 효과 면에서는 웅변이 되어야 하는 뭐 그런 거. 예전에 김태형 선배님이 '가리키는 달을 봐야지 손가락을 보면 안 된다' 하셨잖아요. 핵심은 제품이라는 거지요. 그래서 주변 사람들이나 학교 후배들한테 이런 이야기 한 적이 있죠. 카피는 예술이 아니다. 우리가 만들어 내는 광고물은 결국 판매나 브랜드인지도에 기여하는 행위다 뭐 이렇게."

심층 인터뷰 분석 결과 카피라이팅에 관련된 개별적 자료 수집 방식은 서울과 지역, 회사 규모 차원에 관계없이 인터넷 활용이 일차적 수단이 되고 있었다. 이는 카피라이팅 경력의 다과와도 관계가 없는 현상인데 카피라이터 14의 이야기는 이렇다.

"제가 카피 처음 시작할 때만 하더라도 피시(PC)통신 시절이었어요. 그때는 신문기사 하나 갈무리하는 데도 과정이 굉장히 복잡했죠. 근데 요즘은 너무 쉽잖아요. 거의 모든 상황이 공통되는데 기본적으로 최초로 오더를 받으면 관련된 이야기나 상황을 우선 인터넷으로 검색해서 찾아보죠."

카피라이터들은 보통 오리엔테이션 혹은 기획 회의를 통해 전략 방향과 표현콘셉트를 합의한 다음 개별적 아이디에이션에 들어간다. 이를 통해 최초의 발상 결과물이 나오는 것인데 그 형태는 매우 다양한 것으로 나타난다. 앞서 살펴본 대로 카피라이터 4의 경우 그 결과물이 주로 언어적 형식으로 나타나고, 카피라이터 12의 경우는 언어와 비주얼의 구분이 안 가는 "덩어리 형태"로 나타난다. 반면에 카피라이터 14의 경우는 두 가지가 번갈아 가며 나타난다고 토로한다.

"저는 그 두 가지 방식이 늘 섞여 있습니다. 어떨 때는 개념이나 문장이

언어로 나타나기도 하고 비주얼이 먼저 나오기도 하고. 키워드가 먼저 탁 나올 때는 이거다 주장을 해서 그걸 거꾸로 콘셉트화시키는 경우도 있구요, 제품에 따라서는 그림이 먼저 떠오르는 경우도 있거든요. 제가 카피라이터라고 해서 언어적 개념만을 고집하거나 그렇지는 않은 거 같습니다."

이 인터뷰에서 집중적으로 고찰한 것은, 회사 규모와 광고주 성격 등 다양한 제한적 조건에 처해 있는 지역 소규모 광고회사에서 카피라이터가 수행하는 역할과 기능이 무엇인가에 대한 것이었다. 나아가 그 같은 결과가 서울 지역 대형 광고회사의 카피라이터 역할/기능과 어떤 차별적 양상을 보이는지에 관해서였다. 이 관점에서 보자면 지역 소규모 광고회사 소속 카피라이터는 대단히 차별적인 근무 환경과 맥락에 놓여 있음이 명확히 드러난다. 카피라이터 6에게서도 확인되지만, 우선 회사 조직 내에 카피라이터 자체가 없거나 있더라도 한 명인 케이스가 대부분이다. 이 같은 조건 때문에 신입 카피라이터로 들어와서 실무 지식을 배운데 있어 열악한 입장에 놓이게 된다. 하지만 카피라이터 14의 경우는 인턴사원으로 입사 시 회사 내에 선배 카피라이터가 있어 중요한 도움을 받았다고 밝힌다.

"그때 회사에서 제 사수가 있었어요. 지금은 독립해서 서울에서 (크리에이티브) 부티크 운영하는 OOO씨라고. 업계에서 잘 나가고 있죠… 우리 같은 규모에서 카피라이터가 둘 있는 회사는 잘 없는데 그런 의미에서 저는 운이 좋았어요. 제가 말씀드린 OOO씨는 업계 연차가 저보다 2, 3년 더 됐지만 나이는 저보다 두 살 어렸어요. 남자들은 군대 갔다 오니까. 처음에는 서로 나이하고 경력이 엇갈리니까 어려운 부분도 없지 않았는데, 오랫동안 업계생활 같이 하다보니까 지금은 친구처럼 되었죠. 처음 들어왔으니 제가 카피나 뭐 일적으로 배운 게 참 많았습니다."

지역 소규모 광고회사 카피라이터 업무에서 반복적으로 확인되는 것은 업무 진행에 있어 다양한 멀티플레이어(multi player) 역할을 해야 한다는 것이다. 이는 기본적으로 매출액 규모 때문에 발생하는 것이다. 수주액 및 광고 제작 건수가 상대적으로 적기 때문에 가용 인원을 최소화시켜야 생존 가능한 경영 구조적 문제를 말한다. 따라서 카피라이터가 CM플래너의 역할을 겸하는 경우가 많으며, 조직 규모가 보다 작은 경우 AE의 역할까지 맡아야 하는 케이스까지 생긴다. 여기에 더해 11년차 경력의 카피라이터 14는 회사 분위기를 잡아가고 내부 구성원들을 통솔하는 리더 역할까지 맡고 있다. 그의 이야기를 들어보자.

"기획팀에 팀장 역할 하는 부장이 있지만 일에 워낙 치이니까 제작팀장인 제가 전략 만들고 그래야 할 때도 많아요. 제 위에는 사장님밖에 없으니까 사장님이 의지를 하시기도 하고… 이게 아마 지방 광고대행사의 고질적 딜레마일수도 있는데, 심지어 어떨 때는 제가 기획서를 쓰고 피티까지 해야 할 때가 있어요. 사장님 빼고 제가 나이가 제일 많고 나머지는 다들 20대 후반에서 30대 초반이죠. 지방이니까 아무래도 업계가 타이트하게 굴러가는 경우가 많고, 매출의 8할 이상을 건설회사, 아파트 분양광고에 의존하다 보니까 인쇄광고가 많은데, 딜리버리(delivery) 조정이라든지 이런 게 광고주 일정에 휘둘리는 경우가 많습니다. 그러니 제가 할 일이 많죠. 디자인이 되었건 카피가 되었건 디렉터 역할은 제가 해야 하고, 카피 쓰면서 시간 있으면 피티도 준비해야 하고."

카피라이터 15

총인원 15명의 지역 소규모 독립 광고회사에 근무하는 경력 6년 차 여성 카피라이터다. 지금 회사에 입사하기 전에 보다 작은 규모의 광고회사에서 4년간 근무했다. 대학 시절부터 카피라이터를 지망했고, 관련 수업을 빠지지 않고 수강했다. 광고 동아리에 참여하기도 했고 공모전 준비 등을 많이 경험했다. 현재 직급은 대리다.

카피라이터 15에게서 특징적인 것은 컴퓨터와 디지털카메라 등 IT기기를 활용하여 관련 자료를 수집하고 그것을 아이디에이션에 활용하는 방식이다. 앞서 살펴본 카피라이터 5에 비견될 만큼 체계적으로 IT 기기를 활용하고 있다. 자료는 컴퓨터 하드와 CD를 구워서 보관하는 방식을 병용하고 있다. 그녀의 말을 직접 인용해보자.

> "제가 개인적으로 자료 수집하는 방식은요. 요즘은 컴퓨터 환경이 하도 좋으니까 기존 광고 같은 건 JPG파일로 바로 저장이 되거든요. 레이아웃도 참고하고 카피도 보고 색감도 보고. 이걸 일단 하드에 저장해놓았다가 자료가 많아지면 CD로 구워놓아요. 그리고 디카를 항상 가지고 다니는데, 길 가다가 재미있는 장면이나 아이디어거리 될 만한 건 꼭 찍어가지고 컴퓨터에 저장을 해놓거든요. 예를 들어 중국집 출입문에 재미난 문구가 붙어 있다 그러면 그것도 찍고 시장에서 희한한 장면 봤다 하면 그것도 찍어놓아요. 신문 스크랩이나 잡지 스크랩 같은 것도 따로 모아놓는 편인데, 스캔보다는 그걸 사진으로 찍어서 보관하는 편이예요. 그게 넘쳐나면 또 주제별로 정리해서 CD로 굽고."

그녀에게서 발견되는 독특한 면모 중의 하나는 아이디에이션 방법이다. 자료를 훑어보면서 헤드라인이나 키카피가 저절로 떠오르기를 기다리는 방법 등 다른 카피라이터도 행하는 일반적 방식 이외에 인터넷 배너 광고를 자주 활용하고 있다. 스스로 작성한 메모 방식을 체계적으로 이용하는 것도 주목된다.

"아까 말씀드린 스크랩한 자료나 CD를 공부하듯이 천천히 읽어보면 휙 떠오르는 단어가 있기도 하고 해요. 그리고 독특하다면 독특한 게 하나 있는데, 인터넷 배너광고를 많이 봐요. 사람들 눈을 끌기 위해서 톡톡 튀는 재미있는 말들이 아주 많이 있거든요. 딱 단어가 막힐 때 그런 말들 보면서 역발상도 해보고 이렇게 하죠… 메모를 많이 하는데요. 사무실 책상 위에 방 안에 여기저기 아무 데나 메모를 붙여놓고 그러다 보면 갑자기 탁 생각이 나는 거예요. 어떨 때는 새벽 5시인가 꿈속에서 뭐가 생각이 나가지고 벌떡 일어나서 적어놓고 자기도 했어요. 이어폰 끼고 책상에 엎드려 있으면 남들은 자는 줄 알겠지만 사실 그게 생각하는 거고 시뮬레이션 하는 거구요. 그러다가 떠오르면 탁 메모를 하고…"

카피라이터 15에 대한 심층 인터뷰에서 주로 수집한 경험 자료는 두 가지였다. 이 같은 경험은 서울과 지역의 광고회사에 있어 각기 차별적으로 작용하는 광고시장 환경과 조직 규모 형태가 개인적 카피라이팅 창조 과정에 어떤 영향을 미치는가를 비교 분석하는 데 도움을 주었다. 첫 번째는 지역 소규모 광고회사에서 진행되는 크리에이티브 제작의 시계열적 진행에 대한 것이다. 앞서 카피라이터 14에게서도 보았듯이, 광고주 요구로 인해 제작 업무 스케줄이 무리할 정도로 급히 진행되는 케이스가 많기 때문이다.

"일이 정말 급하게 돌아갈 적에는 크리에이티브 브리프나 이런 것도 생략되는 경우가 많아요. 워낙 급하게 요구를 하니까 AE가 광고주 갔다 오고 회의 소집하면 바로 그 자리에서 전략에서 아이디에이션까지 후다닥 진행해야 하는 거예요. 저희 회사 인원이 적은 데다가 여기 광고주는 일을 빨리빨리 쳐내지 않으면 아주 불만이 많거든요. 그러니까 시장 상황이나 타깃 정보나 이런 것도 AE들이 최대한 주기는 주려 하는데 제가 보기에는 미흡한 부분이 많구요, 이럴 때는 자료를 직접 찾을 수밖에 없고 그래요."

두 번째는 제5장에 나오는 '카피 산출 과정에 대한 패러다임'에서 중재조건에 해당되는 광고주의 게이트키핑에 대한 비교였다. 카피 산출 과정 전반에 걸쳐 광고주 요인이 카피라이팅 통제에 미치는 영향력은 지방이 훨씬 강력하다는 것이 카피라이터 15의 의견이다.

"지방하고 서울하고 환경이 가장 다른 부분이 바로 광고주 성향 아닌가 싶은데요. 한마디로 광고주 입김이 엄청 강해요. 지방 시장이 열악하고 광고주 수준 자체가 높다 하기 힘드니까 그런 거 같은데 이 때문에 크리에이티브가 죽는 경우가 많고요. 매체 선택도 마찬가진데, 예를 들어 AE들이 A 제품 광고에 제일 잘 맞는 프로그램은 B다. 타깃들이 제일 많이 본다 이렇게 설득을 하잖아요? 그런데도 광고주가 하는 말이 "아, 나는 C프로그램을 더 많이 본다. 그러니 무조건 C를 잡아" 이러는 거예요. 카피도 마찬가진데 말도 안 되게 손을 대고 바꾸라고 요구하는 경우가 많아요. 완고한 광고주들이 그만큼 많다고나 할까요. 근데 방법이 없잖아요 바꾸라면 바꾸는 수밖에."

카피라이터 16

공채로 첫 입사한 대형 광고회사에서 4년을 근무한 후, 두 번째 직장인 중규모 광고회사로 옮겼다. 현재 경력 6년 차의 남성 카피라이터다. 학교 다닐 때 카피라이터가 되기 위한 특별한 준비를 한 적은 없고, 4학년 2학기에 광고회사에서 아르바이트를 하면서 이 직업에 처음 매력을 느끼게 되었다. 그가 소속된 회사는 명목상으로는 독립 광고대행사지만 실제로는 그룹 계열 광고대행사 역할을 하고 있다. 총원이 60명 정도인데 반해, 제작팀 인원이 15명으로 상대적으로 제작팀 비중이 적다. 이는 주력 광고주의 특성상 취급고의 절대 부분을 TV광고가 차지하기 때문이다. TV광고는 인쇄광고에 비해 집행 후 장기간 반복 노출이 되는 관계로 취급고 대비 제작팀원의 효율성이 높기 때문으로 설명한다.

그는 매우 차별화된 아이디에이션 방법을 가지고 있다. 책이나 인터넷 신문, 잡지 등에서도 발상의 고리를 찾지만 TV프로그램을 통해서 그 같은 큐(Que)를 건질 때가 많다는 것이다. 특히 목표고객에 대한 인사이트를 발견하는 데 있어 이 같은 방법이 도움이 된다고 말한다.

"TV를 보다가 제가 맡은 광고 타깃에 대한 속성이나 특성 이런 걸 발견할 때가 많아요. 뉴스나 토론 프로그램 같은 걸 자주 보는데요, 그걸 서칭(searching)하다가 문득 탁 걸리는 경우가 있어요. 타깃들이 어떤 사람들인가 뭘 원하는가 이런 거를. 순간적으로 감이 팍 오는 건데, 저는 그걸 낚시한다고 말해요. 한마디로 TV 틀어놓고 낚시하는 거죠. 요즘 여론 조사 프로가 많잖아요. 그런 폴(poll) 프로그램은 사람들한테 물어서 민심을 조사하는 거니까 카피라이터들에게는 휴먼 인사이트, 사람 내면의 근본을 캐내는 데 아주 도움을 줘요."

카피라이터 16의 소속 회사는 소규모 독립 사옥에 있으며 근무 환경이나 분위기가 가족적이다. 이 같은 조직문화 특성이 카피라이팅 과정에 다양한 영향을 미치는 것이 발견된다. 특히 주목되는 것은 카피라이팅 통제 양상에 대한 것이다. 과거 회사에서 현재의 조직으로 옮긴 이후 그가 경험한 가장 극적인 변화는 카피 결과물에 대한 통제 강도와 방식이 크게 바뀌었다는 것이다. 그의 말을 들어보자.

"카피 통제에서 보면 O기획하고 O하고는 스무 배 정도 차이가 나죠. (필자: 스무 배요?) 예 정말 많이 차이가 납니다. 그쪽은 쿠바 정도 되고요. 여기가 일본 정도 된다고나 할까. 물론 다 잘 되려고 그런 거겠지만 저쪽은 카피 탄압이라고 할 정도로 거쳐야 되는 관문이 5개 정도예요. 근데 여기는 1개예요, 그것도 자동문에 지문검식기 수준. 거기는 카피라이터 머리 위에 벽이 5개 정도 쌓여 있고 여기는 그냥 열려 있다 할 수 있어요. 시스템 문제인 것 같아요. 회사가 크다고 좋은 것도 있지만 큼으로써 나쁜 것도 있어요. 다 시스템 때문이죠."

그를 통해서는 특히 카피라이팅 지식 이전 및 도제적 교육에 대한 생생한 체험을 많이 들을 수 있었다. 그가 다닌 전직 회사는 카피라이터들의 상호 결속이 강하고 제작팀 내 선후배 카피라이터 간 도제적 교육 관행이 뚜렷했다. 이에 따라 신입 사원 시절 만난 카피라이터 사수로부터 엄격한 실무 교육을 받았는데, 그때 받은 원칙들이 마음속에 강하게 각인이 되어 있다고 토로한다.

"카피에 형용사나 부사를 많이 쓰면 난리가 났었어요. 그렇게 혹독하게 배웠으니까, 그런 원칙이 무의식에 강하게 남아 있는 거죠. 그런데 LG, 금강 이런 출신들은 형용사, 부사, 접속사 마음대로 쓰더라고요. 그런데서 오는 문화적인 괴리감을 처음에는 좀 느꼈어요. 어떻게 저렇게 부사나 형용사를 마음대로 쓸까?"

최초 아이디에이션 발상 결과물이 무엇인가에 대한 질문에 그는 "인사이트 그 자체"라고 답한다. 이는 카피라이터 16이 소속된 광고회사의 제작 특성에도 부분적으로 기인한다고 평가된다. 즉 일 년에 TV광고를 20편 이상 만들기 때문에 단순한 특정 언어적 발상이나 단편적 스토리 자체로는 아이디어를 작품으로 발전시키는 데 한계를 느낀다는 것이다.

"저는 OO 있으면서는 CM[14]을 할 기회가 별로 없었어요. 고작해야 일 년에 한두 편? 근데 여기 있으니까 CM을 일 년에 20편을 해요. 그렇게 많이 만들다 보니까 이제 생각이 나는 게 광고라는 건 스토리도 아니고 그냥 카피도 아니더라구요. 인사이트를 하나 찾아내는 게 광고더라구요… 요즘 작업하는 게 M 화장품 광고인데, 그러면 그 인사이트를 어떻게 찾느냐. 타깃에 대해서 연구를 해보니까 우리나라 여자들 100명중 99명이 자기가 못생겼다고 생각하는 거죠. 아 바로 이게 인사이트구나. 그건 언어일수도 있고 비주얼일 수도 있고 그냥 상황 자체일 수도 있구요. 그런 식으로 저는 심리적인 걸 중요시해요. 한마디로 마음이죠 마음. 무슨 말을

14 TV광고를 지칭하는 말이다.

했을 때 사람들이 깜짝 놀랄까? 어떤 장면일 때 찌릿찌릿할까? TV에 뭐가 나왔을 때 사람들이 자지러지면서 와! 할까 이런 기대반응을 거꾸로 생각하는 거죠."

카피라이터 17

광고계 경력 19년 차의 여성 카피라이터다. 현재 회사는 두 번째로, 대형 광고회사에서 근무를 하다가 신설된 크리에이티브 부티크에 입사했다. 대학 시절에 카피라이터 직업이 있다는 것은 알았지만 구체적으로 관심을 가지게 된 것은 졸업반 시절 취업 준비를 하면서부터였다. 카피라이터 17이 소속된 조직은 총인원이 9명이다. 대표이사를 제외하고 크리에이티브 디렉터(1명), 카피라이터(2명), 아트디렉터(3명), AE(2명)으로 구성된 소규모 형태다. 소수의 자체 광고주가 있지만 주로 광고회사의 인쇄광고 제작물을 수주한다거나, 광고회사 경쟁 프레젠테이션에 크리에이티브 시안 제공을 주요 업무로 하고 있다.

카피라이터 17의 경험은 일반적인 광고대행사와 조직문화, 업무 특성, 사회적 상호작용 관계 등에서 특징적 차이가 많다. 우선적으로 카피 산출의 각 세부 단계가 일반 광고대행사 조직의 그것에 비해 간략화되거나 생략되는 경우가 많다. 이에 대해 그녀는 회사 내에서 기획팀과 제작팀의 밀착관계가 높고 공동 작업이 많기 때문이라고 설명한다. 시스템이 구조화되어 있기보다는 순발력 있는 대응을 위해 유연하게 짜여 있기 때문이다. 기획팀에서 실시하는 오리엔테이션 회의, 기획팀과 제작팀이 함께 모이는 리뷰, 크리에이티브 리뷰 보드 등이 생략되거나 통합적으로 진행되는 경우가 많은 것이 그 때문이다. 소규모 조직이기 때문에 직능에 따른 업무의 엄격한 분장이 이뤄지기 힘든 것이다. 카피라이터 17은 이 같은 현상의 원인을 "여기서는 우리(카피라이터)가 기획이기도 하고 제작이기도 하니까 리뷰도 게이트키핑도 모두 제작회의에 한꺼번에 진행되는 거죠"라고 설명한다. 지금까지 살펴본 모든 광고회사 조직 가운데, 카피라이터가 수행하는 업무 복합성, 즉 멀티 플레이어(multi player) 역할이 가장 강하다 하겠다.

카피라이터 17이 떠올리는 최초 아이디어 발상 결과물은 언어화된 형태다. 콘셉트 혹은 슬로건 등이 언어화된 아이디어 형태로 떠오르는 것이다. 아이디에이션 과정에서 그녀가 사용하는 독특한 방법 중 하나는 인터넷을 이용한 키워드 검색법이다. 즉 표현콘셉트가 정해지면 그 단어를 인터넷 검색엔진에 친 다음 연관 내용을 검색하면서 아이디어 소스를 얻는 방법이다. 또 한 가지는 시집 제목을 훑어보면서 연상을 하는 테크닉이다. 직접 설명을 들어보자.

"옛날에는 자료실에 먼저 가서 관련 자료를 찾아서 봤잖아요. 이제는 그걸 인터넷이 대신하는 거죠. 예를 들어 '최고'가 콘셉트라 쳐요. 그러면 네이버 같은 데서 '최고'를 한번 쳐보는 거예요. 그러면 최고에 대한 별 이상한 얘기가 다 나와요. 그리고 여기서 하나 더 발전시켜서 '최고의 인물', '최고의 위인' 이런 식으로 다양한 검색어를 넣어보면 이런 문장 저런 문장이 다 나오는데 거기서 아이디어가 될 만한 걸 찾아서 메모 하는 거죠… 그밖에는 음, 시집에서 시 제목들을 쭉 읽어봐요. 그 제목 중에 특별한 게 보이면 그걸 변형하기도 하고 그렇게 해서 건질 때가 있죠."

카피라이터 17에 대한 심층 인터뷰 주목적은 조직 규모와 제작 팀 시스템, 그리고 조직 문화에 따라 카피라이터의 역할이 어떤 차이를 보이는가를 고찰하기 위해서였다. 광고회사 조직 가운데 가장 규모가 작은 크리에이티브 부티크에서 일어나는 카피라이팅 과정은 정규 광고대행사의 그것과 어떤 공통점과 차이점을 보이는가? 가장 먼저 발견되는 것은 급박하게 주어지는 제작 시한 때문에 광고주 오리엔테이션은 물론 표현콘셉트 수립에 카피라이터가 깊이 참여하는 모습이다.[15] 자료 수집도 AE에 의존하지 않고 스스로 담당해야 하며, 헤드라인이나 키카피가 제작회의 석상에서 회의를 통해 전혀 새롭게 태어나는 경우도 많다. 이는 카피라이터 17의 경험과 연차가 높기 때문이기도 하지만 소규모 회사 특유의 기동성과 조직 유연성의 의미가 더 크다. 휘하에 후배 카피라이터가 1명 있지만, 그 역시 카피라이터 17과 유사한 형태의 업무 진행 양상을 보이고 있기 때문이다. 표현콘셉트 수립에 있어 심층 인터뷰에 응한 모든 카피라이터 가운데 가장 주도적 역할을 하는 것도 두드러진 특징이다. 그녀는 일반 광고회사와 크리에이티브 부티크 소속 카피라이터 역할의 차이점을 이렇게 설명한다.

> "완전히 다르죠. 어떤 프로젝트가 생기면 대행사에 있을 때는 일단 AE가 가져온 브리프를 가지고 논의를 시작하잖아요. 그 방향이 맞냐 틀리냐 얘기는 하지만, 방향은 일단 AE들이 잡고 제작팀은 주로 그걸 고치고 합의하고 하는 거잖아요. 근데 여기는 카피라이터가 AE 역할까지 하는 게 제일 달라요. 어떤 방향으로 갈 것인가? 콘셉트를 뭘로 잡을 것인가? 우리 회사에도 기획이 있으니까 자기들도 고민을 하지만, 카피라이터들이 앞

15 이는 카피라이터 15의 경험과 유사한데, 그 경우는 제작 시한의 급박성에서 차지하는 비중이 절대적이다. 하지만 카피라이터 17의 경우는 조직 규모 및 회사의 주력 업무 특성이 더 많은 원인을 차지하고 있는 것이 차이점이다.

서 나가서 방향을 정리하는 경우가 대부분이에요. AE들 연차가 어린 데다 광고주 핸들링하기도 벅차니까. 특히 (광고)대행사 프로젝트 해줄 때는 그런 일이 더 많아요. 그쪽 대행사에서 우리한테 요구하는 게 단순히 표현물만 가져와 달라 이게 아니잖아요. 물론 부티크 성격 따라 다르겠지만, 우리 같은 경우에는 처음부터 로직(logic)을 가져가는 그런 회사이기 때문에 그 역할을 카피라이터가 안 할 수가 없어요."

카피라이팅을 위한 자료 수집에 있어서도 차별적 양상이 나타난다. 일반 광고회사에서는 광고제작 첫 단계인 오리엔테이션에서 광고주나 기획팀을 거쳐 광고 제품이나 서비스에 대한 정리된 자료가 카피라이터에게 제공되는 경우가 보편적이다. 하지만 크리에이티브 부티크에서는 이 같은 일차 자료 수집부터 카피라이터가 수행하는 경우가 대부분이다.

"AE가 자료를 제대로 준다 안 준다, 불만족을 느끼고 말고 할 게 없어요. 우리가 그냥 찾아야 하니까. 왜냐하면 여기는 대행사처럼 따로 업무분담이 안 되어 있어요. 그러니까 AE 너네는 이거 서포터 해줘, 우리는 여기서부터 제작을 시작할 거니까 이런 게 안 돼요. 그렇게 할 수가 없는 조건인 거죠. 그렇기 때문에 부티크에서는 오히려 제작하고 AE하고 잘 안 싸워요. 그게 대행사하고 다른 점인데 여기선 AE랑 같은 입장, 같은 편이 될 수밖에 없으니까. 그게 두드러진 차이 중의 하나죠"

카피라이터 18

대학 시절 광고 공모전에서 여러 번 수상을 했고 인턴사원 1년을 거쳐 대형 광고회사에 입사를 했다. 학교 다닐 때부터 카피라이터가 되기 위한 준비를 철저히 했다고 토로한다. 현재 경력 9년 차의 여성 카피라이터로 부장 직급이며, 지금 회사는 두 번째 직장이다. 카피라이터 18과의 심층 인터뷰는 카피라이터로서의 자기 인식, 카피 산출 과정에 대한 체험, 카피라이팅 지식 이전의 중요성, 방식과 사례, 지식 이전에 긍정적 혹은 부정적 영향을 미치는 영향 요인 등 다양한 주제에 걸쳐 진행되었다. 그중에서 특히 주목되는 것은 지식 이전 혹은 실무 교육의 중요성이 상황에 따라 또는 지식수혜자의 능력에 따라 상대적이라는 관점이다. 나아가 그 같은 이전의 효과는 지식제공자보다도 지식수혜자의 특성에 따라 좌우된다는 인식이 강하다는 점이다. 이는 앞서 살펴본바, 신입 카피라이터에게 실무 교육이 절대적으로 중요하다는 카피라이터 2와는 일정한 차이를 보이는 것이다. 그녀의 말을 들어보자.

> "저는 솔직히 반반인데요. 굉장히 뛰어난 감성을 천성적으로 가진 사람들에게는 오히려 교육이나 이런 것들이 제한 요소가 될 수도 있을 거 같아요. 근데 보통의 재능이라면 그런 교육이 굉장히 중요한 요소일 것 같고, 그걸 통해서 자기 감성이 점점 자라날 수 있다고 봐요. 하지만 반드시 배워야 할 게 있기는 있죠. 흔히들 카피라이터를 글 잘 쓰는 사람으로 착각하는 경우가 많잖아요. 근데 아시겠지만 광고는 거의 다 마케팅이잖아요. 특히 카피 같은 경우에는 시장이나 소비자를 꿰뚫는 눈을 가지는 게 우선인데, 그런 눈을 가지려면 교육이나 훈련이 필요하죠. 이건 시간과 경험을 통해서 얻을 수밖에 없는 것이기 때문에 그렇다고 봐요."

카피라이터 18이 행하는 후배 카피라이터에 대한 교육은 체계적이고 도제적인 방식보다는 실무를 통해서 아이디어 혹은 카피 결과물을 평가하거나 수정하는 방식으로 이뤄졌다. 그녀는 이런 방식 채택의 이유로 카피를 가르치는 사람보다는 배우는 사람, 즉 지식수혜자의 태도 요인의 영향이 컸기 때문이라고 고백한다. 신세대 신입 카피라이터들의 경우 과거에 비해 도제적 교육에 대한 수용 태도가 적극적이지 않고 때로는 부담스러워하기까지 한다는 것이다.

"저도 가르쳐 보려고 노력을 하기는 했죠. 크리에이티브에 관련된 책을 주며 읽어보라든지, 일주일에 한 번씩 신문이 됐건 책이 됐건 네가 가장 중요하거나 감명 깊게 봤던 문구를 정리해서 제출해라 이런 숙제도 주고. 그랬는데 요즘 애들은 워낙 똑똑하고요. 오히려 그런 시도에 대해서 부담스러워하고 귀찮아하고 그런 게 있어요. 옛날처럼 권위적으로 나는 윗사람 너는 아랫사람 이런 개념이 점점 사라지는 광고업계 분위기도 영향이 있구요. 사실은 신문에서 가장 감명 깊게 봤던 광고를 똑같이 베껴서 한 번 써보고 그 옆에 그걸 네 스타일로 바꿔 써봐라, 이런 숙제를 내줬는데 끝까지 개기고 안 해오는 거예요. 우리 때는 상상하기가 힘든 일인데(하하). 그래서 생각을 바꿨죠. 바로 그냥 현업에 뛰어들어서 부딪히고 깨지면서 배워라, 차라리 그게 너희들한테는 더 가슴에 깊이 박히는 학습이 되겠다 이렇게 마음을 고쳐먹었어요. 그래서 저는 실전을 통해서 가르치려고 해요. 다 함께 아이디어를 내놓는 자리에서 요건 요런 문제점이 있으니까 다음번에는 달리 준비해봐라. 이런 식으로 방향을 조금씩 바꿔주려 유도를 많이 하죠."

하지만 러프 카피에 대한 지적이나 수정을 통한 이 같은 교육 방식이 결코 지식수혜자에게 수월하지는 않을 거라는 게 그녀의 의견이다. 구체적 사례를 들어 자신의 교육 방식을 설명해달라는 요청에 카피라이터 18은 이렇게 답한다.

"예를 들어서 이번에 OOO라는 제품을 광고하게 되었는데 이게 7인치 크기인데도 3D기능이 있어요. 근데 얘가 카피를 써왔는데 그냥 커졌다는 데만 초점을 맞춘 거예요. 그러면 제가 말하는 거죠. 2D일 때 화면이 그냥 커진 거 하고는 다르다, 3D가 커졌다는 게 메인이 돼야 된다. 네 카피는 그런 점에서 문제가 있으니까 다시 한번 생각해봐라. 이렇게 키워드를 잡는 방법을 가르쳐주는 거죠. 카피는 말을 이쁘게 하는 게 아니잖아요. 광고의 독특함은 오히려 비주얼이 더 잘 나타낼 수 있구요. 특히 기술 집약적인 제품에서는 USP를 잘 잡아내는 게 중요한데 그런 걸 연습시키는 거죠. 그런 다음 이제 신입 카피가 써오는 거에 대해서 검열을 하는 거죠… 주로 빨간펜으로. 이건 아닌 거 같다 찍찍 긋고 다시 써오라고 보내고. 이런 방식이 어떻게 보면 당사자는 기분이 나쁠 수도 있지만 효율성 면에서는 굉장히 빠르거든요… 바디카피 같은 경우에는 양이 많지도 않은데 애들이 훈련이 덜 되어 있어서 산만하게 쓰는 경우가 많아요. 그때는 좀 집약해서 써라 이건 빼면 좋겠고 이건 넣었으면 좋겠다 이런 식으로 잡아주고 그러죠."

카피라이터 18은 자신의 교육 방식이 체험에서 비롯된 것이며 카피라이터가 지닌 능력은 타고나는 부분이 많아서 교육으로 그것을 키우는 것에는 한계가 있다고 생각하고 있다. 그녀는 지식 이전에 영향을 미치는 영향 요인 가운데 쌍방 간의 상호관계가 중요하다고 믿는다. 후배 카피라이터의 태도가 선배 카피라이터의 지식 이전 동기에 직접적 영향을 미친다는 것인데, 예를 들어 지식을 수혜받는 입장에서 비적극적 혹은 비우호적 태도를 보이는 경우 지식제공자가 굳이 자기 시간을 투자해서 교육을 시도하는 것이 의미가 없다는 것이다.

> "제가 공채 출신이고 선후배 그런 관계가 잘 되어 있는 회사에서 시작을 했으면 저도 그런 교육을 당했을 거고 그걸 똑같이 밑의 애들한테 해주고 싶은 마음이 있겠죠. 근데 저는 사수가 없어서 신입 때부터 바로 카피를 썼는데 오히려 그 때문에 남들보다 조금 더 빨리 배웠다고 생각을 해요. 다른 친구들이 리플렛 카피 쓸 때 저는 매체광고를 만들었으니까요… 아무리 그래도 열심히 하려는 애한테는 하나라도 더 가르치고 싶죠. 근데 스스로 치열하게 클 생각이 없고 오히려 가르치는 걸 잔소리로 받아들이고 반발을 한다, 그러면 제가 굳이 시간과 정성을 내서 가르칠 이유가 없잖아요. 그때는 괜히 시간 낭비하지 말고 아직 젊을 때 딴 길로 가라, 솔직히 저는 그렇게 말을 해요."

카피라이터 19

카피라이터 3, 카피라이터 11과 마찬가지로 입사 2년 차의 여성 카피라이터다. 이들 3명은 주로 카피라이팅 지식 이전에 있어 지식수혜자가 어떤 인지적, 정서적, 행동적 경험을 하는가를 중심으로 심층 인터뷰를 했다. 이 가운데 카피라이터 19에 대해서는 신입 카피라이터 입장에서 자신의 카피 결과물에 대한 게이트키핑에 대한 이야기를 많이 들었다.

그녀는 지금 다니는 광고회사가 대학 졸업 후 첫 직장이다. 학창 시절

카피라이터가 되기 위해 특별한 준비를 한 것은 없었다. 광고 관련 과목을 듣거나 관련 동아리에서 활동하지도 않았다. 그러다가 우연히 대기업에서 개최한 마케팅공모전에 친구들과 참여했는데, 그때 처음으로 카피라이터 직업에 대한 흥미와 관심을 가지게 되었다는 것이다. 그녀는 광고회사 입사 후 카피라이터 업무가 생각하던 것보다 많이 달라서 처음에는 적응이 쉽지 않았다고 고백한다. 특히 실무를 배워가는 입장에서 신입 카피라이터로서 자신이 만든 카피에 대한 조직 내외의 통제적 간섭이 상상보다 심하다는 것이다.

> "카피를 쓰는 데 이렇게 제약이 많은지 저는 잘 몰랐어요. 물론 문학하듯이 마음대로 그냥 쓰는 건 아니라고 알고 있었어요. 그래도 '내가 쓴 한 줄이 TV에 나온다'는 이런 기대감이 있었는데 막상 들어와서 보니까 그게 아니더라구요. 내가 쓴 게 그대로 다 나가는 것이 아니라 팀에서 바꾸고 팀장님이 바꾸고 광고주가 원하는 대로 써줘야 되고요. 책에서 카피라이터들이 '내가 쓴 게 내가 쓴 게 아니다'라고 한 걸 그전에 읽었는데 입사하기 전에는 그게 무슨 말인지 몰랐어요. 입사시험에 합격했다고 들었을 때는 '굉장히 흥미로운 분야에 발을 들여놓았다' 이렇게 생각했는데 요즘은 생각이 좀 달라졌어요."

그녀는 카피라이터가 선배들에게 배우는 실무 지식도 중요하지만 그것은 스스로를 조탁(彫琢)하기 위해 필요한 것이며, 이전받은 지식이 업무 수행에 있어 핵심적 작용을 하지는 않는 것 같다고 말한다. 신세대 카피라이터들 인식의 한 특징이 전형적으로 드러나는 발언이다. 이는 유사한 경력의 카피라이터 3의 인식과 일정한 차이를 보이는 부분이기도 하다.

"카피는 도움을 주고받는 관계가 아니고 독립적으로 써나가는 거니까, 선후배관계도 수직적 관계만은 아닌 것 같아요. 제가 제 카피를 쓰는 데 도움을 받는다는 말에 반은 동의하고 반은 동의하지 않아요. 내 스타일에 맞게 나를 키우고 깎아나가는, 뭐랄까 조탁하는 과정이 제일 필요한 거 아닌가 그렇게 생각해요. 예를 들어 판소리 무형문화재가 있다 치면, 스승님한테 사사를 받아도 그걸 딱따구리처럼 똑같이 따라 부르는 게 아니라 나만의 스타일로 승화시켜 가는 거잖아요. 그거하고 비슷할 거 같아요."

처음 부서 배치를 받았을 때 같은 제작팀에 1년 먼저 들어온 선배카피라이터가 있었다. 카피라이터 19는 그 선배를 통해서 카피라이팅 실무에 대한 최초의 교육을 받고 노하우를 얻었다고 밝힌다. 지금은 세 번째로 옮긴 팀이다. 현재 팀에서는 자기 위에 부장 직급, 대리 직급의 카피라이터가 2명 더 있는데 주로 대리 직급(4년 차)의 선배를 통해 실무에 대한 지식을 배우고 있다. 그녀가 카피라이팅 지식을 이전받은 경험을 1년 차 시기와 2년 차 시기로 비교해서 살펴보면 다음과 같다. 아래 발언은 1년 차 시절이다.

"1년밖에 경력이 더 안 많지만 그 선배가… 남자 선배인데 예를 들어 '잘 만든 것 같은 인쇄광고를 하나 골라서 그거에 헤드라인을 바꿔서 가능한 한 많이 써봐라. 10개, 20개 이 정도로는 안 되고 훨씬 더 많이, 바닥이 날 때까지 계속 써봐라' 이렇게 했죠. 그렇게 일주일에 두 번 정도 숙제를 내줬고 월 단위로는 CF를 한 편 정해서 '왜 그렇게 만들었는지 설명을 쓰고, 너라면 스토리하고 카피를 어떻게 만들고 싶냐?' 재변형을 시켜봐라 이런 식으로 해서 자기한테 보여주라 했어요."

다음은 2년 차 시절이다.

"지금은 우리 팀의 대리님이 저한테 제일 영향을 많이 주시는 거 같은데요. 외부 공모전 같은 것도 몇 번 같이 했고요. 근데 지금은 딱 붙잡아 놓고 시키는 건 아니고 그냥 어깨 너머로 배우는 그런 방식 같아요. 가끔 카피 보면서 이건 이래서 좋고 이건 이런 문제가 있고 이런 정도 조언을 해주시는 거죠"

현재 소속 팀의 분위기는 3명의 카피라이터 각자가 자기 아이디어를 내고 그것을 공개적으로 제시하고 팀장에 의해 선택받는 방식으로 일이 진행된다고 밝힌다. 2년 차라고 해서 특별히 카피라이팅 교육을 실시하거나 봐주는 것도 없다고 토로한다.

"저희 팀 같은 경우는 일이 들어오면, 세 명이 각자 써서 같이 취합한 다음 보자, 그중에서 제일 좋은 거 골라서 정리해나가고 그런 식이거든요. 저한테도 방향을 한번 뽑아와 봐라 이렇게 책임을 주시구요. 그런 다음 모여서 회의를 할 때 부장님이나 대리님 써온 거 보면서 '아, 저런 접근도 있구나. 생각을 좀 외골수로 하지 않고 여러 가지 버라이어티하게 해야겠구나.' 그렇게 생각하고 그분들 색깔을 배우려 하죠… 물론 회의는 팀장님 앞에서 하는 거니까, 팀장님이 말씀을 해주시는 경우가 많고요. 근데 혼을 낼 때는 솔직히 되게 하드하게 혼을 내세요. 어떨 때는 '쓰레기 같은 카피다' 이런 식으로요."

카피라이터 19를 통해 확인할 수 있는 것은, 카피라이팅 지식 이전에 있어서 지식제공자의 적극성 여부가 과거에 '자기 선배로부터 받았던 경험' 정도에 좌우되는 요인이 크다는 것이다. 이는 심층 인터뷰에 응한 복수의 카피라이터들에게 반복적으로 확인되는 내용이다. 즉 자신의 '사수'로부터 체계적이고 적극적인 교육을 받은 경험이 있는 경우는 그것을 '부사수'에게 유사한 형태로 반복하는 것이다. 소극적, 방임적 교육을 받은 경우에는 역시 유사한 형태의 교육을 시행하는 것이다.[16]

"첫 번째 팀에 있던 선배는 자기가 처음 입사했을 때 사수하셨던 분이 그렇게 가르쳐주셨대요. 꼼꼼하고 엄격하게. 혼도 엄청 내고. 그러니까 저한테도 그런 식으로 가르쳐주려고 하셨던 것 같구요. 근데 제가 그 팀에 있었던 기간이 너무 짧다 보니까 교육이 지속되지가 않았어요. 그게 저는 솔직히 아쉬운 부분이 있죠. 그때 계속 선배한테 배웠으면, 뭐랄까, 뭔가를 좀 더 빨리 익혀나가지 않았을까? 근데 두 번째, 세 번째 팀에 있던 윗분들은 카피는 스스로 깨지면서 체득해나가는 거다 이렇게 생각하시는 거 같아요."

카피라이터 20

광고회사 경력 6년 차의 남성 카피라이터다. 현재 회사에 오기 전에 소규모 광고회사에서 3년 동안 근무했다. 카피라이터 20은 청소년기부터 카피라이터 직업에 대한 꿈이 있었다고 말한다. 고등학교 1학년 때 우연히

16 특히 카피라이터 2와 18의 심층 인터뷰 내용을 비교해볼 것.

직업 소개 책자를 보다가 '이 직업은 나랑 정말 잘 맞겠다'라는 생각이 든 이래 한 번도 카피라이터에 대한 희망을 버리지 않았다는 것이다. 그는 대학교 입학 시에도 카피라이터 진출과 관련된 학과를 우선적으로 선택했다. 고교 졸업 후 경쟁률이 111대 1이나 되던 광고홍보학과에 지원했다가 재수를 거쳐 영문학과에 입학했는데 이 역시 카피라이터 진출을 위한 선택이었다. 그의 취업 준비 과정을 직접 들어보자.

"그러면 카피라이터 되는 데 제일 근접한 과가 뭐가 있을까? 국문과는 경쟁력이 없지 않을까 싶었고 영어를 잘하면 더 경쟁력이 있지 않을까? 그래서 선택한 게 영어영문학과였어요. 그리고 대학 들어와서도 계속 광고 동아리 활동이나 이런 걸 많이 했구요… 근데 제가 졸업할 때가 되니까 저 정도 준비한 사람들이 막 넘쳐났어요. 물론 지금은 더 많은 것 같지만, 그때가 광고회사에 사람 몰리는 게 막 시작되고 그런 분위기였죠. 사람을 너무 적게 뽑으니까 상대적으로 경쟁률도 아주 심하고, 그래서 작은 대행사부터 시작을 했어요."

그는 카피라이터는 세부적 레토릭에 치중해서 멋진 말을 뽑아내기보다는 캠페인의 방향을 잡고 핵심적 메시지를 찾아내는 콘셉트츄얼리스트(conceptualist)가 되어야 한다고 믿는다.

"아이디어를 잘 내는 것도 중요하지만, 전체적으로 광고를 끌어가는 키 컷, 키카피, 키 콘셉트를 찾아내는 콘셉트츄얼리스트라고나 할까, 이런 쪽이 굉장히 중요하다고 봐요. 말장난이라던지 워싱(washing)[17]이라던지 이런 세세한 디테일은 다음 순서가 아닌가 싶어요. 물론 카피는 제대로 말맛 나게 글을 뽑아내는 게 주 업무지만, 디자이너나 PD에 비해 오히려 그런 쪽에서 경쟁력을 가져야 되지 않을까? 저는 그렇게 생각을 해요."

통상적으로 오리엔테이션과 전략회의가 끝나면 합의된 표현콘셉트를 바탕으로 크리에이터들은 개별 아이디에이션에 들어간다. 앞서 살펴보았듯이 이때 떠오른 최초의 아이디에이션 결과물은 천차만별의 양상을 띤다. 카피라이터 20의 경우는 개념을 중심으로 언어적 발상과 비주얼 발상이 불규칙하게 뒤섞인다고 말한다.

"최초 출발은 개념인거 같아요. 방향이죠 방향. 그 다음에 무슨 워딩(wording)이 딱 떠오를 때도 있고 어떨 때는 그림이 딱 떠오를 때도 있어요. 예를 들면 어떨 땐 황당하게 무슨 층계 같은 모양의 비주얼이 툭 나타나요. 그럴 땐 조금 짜증이 나지만, 일단 '층계'라는 워딩을 만들고 후속으로 카피를 만들어보는 거죠. 어떨 때는 워딩이 딱 나왔는데 그게 너무 마음에 들면 그다음에 그 워딩에 따르는 그림을 찾는 겁니다."

그는 6년 차 대리 직급임에도 소속 제작팀원들의 경력 연차가 많아서 팀에서 막내 역할을 하고 있다. 이 같은 조직 환경이 팀 내 아트디렉터나 CM 플래너와의 사회적 상호작용 관계에 중요한 영향을 미치고 있음이 발견된다. 심층 인터뷰에 응한 비슷한 연차의 카피라이터들에 비해서 카피 결과물에 대한 통제 빈도 및 강도가 상대적으로 높다는 것이 특징이다.[18] 또 한

---

17 일단 도출된 러프카피를 보다 정교화시켜 세련되게 발전시키는 것을 뜻한다.

가지는 카피 결과물에 대한 기획팀의 게이트키핑이 심하다는 것이다. 이는 명백히 그가 속한 회사의 조직문화에 따른 영향으로 분석된다. 특히 기획 리뷰 단계에서 AE들에 의한 강력한 카피 수정 요구가 이뤄지고 있는 것이 특징이다.

"다음으로 이제 기획팀하고 회의를 하는 건데, 제가 썼던 카피랑 그림을 앉혀가지고 CD 주재하에 회의를 해요. 이 비주얼에는 카피가 한 줄 더 필요하지 않냐 아니면 그림이랑 카피가 안 맞으니까 톤 앤드 매너(ton and manner)를 좀 바꿔주라 이런 요구가 들어오죠 기획팀에서요… 우리 CD가 다 보고 난 후에 기획들 보여주는 건데도 이건 좀 빼주세요. 제품사진 어떻게 해주세요. 이렇게 이야기하는 경우가 많아요. 회사마다 다르겠지만 여기는 권력의 힘이 기획 쪽에 치우쳐 있어서 그쪽 입김이 좀 센 편이예요."[19]

그는 카피라이팅 과정에서 인터넷을 효과적으로 활용하고 있다. 자료수집은 물론, 아이디에이션을 할 때도 인터넷을 집중적으로 이용하고 있다. 반면에 개인적인 자료나 아이디어를 메모하고 정리하는 것에는 크게 신경을 쓰지 않는 편인데, 그 이유를 다음과 같이 설명한다.

18 카피라이터 5도 제작팀 내에서 연차가 낮다. 하지만 소속 회사가 대단위 제작 조직 내 크리에이티브 페어 시스템을 채택하고 있기 때문에 단일 크리에이티브 디렉터팀에 고정되어 업무를 진행하는 카피라이터 20과는 카피 결과물에 대한 통제 양상이 크게 다르게 나타나고 있다.

19 이 책 121~122쪽에 묘사된, 현대광고업 개척기의 제이월터톰슨(JWT) 사례를 떠올려보면 재미있을 것이다.

"인터넷에 온갖 데이터베이스 같은 것들이 잘 되어 있잖아요. 선배님들한테 카피라이터는 메모하는 습관을 들여야 된다고 이야기를 많이 들었어요. 하지만 저는 그거 잘 안 해요. 왜냐하면 지금은 탁 치면 나오니까. 정말로 저는 회사에 인터넷이 없으면 일을 못할 것 같아요. 또 하나는 컴퓨터가 없으면 (카피를) 못 쓴다는 거예요. 손으로 글씨로 쓰면 왠지 아닌 거 같거든요."

카피라이터 21

광고계 첫발을 카피라이터로 시작한 경력 20년 차로 현재 대형 광고회사에서 크리에이티브 디렉터이자 이사 직급으로 근무하고 있다. 광고를 시작하기 전에는 방송국 스크립터와 외국인 회사 등에서 짧게 근무했다. 현재는 그녀가 다닌 네 번째 회사다. 카피라이터 21과 필자는 주로 변화하는 광고산업과 카피라이팅의 거시적 트렌드, 나아가 그러한 환경 아래 진행되는 카피라이터 역할의 변화를 주제로 인터뷰를 진행했다. 그녀는 오프라인과 온라인 콘텐츠를 불문하고 메시지 본질을 창조하는 광고카피의 힘은 변하지 않겠지만, 급속히 바뀌는 미디어 환경에 맞춘 카피라이터 역할의 진화가 반드시 필요하다는 생각을 하고 있다.

현재 휘하에 ATL을 제작하는 팀과 디지털 베이스의 인터랙티브(interactive) 광고를 제작하는 실험적 팀을 함께 두고 있다. 심층 인터뷰에 응한 카피라이터 가운데 그녀는 광고산업의 물적 기초가 획기적으로 진화하는 추세에 대한 가장 강한 문제의식을 지닌 사람이었다. 광고 크리에이티브와 카피라이팅의 본질이 빠르게 변화하고 있는 것도 결국 이러한 하부구조적 변화에 기인한다는 것이다.

"OO기획 같은 경우는 굉장히 빨라요. OO전자가 모체이고 거기가 워낙 디지털로 컸기 때문에 광고주 논리를 따라가는 거죠. 칸(국제광고제)도 디지털로 상을 받았고 갈수록 인터랙티브 일을 하는 팀이 늘어나는 추세예요. 우리나라는요 삼성이 움직이고 현대가 움직이면 다른 모든 광고주들도 따라서 움직여요. 이 두 그룹은 베이스가 달라요. 디지털과 자동차라는 기술을 갖고 있기 때문에 앞서갈 수밖에 없는 거고. 우리 그룹 같은 보수적인 집단도 이제 점점 경영진들이 시대의 흐름을 캐치하는 분위기예요. 우리 대표이사님도 디지털을 알아야 된다 생각하시고, 디지털 빅데이터를 연구하시고 그러거든요. 극도로 보수적이었던 광고주들도 SNS 계정을 만들기 시작했어요. 왜냐하면 거기서 하는 이벤트가 오히려 더 짭짤하다는 걸 알게 되었거든요. 비용 대비 효율성이 크고, 생산되는 콘텐츠들이 사람들 사이에 바이럴(viral)을 만들어내는 걸 알게 된 거죠. 보세요, 요즘 사람들이 뭘로 검색을 하나요. 예전에는 티비를 봤지만 이제는 스마트폰으로 인터넷하고 유튜브 보면서 정보를 찾잖아요. 특히 어린 세대일수록 글자보다는 동영상이예요. 이런 매체들의 효율성이 TV광고보다 훨씬 높다는 걸 광고주들이 캐치하기 시작한 거죠. 디지털광고회사들이 엄청나게 늘어나는 게 그 증거예요. 이제 이런 흐름은 바뀔 수도 없고 더 거세게 일어날 거예요."

그녀는 스스로 회사에 요청을 해서 디지털광고팀을 신설했다. 그리고 자기 스스로가 20년간 ATL을 했기 때문에 새로운 조직을 만들기 전에 6개월간 다른 인터넷광고회사에 인턴으로 파견을 나갔다고 한다. 과거에는 광고인들이 회사에서 나와서 차리는 업종이 주로 4대 매체 제작 위주였는데 이제는 주류가 디지털광고회사인 것을 보면, 앞으로 광고산업이 어느 방향으로 갈지가 분명하다는 것이 그녀의 인식이다.

"제가 임원이 되자마자 대표님한테 부탁을 드렸어요. ATL에서 20년간 일을 하다 보니까 너무 같은 패턴으로 일을 하는 게 싫었거든요. 아이디어 발상도, 캠페인 키워드 만드는 것도 이제 재미가 없는 거예요. 세상이 급속히 바뀌는데 못 따라가는 느낌도 들고. 그래서 6개월 동안 디지털 회사의 아는 지인들을 많이 만났어요. 그리고 그 회사로 인턴을 나간 거죠, 수습은 아니고 파견으로. 왜냐하면 제가 디지털을 모르고 흐름을 모르니까 현장에서 보고 들어야 하니까. 그런 회사 CEO들이 대충 제 나이예요… OO기획에서 나온 AE가 차린 인터랙티브와 디지털 콘텐츠 만드는 회사가 OOO인데 일 년 사이 인원이 80명이 늘었어요. 거기는 TV광고도 하고 음악, CG, 카투니스트(cartoonist)까지 다 있어요. 예를 들어 한류에 대한 콘텐츠를 만들어서 실시간으로 외국에 디지털로 쏘는 거예요. 이런 식으로 이제 ATL하고 디지털이 융합이 되고 있고 전체 흐름이 그리로 가고 있어요. 그러니 카피라이터도 안 바뀔 수가 없는 거죠."

그녀는 향후 카피라이팅 업무가 기존의 전통적 매체와 관련된 영역과 새로운 디지털미디어에 관련된 영역의 두 가지로 분류될 것이라고 예측한다.

"두 가지로 분류될 것 같아요. 지금도 기존의 전통매체에 목숨 거는 친구들이 있어요. 아직까지는 TV광고가 유효하고 4대 매체가 광고대행사의 생명줄이잖아요. 광고주들 생각이 많이 바뀌었다 해도, 경쟁 PT를 붙이면 여전히 메인은 TV광고구요… 아직까지는 TV광고에 매력이 있는 거예요. 당분간 이런 추세는 변하지 않겠죠. 하지만 디지털 쪽으로 분명히 새로운 영역이 개척되고 있어요. 준비를 안 하면 안 돼요."

카피라이터 21은 이러한 변화 트렌드가 명확함에도 불구하고 카피라이터들이 아직까지 기존의 ATL 제작 관행에 익숙해져 있다고 지적한다. 후배 카피라이터들에게 조언을 하고 충고를 하고 있지만, 아직까지는 4대 매체 제작이 중심인 상황에서 걸려 있는 업무 부담 때문에 카피라이터들이 알면서도 준비를 제대로 못하고 있음을 아쉬워한다.

"많이 이야기를 하죠. 지금까지 선배들한테 배웠던 거를 버리고 스토리텔러가 돼야 된다. 그러니까 판이 전체적으로 무너졌다 생각해라. 너도 생각 바꾸지 않으면 새로운 시대에 접근을 못한다. 공부 좀 해라. 그런데 트렌드가 분명히 바뀌는 게 사실이라 해도, 아직까지 현장은 매체광고 그중에서도 TV광고가 메인이라는 생각을 다들 해요. 지금 것도 쳐내기 바쁜데 언제 새로운 트렌드를 공부하고 거기에 적응하느냐 이런 생각이 강한 거죠."

그러나 이 같은 거시 트렌드 변화와 상관없이 미디어나 광고 환경이 아무리 변해도 여전히 스토리와 메시지가 콘텐츠의 중심이라는 것이 그녀의 확신이다. 콘텐츠가 첨단화될수록 오히려 스토리텔링이 더 중요해지기 때문이라는 것이다. 그런 입장에서 휘하에 새로 만든 디지털팀에 스토리텔러로 카피라이터를 뽑지 않고 다른 쪽에서 사람을 데려올 예정이라고 밝힌다. 그녀의 이러한 발언은 미디어생태계의 거대한 변화 흐름 속에서 카피라이터의 기능 변화와 관련되어 중요한 시사점을 던진다.

"디지털 베이스 콘텐츠에는 오히려 전통적인 카피를 썼던 사람들이 매력이 없어요. ATL에 익숙해 있으니까 한계가 있어요. 사실 SNS에서 드라마를 한 번 만들고 싶어서 제가 카피라이터한테, 그중에서도 머리가 말랑말랑한 애한테 스토리를 정해주고 "멘트를 한번 써봐라" 했어요. 근데 카피의 전형적인 모습, 앞에 내레이션 치고 중간에 키워드 잡아주고 이렇게 나오는 거예요. 그게 마음에 안 들어서 새로운 팀을 꾸리면서 네이버에서 작가 한 명을 컨택했어요. 딱 보니까 걔는 디지털에서 돌아가는 글의 흐름을 아는 거예요. ATL이나 BTL 같은 오프라인은 하나도 몰라도 모바일에서 어떤 글이 인기가 있고 관심을 모으는가에 대해 굉장히 민감해요. 요새 디지털로 소설을 많이 읽는데 그걸 읽는 애들은 깊이가 없고 항상 사건 중심이라는 거예요. 그러니까 굉장히 자극적으로 해야 빠져들게 만들 수 있고 뭘 하면 빠져들까 그런 키 콘셉트를 딱 아는 거예요."

3. 자기 인식, 취업 동기, 업무 환경 그리고 교육 시스템

1) 카피라이터들의 자기 인식

광고 전문인으로서 카피라이터들은 스스로 정체성(self identity)[20]과 업무 특성 그리고 조직 내 역할 등에 대하여 어떤 생각을 지니고 있는가? 카피라

20 자아동일성이라고도 불린다. 원래 독일의 철학자 헤겔에서 비롯된 개념으로, 시간이나 장소의 변화에도 불구하고 변하지 않는 내적 실체를 의미했다. 이후 문학, 사회학 등의 다양한 학문 영역에서 의미적 변주를 거쳤는데 일반적으로 특정인이 스스로가 지닌 자아 본질과 독특성에 대하여 일관되고 안정된 인식을 하는 것을 말한다.

이터들의 그러한 인식을 이해한다는 것은 오늘날 카피라이터의 본질을 이해하고 앞으로 이 직업의 기능과 업무 특성이 어떻게 변화해갈 것인가를 예측하는 데 중요한 가이드라인을 제공한다. 디지털 플랫폼을 기반으로 매체융합적인 특성을 지닌 '(과거의) 광고 같지 않은 광고', '범주화가 어려운 광고'들이 속속 등장하는 현재 우리나라 카피라이터들이 지닌 자기 인식에 대하여 살펴보기로 하자.

심층 인터뷰 자료를 분석해보면 다음 사항이 발견된다. 첫째, 이들의 자기 인식은 경력 정도, 선유 요인, 조직문화 등의 차원에 걸쳐 획일적이지 않고 매우 다양한 차별성을 보이고 있다는 점이다. 예를 들어 카피라이팅을 자유로운 발상의 소산으로 이해하며 제품과 목표고객의 인사이트 핵심을 꿰뚫는 직관적 창조를 거쳐 카피가 태어난다고 믿는 카피라이터가 있다. 반면에 카피라이팅은 광고제작팀 내부 구성원 간 쌍방향적 상호작용을 통해 최종적으로 구체화되는 커뮤니케이션 결과물이라 생각하는 사람도 있다. 창조적 즐거움을 주는 유희에 가까운 직업으로 카피라이터를 인식하는 차원부터 "목구멍이 포도청"이라는 현실주의적 인식에 이르기까지 폭넓은 스펙트럼이 나타난다.

둘째, 하지만 동시에 이들 카피라이터들이 지닌 공통적 인식을 찾아볼 수 있는데 그것은 광고회사 조직 내 그리고 제작팀 내에서 수행하는 핵심적 역할에 대한 자각이다. 심층 인터뷰에 참여한 카피라이터들은 아이디에이션을 거친 언어메시지 구체화라는 본연의 역할 이외에도 카피라이터 역할을 보다 광역적으로 인식하고 있었다. 예를 들어 기획팀과 제작팀을 이어주는 중간다리 역할에 대한 인식은 기본이다. 그밖에도 크리에이티브 전략의 방향성을 제시하고 표현의 핵심을 제공하는 등 광고 제작 전역에 걸쳐 핵심적 기능을 수행하고 있다는 자각이 뚜렷한 것이다.

셋째, 이들은 카피라이터 직업을 둘러싸고 불어닥치는 거시적 역할 변화 흐름을 주목하고 있으며 크든 작든 자신의 롤 플레이(roll play)에도 이를 반영하려고 노력하고 있다. 하지만 그러한 판단에도 불구하고 현실 업무의 부담, 개인적 준비 여력 부족 등으로 인해 4대 매체를 중심으로 하는 전통적 카피라이터 역할을 벗어나기 힘들어 하는 모순적 경향이 발견된다.

넷째, 카피라이터들의 경력 연차에 따라 특징적 차이가 나타나고 있다는 것이다. 즉 경력이 길수록 전통적인 카피라이터 역할로서 광고언어 창출에 비중을 두는 경향이 발견된다. 반면에 경력이 짧을수록 그 역할을 단순 언어기호 창출을 넘어 보다 통합적이며 확장적으로 이해하고 있다는 점이다. 이 책에서는 이처럼 다양한 스펙트럼을 보이는 '카피라이터의 자기 인식'을 분류하고 이름을 붙여 아래와 같이 11가지로 개념화했다.

(1) 정의 내려주는 사람

광고콘텐츠 창조 과정에서는, 크리에이티브 발상에 앞서서 광고기획(AE) 파트에서 제품, 시장, 소비자에 대한 다양한 자료와 전략 방향이 제시된다. 문제는 이와 함께 핵심적 인사이트까지 제시되는 경우는 매우 드물다는 것이다. 따라서 캠페인 전반에 걸쳐 소비자 마음속에서 제품이 차지하는 포지셔닝을 잡아내고 그것을 명확히 해주는 작업이 필요한데, 이렇게 (광고) 제품이나 서비스에 대한 정의(定義)를 내려주는 사람이 카피라이터라는 인식이다.

> "아직도 카피라이터를 희뜩한 글 한 줄 잘 쓰는 사람으로 이해하는 분들이 계시잖아요. 우리 회사 특성일지 대행사 추세인지 단언드릴 수는 없지만, 저는 카피라이터가 '제품이나 서비스에 대한 정의'를 내려주는 사람

이 아닌가 생각해요. 요즘은 광고 대상 제품에서 USP를 찾는 게 쉽지 않거든요, 신제품이란 개념도 이젠 거의 없고. 그런 측면에서 제품을 소비자 마음에 새롭게 포지셔닝시켜주는 그런 역할을 하는 사람, 제품에 대해서 확실히 정의를 내려주는 사람, 그게 카피라이터가 아닐까 생각해요."

_ 카피라이터 4

(2) 문제해결자

의사가 병에 걸린 환자를 치료해서 건강 문제를 해결해주는 것과 마찬가지로, 광고주의 문제를 해결해주는 핵심 역할을 하는 존재로 카피라이터를 인식하고 있다. 광고 커뮤니케이션의 일차적 목적이 클라이언트(client)가 처한 마케팅적 문제를 해결하고 설정된 목표를 달성해주는 것이라 믿기 때문이다. 특히 이러한 인식을 하는 카피라이터들은 광고제작팀 내 구성원들이 캠페인 방향이 막혔을 때 그것을 풀어주고 방향성을 제시하는 역할이 매우 중요하다고 믿는다.

"저는 문제 해결이란 점에서 광고대행사가 병원 시스템하고 비슷하다고 생각하거든요. 우리가 닥터고 광고주는 환자구요. 환자의 문제점을 적절히 알아서 처방을 내려주는 게 의사인데, 광고회사 내에서 그런 문제의식을 가장 많이 지닌 게 카피라이터지요. 기획은 거꾸로 광고주의 입장을 너무 많이 대변하기 때문에 객관적 시각을 확보 못 할 때가 많아요⋯ 그리고 제작 업무를 하다보면 팀 속에서 다른 직종도 있지만 그 사람들이 샛길로 갈 때 다잡아서 보완해주고 테두리를 잡아주는 코디네이터 역할을 카피라이터가 하는 거 아닌가 생각합니다."

_ 카피라이터 16

(3) 광고작가

작가는 자기 문학작품 구상의 틀을 잡는 것에서부터 구체적 표현의 세부 사항에 이르기까지 절대적 권한을 행사하는 존재다. 광고언어 창조에 관한 한 카피라이터 역할을 그와 같은 존재로 인식하고 있는 케이스다.[21]

> "제가 O광고연구원 출신인데 거기서 카피라이터 과정을 다녔어요. O 선생님한테 수업을 듣는데, 그 양반이 옛날 얘기를 하시면서 이런 말을 하시더라고요. 카피라이터라고 할 것이냐? 광고작가라고 할 것이냐? 우리나라에서 카피가 처음 시작될 때 어떤 분은 광고작가가 맞다, 어떤 분은 그래도 광고가 미국에서 온 거기 때문에 미국 용어를 써주는 게 맞지 않느냐, 그렇게 서로 말이 오가다 결국 카피라이터라 부르자 이렇게 결정 났다고 해요. 그 때문인지 지금도 사람들이 '라이터'라고 하니까 작가라는 생각은 안하고 그저 쓰기만 하는 사람으로 생각하는 경우가 많아요. 저는 그때부터 지금까지 생각이 변하지 않았는데, 광고작가가 훨씬 더 맞다고 보는 거죠. 광고에 있어서 뼈대를 잡아주고 형태를 만들어주는 작가, 그게 카피라이터의 역할이라고 생각해요."
>
> _ 카피라이터 12

(4) 멀티플레이어

카피라이터는 표현 전략 수립에서부터 광고주 설득에 이르기까지 다재

21 물론 이 유형도 카피 산출 과정에 작용하는 다양한 형태의 게이트키핑을 부정하지는 않는다. 하지만 최종적 광고언어의 발상, 구성, 기호화 등의 실제적 창조 과정에 있어 주도권은 분명히 카피라이터에게 있다는 것이 이들의 관점이다.

다능한 역할을 하는 존재라고 인식하는 유형이다. 이에 따라 카피라이터는 언어적, 비주얼 아이디어를 동시에 잘 창조해야 하며, 광고회사 조직 내에서 가장 다양한 쓰임새로 활용되어야 한다고 생각하고 있는 것이 특징이다.

> "옛날에는 카피라이터 고유 영역은 아이디어를 내고 콘셉트를 내고 그런 쪽에서 경쟁력을 가져야 되지 않을까라고 생각했었어요. 전체적으로 광고 방향을 잡아가는 키카피, 키콘셉트 이런 쪽이 굉장히 중요하다는 거죠. 근데 요즘은 광고 추세가 워낙 튀는 광고만 찾으니깐, 콘셉트 잡는 것도 디테일 만드는 것도 중요하다는 생각으로 바뀌고 있어요. 한마디로 이것저것 다 잘해야 하는 거죠"
>
> _카피라이터 15

(5) 방향제시자

카피라이터의 일차적 책무는 아이디어를 내고 광고 글과 말을 만드는 것이다. 하지만 제작 오더가 떨어졌을 때 전체적 크리에이티브의 줄기를 잡고 방향성을 제시하는 것이 못지않게 중요하다고 생각하고 있다. 이 유형에 속한 카피라이터들은 자신의 역할을 광고가 가야 할 방향과 캠페인의 가닥을 잡아내는 핵심적 존재로 여긴다. 한마디로 카피라이터를 표면적인 라이팅(writing)을 넘어 광고전략과 크리에이티브의 틀을 만드는 존재로 인식하고 있다.

> "제가 느끼기에는 책에서 배운 거에 비해 카피라이터 역할이 많이 달라진 거 같아요. 아이디어 내고 카피 잘 쓰고 이게 여전히 중요하지만, 기획에서 가지고 온 방향을 팀원들하고 공유하고 방향을 주도적으로 잡아가

고 이런 역할이 더 중요해지는 거 같아요.

_ 카피라이터 2

"기획이나 마케팅 부서하고 이야기할 때 전략에서 대해 좀 더 캐묻고 그 옳고 그름을 따지는 건 주로 카피 쪽이에요. 그러니까 카피라이터의 역할이 뭐냐면 결국 광고에 있어서 방향을 잡아주고 광고의 형체를 만드는 사람이다 그렇게 생각하는 거죠. 예를 들어 광고를 '비늘 달린 물고기'로 해야 될건지 아니면 '날아가는 새'로 만들어야 될 건지 그걸 크리에이티브 형태로 뼈대를 잡아주는 사람이다 이거죠."

_ 카피라이터 13

(6) 광고 제작의 미드필더

미드필더는 축구 경기에서 경기장의 중앙 위치에서 공격과 수비의 고리 역할을 하는 선수다. 광고 제작에 있어 카피라이터가 그런 역할을 한다고 생각하는 케이스다. 광고기획팀과 제작팀의 중간에서 제시된 광고전략을 소화한 다음 그것을 제작팀 내에 전파하는 역할을 하기 때문이다. 세부적 콘텐츠 제작 과정에서도 카피라이터는 인쇄 비주얼과 영상 아이디어를 조율하는 핵심적 중간자 역할을 한다고 본다. 복수의 카피라이터들이 이러한 인식을 하고 있다.

"제 생각에 카피라이터는 광고회사에서 한 군데도 연결이 안 되어 있는 곳이 없는 그런 직책이라고 생각을 해요. 전략적 플래닝도 해야 하지만, AE와 디자이너 광고주 이런 모든 관계를 중간에서 조정하고 디렉팅하는 그런 자리가 아닌가 싶은데요. 제가 축구를 좋아하는데, 일종의 뭐랄까 미드필더 같은 거. 한마디로 이야기하면 광고회사 내부의 커뮤니케이터 역할을 하는 존재라 할까요."

_ 카피라이터 6

"회의하다 보면 디자이너들은 아트적인 감각에 치중하는 경향이 분명히 있잖아요. 근데 카피는 좀 달라요. 논리적 접근이 전제되어야 하고 전략을 풀어내는 접근을 하니까 AE들하고 연결이 돼야 하죠. 또 크리에이티브 디렉터 입장에서는 여러 가지 일을 시키는 측면에서 카피가 유용하게 쓰이니까 제작팀에서 중간 역할을 맡기는 경우도 있구요. 거기다 매체도 알아야 하고 BTL도 알아야 하고 카피라이터 외에 광고회사에서 이렇게 다양하게 관계를 맺는 직종이 없을 걸요."

_ 카피라이터 9

(7) 표현의 키맨

전략적 바탕 위에서 광고 크리에이티브의 첫 단추를 열며 표현 전략의 핵심적 역할을 하는 존재라고 인식하는 유형이다. 이들은 카피라이터라는 직능을 표현콘셉트를 도구로 보다 명시적이고 의미정박(anchoring)적인 언어메시지를 만들어내는 표현전문가로 받아들이고 있다.

"카피라이터는 캠페인을 시작하는 가장 초기 단계에 어떤 방향으로 광고가 가야 하는가에 대한 로직(logic)을 잡아주고 그걸 구체적 표현물로 만들어내는 키맨(key man) 역할을 하는 사람이 아닐까요."

_ 카피라이터 17

(8) 캠페인 창조자

광고 환경이나 매체 성격이 급속하게 변화하고 있기 때문에 카피라이터는 단발 광고의 아이디어와 카피를 창조하는 기능에만 머무를 수 없다는 인식이다. 그 같은 고유 역할과 동시에 보다 통합적이고 거시적인 캠페인 발상을 하고 그것을 이끌어가는 사람으로 카피라이터를 인식하고 있다.

> "기본적인 건 당연히 카피를 라이팅하는 거겠지만 최근 들어서는 광고 크리에이티브를 통합적으로 보고 전체 캠페인의 거시적 아이디어를 내는 이런 역할이 더 중요해진 것 아닌가… 이건 아무래도 저희들이 책이나 언어기호 보다 통합적 메시지 그 자체인 동영상을 위주로 봐온 세대라는 게 작용을 하는 것 같은데요. 그래서 저는 카피라이터를 전체적으로 캠페인을 끌고 가는 사람, 이렇게 정의하고 싶어요."
>
> _ 카피라이터 10

(9) 스토리텔러

카피라이터는 전략적 바탕 위에서 말과 글로 된 언어기호를 만들어내는 역할을 넘어, 개별 광고와 캠페인을 관통하는 총체적 이야기 틀을 만들어내는 사람이라는 인식이다. 이 같은 능력을 발휘하기 위해서는 우선적으로 스토리의 핵심적 주장, 즉 콘셉트를 잡아내는 능력이 반드시 필요하다고 생각하고 있다.

> "제가 말씀 드리고 싶은 거는 말이죠, 카피라이터가 어떤 콘텐츠를 만들던 간에 이제 스토리텔러가 되어야 한다는 거예요. 미디어가 아무리 바뀌어도 중요한 건 사람의 마음을 움직이고 감동시키는 거거든요. 디지털

이 아무리 발전해도 기술로는 테크닉으로는 사람이 감동을 안 해요. 그 안에 담고 있는 이야기 때문에, 의미 때문에, 콘셉트 때문에 좋아하죠. 그래서 저는 후배들한테 '하우투세이(how to say)'도 중요하지만 그 전에 제대로 콘셉트를 잡아낼 줄 아는 스토리텔러가 돼야 한다, 이렇게 말을 많이 하거든요."

_ 카피라이터 21

(10) 메시지 조율사

카피라이터는 문학 혹은 예술적 감각과 상업적 설득 메시지의 중간에서서 광고전략과 크리에이티브 전반을 조정하고 핸들링하는 역할을 한다고 생각하는 경우가 해당된다.

"제가 지금까지 카피 일 하면서 제일 고민이 많이 되었던 게 광고하는 제품을 소비자 입장에서 꼭 필요한 무엇으로 이야기하면서도 거기에 내 목소리를 조금 더 담아보는 거였거든요. 광고행위 자체가 합목적적인 행위니까 즉 순수예술은 아니니까 그런 상업적인 것과 아트 혹은 문학의 중간 가교 역할을 하는 게 카피라이터 아닌가, 광고 전반에 있어 그렇게 메시지를 조율하고 핸들링하는 게 본질 아닌가 그렇게 생각하죠."

_ 카피라이터 14

(11) 콘셉터(conceptor)

시대를 불문하고 카피라이터는 생각을 통해 크리에이티브의 콘셉트를 잡아내는 존재가 되어야 한다는 인식이다. 복수의 카피라이터가 이러한 자기 인식을 지니고 있다. 이들은 BTL 활성화와 디지털광고 시대의 대두에도 불구하고, 여전히 중요한 것은 다양한 관점에서 크리에이티비티[22]와 관련된 새로운 개념을 내놓는 능력이라 믿고 있다. 광고회사 내에서 그 역할을 가장 잘 수행할 수 있는 것이 카피라이터라는 것이다.

"문제는 아무리 환경이 바뀌어도 크리에이티비티의 본질이 바뀌는 건 아니라는 거죠. 그래서 우리나라에서 카피라이터가 명칭이지만, 프랑스에서는 카피라이터를 꽁셉드렉뜨, 영어식으로 하면 콘셉터라 불러요. 콘셉트를 만들어내는 사람. 그게 직접 카피를 만들어내는 것보다 더 상위의 개념이니까요. 그래서 제가 후배들에게 늘 이야기하는 게 '카피를 쓰려고 하지 마라. 생각을 해라. 90%는 싱크(think)고 잉크(ink)는 10%밖에 안 된다' 이거죠. 광고의 에센스를 볼 수 있는 그런 힘, 그게 콘셉트니까."

_ 카피라이터 1

"예전하고 많이 달라진 게, 옛날에는 제가 직접 겪지는 못했지만 선배님들하고 얘기를 하다보면, 카피라이터는 갈수록 콘셉터 개념으로 가는 게 흐름 아닌가 이런 생각을 해요. 그게 사실 저의 회사만의 특성일 수도

22 크리에이티비티(Creativity)는 우리말로 창의성으로 번역된다. 광고 작품에 포함된 독창적 특성을 의미한다. 광고학계와 현장 모두에서 크리에이티브(Creative)란 용어와 자주 혼동된다. 광고커뮤니케이션과 관련하여 두 개념을 구분하자면, 크리에이티비티(Creativity)는 광고 작품에 포함된 독창성을 지칭하는 협의적 용도로 주로 사용된다. 반면에 크리에이티브는 광고의 제작·표현 행위 및 작품에 포함된 창의적 아이디어를 포괄하는 광의적 용도로 쓰인다. 크리에이티비티가 '창의성'이란 우리말로 번역되는 과정에서 의미론적 변형이 발생하여 양자의 개념 구분이 모호해진 감이 있다. 하지만 필자가 보기에 크리에이티비티와 크리에이티브는 조작적 정의 차원에서 구분될 뿐, 화용론적 차원에서는 본질적 차이가 없다고 판단된다.

있는데, 내부적으로는 아트를 중시하고 크리에이티브 완성도를 강조하기는 하지만 역시 광고업계에서 부각시켜야 할 것은 콘셉츄얼한 광고라는 공감대가 있어요. 카피라이터는 그런 의미에서 방향을 제시하고 그 방향을 워딩(wording)화 시켜내는 사람이 아닌가 싶습니다."

_ 카피라이터 5

2) 취업 동기

우리나라 카피라이터들은 어떤 경로와 과정을 거쳐 자신의 직업을 시작하며, 이러한 전문직을 얻기까지 어떤 준비를 할까. 심층 인터뷰에 응한 21명 카피라이터들은 자신의 취업 준비 동기 및 과정을 다양하게 설명하고 있다. 먼저 체계적 준비 없이 우연적으로(카피라이터 1, 17) 혹은 대안적 선택(카피라이터 13)으로 입문하게 된 케이스가 있다. 반면에 다른 직종에서 전직을 한 경우도 있다(카피라이터 2, 8, 10, 21).

반면에 중, 고등학생 때 카피라이터란 직업을 처음 알게 되어 오랫동안 직업적 꿈을 이루기 위해 노력한 사례(카피라이터 4, 20)도 발견된다. 인터뷰에 응한 카피라이터들에게서 가장 높은 빈도로 나타나는 것은 대학 시절부터 광고 공모전 참여 등을 통해 취업을 준비한 경험이다(카피라이터 6, 9, 11, 14, 15, 16, 18, 19). 혹은 대학원에서 광고를 전공하면서 카피라이터를 준비하거나(카피라이터 3), 사설 카피라이팅 학원에서 수강을 한 경험도 다수 발견된다(카피라이터 4, 7, 12). 이들의 경험은 다음의 세 가지 카테고리로 분류될 수 있다.

(1) 체계적 준비

카피라이터 직업에 진출하기 위해 사전에 많은 준비를 했고, 그 결과 생애 최초의 직업으로 카피라이터를 선택한 케이스다. 석사 학위 전공, 사설 카피라이팅 학원 수강 등 다양한 경로를 택하는 것이 발견된다. 하지만 보다 보편적인 것은 대학 재학 시절 적극적으로 광고 공모전을 준비하고 참여한 경험이다.

"카피라이터 되고 싶단 막연한 생각을 한 건 굉장히 오래됐어요. 중학교 때부터니까… 광고하고 싶다는 그런 막연한 생각을 하다가 고등학교 돼서 조언 구했더니, 국문과나 신방과 추천을 많이 해서 그런 생각을 가지고 입학했어요."

_ 카피라이터 4

"그때 돈으로 거기에 100만원을 주고 들어갔어요. 교육 코스를 다 마치고 소개를 받아서 이제 4대 매체 대행을 하는 OO에 입사하게 됐죠. 근데 거기서 배운 내용이 뭐 딱히 회사에 들어가서 도움이 되었다고는 하기 힘들 거 같아요. 완전 생짜들한테 감을 잡게 해주고 혹시라도 취업에 다리를 놓아줄 가능성, 이런 거 때문에 비싼 돈 주고 들었던 게 아닌가 생각하죠."

_ 카피라이터 7

"저는 빠른 편이었어요. 고등학교 1학년 때부터… 직업 소개하는 책을 보다가 이 직업은 나랑 되게 잘 맞겠다 그런 생각 했었어요… 대학교 들어와서도 계속 동아리 활동이나 이런 걸 많이 해서 카피에 관심이 있었어요."

_ 카피라이터 20

(2) 우연한 시작

광고계 입문 전까지 특별한 준비를 하지 않다가 우연한 계기로 카피라이터의 길에 접어든 케이스다. 상대적으로 경력 연차가 높은 경우가 많은데, IMF 구제금융사태 이전 경제 호황기에 직업 선택의 여유가 많았던 시기가 주로 해당된다.

"우연이죠 우연. 우리 때는 미리 어떤 직업을 갖겠다고 생각하는 때가 아니었잖아요. 졸업할 때 보니까 대기업들 중에 여학생을 공채로 뽑는 데가 거의 없었는데, 유일하게 광고회사에서 뽑았어요. 그것도 카피라이터 직종으로만 뽑아서, 그래서 OO에 들어간 거예요."

_ 카피라이터 17

(3) 대안적 선택

처음부터 카피라이터를 목표로 준비한 것은 아니었지만, 중간에 진로를 수정하여 현재 직업을 선택한 케이스다. 다른 직종에 근무하다가 카피라이터로 직업을 바꾼 경우도 이에 해당된다.

"그 전에는 작가를 했었어요. OOO에서 방송작가를 한 1년 정도 했는데 이건 아니다 싶은 생각이 자꾸 들었죠. 그렇게 나와서 1년 동안 여행을 다녔고 이제 마음잡고 카피를 해보자 해서 시작한 거예요."

_ 카피라이터 2

"처음엔 학교 졸업하고 나서 기자가 되고 싶었는데 아시다시피 시험이 너무 어려웠어요. 그래서 카피라이팅 학원에 좀 다녔어요. 그때는 OO일보에서 하는 과정도 있었고 사설 학원도 있었는데 두 군데 정도 다녔어요."

_ 카피라이터 13

3) 업무 환경

카피라이터의 고용과 업무 환경 등은 어떠한가? 조직문화, 임금과 평가 시스템, 채용 방식, 교육 및 훈련 시스템으로 영역을 나눠 살펴보기로 하자.

(1) 조직문화

조직문화라는 개념이 처음 등장한 것은 페티그루(Pettigrew, 1979)에서 비롯된다. 그는 문화인류학에서 빈번히 활용되던 문화 개념을 기업조직에 적용시켜 '조직문화(organizational culture)'라는 새로운 학문 용어를 창조해냈다. 페티그루에 따르면 조직문화는 상징, 언어, 이념, 의식 전통 등의 총체적인 구성요소를 지니고 있다. 이 개념을 발전시켜 딜과 케네디(Deal & Kennedy, 1982)는 조직문화를 "조직 구성원들이 조직에서 적응하고 생존하기 위하여 어떠한 행동을 취할지를 알려주는 조직 내 행동 규범이나 규칙"으로 규정하고 그 같은 문화 형성의 핵심 요인으로 환경, 가치관, 의식과 의례, 중심 인물 등이 있다고 밝혔다. 고피와 존스(Goffee & Jones, 2000)가 조직 구성원들이 공유하고 있는 가치, 상징 행위, 가정 등으로 구성된 것이 조직문화이며 이것은 조직 내에서 구성원들이 일을 처리하는 방식이라고 밝힌 것도 유사한 입장에 서 있는 것이다.

지금까지 조직문화와 관련된 연구가 가장 활발하게 이뤄진 것은 주로 지식경영학 분야에서이다. 예를 들어 오치(Ouchi, 1980)는 복수의 조직 간 혹은 특정 조직 내부에서 발생하는 거래 비용을 어떻게 처리하는가를 기준으로 시장문화, 관료문화, 동류(同類)문화 등으로 조직문화를 구분한다. 존스(Jones, 1983)는 구성원 간의 교환과 거래를 통제하는 제도적 장치 활용 차원에서 생산적 문화, 관료적 문화, 전문적 문화의 분류 기준을 제시하고 있다. 한편 카메론과 퀸(Cameron & Quinn, 1999)은 외부 환경에 대처하는 적응 및 유연성을 기준으로 관계지향문화, 혁신지향문화, 과업지향문화, 위계지향문화의 네 가지를 제시했다.

이 책을 위한 심층 인터뷰에 참여한 카피라이터들은 회사의 규모, 제작팀의 구조, 제작팀 내 작업 진행 분위기 등에 따라 각기 매우 다른 조직문화 속에서 일하고 있는 것이 발견되었다. 주목되는 것은 이 같은 요인들이 각 카피라이터들의 업무 수행이 자율적으로 이뤄지는 정도, 아이디에이션과 카피 결과물을 제시하는 방식, 카피 결과물에 대한 조직 내 게이트키핑 양상 등에 차별적인 영향을 미치고 있다는 것이다. 이 책에서는 조직문화에 대한 앞선 연구자들의 기준을 참고하여 카피라이터들이 수행하는 역할 기준에 따라 광고 조직의 문화를 네 유형으로 분류하였다.

첫 번째는 표현콘셉트 도출 및 제작회의에서 상대적으로 카피라이터 역할이 강조되는 '카피라이터 주도형'이다. 두 번째는 최종적 광고제작물 선택에 있어 팀원과 크리에이티브 디렉터의 합의 도출이 중요시되는 '수평적 소통형'이다. 세 번째는 카피라이터의 업무 집중도와 스트레스를 구조적으로 강화시키는 '경쟁지향형'이다. 네 번째는 제작팀의 크리에이티브 디렉터가 광고주에게 제시하는 시안 및 집행 광고 제작 세부 과정에 강력한 영향을 미치며 광고주 설득에 있어서도 헤게모니를 행사하는 '크리에이티브 디렉터 책임형'이다. 각 유형의 특성을 좀 더 자세히 알아보자.

가. 카피라이터 주도형

주로 조직 규모가 작은 지역 소재 소규모 광고회사나 크리에이티브 부티크 등에서 발견된다(카피라이터 6, 9, 14, 15, 17이 해당). 표현콘셉트 수립이나 광고주 프레젠테이션 등 광고회사 내의 다양한 업무 영역에서 카피라이터들이 주도적이며 활발한 참여를 보이는 조직문화를 뜻한다. 그 이유는 규모가 크고 기획 및 제작 각 직능의 업무 분장이 명확한 대형 광고회사에 비해 상대적으로 카피라이터에 대한 기대 역할이 높고 업무 영역이 포괄적이기 때문이다. 특히 카피라이터 17의 케이스에서 살펴보았듯이, 크리에이티브 부티크에 소속된 카피라이터는 기획팀 역할을 대폭 떠맡아서 자료 수집이나 표현콘셉트 도출에 깊이 관여하는 특성을 보이고 있다.

> "우리 같은 경우에는 AE랑 제작이 딱 나눠서 진행이 되는 게 아니에요. 꼭 표현만이 아니라 우선 콘셉트 잡을 때부터 그래요. 어떤 콘셉트로 끌고 가자 이 단계에서부터 카피가 딱 붙을 수밖에 없는 거예요. 한마디로 프로젝트에서 AE의 역할까지 하는데, 카피라이터들이 앞서 나가서 방향을 정리해주고 그 다음에 표현물은 어떤 방향을 가자 이렇게 진행하는 거죠. 보통 대행사에서는 AE가 콘셉트를 가져올 때까지 기다리잖아요. 근데 우리는 달라요."
>
> _ 카피라이터 17

> "AE랑 같이 동행해서 광고주를 만나고 왔다. 그러면 다시 사무실에 돌아와서 제가 애드브리프를 작성해서 제작팀 모아서 회의를 하는 거죠. 이 때는 제가 거의 AE겸 카피라이터가 되는 거예요. 표현콘셉트도 AE하고 제가 내는데요 둘이서 합의를 보는 방식으로 진행합니다."
>
> _ 카피라이터 15

나. 수평형 소통형

카피라이터와 크리에이티브 디렉터, 제작팀 파트너들 사이에 쌍방향적 커뮤니케이션이 활성화되어 있으며, 수평적 합의 지향을 통해 크리에이티브와 카피를 도출해내는 조직문화이다. 이 유형은 주로 단일 크리에이티브 디렉터 아래 복수의 카피라이터와 아트디렉터가 소속된 제작팀 형태를 이루고 있으며, 총괄 지휘자로서 크리에이티브 디렉터 성향 요인이 중요한 영향을 미치는 것으로 나타났다. 카피라이터 10이 대표적인 사례이다.

> "크리에이티브 디렉터가 아트 출신이거든요. 그리고 남의 이야기를 잘 들어주고 수용하고 그러시는 편이예요. 우리 팀에는 디자이너 부장급들이 많고 제 위에 카피도 부장이 한 명 있습니다. 근데 팀 분위기도 그렇고 저나 부장들 간에는 게이트키핑보다 서로 모여서 수평적으로 의견 조율을 하는 게 보통이예요. 해! 하지 마! 이런 건 없고 일방적으로 하라고 해서 따르지도 않고요. 만약에 CD가 이건 아닌 거 같다 다시 고쳐서 써봐라 이러면 제가 동의가 되면 고쳐 쓰는 편입니다. 그렇다 해도 이 경우는 완전히 다시 쓰는 건 없고 기존 안에서 카피 배리에이션(variation)을 몇 개 하는 식이죠."
>
> _ 카피라이터 10.

다. 경쟁지향형

러프 아이디어 및 시안을 크리에이티브 디렉터 혹은 제작 임원에게 제시하고 그것을 취사선택하는 과정에서 참여 카피라이터들끼리 치열한 경쟁을 벌이는 조직문화다. 특히 카피라이터 1인과 아트디렉터 1인으로 구성된 페어(pair) 시스템을 채택한 광고회사에서 이 같은 조직문화가 두드러지게 나타난다. 복수의 카피라이터들이 매 건마다 단일 시안 제출 및 프로젝트에 경쟁적으로 참여함으로 불가피하게 상호경쟁이 발생하기 때문이다. 카피라이터 4와 5가 전형적인 케이스다.

> "OO전자는요 금년에 경쟁PT를 해서 저희가 가지고 온 거라서 제가 맡은 지는 얼마 되지 않았어요. 근데 회사 조직이 10월 1일부터 변화가 생겼어요. 본부나 팀 개념이 이제 없어지고 담당 브랜드매니저가 총괄을 맡고 나머지는 페어(fair) 별로 진행이 되고 있어요… 카피, 아트 이렇게 두 사람으로 묶인 팀들 여럿이 계속 내부 경쟁을 하는 거죠. 이러다 보니 프로젝트에 뽑히는 사람이 계속 뽑히는 경향이 있고, 내부적으로 계속 치열하게 크리에이티브 비딩이 일어나는 거예요."
>
> _ 카피라이터 4

> "이번 건 같은 경우에는 프로젝트 하나를 놓고 2명의 CD가 붙어서 그 아래 각기 다른 페어들을 써서 아이디어를 내게 했어요. 작년까지만 해도 크리에이티브 그룹 안에서 카피나 아트디렉터 한 명씩 뽑아내는 방식이었다가, 올해부턴 페어 시스템이 정착되니까 페어 단위로 뽑아내는 거죠. 이렇게 되니까 결과에 대해서도 그렇고 평가에 있어서도 경쟁이 엄청 심해졌어요."
>
> _ 카피라이터 5

라. 크리에이티브 디렉터 책임형

제작팀 조직 내에서 크리에이티브 디렉터가 강력한 헤게모니를 행사하는 반면에, 카피라이터는 상대적으로 비주도적 역할을 하는 조직문화를 의미한다. 카피라이팅 결과물에 대한 통제에서도 가장 강력한 양상이 나타난다. 이는 특정 회사에서 크리에이티브 디렉터(CD) 시스템이 시간적으로 어느 정도 오랫동안 정착이 되었는가와 밀접한 상관관계를 지니는 것으로 추론된다. 이 같은 조직 문화에서는 크리에이티브 제작에 관련된 권한과 책임이 절대적으로 크리에이티브 디렉터에게 집중된다. 카피라이터 13의 경우가 이를 대표한다.

> "카피라이팅 과정에서는 CD가 가장 영향력을 발휘하죠. 광고제작물은 결국 CD가 책임을 지는 거고 팀원들은 CD 결정에 따를 수밖에 없는 거죠. 훌륭한 주연배우도 있고 스태프도 있지만 영화가 결국 감독 것인 거하고 똑같은 거예요. 특히 팀 내 회의에서는 국장님(CD) 권한이 절대적이에요. 예를 들어 아트디렉터가 카피에 다른 의견을 내놓는 경우 하다하다 안되면 "야 그거는 못 쓰겠어, 그 그림으로는 도저히 카피가 안 떠올라" 이렇게 말할 수가 있잖아요. 근데 CD가 "야 이거 그림 좋은데 거기다 카피 한번 맞춰보지" 이러면 어떻게든 써야 되는 거예요."
>
> _ 카피라이터 13

(2) 임금과 평가 시스템

한국 광고업계의 임금제도는 1997년에 시작된 IMF 구제금융사태를 분기점으로 크게 변화했다. 그 이전에는 입사 연차에 따라 자동적으로 봉급이 상승하는 호봉제가 보편적이었다. 하지만 IMF 이후 경쟁적 업무 평가에 기초한 연봉제가 대거 도입되기 시작했고 현재는 보편적인 제도로 정착되었다. 개인 업무 성과에 대한 평가 시스템은 이 같은 임금제도 변화와 밀접한 상관관계를 지니고 있는 것으로 나타났다. 연차에 따라 평균 임금이

상승하는 호봉제와 달리, 연봉제에서는 해마다 되풀이되는 협상을 통해 개인 업무 성과에 대한 평가와 차기 연도 보수가 결정된다. 이에 따라 타당도와 객관성을 지닌 평가지표 운용이 매우 중요해진다. 광고업계 내부에서 업무 성과에 따른 계량적 평가가 갈수록 정교해지고 엄격해지는 흐름이 이 때문에 발생하고 있다.

또 한 가지는 광고회사의 조직 규모와 대기업 계열사 소속 여부에 따라 임금 격차가 상당한 수준으로 나타나고 있다는 것이다. 이 같은 결과, 심층 인터뷰에 응한 카피라이터 가운데 대형 광고회사에 근무하는 경우 보수 및 평가체계에 대한 긍정적 태도가 높은 것으로 나타난다.

> "내가 하는 일에 비해서 더 받고 싶다는 욕심은 누구나 가지는 거고, 다른 회사 수준을 봤을 때 크게 불만은 없는 편입니다."
>
> _ 카피라이터 12

반면에 중형 또는 지방 소재 소형 광고회사 소속 카피라이터의 경우 평가의 공정성에 대한 상대적 불만족이 높았다. 특히 회사 수익 기반이 상대적으로 불안정하기 때문에 당해 연도 회사 실적이 개인 실적과 관계없이 일률적으로 하락하고 이것이 다시 연봉 책정에 영향을 미치는 경우 의욕이 크게 저하된다.

> "선배들 하는 말 들어보면 옛날 호봉제 시절에는 주차비, 기름값 이런 걸 따로 줬다 하든데 여기는 연봉 안에 그게 대부분 포함되고요, 특히 올해는 연봉이 거의 동결되었어요. 오르긴 올랐는데 대부분 조금밖에 못 올랐죠. OO 부도 때문이에요, 집행광고비 회수가 불가능해진 거예요. 연봉

협상에서 이런 일이 일어나니 회사에 대해서 만족도가 떨어지고, 내가 쑥쑥 큰다는 게 결국 연봉으로 나타나는 건데 의욕도 많이 떨어지죠."

_ 카피라이터 8

광고업 자체가 경쟁 지향적인 특성이 강함에도 불구하고, 몇몇 외국계 회사를 제외하고는 개인 업무 성과에 대한 보상 시스템이 도입되지 않고 있는 것이 우리나라 광고계의 현실이다. 다수 카피라이터들이 이처럼 개인적 성과를 공정하게 평가하고 반영하는 임금시스템이 가동될 경우 업무에 대한 열의와 충실도가 크게 높아질 것이라고 토로하고 있다.

"아무리 해도 평가에 큰 차이가 안 나는 경우에는 뭐 '얼른 쳐 내자, 쳐 내자' 그런 말을 많이 하게 되죠. 열심히 했을 때 기대보상이 있으면 저도 더 확실히 일을 하게 되겠죠 물론."

_ 카피라이터 7

회사 조직이 운영하는 평가 시스템의 최종적 결과는 일반적으로 봉급 인상과 승진으로 나타나게 된다. 이는 광고회사도 예외가 없는데, 주목되는 것은 연봉제 베이스 아래 직급 승진에 대한 중요성 인식이 과거에 비해 줄어드는 추세라는 것이다. 연봉만 맞으면 승진에 대한 욕구는 어느 정도 감수할 수 있다는 응답이 다수 발견된다.

"제가 6년 차 때 들어왔는데 작은 회사 있었다고 직급을 그냥 대리 달고 들어왔어요. 근데 뭐 그런 건 별로 안 따졌어요. 연봉만 맞으면 되니까."

_ 카피라이터 20

그림 2-1 업무평가 시스템 개념도

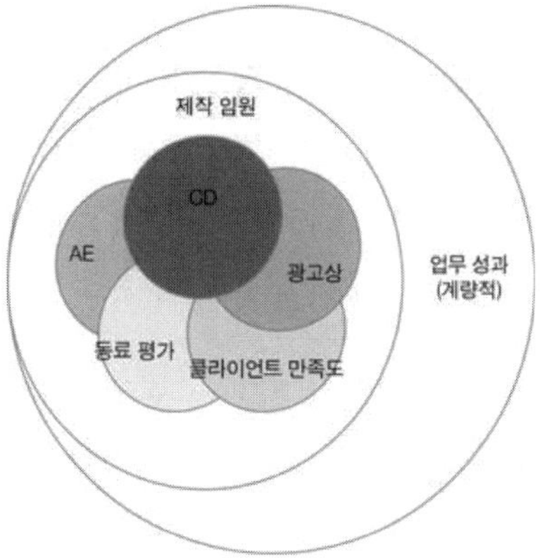

문헌연구와 심층 인터뷰 분석 결과 카피라이터에 대한 임금 결정에는 회사 규모, 대기업 계열회사 여부, 평가 제도 특성 등의 요인에 따라 다양한 계량적 지표가 작용하고 있는 것으로 나타났다. 특히 크리에이티브 디렉터의 평가가 핵심적 지표로 작용하는 것이 발견된다. 그밖에 개별 회사의 업무 평정 기준에 따라 임원 평가, 제작팀 내부의 동료 평가, 카운트파트로서 기획팀 평가 등이 주요 지표로 제기되었다. 국내외 광고상 수상, 담당 광고주 만족도(client satisfaction level) 등을 평가지표에 포함시키는 회사도 부분적으로 나타났다. 이상에서 제기된 제반 평가지표를 하나의 다이어그램으로 개념화시킨 것이 〈그림 2-1〉 업무평가 시스템 개념도에 나와 있다.

(3) 채용 방식

카피라이터 채용 방식은 다섯 가지 형태로 이뤄지고 있다. 첫 번째는 IMF 구제금융사태 이전 대기업 계열사 광고회사에서 보편적으로 채택하던 방식이다. 그룹 차원에서 전체 신입사원을 뽑은 후 채용을 요청한 계열 광고회사에 배정하는 형태인데 현재는 극소수 사례를 제외하고는 시행되지 않고 있다. 둘째는 회사 단독으로 카피라이터, AE, 디자이너, CM플래너, 마케팅 및 매체 부문에서 신입사원을 채용하는 방식인데 최상위 광고회사 일부에서 채택하고 있다. 세 번째는 인턴직원을 채용하여 일정 기간 업무보조를 통해 개인 역량을 평가한 후 최종적으로 채용하는 방식이다. 네 번째가 현재 가장 광범위하게 채택되고 있는 방식인데, 현업 경험을 지닌 경력직 카피라이터를 채용하는 방식이 그것이다. 이는 제작팀 내에 생긴 결원을 보충하거나 신규 제작 현장에 즉시 투입하기 위한 목적으로 행해진다. 다섯 번째는 추천을 통한 입사로서, 이 방식은 지역의 소규모 광고회사나 크리에이티브 부티크에서 일부 채택되고 있다. 카피라이터 21은 오늘날 대형 광고회사의 크리에이터 직능 및 카피라이터 채용 방식을 다음과 같이 함축적으로 설명한다.

> "OO 같은 경우는 아직까지도 공채를 하고 있어요. 하지만 우리 회사는 카피라이터를 인턴으로 뽑아요. 아트도 마찬가지고. 그래서 데리고 있으면서 일 시켜보고 괜찮다 싶으면 최종적으로 채용하는 거구요. 나머지는 거의 100% 경력으로 뽑는다고 봐야죠… 00기획 같은 경우는 카피, 아트 그리고 PD는 이제 안 뽑으니까 디지털 아티스트라고 따로 뽑구요. AE, 마케팅, 매체, 관리 쪽도 함께 뽑고."

IMF 사태가 카피라이터 직업에 야기시킨 가장 큰 변화 중 하나가 연봉제 도입과 채용 방식이다. 대기업 계열 광고회사(In house Agency)를 중심으로 관행적으로 이뤄지던 공개채용(공채)을 통한 신입사원 채용이 크게 줄어들고 경력직 위주의 채용이 상시화되고 있기 때문이다. 이 같은 변화는 카피라이터들이 광고회사 조직 내 구성원들과 맺고 있는 수평적 연대감과 소속감을 저하시키는 경향이 크다. 또한 이직률을 높이는 요인으로 작용한다는 것이 심층 인터뷰 참가자들의 공통된 분석이다.

> "신입사원은 안 뽑는 경향이 보편화되었어요. 그 대신 다른 데서 이미 배워서 바로 일 시킬 수 있는 연차를 데려오는 거죠. 우리 회사도 작년에 1명 뽑고 올해는 신입 카피를 한명도 안 뽑았어요. 근데 이건 OO의 문제만이 아니라 업계 전반의 문제예요. 신입을 뽑으면 키워서 잡아먹을 때까지 시간이 아무래도 한 3, 4년은 걸리잖아요. 근데 다 가르쳐놓으면 다른 데로 가버리고 이런 악순환이 되풀이되는 거예요. 그러니 차라리 이럴 바에는 다른 데서 일 배워가지고 기초 지식과 능력 갖춘 애를 데리고 와야겠다 그런 마인드가 업계에 쫙 퍼져 있는 거죠. 이게 영향을 미쳐서 선후배 간에 교육을 시키고 그런 교육을 받은 카피라이터가 자기 후배 들어오면 교육시키고 하는 그런 순환이 이제 끊기고 있어요"
>
> _ 카피라이터 18

경력 카피라이터들의 이직 빈도가 높아지는 것과 맞물려, 광고회사 경영 차원에서 신입사원 채용과 교육 투자가 축소되는 악순환이 발생하고 있는 것이다. 나아가 조직 내 카피라이터 간 수평적 교류, 특히 선후배 카피라이터 사이에 이뤄지던 실무 지식 이전과 교육 훈련의 양상이 급속히 변화하고 있다. 이것이 지식의 이전, 공유, 활용을 전제로 하는 카피라이팅 실무 교육에 부정적 영향을 미치고 있음이 발견된다. 이 현상에 대해서는 이 책의 제3장에서 보다 자세한 고찰이 이뤄질 것이다.

그림 2-2 카피라이터에 대한 교육 및 훈련 시스템

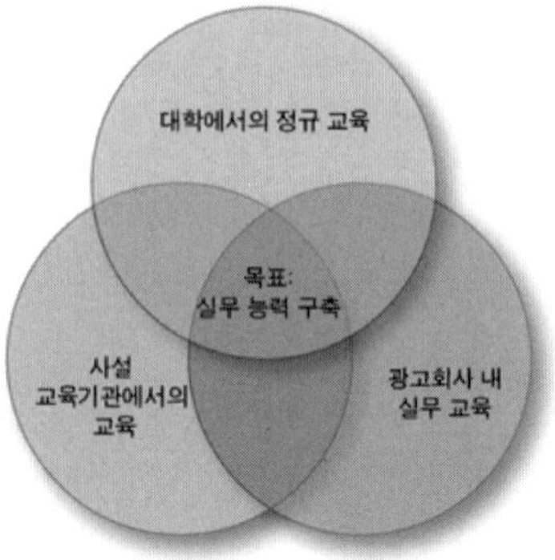

"지금 실상을 보면, 지식이 이전되고 회사에서 활용되고 이런 게 많이 단절이 되었다는 거예요. 신입사원 뽑는 거 자체가 확 줄어들었으니까. 회사에서는 바로 뽑아서 쓸 수 있는 경력사원을 선호하고 또 실제로 그런 친구들이 오기 때문에 우리가 옛날에 받았던, 신입 카피들한테 무슨 체계적인 교육이나 전수나 이렇게 아주 힘들게 되어버렸어요. 그런 부분들이 거의 사라지고 경력들을 현장에 투입시키다 보니까 지식의 전승이나 그런 것 뿐 아니라, 인간적인 교류 이런 부분에서도 단절이 많이 되죠."

_ 카피라이터 1.

4) 교육 및 훈련 시스템

카피라이팅 교육은 대학에서의 정규 교육, 사설 교육기관에서의 교육 그리고 광고계 현업에서의 교육 세 가지로 분류된다.[23] 첫 번째로 대학의 정규 교육은 광고계 진출을 대비하는 대학생에게 광고와 관련된 폭넓은 교육을 실시하는 것이 특징이다. 광고 관련 일반 교양 및 이론, 실습 과목을 병행하는데 그 장기적 목적은 어디까지나 광고계 진출을 예비한 실무적 능력 기반을 구축하는 것이라 하겠다. 반면에 사설 교육기관의 교육은 학생 및 광고전문인 재교육의 두 분야에 걸쳐 업계의 전문 강사진을 통한 실무 지향적 교육을 실행한다. 마지막으로 광고계 현업에서의 교육은 회사 내부에서 소속 광고인들의 업무 실행 능력을 높이는 데 필요한 지식과 경험을 제공할 목적으로 실시된다. 이 같은 내부 교육은 다시 두 가지로 나눠지는데 신입사원교육/실무보충교육 등의 광고대행사 내 실무교육과 광고제작팀 내부에서 이뤄지는 선후배 카피라이터 간 도제적 교육이 그것이다. 위와 같은 분류 내용을 다이어그램으로 요약한 것이 〈그림 2-2〉다.

그러면 대학, 사설 교육기관, 광고계 현업으로 나눈 카피라이팅 교육의 특징을 각 유형별로 좀 더 상세하게 살펴보기로 하자.

(1) 대학에서의 카피라이팅 교육

대학에서의 광고 교육은 이른바 '광고를 위한 교육'(education for advertising)

23 이 책과는 조금 다른 관점에서 광고 교육을 실행 주체별로 나누어 ① 대학교 광고 관련 학과의 광고 교육, ② 광고회사의 자체적인 광고 교육, ③ 광고교육원을 비롯한 광고 전문교육기관의 광고 교육으로 나누는 방식도 있다(차유철·이희복·신명희, 2012). 그밖에도 광고 교육의 주체별 분류의 한계를 지적하면서 이에 대한 대안을 제시하는 연구도 제출되어 있다. 즉 이희복(2008)은 지금까지의 광고 교육 분류에 학교 광고 활용 교육(Advertising In Education)을 추가하여, 광고 교육을 네 가지 차원으로 접근할 것을 주장하고 있다. 보다 구체적으로 초, 중, 고등학생에게 공교육 틀 안에서 광고를 활용하여 수업을 하는 것을 말한다. 경청할 만한 주장이라 판단된다.

이라 불린다(Ross, 1965). 즉 광고를 직업으로 생각하고 준비하는 학생을 대상으로, 체계적이고 과학적인 방식을 통해 광고계 진출에 필요한 지식과 기능을 익히도록 하는 것이다. 미국 광고 교육의 통시적(通時的) 진화 양상을 수십 년에 걸쳐 연구하여 매년 백서를 발간했던 로스(1965)는 대학(학부 수준)의 광고 교육은 단기간에 걸친 교육 효과 피드백보다는 장기적이며 근원적인 목적을 지향해야 한다고 밝힌다. 즉 대학 광고 교육은 광고업계에서 시행되는 현장 중심 교육과는 달리, 수강 학생들이 장래에 전문가로 성장할 수 있는 잠재적 능력을 육성하는 것이기 때문이다. 이에 따라 교과과정, 교육 내용, 강의 방식에 걸쳐 이론과 실제의 결합을 핵심적 관건으로 삼는 것이 보편적이다.

이를 풀어서 설명하자면 첫째, 대학 광고 교육은 학생들이 졸업 후 광고계 진출을 위해 교양, 일반 상식, 광고 관련 이론을 중점적으로 교육시키는 것을 목적으로 한다. 둘째, 광고 현장에서 실무적으로 체험하게 될 여러 상황을 미리 경험시키는 교육도 중요한 부분을 차지한다. 학생의 바탕 실력을 키워주고 시야를 넓혀주는 기반 학문을 가르치자는 주장과, 학교를 졸업했을 때 바로 써먹을 수 있는 실무적 교육을 하자는 주장의 대립이 여기에서 나왔다.

광고 교육이 이론과 실무 어느 쪽에 중심을 두어야 하는가에 대한 이 같은 논쟁은 학계와 광고산업 모두에서 오랫동안 논란이 되어왔다. 미국 광고 교육을 개척한 선구자였던 존 파월(J. B. Powell)은 광고 교육은 어디까지나 실무 중심 교육이 되어야 한다고 강조한다. 그 이유로 사회과학은 단지 '상식의 종합'이기 때문이라는 것이다. 반면에 광고 교육은 실무 지향적 측면에 치우치기보다 인문사회학, 경영학 등의 주변 학문과 관련된 폭넓은 이론적 소양을 갖추는 데 주력해야 한다고 주장한 것은 찰스 샌디지(Charles

H. Sandage)였다.[24] 하지만 이 같은 초창기 논쟁을 지나 1950년대 이후 광고 교육의 핵심이 저널리즘 분야로 옮겨가고, 실무 중심 교육보다는 광범위한 교양교육이 대학에서 필요하다는 주장이 광고업계 실무진에서 대두됨에 따라 마침내 이론 중심 교육이 우위를 점하게 된다.

이후 미국 대학의 광고 전공학과 혹은 전공과정의 교육과정은 이론 중심의 교육을 특색으로 하고, 광고학 전공과목보다 오히려 일반과목을 더 많이 배정하는 것을 특색으로 하게 된다. 우리나라 대학의 광고 실습 교육도 위와 같은 미국 광고 교육의 추세에 큰 영향을 받은 것으로 이해되는데, 이것이 카피라이팅 교육에도 그대로 적용되고 있다.

카피라이터는 시장 및 고객 인사이트의 이해, 표현콘셉트 도출, 창의성을 바탕으로 하는 레토릭 구사 등 복합적 능력이 요구되는 광고 크리에이티브 전문직[25]이다. 하지만 이 같은 직업 특성에 비해 전문직으로서 카피라이터를 육성하는 우리나라 대학 교육은 절대 시간 및 수업 다양성이 크게 부족한 것이 현실이다.

30개에 달하는 우리나라 4년제 대학 광고홍보학과 교육과정 변화 추이를 분석한 최용주(2005)의 연구에 따르면, 1998년부터 2003년까지 광고 크리에이티브, 카피 및 디자인 과목의 전체 교육과정에서 차지하는 비중이 6.5%에서 5.6%로 감소한 것으로 나타났다. 이론 과목을 위주로 교과과정을 구성한 미국 대학에서조차 광고 제작 관련 과목 비중이 전체 교육과정

24 오두범, 「미국대학에서의 광고 교육 실태 분석」, ≪광고학연구≫, 10(1999), 251쪽에서 재인용함.

25 마틴과 셸(Martin & Shell, 1988)의 정의에 따르면 '전문직'이란 스스로 업무 수행을 위한 지식 활용에 있어 전문화된 혹은 기술적 교육을 받은 사람을 의미한다.

의 20.7%(1998년)를 차지하는 것과 비교가 된다(정결진, 1999).

카피라이팅 교육으로 범위를 좁혀보면 어떤 현상이 발견되는가. 먼저 광고카피론(이론)과 광고카피실습(실무)을 합친 일반 카피라이팅 과목을 살펴보면 전체 교육과정의 0.44%(1998년)와 0.46%(2003년)로 나타나고 있다. 역시 미국 대학의 0.77%(1998년)에 비해 상당히 낮은 비중임을 알 수 있다. 일반적인 카피라이팅 과목 외에도 인쇄, 전파광고 연동 카피라이팅, 고급 카피라이팅, 집중 카피라이팅 세미나(intensive copywriting seminar) 등 다양한 수준별 교과목이 개설되어 있는 미국 대학에 비해 과목 숫자와 수업 범위가 제한적인 것도 우리나라 대학 카피라이팅 교육의 두드러진 특징이다. 이상의 자료들이 가리키는 것은 무엇일까. 실제적으로 대학에서 진행되는 카피라이팅 교육이 현업 광고업계에 카피라이터 직능으로 진출한 이후 현장에서의 실무 수행에 큰 도움이 되지 않을 것이라는 점이다.

(2) 사설 교육기관의 카피라이팅 교육

사설 광고 교육기관은 대학 등의 공식 기관의 보완적 역할을 수행하는데, 상대적으로 실무 지향적 특성이 강한 것이 발견된다. 미국의 경우 광고산업의 오랜 역사에 걸맞게 학교 바깥의 비공식 교육기관의 활동이 두드러진다. 우선 1938년 설립된 이후 80여년에 가까운 역사를 자랑하는 IAA(International Advertising Association) 교육 코스가 있다. 그밖에도 1973년부터 미국광고연맹(AAF)이 매해 개최하는 전국대학생광고경진대회(NSAC)와 미국광고교육재단(AEF)의 산학연 교육 프로그램 등 다수 교육 프로그램이 실행 중이다. 특히 미디어비스트로(mediabistro.com)의 경우 온라인 교육과정을 통해 카피라이터 인증, PR전문가 인증, 디지털 마케팅 인증 프로그램 등 여러 인증 과정을 설치하고 있는 것이 주목된다(차유철·이희복·신명희, 2012).

우리나라에서 카피라이팅 관련 교육을 실시하는 대표적 사설 광고 교육기관으로 한국방송광고진흥공사(KOBACO) 부설 광고교육원, 한국광고협회에서 실시하는 광고아카데미, C & A 익스퍼트 등을 들 수 있다. 이 가운데 광고교육원은 1987년 문을 열었는데, 광고계 진출을 꿈꾸는 학생들과 현업 광고인들의 재교육이 목적이다. 1999년 설립된 한국광고협회 광고아카데미는 온라인을 중심으로 운영되며 부분적으로 오프라인 통합강의를 실행하고 있다. C & A 익스퍼트는 1991년 문을 연 한국광고연구원이 이름을 바꾼 교육기관으로 주로 학생 예비 광고인을 대상으로 하고 있다.

카피라이팅 교육으로 주제를 좁혀서 살펴보면 어떨까. 대학에서의 카피라이팅 교육이 이론 중심으로 진행된다면 코바코 부설 광고교육원을 대표로 하는 사설 교육기관은 이론과 실기가 균형을 이루고 있다는 것이 일반적 평가이다. 특히 영리 목적으로 개설된 카피라이팅 학원의 경우는 실기 위주의 교육이 집중적으로 이뤄지는 것이 특징이다. 카피라이터 12의 경험을 들어보자.

> "그러니까 4학년 때 6개월 동안 한국광고연구원에서 배운 거죠. 그리고 코스를 졸업했는데 운 좋게 수석을 했어요. 학교에서 못 배우는 걸 집중적으로 배운 시기였어요. 이론이나 실무나 모두 좋았습니다. 요즘보다는 덜 하지만 그때도 사실 회사 들어가기가 만만치 않았잖아요. 근데 학원에서도 1기, 2기, 최소한 3기 정도까지는 좀 괜찮은 광고회사에 취직을 시켜줘야 하니까 여기저기 푸시(push)를 하고 그래서 이제 OOO에 입사를 하게 된 거죠."

(3) 광고계 현업에서의 카피라이팅 교육

카피라이팅 실무 능력 구축과 관련하여 보다 큰 의미를 지니는 것은 신입사원으로 입사한 후 해당 광고회사 내부에서 실시되는 비공식 교육이다. 이는 다시 광고회사 내부의 실무 교육시스템과 광고제작 팀 내부에서 이뤄지는 선후배 카피라이터 간 도제적 교육으로 나뉜다.

가. 광고회사 내부 실무 교육 시스템

주간지 ≪시사IN≫ 2015년 1월 25일 자는 우리 사회의 비정규직 문제를 커버스토리로 다루고 있다. 기사를 보면 한국뿐 아니라 세계적으로 비정규직이 늘어나는 원인 중 하나로 "숙련된 기술을 요구하는" 일자리가 갈수록 줄어드는 현상을 지적한다. 과거에 주판을 사용하던 계산 기능이 전자계산기와 컴퓨터 등장으로 쇠락해버렸고 이에 따라 수동 계산 기능을 요구하는 직업이 사라져버린 것이 대표적 사례다. 또한 제조 기술의 자동화와 국제적 모듈 생산 시스템이 현대 기업의 제품 생산에 있어 숙련노동을 해체하는 과정을 실감나게 설명하고 있다. 기사를 좀 더 인용해보자. 고용노동연수원 박태주 교수가 쓴 『현대자동차에는 한국 노사관계가 있다』란 책에 저자와 현대자동차 노조 간부의 대화가 나오는데 그들 간의 대화는 이렇다.

> 박태주: 신입사원이 들어오면 교육 기간은 어느 정도입니까?
>
> 노조 간부: 일주일이나 길면 이주일 정도입니다.
>
> 박태주: 인문계 고등학교를 나와서 바로 생산 현장에 투입해도요?
>
> 노조 간부: 논에 모 심는 아지매를 바로 현장에 투입해도 차 만드는 데는 아무 이상이 없습니다.

오늘날의 제조업 생산라인에서 생산기술의 발전과 자동화가 숙련노동의 가치를 배제시키는 현상에 대한 실감나는 지적이다.

그렇다면 광고대행사 내부에서 카피라이터의 경우는 어떠한가? 한마디로 카피라이터 직업은 위와 같은 케이스가 적용되기 어려운 분야이다. 개인이 지닌 창의력 특성이 핵심적 역할을 하기 때문이다. 광고사학자 스테판 폭스(Fox, 1997)는 광고전문직의 이러한 특성을 일러 "광고산업은 개인적인 특성이 매우 뚜렷한 산업으로, 다른 분야의 생산품에 비교했을 때 투입된 개인의 역량과 개성이 압도적으로 중요하다"고 지적한다. 김운한과 심성욱(2011)이 광고산업을 진흥시키고 유지시키는 데 핵심적 역할을 하는 것이 광고 교육이라 지적한 이유가 여기에 연결되어 있다. 광고회사의 카피라이터가 지닌 숙련된 테크닉과 창의성은 조직의 성공과 실패를 좌우하는 중추적 역할을 해왔고 시대가 급속도로 변화하는 오늘날에도 변함이 없는 것으로 평가된다.

이처럼 교육을 통한 역량 강화와 잠재력 개발이 매우 중요함에도 불구하고 우리나라 광고업계의 카피라이팅 실무 교육은 양적, 질적 측면에서 1990년대와 비교해서도 매우 미흡한 현상을 보이는 것이 발견된다. 우선 IMF 사태 이전에 상위 광고회사에서 보편적으로 실시되던 신입사원 순환 교육이 실시되지 않거나 그 기간이 크게 줄어드는 양상이다. 동시에 회사 내 재교육에 대한 경영 차원의 관심이 지속가능한 형태의 선순환 구조를 보이지 못하고 있다.

이러한 현상에는 광고산업의 전면적 개방 등 구조적 경쟁 격화와 경기 불황에 따른 광고회사 인력 채용 구조 변화가 핵심 영향을 미치고 있는 것으로 나타난다. 이는 특히 카피라이팅 직능에서 두드러지고 있다. 이직 현상이 보편적 경향으로 자리를 잡음에 따라 광고산업 전반에 있어 신입사원 교육 투자에 대한 부정적 인식이 확산 중이다. 신입사원 선발과 장기간에 걸친 교육 투자보다는 당장 현업 투입이 가능한 경력직 채용이 일반화되고 있는 것이다. 카피라이터 1의 토로가 이를 대변한다.

"전반적으로 한국 광고계에서 무형적 실무 지식을 회사에서 쓰기 위해 의식적으로 정리하고 발전시키려는 회사 차원 노력은 거의 없다고, 거의 사라졌다고 봐야 해요. 이건 오히려 1980~1990년대보다 광고계가 퇴보하고 있다는 건데 교육은 손실이라고 생각하니까 그런 거죠. 워낙 눈앞의 경영 이익에 집중하다 보니 교육이 투자라는 기본적 사실을 보지 못하는 거예요. 광고라는 게 결국 사람이 만드는 거고 사람에 대한 투자잖습니까. 그런데 지속가능성 지속가능성 이야기를 많이 하면서도 이런 식으로 곶감만 빼먹고 버리는 행태가 되풀이되는 겁니다. 이렇게 계속 가다 보면 결국 광고산업 전체에 큰 마이너스가 된다고 저는 봐요."

광고회사 내부의 카피라이팅 실무 교육의 사례로는 두 가지가 발견된다. 먼저 KOBACO 부설 교육원을 통한 위탁 교육이다. 다음은 카피라이터 3의 경험이다.

"신입사원 교육이 다 끝난 다음에 회사에서 KOBACO 광고교육원에 위탁 교육 즉 연수를 시키는 거죠. 회사일 다 끝나고 저녁 시간에 배웠습니다. 이번 달에도 회사에서 광고교육원에 수강신청하라고 해서 의무적으로 했죠."

다음으로는 회사 내 부정기적 직무 교육이나 특별 주제의 한시적 교육이 있다. 예를 들어 카피라이터 21이 소속된 회사의 경우 디지털 광고를 주제로 하는 12주 코스의 사내 교육프로그램을 실행하고 있다. 하지만 이런 사내 교육에는 강제성을 띄지 않는 한, 카피라이터 참여가 활발하지는 않다는 것이 문제점이다.

> "예전처럼 카피라이터들이 모여서 자체 세미나하고 그런 건 이제 거의 없을 거예요. 옛날에는 모여서 회의도 하고 교육도 하고 그랬다고 들었는데 이제는 모여서 밥이나 먹는 정도죠. 코바코에 현업 대상 카피라이팅 과정 6개월짜리가 있었는데 그것도 예산 때문에 없어진 걸로 알고 있구요… 그래서 저하고 디지털마케팅본부장님하고 12주 과정으로 매주 디지털광고 교육을 시켜요. 업계의 CEO들이나 아이디어 내는 사람들 초청도 하고 해서 시장의 흐름이 어떻게 가나, 어떤 크리에이티브를 해야 하나 이런 걸 듣는 거예요. 다음 주가 마지막 주인데, 과정을 신청해서 듣는 사람들 중에 AE가 제일 많고 그 다음으로 아트 쪽이 많아요. 문제는 제일 많이 와야 될 카피가 제일 적다는 거예요. 만나서 왜 교육에 안 오냐 물어보면 하는 대답이 일, 일에 치이니까 그렇다는 거죠. 배우는 시간을 내는 것 자체가 부담스럽고 힘든 거예요."
>
> _ 카피라이터 21

이와는 반대 관점의 주장도 다수 제기된다. 즉 현업 카피라이터 입장에서 사내 교육의 효율성에 대해 문제를 제기하는 의견이다. 심층 인터뷰에 참여한 다수 카피라이터들이 회사 내 교육의 문제점으로 드는 것은, 교육 내용이 형식적이거나 업무에 실질적 도움이 되지 못하는 케이스가 많다는 점이다.

"외부 교육이 있기는 있는데요, 저도 그 수혜를 받았지만 예를 들어 OO대하고 서로 협약을 해서 대학원에서 경영학 수업을 같이 듣는다든지, 이번에는 OO대에서 교수님이 오셔서 강의를 해주신다든지. 근데 이게 저는 의미가 별로 없다고 봐요. 형식적이고 우리는 실무를 해야 하는데 어디 가서 논문 발표할 것도 아니고 크게 배운다는 생각이 안 들어요. 실무에서 느끼고 배우는 게 제일 중요한데 말이에요."

_ 카피라이터 18

나. 광고제작팀 내의 도제적 교육

앞서 살펴본 대학이나 사설 교육기관의 교육이 현업에서의 실무 능력 발휘에 어느 정도 효과를 발휘하는지에 대해서는 아직 논의할 부분이 많다. 광고카피는 제품, 시장, 소비자에 대한 다양한 정보를 바탕으로 산출되는 일종의 문화콘텐츠로 규정할 수 있다. 이 같은 콘텐츠 산출의 기초 자원이 되는 것이 카피라이터가 지닌 실무적 지식과 노하우이다. 그런데 대학이나 사설 교육기관 교육에서 그에 대한 획득, 육성 효과가 검증되고 있지 않기 때문이다. 공적, 사적 교육기관의 카피라이팅 교육이 지닌 이러한 한계로 인해 카피 실무 능력 획득을 위해서는 광고계 현업에 입사한 후 진행되는 실무 교육이 매우 중요한 의미를 지니게 된다. 그것을 가능케 하는 핵심적 도구가 바로 카피라이터 선후배 간의 지식 이전(knowledge transfer)을 통한 비공식 교육(informal education)이다.

4. 카피라이터와 그의 동료들

1) 협업으로서의 광고 크리에이티브

카피라이팅은 일반의 오해와 달리 카피라이터 개인의 독자적 창조 작업 산물이 아니다. 언어 콘텐츠 산출의 각 단계에 걸쳐 복잡하고 정교한 사회적 상호작용을 통과해야 하기 때문이다(김동규, 2006). 여기서 사회적 상호작용(Social interaction)이란 둘 또는 그 이상의 사람·집단·사회단체들이 서로 영향을 주고받으면서 상호 이해와 반응을 보이는 과정인데, 특정인이 다른 사람에 대한 의미 전달이나 행위를 통해 반응을 일으키는 절차를 거치게 된다. 이를 카피라이팅 과정에 적용하자면, 카피라이터는 완성된 최종적 카피를 매체를 통해 목표고객에게 전달하기 전까지 다양한 조직 내외부 이해당사자들과 지속적인 쌍방향적 커뮤니케이션을 실행한다는 것이다. 이를 통해 자신이 산출한 카피 결과물에 대한 조정과 통제를 받게 된다.

광고는 언어적 요소 단독으로 완성될 수 없으며 비주얼 요소와의 결합으로 이뤄진다. 김동규(2013)는 광고에 사용되는 수사학의 특성을 설명하면서 카피 레토릭은, 거의 전적으로 **문채**의 활용에 기초하는 '문채의 레토릭'이며 또한 반드시 비주얼 메시지가 함께 사용된다고 지적한다. 인쇄광고에는 활자로만 구성된 타이포그래피 광고가 있지 않느냐 반문할 수도 있다. 하지만 오히려 타이포그래피 기법을 사용한 인쇄광고가 더욱 고차원의 비주얼 레이아웃 실력과 경험이 요구됨을 잊지 말아야 한다. 한마디로, 광고카피는 설득적 시너지 효과를 얻기 위해 반드시 비주얼 표현과 조화를 이뤄야 한다.[26] 이것이 카피라이터가 제작팀 내 파트너들과 실행하는 협업적 공동 작업으로서 광고 크리에이티브의 핵심적 특징이다.

문채

문채(文彩, figure). 이 단어의 원형이 되는 라틴어 Figura는 그리스어 Schèma를 번역한 것으로, 운동선수나 무용수가 취하는 규정된 동작을 뜻한다. 문채란 한마디로 말이나 글에 독특한 느낌과 빛깔을 부여하여, 의미를 명료화시키고 심미적 생명력을 부여하는 장식적 기능이다.

『옥스퍼드 대사전』(1978)은 문채를 "아름다움과 다양성을 주거나 만들기 위해 언어의 통상적 배열이나 사용법을 일탈(逸脫)하는 다양한 표현 방식(Any of the various 'forms' from the normal arrangement or use of words, which are adopted in order to give beauty, variety, or force to composition)"이라 설명한다.

프랑스의 수사학자 르불(ReBoul, 1990)에 따르면 이는 말과 문장의 외적 형태, 즉 말과 문장을 장식적으로 다듬고 꾸며서 강조하는 표현술로 규정된다. 한편 코벳(Corbett, 1990)은 문채를 "표현의 표준적 혹은 일반적 방식을 기교적으로 일탈하는 것(An artful deviation from the normal or ordinary manner of expression)"이라 설명하고 있다.

우리나라 수사학자인 박성창(2000)은 뒤마르세를 인용하여 문채는 "일반적 형태로 생각을 알게 하는 일상적 문장이나 표현들의 형태를 변형시킬 때" 태어난다고 말한다. 여기서의 '변형'이란 사람들이 일상적 혹은 공통적으로 사용하는 일반 개념으로부터 살짝 벗어나는 말과 글의 일탈을 의미한다.

광고학자 매쿼리와 믹(McQuarrie & Mick, 1996)은 광고에 사용되는 문채의 특성을 보다 상세히 고찰하고 있는데, 그들에 따르면 광고 레토릭 문채는 (그것이 무의미하거나 문장적 결점 때문에 거부되지 않는 한도 내에서) 표현이 메시지 수용자의 통상적 '기대(Expectation)'에서 일탈했을 때 발생하는 것이며, 그 같은 일탈은 표현 내용에서가 아니라 문장형태의 외형적 차원에서 이뤄진다고 말한다.

이상 여러 연구자들의 고찰에 따르면 문채는 '통상적 표현으로부터의 일탈(Deviation)'에서 발생한다는 사실을 짐작할 수 있다. 통상적 표현에서의 일탈을 이용하는 문채는 일상 생활이나 문학, 코메디 등에서도 활용되지만, 가장 활발히 적용되는 분야가 바로 카피라이팅 영역이다.

26 제1장에 나오는 윌리엄 번벅의 '카피와 비주얼의 행복한 결혼'을 참조할 것.

따라서 카피라이터의 본질을 이해하는 데 빠뜨릴 수 없는 것이 광고회사 조직 내에서 사회적 상호작용을 통해 긍정적, 부정적 영향을 미치는 파트너들과의 관계이다. 여기서 등장하는 중요 개념이 협업(協業, co-operation)이다. 협업이란 팀워크(Team work)를 통한 과업 수행을 말한다. 음악, 미술, 문학 등의 순수 창작과는 달리 광고 크리에이티브 작품은 각자 독립된 고유 업무를 수행하는 다수 전문가들의 협동 작업으로 만들어진다는 의미다. 광고목표와 표현콘셉트에 대한 공통 인식을 가지고 힘과 뜻을 모으는 팀워크 없이는 광고 제작 수행 자체가 어렵기 때문이다. 이 같은 관점에서 지금부터 카피라이터와 관계를 맺고 있는 제작팀 내 파트너들의 면모와 상호작용적 관계를 알아보기로 하자.

2) 파트너들의 면모

카피라이터는 자신의 과업을 달성하기 위해 크리에이티브 디렉터의 지휘 아래 아트디렉터, CM플래너와 팀을 이루게 된다. 크리에이티브 디렉터, 아트디렉터, CM플래너로 대표되는 파트너들의 중요 기능과 역할은 다음과 같다.

(1) 크리에이티브 디렉터(Creative Director)

광고 크리에이티브의 책임과 권한을 쥔 지휘자다. 카피라이터와 아트디렉터가 만들어낸 아이디어 가운데 좋은 것을 선택하고, 제작 완료까지 작업 전반을 책임지고 권한을 행사한다. 프레젠테이션을 통해 시안을 광고주에게 설득하여 실제 제작 및 집행 허락을 받아내는 사람이기도 하다. 따라서 크리에이티브 디렉터는 좋은 아이디어를 골라내는 선별안과, 시안을 설득하여 채택되도록 하는 언변을 함께 갖추어야 한다.

광고전략을 체계적으로 이해하여 표현콘셉트를 추출하는 능력 또한 중요하다. 휘하 팀원을 지휘하여 제작회의를 진행하는 것은 물론 광고주, AE, 마케팅, SP, 매체 등 여러 전문가와 조화를 이끌어내야 한다. 타인과 공동 작업을 좋아하고 남의 의견을 유연하게 수용하는 리더십이 필요한 이유가 그 때문이다. 스스로 아이디어를 내기도 하지만, 아이디어를 선택하고 숙성, 발전시키는 것이 더욱 중요한 역할이라 할 수 있다. 이에 따라 휘하 크리에이터들의 재능을 발견하고 키워주는 교육자 역할이 요구된다.

그밖에도 표현 전략 수립에서 매체 집행, 사후 관리까지 관여하는 것은 물론 제작비 집행에 있어 예산 관리 능력이 요청되며 인쇄, 전파광고 외주 프로덕션 선정 및 광고주 서비스 등에 이르기까지 폭넓은 관여를 하게 된다. 한마디로 크리에이티브 디렉터는 광고 제작 및 집행 전 영역에 걸쳐 팔방미인에 가까운 책임과 리더십이 요구되는 직능이다. 따라서 광고회사 내에서 처음부터 이 직책을 맡는 경우는 없다. 카피라이터나 아트디렉터로 다년간 경험을 쌓은 다음, 능력을 인정받아 발탁되는 케이스가 보편적이다.

카피라이터 입장에서 크리에이티브 디렉터와의 상호관계가 중요한 것은 카피 결과물에 대한 핵심적 평가와 게이트키핑을 하는 주체가 크리에이티브 디렉터이기 때문이다.

(2) 아트디렉터(Art Director, 이하 AD)

표현콘셉트를 비주얼로 창조하는 인쇄광고 전문가다. 원어 그대로 직역하면 예술감독인데, 이 명칭이 탄생한 미국에서는 다양한 의미로 통용된다. 광고디자인, 에디토리얼 디자인, 사진, 영화, 연극, 무대장치, 이벤트, 출판 영역에서도 폭넓게 사용되고 있다. 그래픽디자이너(Graphic designer, 이

하 GD)와 많이 혼동되는데, 두 직능의 구분은 사실 애매한 데가 많다. 김광규(1997)는 양자의 차이를 일러 "디자이너란 디자인을 담당하는 전문가이며… 종합적으로 조직하는 조형기술자(造形技術者)로서 분화된 전문 분야의 지식과 기술의 조직자(organizer)이다. 반면에 아트디렉터는 조형적 표현이 중요한 요소로서 작용하는 조직 내에서 기획, 생산, 영업, 경영 등의 각 분야와 관련된 조형적 문제를 총괄적으로 처리하고 지휘하는 전문가를 말한다. 대규모 조직체(대형 광고회사)에서는 Chief art director 밑에 고참인 Senior art director와 신참인 Junior art director를 두기도 하며 작은 조직체에서는 아트디렉터가 디자이너를 겸하는 경우가 대부분이다"라고 구분하고 있다.[27] 광고계에서는 일반적으로 GD가 인쇄광고의 일차적 생산자 역할을 하는 반면에 AD는 GD의 상위 직급으로 제작 관리와 지휘를 하는 차이가 있다고 구분한다. 제작 경력이 적은 경우에 GD라 부르고 인쇄광고 제작 경험과 관리 능력이 풍부해져서 제작 지휘가 가능해지면 AD란 명칭을 부여하는 것이 관례다.

광고회사에 입사하면 처음에는 보조 디자이너(Assistant designer)에서 시작하여 인쇄광고 제작 업무를 수련한다. 다음으로 크지 않은 업무를 독자적으로 수행하는 치프 디자이너(Chief designer)로 올라선다. 그리고 최종적으로 경력이 쌓이고 경험이 늘어나면 AD가 되는 순서를 밟게 된다. 이에 따라 아트디렉터가 되기 위해서는 레이아웃, 타이포그래피, 광고사진, 일러스트레이션, 인쇄용지, 제판, 원색 분해에 이르기까지 인쇄광고의 제작 모든 과

27 김광규, 『크리에이티브한 아트디렉터로 성공하는 법』(서울: 한국광고연구원, 1997) 60쪽에서 재인용.

정에 대한 폭넓고 깊은 전문 지식이 요구된다.

아트디렉터의 역할은 크게 세 가지로 나뉜다. 첫 번째는 표현콘셉트를 바탕으로 광고 아이디어를 생각해내는 일이다. 두 번째는 광고주가 최종 승인한 시안을 집행 광고물로 만들어내는 일이다. 세 번째는 인쇄광고물 제작에서 전반적 관리를 하고 조정을 맡는 역할이다. 이들 역할을 좀 더 상세히 설명하면 다음과 같다.

첫째, AD는 인쇄광고의 아이디어를 내고 레이아웃을 만드는 것과 함께 TV광고의 스토리보드를 창출하는 크리에이티브 능력이 요구된다. 우선 인쇄광고에서는 아이디에이션을 거쳐 섬네일 스케치(Thumbnail sketch)를 만든다. 이를 바탕으로 카피라이터와 공동작업을 통해 인쇄광고 시안을 만들어내게 된다. 미국과 유럽에서는 CM플래너과 함께 TV광고 제작 초기 단계에 스토리보드 아이디에이션과 제작에 관여하기도 한다.

둘째, 광고주의 제작 허가가 떨어진 시안을 실제 제작물로 만드는 작업을 지휘한다. 인쇄광고 제작은 과정이 복잡하기 때문에 AD 혼자서는 할 수 없다. 외부의 많은 전문가들과 힘을 합쳐 진행한다. 그런 의미에서 AD의 역할은 자기 손으로 직접 제작을 하는 핸드워크(Hand work)에서 아이디어를 내고 그 아이디어를 외부 전문가를 활용하여 구체화시키는 헤드워크(Head work)로 바뀌고 있다.

광고주가 승인한 시안을 실제 광고물로 제작하기 위해 AD는 우선적으로 제작 스케줄을 수립해야 한다. 다음으로 스케줄에 맞춰 일러스트레이터, 포토그래퍼, 코디네이터(의상 및 소도구 담당), 메이크업아티스트, 세트맨, 모델 등 관련 스태프를 선정하고 지휘하여 작업을 수행한다. 이들 스태프들에게 제작될 광고의 표현콘셉트와 아이디어 방향을 인식시키는 역할도 AD의 몫이다. 컴퓨터그래픽(CG)을 이해하지 못하면 인쇄광고 제작 자체가 어려우므로 CG에 대한 경험과 지식 또한 필수적이다. 직접 컴퓨터로 작업하지는 않더라도 컴퓨터그래픽 특성과 장단점에 대해서 심도 깊은 이해를 해야 하는 것이다. 나아가 인쇄광고의 단색, 원색 제판, 최종적으로 인쇄 품질까지 관리해야 하므로 이 부분에도 프로페셔널한 지식이 요청된다.

셋째, AD는 광고주를 위한 그래픽 분야의 전문 상담자 역할을 수행한다. 여러 제작 스태프와 외주 업체들 사이의 업무 조정(Traffic)도 맡아야 한다. 단색, 원색 제판 및 분해 업소, 모델 에이전시를 접촉하고 그에 대한 최종적 비용을 통제하는 것도 그의 역할이다.

이상에서 살펴본 바와 같이 AD는 광고전략에 대한 이해와 아이디에이션 능력, 폭넓은 제작 경험과 전문 지식, 제작 스케줄 수립을 위한 계획성 등을 두루 갖추어야 한다. 업무 특성상 AD는 광고디자인, 시각디자인, 산업디자인, 응용미술 등 디자인 관련 학과를 전공한 사람들이 주로 맡게 된다. 아트디렉터는 카피라이터와 짝(pair)을 이뤄 인쇄광고 제작의 일차적 파트너가 된다. 동시에 카피라이터의 아이디어 발상 및 레토릭 진행에도 상호작용적으로 중요한 영향을 미치는 존재다.

광고계에서는 탁월한 인쇄 광고작품은 카피와 비주얼의 행복한 결혼에서 태어난다는 속설이 있다. 결혼이 행복하기 위해서는 부부가 맡은 바 역할을 잘 수행해야 하듯이 카피라이터와 아트디렉터 또한 부부처럼 평등하고 다정한 커뮤니케이션을 나눠야 한다. 실제로 광고 역사상 수많은 명작 캠페인이 부부처럼 잘 어울리는 카피라이터와 아트디렉터 사이에서 태어났는데, 이 경우 카피와 비주얼의 결합은 단순히 1+1=2의 수학공식이 아니라 1+1=∞(무한대)가 되는 시너지효과를 내게 되는 셈이다.

(3) CM플래너(CM Planner)

TV광고 제작의 기획 및 업무 조정을 맡은 전문가다. 옛날에는 광고PD로 부르기도 했는데 지금은 주로 이 명칭으로 불린다. 미국, 유럽과 우리나라는 CM플래너의 개념과 역할이 조금 상이하다. 구미의 경우 CM프로듀서란 명칭으로 불리는 것이 일반적이다. 이들은 광고회사에 소속되어 있지 않고 프로덕션에서 일하는 것이 보편적이다. 일부는 프리랜서 신분으로 독립하여 휘하에 TV광고 감독을 거느리고 제작을 총지휘하기도 한다.

이들은 스스로 혹은 외주를 통해 TV광고 아이디어를 내고 스토리보드를 작성한다. 그리고 제작 프로덕션 선정, 촬영, 편집, 녹음 등의 후반 작업(Post product)에 이르기까지 TV광고 제작의 전 업무를 조정하고 진행한다. CM플래너의 주 업무는 TV광고의 아이디에이션과 전략 방향 조정 그리고 제작 프로덕션과 광고회사 혹은 광고주 사이의 중개자 역할이라 할 수 있다. 이에 따라 영상, 음악, 편집, 컴퓨터그래픽, 음향에 대한 폭 넓은 경험과 지식이 요구된다. 때로 광고주에게 스토리보드를 설명하기도 하므로 프레젠테이션 능력도 요구된다. 그밖에도 프로덕션 선정과 스태프 관리, 제작 경비 관리 업무에도 깊이 관여하게 된다.

우리나라에서 이 직능의 역할은 과도기적 단계를 거치고 있다. 중소 규모 광고회사의 경우 아직 상당수가 회사에 소속되어 있지만 일부 대형 광고회사에서는 직능이 사라지고 있는 추세다. TV광고 제작 프로덕션으로 자리를 옮기는 경우가 많으며, 광고회사에서는 CM플래너 직능을 따로 뽑기보다는 디지털 아티스트라는 새로운 직능으로 매체 융합적 영상 제작 전문가를 육성하는 케이스가 빈번하게 나타나고 있다.

그림 2-3 카피라이터와 파트너들과의 관계도

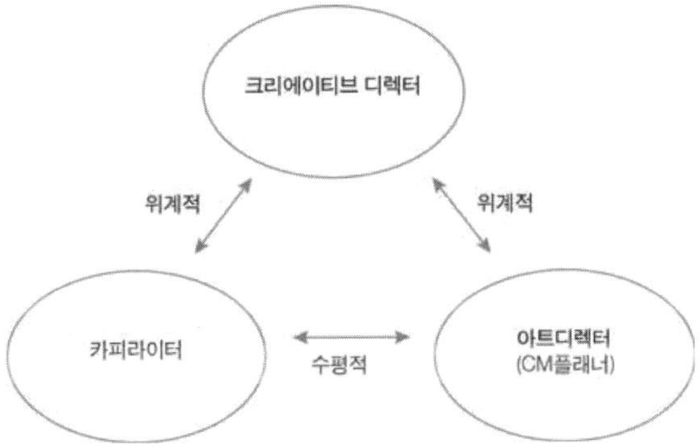

(4) 위계적 차원에서의 파트너 간 관계

〈그림 2-3〉은 광고회사 조직 내에서 카피라이터가 크리에이티브 디렉터, AD(CM플래너)와 맺는 관계를 요약한 것이다. 이를 보면 카피라이터는 1차적으로 AD(CM플래너)와 수평적 파트너십을 형성한 다음 아이디에이션을 통해 러프 시안(rough layout) 및 러프 스토리보드를 산출한다. 그리고 2차적으로 크리에이티브 디렉터에 의한 카피/아이디어 결과물 통제와 허락을 거쳐 광고주 제출 시안과 실제 제작을 수행한다. 이때 카피라이터와 아트디렉터는 크리에이티브 디렉터와 위계적 파트너십을 형성한다.

3) 파트너들과의 사회적 상호작용 관계

심층 인터뷰에 참여한 카피라이터 모두가 공통적으로 제작팀 내 파트너와의 협업적 관계가 카피라이팅 결과에 핵심적이면서도 구체적인 영향을 미친다고 밝힌다. 카피라이터들은 제작팀 내 파트너들과의 관계를 네 가지로 구분하고 있다. ① 역량에 대한 만족, ② 친숙함, ③ 상호신뢰, ④ 인간적 호감이 그것이다. 특히 페어 시스템(pair system)으로 인해 제작 조직 내 카피라이터 사이의 상호 경쟁이 격심한 카피라이터 4와 5의 경우는 짝을 이루는 아트디렉터와의 원활한 의사소통이 자기 카피라이팅의 성공과 실패에 핵심 역할을 한다고 강조한다.

카피라이터 17은 소속 크리에이티브 부티크의 크리에이티브 디렉터 겸 아트디렉터와 십여 년 이상을 함께 일하고 있는데, 이 같은 관계에서 생긴 상호신뢰가 의사소통을 원활하게 하고 카피라이팅 효율성을 높이는 데 큰 도움을 준다고 말한다. 이들의 경험을 요약하자면, 제작팀 내 파트너에 대하여 친화도가 높고 호의적 태도를 지니고 있으면 카피를 더 열심히 쓰게 되고 카피라이팅에 더 오랜 시간을 투여한다는 것이다. 반면에 호의적 태도가 낮고 상호 대화가 원활히 되지 않는 경우에는 카피라이팅 몰입 정도나 투여 시간이 줄어드는 것이 발견된다. 참여관찰 및 심층 인터뷰 자료를 분석한 결과 발견된 카피라이터와 광고제작팀 내 파트너의 상호작용적 관계를 구체적으로 설명하면 아래와 같다.

(1) 역량에 대한 만족

카피라이터가 제작팀 내 파트너의 아이디에이션 및 제작 능력을 높이 평가하는 경우 더 열심히 카피를 써주고 간혹 무리한 요구에도 자발적으로 응하려는 태도가 발견된다. 상대방 역량에 대한 만족 정도가 파트너와의 상호관계에서 매우 중요한 영향을 미치는 것이다.

> "확실히 영향을 많이 미칩니다. 저 같은 경우 지금 팀원들에 대한 만족도가 되게 높은 편이에요. 그러니까 아트디렉터가 간혹 허접한 비주얼아

이디어를 가져와도 기꺼이 카피를 써주고 싶은 거죠. 이 친구는 원래 열심히 하니까, 이번에 아이디어가 안 나온다 해도 용서가 되는 거예요. 근데 제가 평소에 허접하다고 보는 친구가 또 허접한 걸 갖고 왔어요. 그러면 너를 위해서 거기다 카피를 못 붙여주겠다. 이렇게 되는 거죠."

_ 카피라이터 13

(2) 의사소통

협업으로서의 광고 제작은 파트너와의 긴밀한 커뮤니케이션을 통해 완성된다. 카피라이터 5는 이를 '궁합'이라고까지 표현하고 있다. 부부간에 통용되는 이 단어를 사용할 정도로 카피라이터와 제작팀 내 파트너 간의 의사소통이 중요함을 강조하는 것이다.

"우리 회사는 페어 시스템이니까, 카피라이터 입장에서 자기하고 궁합 잘 맞는 아트디렉터 만나는 게 굉장히 중요해요. 보게 되면 아트디렉터랑 궁합이 안 맞는 페어들은 서로 따로 일을 해요. 카피는 카피 써가지고 자기가 생각하는 그림 그냥 붙이고, 아트디렉터는 그림 가져와서 자기가 카피 붙여서 이야기 하고. 광고라는 게 사실 글과 그림이 합쳐져야 결과물이 나오는데 카피만 살아도 안 되고 그림만 살아도 안 되잖아요. 예를 들어 그림이 새로운 게 나왔을 때 카피도 구태의연한 말보다 뭔가 거기에 부합되는 한마디 문장이 나와야 되는데, 아트디렉터하고 궁합이 안 맞는 페어에서는 그런 시너지가 없어요."

_ 카피라이터 5

(3) 상호신뢰

상호신뢰는 단시일에 형성되지 않는다. 오랜 시간을 함께 내 파트너로 일을 한 경우 만들어지는데 카피라이터 17은 이를 믿음, 자신감, 친숙도라는 보다 세분화된 개념으로 묘사한다.

"그거 굉장히 중요해요. S씨 같은 경우에는 정말 나하고 오랫동안 같이 일을 했잖아요. 그러니깐 내가 이렇게 헤드라인 한마디만 던져도 "이 사람은 내가 느낌으로만 가지고 있는 그림을 찾아내줄 거야" 라는 믿음이 있어요. 요즘 사람들은 좀 다르겠지만 우리만 해도 자기 생각을 강하게 이야기하는 게 쑥스럽고 어렵잖아요. 상대방이 "이거 아닌데" 하면 한방에 날라 갈수도 있고. 그럴 때 파트너에 대한 믿음이 있으면 좀 아니다 싶은 것도 자신 있게 보여줄 수 있고 그렇죠. 믿음, 자신감, 친숙도 이런 게 굉장히 중요한 거 같아요."

_ 카피라이터 17

(4) 인간적 호감

이는 업무 이외의 관계에서 형성되는 감정적 유대 관계를 뜻한다. 실제로 파트너에 대하여 지닌 호의적 태도는 특정 사안에 대한 카피라이터의 집중력을 배가시키기도 하고 감쇄시키기도 하는 것이 빈번하게 발견된다.

"예를 들어 제가 어떤 디자이너하고 관계가 좋다, 술친구다, 서로 농담 따먹기도 잘하고 꿍짝이 잘 맞는다 그러면 왠지 모르게 카피를 더 잘 맞춰주고 싶은 생각이 들죠. 근데 이게 카피 쓰는 데 긍정적으로만 작용하는 건 아니에요. 아까하고 반대 케이스인데 내가 저 친구하고 별로 관계가 안 좋다. 근데 내가 카피를 써줘야 된다 그러면 그저 평균 정도만 낼 수도 있죠."

_ 카피라이터 12

제 3 장

카피라이터의 무기, 지식

1. 들어가는 말

광고카피의 본질과 '카피라이팅 지식'이 무슨 상관이 있는지 의아해 하실 분이 있을 것이다. 이 같은 궁금증은 지금까지 사람들이 '지식'을 문서화, 규격화, 텍스트화된 어떤 유형적 실체로 생각해온 선입견 때문에 발생하는 것이다. 하지만 지금부터 우리가 살펴보게 될 카피라이팅 지식은 수학공식처럼 틀에 짜이고 구체화된 실체가 아니다. 그보다는 훨씬 넓고 포괄적인 개념이다. 카피라이터가 광고언어라는 집을 짓는 데 사용하는 모든 유형, 무형의 노하우, 테크닉, 직관, 경험도구가 카피라이팅 지식이다. 한마디로 전쟁을 방불케 하는 치열한 경쟁이 벌어지는 광고 현장에서 탁월한 카피 창조를 통해 적을 물리치고 승리하는 최종적 무기(武器)가 카피라이팅 지식인 것이다.

의학에 대한 전문적 지식이 없으면 병을 치료할 수 없다. 건축에 대한 전문 지식이 없어도 집을 못 짓는다. 카피라이팅도 마찬가지다. 광고 전략, 아이디어 발상, 레토릭 구사에 걸친 체계적이고 전문적인 지식이 있어야 한다. 그렇지 않으면 카피라이터는 결코 카피를 창조할 수도 자신의 과업을 수행할 수도 없는 것이다.

지식 연구의 선구자 폴라니(Polanyi, 1966)[1]는 일찍이 지식을 암묵지(tacit knowledge)와 형식지(explicit knowledge)로 구분했다. 전자는 학습 및 체험을 통해 개인에게 습득되었으나 표면화되지 않은 내적 지식을 뜻한다. 후자는

1 『거대한 전환(The great transformation)』을 저술한 경제학자 칼 폴라니(Karl Polanyi)의 친형이다.

이와 반대로 명시적으로 외부에 드러날 수 있으며 타인과 공유되는 지식이다. 이 책을 위한 문헌조사와 참여관찰, 심층 인터뷰 자료 분석을 종합하자면 광고 카피를 창조하는 데 쓰이는 지식은 상대적으로 암묵지적 성격이 두드러지는 '무엇'이다. 장기간에 걸친 이성적, 정서적 체험과 현장 실무를 통해 카피라이터 인지체계 내부에 명백히 구축되어 있지만 그것이 도대체 어떤 형체를 지니는 것인지 딱 잘라 명시적으로 규정하기 어렵기 때문이다.

제2장의 카피라이팅 교육 현황에서 살펴보았듯이, 대부분의 신입 카피라이터들은 현장 실무에 대한 경험과 이해가 매우 부족한 상태로 광고계에 들어온다. 이때 제대로 된 과업을 수행하기까지는 선배들이 경험을 통해 축적한 노하우, 테크닉, 인사이트, 직관 등의 무형적 지식을 배우고 익히는 것이 필수적이다. 방송프로그램이나 영화 등 창조적 콘텐츠들이 그러하듯, 광고카피도 그것을 만드는 일차적 재료로서 지식자원(resource)이 일차적 원재료로 상용되기 때문이다. 광고카피의 본질을 이해하기 위해 카피라이터들이 획득, 이전, 공유, 활용하는 실무 지식의 종합적 면모와 특징을 정교하게 고찰할 필요성이 여기에서 대두된다.

이 책은 광고회사 조직 내의 광범위한 인적, 사회적 상호작용을 통해 카피라이팅 지식이 획득, 내재화, 이전, 공유, 활용되고 있음을 카피라이터들의 경험 자료를 통해 발견하였다. 이러한 지식은 독서, 강의 등의 체계적 교육을 통해서도 획득되지만, 오히려 그보다 더 중요한 역할을 하는 것이 현장 체험을 통해 획득되는 실무적 성격을 지니고 있다는 것이다.

이 같은 맥락에 따라, 제3장에서는 아래와 같은 세 가지 주제가 체계적으로 고찰될 것이다. 첫째, 지식 일반의 특성을 배경으로 살펴본 카피라이팅 지식의 본질에 대해서이다. 둘째, 그 같은 지식이 카피라이터 개인의 인지체계 속에 체화(體化)[2]되어 이전·공유되는 현상에 대한 것이다. 셋째, 위와 같은 과정을 거쳐 획득된 지식이 광고회사 조직 내에서 어떻게 활용되는가의 현상에 대한 것이다.

이러한 주제를 탐구하기 위해 필자는 우선 그리스 인식론(epistemology)에서부터 현대의 지식경영학에 이르는 광범위한 영역에 걸쳐 지식의 개념, 역할, 형성 과정 등에 대하여 살펴보았다. 이를 통해 도출된 지식 일반에 대한 개념 및 범주가 현장 카피라이터들의 인지, 태도, 행동 경험에 기초한 특수한 경험들을 분류하고 분석하는 데 일차적 기준점(bench mark)을 제공하기 때문이다. 제3장에서 상대적으로 문헌연구의 비중이 높게 설정된 까닭이 여기에 있다.

제3장에서 발견하고자 하는 연구적 관심은 다음과 같다. 카피라이팅 관련 유무형 지식은 유사 커뮤니케이션 영역에 비해 어떤 차별적 특성을 지니고 있는가? 카피라이팅 지식을 구성하는 세부 카테고리는 어떻게 설정될 수 있는가? 그 같은 실무 지식이 개별 카피라이터 인지체계 속에 선택적으로 수용되어 체화되기 위해서는 어떤 과정을 거치는가?(Kostva, 1996). 카피 관련 지식은 그것을 전해주는 전수자와 전달받는 수혜자 사이에서 어떤 절차와 단계를 통해 이전되고 공유되는가? 그 같은 이전과 공유가 가장 효율적으로 이뤄지기 위해서는 어떤 조건이 필요한가? 카피라이팅 지식의 획득, 이전, 공유, 조직 활용을 둘러싼 정적, 부적 영향 요인은 무엇인가? 그리고 우리나라 광고대행사 내에서 이뤄지는 카피라이팅 지식의 조직 차원 전환은 어떤 양상을 보이고 있는가? 등이 그것이다.

---

2 체화(體化, incarnation)란 유사한 성격의 작업을 반복하게 되면 특정한 생각, 사상, 이론 따위가 몸에 배어서 자기 것으로 되는 것을 의미한다.

2. 카피라이팅 지식이란 무엇인가?

카피라이팅 지식이 무엇인가를 명확히 이해하기 위해서는 먼저 종단적(longitudinal)[3] 관점에서 지금까지 제기되어온 지식 일반의 개념 정의를 알아보아야 한다. 다음으로 횡단적(latitudinal) 관점에서 경영학, 커뮤니케이션학 등 광고 유관 학문 영역에서의 지식 개념 정의를 살펴보아야 한다. 그래야 비로소 이들 개념과 비교한 카피라이팅 지식만의 차별적 특성이 드러난다. 고대 그리스에서부터 오늘날까지의 철학, 지식경영학, 교육학, 정보공학, 인적자원학 연구에 이르기까지 폭넓은 문헌 분석 결과 지금까지 지식 개념에 대한 연구는 주로 두 가지 흐름으로 진행되어왔다.

첫 번째는 지식의 개념에 대한 것이며, 두 번째는 지식의 유형 분류에 대한 것이다. 이 책에서도 위의 기준에 따라 먼저 지식 개념이 역사적 전개에 따라 어떻게 변화해왔는가를 추적했다. 다음으로 상호배제적 차원에서 지식유형 계통표상에서 카피라이팅 지식이 유관 분야의 지식 유형과 어떻게 다른지를 분석하였다.

폴라니와 프로시(Polanyi & Prosch, 1975)는 지식을 일러, 특정 인식 주체가 스스로 직면한 문제 해결을 위해 자신의 경험을 현실과 교차·결합시키는 자기 투입의 소산이라고 정의내린다.[4] 이 관점에서 보자면 카피라이팅 관

3 특정 현상에 있어 역사적 진행 차원에서 장기적인 변화를 추적하는 관점이다.

4 두 사람은 지식을 문제해결 및 특정 가치 발생을 위한 판단과 행동 능력으로 규정한다. 그리고 이 같은 지식은 대상을 외재적 관점에서 분석함으로써 생겨나는 것이 아니라, 인지주체로서의 개인이 스스로 경험을 형성하고 통합하여 현실과 결합시키는 주체적 투입(commitment)을 통해 만들어진다고 강조한다.

련 지식도 공학, 경영학, 사회학, 인문학, 예술학에 관련된 지식 본질과 다를 바가 없다. 그렇다면, 과연 카피라이터들이 지닌 실무 지식의 본질은 무엇이며 그것은 인지적, 태도적, 행동적 차원에서 각각 어떤 개별적 경험을 통해 생성, 획득, 내면화되는가? 함께 여행을 떠나보기로 하자.

1) 지식 개념의 역사적 변천

지식은 인간을 동물과 구별 짓는 가장 큰 특징 중 하나다. 그런 의미에서 수천 년에 걸쳐 수많은 학자와 사상가들이 지식이 무엇인가를 연구하고 고민해온 것은 "인간이 과연 어떤 존재인가"를 밝히기 위한 노력이었다 해도 과언이 아니다.

지식은 고대 그리스 철학의 인식론(epistemology) 논쟁에서부터 오늘날의 정보학, 지식경영학, 교육학 분야에 이르기까지 매우 다의적이며 중층적 개념으로 해석되어왔다. 우선 소크라테스의 경우 지식은 인간 자체로서의 빼어남 혹은 인간을 가장 인간답게 만드는 덕(德)에 가까운 개념이었다. 그의 제자 플라톤은 지식을 단순한 이론 영역을 넘어 실천적 능력까지 포함시킨 근원적 통찰력에 가까운 개념으로 규정하였다. 그에 따르면 **지식**은 경험적 탐구를 통해 획득되는 것이 아니라 인간이 지닌 **본질적 이성을 통해 연역적으로 획득되는 절대적 성격**을 지니고 있는 것이다. 이후 오랫동안 이어지고 발전된 서구의 합리주의 철학이 바로 여기에서 기원하는 것이다.

반면에 흄으로 대표되는 경험주의 철학에서는 지식을 완전히 다르게 해석한다. 즉 인간이 지닌 모든 지식은 궁극적으로 경험을 통해 만들어지고 발전한다는 것이다. 이 관점에 기초한 철학자들은 선험적 혹은 연역적으로 존재하는 절대 지식의 존재를 부정한다. 왜냐하면 모든 지식은 경험을 통

본질적 이성을 통해 연역적으로 획득되는 절대적 성격의 지식

플라톤의 이데아(idea) 개념이 이 같은 절대적 지식을 대표하는 것이다. "보다, 알다"라는 뜻을 가진 그리스어 Idein에서 파생된 이 개념은 원래 보이는 것, 모양, 모습, 물건의 형식이나 종류를 의미하는 것이었지만, 플라톤에 의해 육안(肉眼)이 아니라 영혼의 눈으로 볼 수 있는 본질적 형상이자 철학의 목적으로 규정되었다.

즉 이데아는 끊임없이 변화하는 비본질적 감각세계의 사물과 구별되는 하나의 궁극적 진실이자 실체의 원본(原本)이라는 것이다. 그리고 인간을 둘러싸고 존재하는, 감각으로 파악 가능한 일체의 사물은 모두 이러한 이데아를 복제하여 형성된 것이라 주장하였다.

플라톤이 제시한 본질과 복제의 개념은 이후 수천 년 동안 끊임없이 확장, 심화되었다. 한 가지만 예를 들어보면 프랑스의 사회학자이자 철학자 장 보드리야르(Jean Baudrillard, 1929~2007)가 제기한 시뮬라크르(Simulacres) 개념이 그것이다. 1981년에 쓴 『시뮬라시옹(Simulacres et Simulation)』에서 보드리야르는, 어떤 대상을 상대로 복제된 물건이 원본보다 더 현실 같은 경우 이렇게 만들어진 가상현실(hyperreal)이 거꾸로 진짜 현실을 대체해버린다고 지적한다. 이런 역할을 하는 것이 방송, 영화, 광고 같은 현대사회의 이미지 창조 도구들인데, 그가 대표적인 사례로 든 것이 '디즈니랜드'다.

월트 디즈니가 만든 놀이공원 디즈니랜드는 피터팬이나 백설공주 동화가 만들어낸 일종의 허상이다. 그럼에도 불구하고 그곳에 입장하면 미키마우스나 백설공주 분장을 한 연기자가 현실인양 살아 움직이고 말을 건다. 이런 가짜 이미지를 통한 가상 세계가 실제 경험 세계를 대체해버리는 것인데, 보드리야르는 한 걸음 더 나아가 미국을 거대한 디즈니랜드로까지 부른다. 만들어진 환상의 행복한 이미지가 미국 사회 현실의 불평등과 차별 구조를 대체하고 은폐하기 때문이라는 것이다.

보다 쉬운 케이스로 영화 〈매트릭스〉에서 실제로는 기계들의 생체 배터리로 사육되는 인간들이 가상현실인 '매트릭스'를 실제 세상이라고 여기며 생명을 이어가는 장면을 떠올리면 되겠다.

해 후천적으로 태어나는 존재이기 때문이다.

서양 철학사에서는 18세기에 들어서면 이처럼 대립을 보이는 양자의 관점을 종합하는 주장이 등장하는데 이마누엘 칸트(Immanuel Kant, 1724~ 1804)가 대표적 인물이다. 그에 따르면 지식의 구체적 내용은 명백히 인간의 실체적 경험을 통해 만들어지는 것이지만, 그러한 생성의 바탕에는 직관과 오성(悟性)과 같은 인간이 지닌 선천적 사고의 틀(schema)이 존재한다는 것이다.

지금까지 서구 학계에서 지식을 주제로 하는 연구는 지식의 본질에서부터 범주규정, 세부 활용 등의 다양한 영역에 걸쳐 폭을 넓히며 진행되어왔다. 이러한 성과 가운데 우선적으로 살펴봐야 할 것은, 지식(knowledge)과 유사한 개념들을 상호배제적 차원에서 구별하는 작업이다.

지식 개념의 정의와 관련되어 흔히 혼동되는 것은 자료(data) 혹은 정보(information)와 지식의 차이점이다. 먼저 자료는 특정 사상과 연관된 추상적이며 객관적인 사실의 집합체를 의미한다. 반면에 정보는 이 같은 자료에 가치를 부여시킴으로써 태어나는 것인데 기호화, 수치화한 자료(data)를 특정 목적을 위해 가공한 다음 그것에 부가적 의미를 추가한 것을 의미한다. 정보는 자료와 달리 특정 대상에 대한 관련성과 목적성을 지니고 있다. 학자들은 데이터에 가치를 부여하면 정보가 된다고 일반적으로 주장한다(Drucker, 1999). 즉 자료를 기호화시키고 가공하여 특정 목적에 부합되는 부가적 의미를 만들어낸 것이 정보인 것이다. 이 같은 맥락에서 정보는 필연적으로 수동적, 정태적 속성을 지니게 된다(Kogut & Zander, 1992).

억견(臆見, Doxa)도 지식과 자주 비교되는 개념이다. 억견은 플라톤이 창시한 개념으로 판단력 혹은 개인적 의견이란 뜻을 지닌 그리스어 dóxa에서 유래한 것이다. 이 개념은 인간이 지닌 감각 혹은 지각에 비해서는 감지 폭이 넓지만 지식에 비교하면 근거의 부재 특성 때문에 수준이 낮은 것이 특징이다. 보통 억견은 두 가지 카테고리로 구분된다. 즉 ① 경험적 느낌이나 교훈을 맹목적으로 신뢰함으로써 태어나는 것으로, 사실과 합치된다는 측면에서는 참(true)이지만 논거가 결여된 유형, ② 아예 사실과 합치되지 않는 거짓(false)이기 때문에 실제적 측면에서 도움이 되지 않는 유형이 그것이다. 이렇게 보자면 억견은 지식에 비해 사물의 양상을 구분하고 식별하는 능력 그리고 모든 이에게 인정받는 공적인 확실성이 크게 부족함을 알 수 있다.

지식은 이들 유사 개념들이 다다른 지점에서 한걸음 더 앞으로 나아가간다. 즉 앞서 설명한 정보가 인간이 지닌 경험적, 상황적, 인지적 활동과 결합하거나 조우(遭遇)하여 태어나는 것이 바로 지식이기 때문이다. 크로(Krough, 1998)가 지식을 일러 "사물에 관한 개개의 실제적, 경험적 인식이며, 엄밀하게 보자면 원리적, 통일적으로 조직되어 객관적 타당성을 요구할 수 있는 판단의 체계"로 규정하는 것이 동일한 맥락에서 나온 것이라 하겠다.

이에 따라 지식은 자료나 정보에 비해 인간적인 개입 정도가 훨씬 높으며 무엇보다 사람들이 맞닥뜨린 특정한 문제의 해결이나 가치를 만들어내기 위해 활용되는 도구적 특징이 강하다. 동시에 지식은 문제 해결을 위해 사용되기 때문에 정보의 경우처럼 수동적이거나 고정된 상태로 존재하지 않는다. 역동적으로 변화하고 진화하는 특성을 지니는 것이다. 이러한 본질로 인해 지식 개념은 인간이 자신을 둘러싼 문제 해결을 위한 판단에 도움을 주며 구체적 행동에 요구되는 가치를 만들어낼 수 있을 때 비로소 본래 의미가 확보되는 것이다(Davenport & Prusak, 1998).

지식의 속성을 고찰한 지금까지 연구를 개괄해보면 지식은 우선적으로 인간 쌍방이 상호작용하고 소통하는 매개물로서 주체와 객체 간 경험을 공유하는 핵심적 요체로 이해되어왔다. 하지만 20세기에 들어와서 전통적 의미의 지식 속성 정의로는 더 이상 담아내지 못할 만큼 지식의 질과 양이 폭발하는 현상이 두드러지고 있다. 그것은 학문과 실천 전 영역에 걸쳐 다양한 규범과 가치가 등장하고, 이를 통한 사유대상의 확장과 사유 내용의 다양화가 동반되고 있기 때문이다. 전통적 의미의 지식 개념이 빠르게 변화, 확장하고 있는 것이다.

이 같은 지식 개념의 변화에는 정보화시대의 진전이 핵심적 원인으로 작용하고 있다. 예를 들어 서구 자본주의 경제에서 1980년대 말부터 급속히 확산된 IMC(Integrated Marketing Communication)[5]의 배경에는 매스미디어의 폭발적 증가로 인한 정보의 홍수 현상이 존재한다. 베르지히(Wersig, 1993)는 이 같은 현상의 바탕에 개인과 조직, 그리고 문화경제적 사회시스템 전반에 걸친 지식의 기능 변화가 중요한 영향을 미치고 있음을 강조한다. 여기에는 두 가지 배경이 있다. 첫째는 메시지 수용자 개개인에게 전달되는 정보 총량이 압도적으로 늘어났다는 것이다. 특히 인터넷망의 확산과 각종 스마트 단말기 보급으로 개별 소비자들이 수동적으로 받아들이거나 능동적으로 탐색 가능한 정보가 상상을 초월하는 속도로 증가하고 있다.

둘째는 학문과 기술 영역이 갈수록 세분화됨에 따라 지식이 보다 다양

5 통합적 마케팅커뮤니케이션. 1980년대 후반부터 대두되기 시작한 새로운 마케팅커뮤니케이션 개념이다. 광고매체의 다변화, 데이터베이스 마케팅과 소비자 세분화 극대화에 따라 기존의 광고커뮤니케이션 효과가 약화되고 촉진 활동의 중요성이 급속히 증가한 것을 배경을 삼고 있다. 기업이 브랜드에 대한 강력하고 통일된 이미지를 만들고 소비자를 구매행동으로 유도하기 위해서는 광고와 같은 전통적 수단 외에 PR, 판매촉진, 다이렉트마케팅 등 다양한 커뮤니케이션 수단들을 집중적으로 통합하여 명료하고 일관된 메시지를 전달해야 한다는 관점이다.

해지고 각 지식 사이의 이질성이 확대되고 있는 점이다. 나아가 인간을 둘러싼 철학적 인식 영역과 테크놀로지적 영역 모두에서 지식의 파편화와 자율화 속도가 갈수록 빨라지고 있다는 것이다. 르네상스 시대의 레오나르도 다빈치가 상징하듯 전방위적 교양지식인의 개념이 사라지고 있는 것이 단적인 증거이다. 매우 제한된 특정 기술 및 학문 영역에 한정한다 해도 한 사람의 개인이 관련된 지식을 모두 파악하고 활용하는 것이 사실상 불가능한 시대가 도래한 것이다.

21세기에 접어들면서 과거 굴뚝산업 사회의 수직적, 계층적 사회구조는 망(網)의 특징을 지닌 수평적 구조로 급속히 변화하고 있다. 이러한 거시적 사회구조 변화는 기존의 지식 개념에 가변적, 즉자적, 수평적, 일회적 특성을 강화시키고 있다. 전통적 의미에서의 지식의 독점성, 획일성, 중앙 집중성이 붕괴되고 이른바 지식민주주의가 확산되는 원인이 여기에 있는 것이다.

지식 개념의 역사적 변천을 살펴보는 데 있어 빠트릴 수 없는 것은 1980년대 이후 지식경영학 분야에서 제기된 지식 개념의 확대 심화 현상이다. 예를 들어 노나카(Nonaka, 1994)는 지식의 속성을 보다 구체적으로 설명하기 위해 그리스 인식론에서 오래 전에 제기된 명제인 "정당화된 참다운 믿음(justified true belief)" 개념을 도입한다. 이 개념에 근거하여 그가 내린 지식은 다음과 같은 세 단계의 논리적 구조를 따라 정의된다. ① 특정 개인은 환경과의 상호작용을 거쳐 스스로가 직면한 구체적 문제 해결을 위해 '진실되다 생각하는 믿음'을 찾아낸 다음, 자신의 인지체계 내부에 역동적 형태로 어떤 실체를 만들게 된다. ② 이때 그가 판단한 '옳고 진실된 것'에 대한 통찰과 경험의 전체적 집합이 지식으로 전환된다. ③ 각 개인은 그 같은 '스스로 믿음의 진실됨'을 현실적 문제 해결에 적용시키고 그것이 향상된 결과를 가져오는 과정을 통해 지식을 재창조하고 축적한다. 노나카의 관점을 카피라이팅 지식에 적용시키면 어떤 결과가 나올까? ① 카피라이팅은 카피라이터 개인이 그를 둘러싼 광고제작 환경 및 파트너들과의 상호작용과 업무 해결을 위한 정당화된 믿음의 결과물이다. ② 이러한 결과물이 해당 카피라이터 인지체계 내부에 역동적(dynamic) 형태로 구축되는 어떤 실체 그것이 바로 카피라이팅 지식인 것이다.

또 한 가지 관심을 끄는 것은 1996년에 OECD가 발간한 「지식 기반 경제(The Knowledge-based Economy)」에 관한 보고서이다. 이 문건에서는 지식의 속성을 ① 대상에 대해 알게 되고(know what), ② 탄생의 원인을 찾아내며(know why), ③ 방법을 이해하고(know how), ④ 주체로서의 사람을 아는 것(know who)의 네 가지 요소가 종합적으로 결합된 것으로 규정한다. 한마디로 지식의 본질을 대상, 원인, 방법, 주체라는 네 가지 구조화된 프레임으로 통해 이해하려는 것이다. 이 같은 관점은 카피라이팅 지식의 본질 이해에도 중요한 시사점을 제공하게 된다.

즉 광고카피가 무엇이고(know what), 그것이 어디에서 발원하며(know why), 어떻게 활용될 수 있으며(know how), 누구에 의해 탄생하는가(know who)를 통찰하는 데 있어 시야를 확장시켜주기 때문이다. 이 관점을 적용시켜 보면 방송, 신문, 잡지 등의 유사 커뮤니케이션 영역에서의 실무 지식과 구별되는 카피라이팅 지식의 세부 개념과 범주는 도대체 무엇인가? 카피라이팅 지식의 내재적 획득을 위한 전제조건은 무엇이며, 카피라이팅 지식의 교류와 발전은 어떤 방식으로 전개되는가? 등에 대한 체계적 분석의 시도가 구체화될 수 있다.

지식 기반 사회(knowledge-based society) 개념도 정교하게 살펴볼 필요가 있다. 이 개념이 처음 등장한 것은 후기 산업사회에 대한 논쟁을 점화시킨 다니엘 벨(Daniel Bell)의 저서 『탈산업사회의 도래(The Coming of Post-Industrial Society: A Venture in Social Forecasting)』(1973)에서부터였다. 지식 기반 사회란 사회적 재화 창출에 있어 지식이 핵심적 요소가 되는 사회를 말하는데, 이런 사회에서 지식은 단순한 추상적 존재가 아니라 실질적 재화를 생산하는 구체적 도구로 활용된다. 나아가 지식 그 자체가 판매의 대상이 되고 수익을 창출하는 정보상품의 형태로 구현된다. 학술적 차원에서만 논의되던 지식 기반 사회 개념이 본격화된 것은 1990년대를 넘어서면서부터이다. 이 시기를 통해 전자제어, 인터넷, 모바일 등으로 상징되는 컴퓨터 및 정보통신 기술이 급속히 발전되었기 때문이다. 동시에 관련 산업 분야에서 생성, 축적, 활용된 지식자원들이 실질적 생산력 확보 수단으로 급속히 진화되었다 (Drucker, 1999).

다니엘 벨은 이제는 고전의 반열에 오른 그의 책을 통해 지식을 "이성적 판단이나 경험 결과를 제공하는 사실, 개념의 조직화된 진술 집합체"로 정의했다. 나아가 특정 국가의 미래는 사회적 재화 창출에 있어 지식이 핵심적 요소가 되는 지식 기반 사회로의 진입 성공 여부에 따라 결정될 것이라고 예언했다. 21세기야말로 벨의 예언이 활짝 꽃피어난 시대가 되었다. 지식이 구체적 생산력과 밀접히 결합된 정보상품의 형태로 구현되면서 모든 산업생산력의 기초가 되는 ICT(정보통신기술) 경제가 도래했기 때문이다.

이 같은 조류는 해가 지날수록 속도와 위력이 거세지고 있다. 지식은 이제 단순히 정태적인 사회문화적 자본 개념을 넘어선 지 오래이다. 특히 지식 콘텐츠를 원재료로 하여 처리, 전달, 공급, 소비, 유통, 분배되는 상품적 기능이 크게 강화되는 추세가 뚜렷하다. 예를 들어 영국의 컨설팅업체 브랜드 파이낸스가 발표한 2017년 500개 글로벌 브랜드 가치(brand equity) 순위가 그렇다. 구글(Google)이 1095억 달러로 5년 동안 1위를 차지해온 애플

(Apple)을 제치고 '가장 가치 있는 브랜드' 1위에 오른 것이 상징적이다(연합뉴스, 2017년 2월 1일 자). 우리나라의 경우 네이버 검색이 막대한 부를 창출하고 있으며 미국에서도 마이크로소프트, 아마존 등의 IT 지식기반 기업들이 지식의 상품적 가치화에 기초하여 최고의 기업으로 자리 잡고 있다.

오늘날의 지식 개념은 4대 매체로 상징되는 제한된 미디어 플랫폼을 벗어나 혁명적 커뮤니케이션 생태계 변화를 주도하고 있다. 21세기 산업생태계에 있어 지식의 교환, 활용을 주도하는 배경은 역시 스마트미디어(Smart Media)다. 탈시공간적인 정보 전달을 통해 새로운 융복합적 지식 개념을 탄생시키고 있는 것이다. 대표적 케이스로 통신, 전파, 방송 기술을 혼용한 쌍방향 맞춤형 학습인 스마트 러닝(smart learning)을 들 수 있는데 지식의 창출, 전달, 활용에 있어 과거와 완전히 성격을 달리하는 교육 수단으로 자리 잡고 있다.

광고산업 분야에서 선두를 달리는 것은 IPTV와 모바일이다. 이 중에서 카피라이팅 지식과 관련되어 특히 주목할 것은 모바일 광고인데 스마트폰, 개인정보단말기(PDA), 태블릿PC와 같이 손에 들고 다닐 수 있는 디바이스를 매개체로 하고 있기 때문이다. 위치와 장소를 초월하는 편재성, 개인 정보에 대한 식별성, 사용자 위치를 실시간으로 파악할 수 있는 위치 확인성 등 스마트미디어의 장점을 SNS와 각종 어플리케이션과 결합시키고 있는 것이다.

이 같은 미디어 환경 변화는 현재의 광고콘텐츠 제작과 카피라이팅을 아날로그 시대의 그것과 불가피하게 차별화시키고 있다. 몇 년 전부터 본격화된 모바일타기팅(mobile targeting) 광고를 사례로 살펴보자. 타기팅 광고는 무작위 다중을 대상으로 메시지를 던지는 기존의 4대 매체 광고와 성격 자체가 다르다. 특정한 관심사·지역·계층별로 타깃을 구분하여 목표고객에 적합한 맞춤형 메시지를 전달하는 첨단의 광고 형태이기 때문이다(한겨레신문, 2012년 8월 12일 자).[6] 이 새로운 기술은 개별 고객을 대상으로 축적된 전자적 데이터베이스를 바탕으로 극도로 세분화된 라이프스타일과 취향에 부합되는 체계적 관계마케팅(relationship marketing)을 실시하고 있다. 이런 상황 변화 속에서 복수의 비차별적 대중을 설득해왔던 기존의 전통적 카피라이팅 지식은 효율성이 크게 떨어질 수밖에 없는 것이다.

살펴본 바와 같이 21세기 스마트미디어 시대를 통한 지식 개념의 변화는 실무 및 학문 영역에 걸쳐 지금까지 추상적, 관념적으로 이해되어왔던 지식의 가치와 기능에 대한 새로운 해석을 요구하고 있다. 지식의 내용과 기능이 세분화되고 지식자원의 경제적 중요성이 급속히 증가함에 따라 국가 단위, 기업 단위를 막론하고 환경과 상황에 부합되는 올바른 지식 속성의 정립과 축적, 활용이 사활을 좌우하는 요소가 되고 있다.

스마트폰 및 태블릿PC 원천기술과 관련하여 삼성전자와 애플사가 장기간에 걸쳐 전 세계적 차원에서 벌이고 있는 특허권 분쟁은 지식자원이 지닌

6 SK마케팅앤드컴퍼니(SKM&C)가 개발한 이 광고 형태는 '포인트 친구 애딩'이라 불린다. SK그룹이 13년 동안 축적한 OK캐쉬백 가입자 3600만 명의 소비패턴 데이터 정보와, 스마트폰 활용 메신저 카카오톡의 개인별 메시지 전달 기능을 결합한 서비스다. 구체적 작동 방식을 살펴보면 다음과 같다. 먼저 서비스를 원하는 소비자가 카카오톡에서 '포인트 친구 애딩'과 친구관계를 맺는다. 다음으로 OK캐쉬백 가입자 인증을 거치면, DB에 축적된 각 사용자의 평소 구매 방식에 부합되는 맞춤형 광고를 전송하게 된다. 예를 들어 특정 사용자의 캐쉬백 적립이 주로 백화점의 명품에 집중되어 있다면, 관련 제품 광고나 이벤트 등을 모바일로 전송해주는 방식이다. 또한 광고 메시지 수신 회원에게는 OK캐쉬백 포인트 적립 등의 혜택이 주어진다. 모바일광고 참여 방식은 기본형, 쿠폰형, 영상을 보고 퀴즈를 푸는 동영상+퀴즈형, 앱을 받는 다운로드형, 설문조사에 답하는 참여형 등 총 5가지 형태로 구성되는데, SK마케팅앤드컴퍼니는 카카오톡 외에도 다양한 모바일 채널로 서비스를 확대하고 있다.

이 같은 마케팅적 중요성을 유감없이 보여주는 것이다. 이제 지식은 전통 경제학에서 정의된 기본 생산요소로서의 노동, 자본, 토지의 존재감을 뛰어넘어 잉여가치를 생산하는 중추로 부상하고 있다(Nonaka & Krough, 2009).

2) 지식의 유형 분류

제3장에서 주목해야 할 또 다른 핵심 주제는 지식 유형의 분류이다. 카피라이팅 지식의 본질을 이해하기 위해서는 주요 학문 영역에서 통용되는 지식 개념과 광고카피라이팅 지식이 어떻게 닮았고 다른지를 발견하고 확정하는 사전 작업이 필요하기 때문이다.

지식을 유형별로 분류하는 연구는 학문 영역과 연구자 관점에 따라 다양하게 전개되어왔다. 지식 유형 분류 기준은 먼저 플라톤과 아리스토텔레스에서 제기되어 서구 근대 철학에 들어오면 더욱 정교화된다. 예를 들어 프랜시스 베이컨(Francis Bacon)은 지식 분류에서는 전통과 관습에서 비롯된 선입견이 배제되어야 하며 방법론적 확실성이 강화되어야 한다고 주장했다. 오귀스트 콩트(Auguste Comte)의 경우 지식은 신학적, 형이상학적, 실증적 특성의 3단계를 거쳐 진화되어왔다고 밝히면서 이것이 곧 지식의 분류와 일치한다는 입장을 취했다(이선필, 2000).

20세기 들어와서 지식 유형 분류는 한층 정교화되는데, 뷜(Bühl, 1984)은 지식의 형태를 ① 두 가지 경험적 조건이 유사성을 통해 상호 결합된 형태인 마술적 지식, ② 원형적(archtype) 신화, 문화적 특수신화, 예술적 신화의 결합을 통해 인식적 불안정을 안정 상태로 바꿈으로써 공동체를 안정시키는 신화적 지식, ③ 의식의 물화(物化)를 통해 탈신화적이며 시간의 공간화를 목적하는 이데올로기적 지식, ④ 문제의 분석, 종합, 가설을 기초로 하는 학술적 지식으로 나누면서, 이들 지식 유형은 지식의 계통을 따라 종단적 전개에 있어 상향 발전 경향을 보인다고 주장한다.

넬러와 넬러(Kneller & Kneller, 1971)는 철학 영역에서 제기된 주요 주장을 종합하여, 지식의 형태를 ① 신이 인간에게 알려준 '계시적 지식', ② 인간이 순간적 통찰을 통해 깨닫는 '직관적 지식', ③ 실제 사례 관찰을 동반하지 않고 이성 단독의 실행으로 얻어지는 '이성적 지식', ④ 관찰이나 실험에 의해 검증된 '경험적 지식'의 네 가지로 분류하기도 한다.

특히 관심을 끄는 것은 독일의 교육과학연구/기술부에서 1996년과 1998년 두 차례에 걸쳐 실행한 방대한 조사연구다. 이 연구는 21세기에 고도화될 지식 기반 사회를 맞아 변화하는 시대의 교육 방향을 찾아내기 위해 이뤄졌는데, 그 결과물이 바로 유명한 델파이(Delphi)보고서다(한국직업능력개발원, 1999). 이 보고서에는 교육을 실행하는 기초로서 지식 속성에 대한 계량적 분석이 충실히 담겨 있다. 그 내용을 요약해보면 오늘날의 지식은 ① 생명 및 과학적 기초/테크놀로지, ② 인간 삶의 의미, ③ 세계, 역사, 문화에 대한 인식, ④ 인간과 사회의 공존, ⑤ 사회조직에 대한 다양한 분야로 나뉘어 각 분야별로 맹렬한 파생적 확산을 거듭하고 있다.

한편 정보학 분야에서의 지식 유형 분류는 정보의 생성, 전송, 이용을 기준으로 이뤄지고 있다. 이때 지식은 수치적 지식, 텍스트 지식, 이미지 지식, 사운드 지식의 네 가지 형태로 분류된다. 이 가운데 책자 및 보존문서로 대표되는 인쇄텍스트가 근현대를 거쳐 주력 지식집합체로 인정되어온 유형으로 지적된다(Evans, 1995). 그밖에 국내에서 이뤄진 대표적 연구로는 김진완·이경진·김유일(2004)이 지식의 포함 내용, 표현 방식, 생성 과정 등을 분류 준거로 지금까지의 방대한 지식 형태를 '표현 방식에 따른 분류', '생성 과정에 따른 분류', '내용에 따른 분류' 등의 세 가지 카테고리로 체계화시킨 것이 있다.

(1) 형식지와 암묵지

카피라이팅 지식의 실체를 심층적으로 이해하기 위해 필요한 것은 카피라이팅 지식을 구성하는 요소가 무엇인가를 구별하는 준거들이다. 이 책에서는 이 준거를 크게 두 가지로 나누었다. 첫 번째가 형식지와 암묵지의 분류다. 그리고 두 번째는 프락시스와 테크네의 분류다.

먼저 지식을 형식지와 암묵지의 두 유형으로 나누는 것이다. 이는 카피라이팅 지식 본질의 이해와 관련되어 매우 주목되는 내용을 지닌다. 폴라니(1966)에 의해 최초로 구체화된 이 분류에 따르면 지식은 대상을 외재적 관점에서 분석함으로써 비롯되는 것이 아니라 개인 스스로 경험을 형성하고 통합하여 현실과 결합시키는 주체적 자기 투입 혹은 참여(commitment)를 통해 만들어진다. 그리고 이러한 과정에서 창출된 지식은 생성과 활용 과정에 걸쳐 형식지와 암묵지의 두 가지 유형으로 나눠진다는 것이다(Polanyi & Prosch, 1975).

여기에서 형식지(形式知, explicit knowledge)는 문자, 수식 등 명시적으로 기호화가 가능한 체계적인 지식을 의미한다. 즉 수치로 환산되어 계량화된 데이터, 구체적 텍스트를 담은 문서자료, 가정에서의 전자기기 작동이나 생산 현장에서의 원료 배합 방법 등을 상세하게 설명해놓은 매뉴얼 등이 대표적 사례이다. 이런 유형의 지식은 공식적 교육을 통해 체계적으로 전해지며 공유되는 특징을 지닌다.

반면에 암묵지(暗黙知, tacit knowledge)는 무형적, 추상적인 특징을 지니고 있으며 특정한 데이터나 규칙으로 명문화되기 어려운 지식이다. 한마디로 인간의 마음속에 내재된 주관적이며 모호한 지식을 말한다. 예를 들어 도

검(刀劍) 장인이 명검을 만들어낼 때 얼마나 뜨겁게 불을 지피고 언제 담금질을 해야 하는가 하는 것이 해당된다. 이 같은 기술과 노하우도 분명히 지식에 속한다. 그러나 이런 유형의 지식은 수학공식 같은 것으로 구체화될 수 없으며 그것을 배우고 익히는 방법도 형식지와 크게 다름을 알 수 있다.

폴라니가 체계화한 양대 지식 유형 분류가 이 책과 관련되어 함의가 큰 것은, 제2장에서 복수(複數)의 카피라이터들이 토로했듯이 광고콘텐츠를 만들기 위해 쓰이는 카피라이팅 지식이 매뉴얼화된 특성을 지니지 않기 때문이다. 현업의 선후배 카피라이터들끼리 주고받는 상호이전의 객체(object)가 되는 실무 지식들은 오히려 개인 경험, 숙련된 노하우, 직관적 통찰력 등으로 대표되는 내재적 특성이 강하다는 것이다. 카피라이팅 지식에 있어 암묵지적 특성이 어느 정도 강하며 또 그것이 형식지로 전환될 수 있는가의 이해가 중요한 것은 이것이 곧 카피라이팅 지식의 본질 발견에 중요한 나침판을 제공하기 때문이다. 나아가 광고회사 조직 내에서 그 같은 지식을 실무적으로 축적하고 활용하는 과업에 기준점(bench mark)이 되기 때문이다.

암묵지와 형식지의 분류 연구는 폴라니 이후 후속 연구자들에 의해 꾸준히 진행되었다. 이렇게 정교화된 양대 지식의 개념은 카피라이팅 지식의 본질을 깊이 이해하는 데 큰 도움을 준다. 암묵지적 성격을 지닌 카피라이팅 지식을 구성하는 구성 요소는 무엇인가? 그리고 이것들이 어떤 과정을 거쳐 선후배 카피라이터들 사이에 이전, 공유되며 최종적으로 실무에 활용되는가를 이해하는 데 출발점이 되기 때문이다.

암묵지와 형식지 유형 분류에 관한 대표적 연구 성과를 살펴보면 다음과 같다. 먼저 크로(Krough, 1988)는 두 가지 지식을 인지주의적 관점과 구조주의적 관점으로 분류한다. 여기서 인지주의적 관점은 지식을 인간의 인지과정에 개입하여 형식화되고 표출될 수 있는 객관적 특성을 지닌 것으로 보는 것이다. 이 경우 지식은 '앎(知)'이 쌓이면서(stock) 형성된 형태로서, 단순 사실의 이해 수준을 넘어 현상의 원인을 분석하고 이를 기초로 특정 현상의 숨겨진 의미까지 이해하는 행위를 포함한다. 이러한 해석은 사람의 뇌에서 만들어진 정보가 그 자신의 인지 과정에 개입되어 행동을 결정한다는 논거에 따른 것이다. 이 관점에서 보면 지식은 사람을 둘러싼 복잡다단한 사물과 사건의 조합을 통해 세계를 있는 그대로 표현하는 존재라고 할 수 있다. 따라서 이 같은 표현이 불가능한 부분은 지식의 범주에서 배제되고 표현을 통해 형식화가 가능한 것만이 지식으로 인정된다(정영미, 1997). 한마디로 인지주의적 관점에서 보면 지식은 사람 두뇌 속의 인지적 과정을 통해 구조화, 데이터화, 형식화되는 객관적 특성을 지니게 되는 것이다. 그 전형적 사례가 바로 형식지다.

한편 구조주의적 관점에서 지식은 현실에 대하여 개인이 지니고 있는 경험과 인식을 모두 포함하는 것이다. 이때 암묵지는 명시적 추론 과정을 거쳐 형식지로 기호화되는 과정을 거칠 수 있다. 이 관점을 적용시켜보자면 카피라이팅 지식은 개인의 인지체계 내부에 노하우 형태로 축적되어 있지만 최종적으로 실무 현장에서 형식화된 형태로 공유되고 활용될 수 있는 복합적 특성을 지니게 된다. 인간 내부에 구체화되는 무형적 암묵지는 본질적으로 직관적 인식을 거쳐 태어나는 존재이지만, 그것은 인간 외부에 가시화되어 다른 사람과 공유, 활용될 수 있기 때문이다. 지식을 일러 "(내부에서 출발하여 외부에서) 객관화될 수 있는 신념체계"로 규정하는 노나카(1994)의 주장이 이 같은 구조주의적 이해를 대표하는 것이라 할 수 있다.

데이븐포트와 프루삭(Davenport & Prusak, 1998)의 주장도 크게 봐서 구조주의적 관점에 포함된다. 두 사람은 일정한 구조를 지닌 경험과 전후 맥락에 대한 정보, 그리고 새로운 경험과 정보에 대한 전문적 식견이 하나로 결합된 다이내믹한 존재가 바로 지식이라고 주장한다. 인간이 자신의 인지체계 내부에 형성시킨 암묵적 지식이 전환 과정을 거쳐 규정화되면 명시적으로 공유 가능한 형식적 지식으로 바뀐다는 것이다. 그들은 이 기준에 따라 지식 유형을 모두 세 가지로 나누고 있다. 즉 기존의 암묵지와 형식지 분류를 발전시켜 이들 양대 지식 이외에도 비공식적 내부지식(informal internal knowledge) 유형을 하나 더 추가하는 것이다. 여기서 비공식적 내부 지식은 인간 내부의 암묵지가 과정을 거쳐 형식적 지식으로 변환되는 과도기적 성격을 지니게 된다. 두 사람의 주장은 카피라이터 내부의 암묵적 노하우와 테크닉이 광고회사 조직 차원에서 어떻게 활용 가능한 명시적 지식으로 전환 가능한가의 도구적 방법론에 대한 관심을 크게 자극하는 것이다.

레너드와 센사이퍼(Leonard & Sensiper, 1998)는 한걸음 더 나아가 지식의 표현 가능 정도를 기준으로 형식지와 암묵지를 구분한다. 그들은 지식을 "경험에 의존하고 있는 관계 특성적이며 행동 가능한 정보의 집합"으로 규정한다. 이 입장에서 보자면 암묵지는 표현 명시성이 낮은 특성을 지닌다. 동시에 그 같은 지식을 보유한 사람과 지식 자체가 객관적으로 분리되기가 힘든 고착적 성격을 지니며 이에 따라 타인에 대한 전달이 어려운 특성이 있다. 홍길동이 산에 들어가 10년 동안 물을 긷고 땔나무를 베며 도술을 배웠다다는 이야기가 그것인데, 이는 역으로 도인이 자신의 지식을 가르치고 전달하기가 그만큼 힘들다는 뜻이 되기도 한다. 반면에 형식지는 이 같은 암묵지가 진화, 발전된 형태인데 그만큼 표현의 명시성이 높은 특징을 지니게 된다. 따라서 암묵지에서 형식지로 창조적으로 진화되기까지 소요 시간이 길다. 또한 획득된 지식이 원래 지식소유자와 분리되어 표현되는 정도가 강한 특성이 있다.

암묵지와 형식지 분류에 관한 국내 연구를 보면 김준영·김영걸(2001)의

성과가 주목된다. 두 사람은 데이븐포트와 프루삭의 분류에서 제기된 암묵지 개념을 더욱 세분화했다. 즉 최종적 명문화 가능성을 기준으로 형식지로 바뀔수 있는가 없는가를 새로운 기준점으로 삼은 것이다. 이때 형식지로 바뀔 수 없는 것은 여전히 암묵지에 속하며 최종적으로 형식지로 변환가능한 속성을 지닌 지식에 대해서는 잠재지(implicit knowledge)라는 과도기적 이름을 붙이고 있다. 이 경우 잠재지는 아직 사람의 머릿속에 존재하고 있지만 필요한 경우에 문서나 기호로 변환이 가능한 지식을 뜻하게 된다. 이상에서 살펴본, 형식지와 암묵지 분류에 대한 다양한 연구들은 현업 카피라이터들이 자신의 카피를 창조하는 데 도구로 사용되는 카피라이팅 지식의 본질을 이해하는 데 중요한 이론적 배경을 제공한다. 과연 카피라이팅 지식은 위에서 고찰한 여러 가지 유형 분류 가운데 어디에 해당되는 것이며 어떠한 특질을 지니고 있는 것일까.

(2) 프락시스와 테크네

카피라이팅 지식의 이해와 관련되어 또 다른 핵심 기준을 제공하는 것은 고대 그리스 철학에서 기원하는 지식 유형 분류다. 그리스에서는 지식 일반을 통칭하여 에피스테메(episteme)라고 불렀다. 이는 참다운 지식을 가르키는 개념으로, 신념 혹은 개인이 지닌 의견을 뜻하는 '억견(doxa)'과는 구별되는 존재였다. 여기에서부터 '에피스테몰로지(epistemology)', 즉 인식론이라는 단어가 태어났다.

이를 한 단계 더 발전시켜 아리스토텔레스(Aristoteles)는 자신의 저서 『형이상학』에서 에피스테메를 관조(觀照)를 통해 이론(理論)화된 지식, 실천(實踐)하는 지식, 제작(製作)하는 지식의 세 영역으로 나누었다. 그리스 철학, 정치학, 미학, 수사학의 완성자라 불리는 아리스토텔레스의 학문 체계는 사실상 위의 세 가지 카테고리 구분에 따르는 '이론학(theoretike)', '실천학(praktike)', '제작학(poietike)'의 3대 영역으로 나눠지는 것이다. 지식 유형의 분류 또한 3대 학문 영역에 맞춰서 ① 테오리아(theoria), ② 프락시스(praxis), ③ 포이에시스(poiesis)로 구분된다.

그러면 이들 개념을 조금 상세히 살펴보자. 먼저 테오리아는 주관이 배제된 순수한 상태에서 대상을 살펴보고(觀照)고 객관화시키는 이론지(理論知)다. 체계적이고 이론화된 지식을 의미하는데 여기서 기원된 단어가 바로 이론(theory)이다. 한편 프락시스는 신념과 윤리성에 기초하여 세상을 바꾸는 도구로 사용되는 지식으로 '실천지(實踐知)'라 불린다. 사회적 혹은 정치적 실천에 있어 기초가 되는 지식으로, 후일 카를 마르크스가 사회주의 이상 실현을 위해 사용되는 '행위나 지식'이라 설명하면서 일반에 널리 알려졌다. 마지막으로 포이에시스는 인간이 지닌 상상력을 바탕으로 예술적 창조나 기술 개발 등에 쓰이는 도구적 지식을 말하는 것으로 흔히 '제작지(製作知)'라 칭해진다.

그리스 인식론에서는 이와 비슷하지만 조금 다른 차원에서 지식을 유형화시키는 또 다른, 그리고 일반에 보다 널리 알려진 기준이 존재한다. 바로 프락시스(praxis)와 테크네(techne)의 분류다. 프락시스는 앞서 아리스트텔레스의 세 분류에 등장한 바로 그 개념이다. 원래 프락시스는 그리스 자유 시민들의 윤리적이고 정치적인 자유 행위에 기원을 두고 있다 한다. 이 개념은 보다 포괄적으로 해석하면 특정 사안에 대한 통찰력 혹은 현명함으로 이해할 수 있다(Barr & Griffiths, 2007).

반면에 테크네는 앞서 살펴본 포이에시스와 의미적으로 겹치는 개념인데, 흔히 기술(技術) 혹은 기예(技藝)라고 번역된다. 물건이나 작품을 만드는 테크닉 혹은 기술에 관련된 지식을 의미한다. 여기서 나온 말이 바로 테크놀로지(technology)이다. 다른 관점에서 보자면 프락시스는 인간들의 사고나 사회에 대한 폭넓은 인식 혹은 관점에 해당하는 지식이기 때문에 인문사회학적 지식이라 부를 수 있다. 반면에 테크네는 인간이 자연 소재를 바탕으로 무엇인가를 만들고 창조하는 데 사용되므로 과학기술적 지식이라고 부를 수 있다.

파멜라 롱은 『공개성, 비밀성, 저작권(Openness, Secrecy, Authorship)』에서 고대 그리스에서 14~16세기 르네상스에 이르는 긴 시기에 걸쳐 지식이 어떻게 대중들에게 공개되었고 또 비밀리에 후세에 전수되었는가를 설명하고 있다(Long, 2004). 이 내용을 보면 프락시스는 현실 정치와 군사 분야에서 지도자 역할을 수행했던 엘리트들의 지식으로 규정된다. 이데올로기를 만들고 시대적 정신을 창조하는 데 소용되는 관념적 성격을 지니고 있음을 알 수 있다. 반면에 테크네는 물질을 직접적으로 다루면서 구체적인 작업을 수행하는 장인(匠人)들의 지식으로 묘사된다. 양대 지식의 성격이 뚜렷이 다르다는 사실이 드러난다.

하지만 프락시스와 테크네가 전혀 다른 영역에 존재하는 지식들은 아니다. 두 개념은 상호보완적이며 하나로 합쳐져야 비로소 완전한 지식을 이룬다는 생각이 오래전부터 존재해왔다. 예를 들어 AD 1세기에 살았던 로마인 건축가 마르쿠스 비트루비우스는 『건축 10서(Ten Books on Architecture)』를 통해 신전을 재건하면서 습득한 지식을 책으로 남겼다. 여기서 그는 참다운 지식은 건물 짓는 기술, 즉 테크네와 건물을 짓는 사람의 인식 즉 프락시스를 모두 포괄하고 결합되어야 한다고 주장했다(Tatarkiewicz, 2005). 지식에 있어 이론과 실천의 결합이 필요불가결한 요소임을 강조하고 있는 것이다.

프락시스와 테크네에 대한 이들 고전적 분류를 카피라이팅 지식에 적용시켜보면 어떻게 될까. 먼저 프락시스는 특정 사안에 대한 통찰력 혹은 현명한 직관인데 이는 카피라이터가 전략을 이해하고 광고제작의 방향성을 찾아내는 인사이트와 관련되는 것이다. 반면에 테크네는 하나의 구체적 테크닉이자 기예인데, 부호화되며 이전 가능한 특성을 지닌 지식이라고 할 수 있다. 나아가 이들 두 종류 지식은 모두 개별화될 수 있으며 개인의 인지체계 내부에 획득, 축적, 활용되는 특성을 지닌다고 이해된다. 학습되고, 부호화되며, 이전 가능한 특성을 지니고 있으며 나아가 실무적 문제 해결을 위해 동원되는 개인화된 특성이 있기 때문이다.

3) 카피라이팅 지식의 속성

카피라이팅 지식의 속성과 관련하여 주목할 것은, 다니엘 벨이 제기하고 앨빈 토플러(Toppler, 1980)가 『제3의 물결(The Third Waves)』에서 구체적으로 예견한 지식 기반 사회가 현실화되고 있다는 사실이다. 각종 산업의 실무 현장에 실용 지향적 융복합 지식이 급속히 도입, 확산되고 있으며 지식을 통한 경제적 부가 가치 산출이 가시화되고 있는 것이다.

이처럼 부가가치 창출의 자원으로서 지식이 가장 효과적으로 활용되어 온 분야가 광고산업이다. 19세기 중엽 현대 광고가 첫발을 딛은 이래 조사, 전략, 크리에이티브 실행에 이르기까지 경험적 지식자산들이 경쟁력 원천이 되는 대표적 산업 분야였기 때문이다. 개인이나 조직이 보유한 지식이 이윤을 산출하는 자산으로 활용되기 시작한 것은 광고전략 부분이었다. 예를 들어 뉴욕시에서 JWT가 설립된 것이 1878년인데, 이 회사의 T-PLAN 전략은 지난 130여 년간 내부 실무 지식자산이 축적된 결과물이라 할 수 있다. 그밖에 테드베이츠의 USP 전략, 오길비 앤드 매더의 브랜드 이미지 전략, DDB의 R.O.I 전략, FCB의 Grid 모델 등 세계적 다국적 광고회사의 전략 모델들이 같은 궤적을 걸어왔다. 현장의 업무 과제 해결 경험에서 시작된 지식자산들이 학술적 연구에 시사점을 제공하고, 이를 통해 다시 축적된 지식자산이 실무에 재활용되는 선순환이 광고전략 부분에서는 활성화되고 있는 것이다.

그에 비해 광고 크리에이티브 분야에서의 지식 축적과 활용은 상대적으로 부족한 것이 현실이다. 특히 카피라이팅 지식이 그러하다. 카피 창조의 무기이자 도구로 사용되는 카피라이팅 관련 실무 지식의 본질이 무엇이고 그것이 카피라이터 인지체계 내부에 어떻게 발상, 축적되는가? 그리고 어떤 과정의 이전, 공유를 거쳐 조직 차원에서 활용되는가를 연구하고 이를 실무에 적용하려는 시도가 매우 드물기 때문이다.

그 이유는 무엇인가? 축적된 노하우와 테크닉 등이 카피라이터 개인 필요에 따른 한시적 활용에 그치거나 혹은 지식 이전이 이뤄진다 해도 선후배 카피라이터 간의 도제적 전승에 머무르는 경우가 대부분이기 때문이다. 또한 다양한 형태의 카피라이팅 지식들이 체험적, 주관적 영역에 속해 있으므로 그 속성과 실체를 제대로 밝혀내기 어렵기 때문이다. 이 같은 문제는 해외 광고학의 경우도 마찬가지다. 카피라는 언어 콘텐츠를 인지적, 태도적, 행동적 경험을 지닌 카피라이터 지식 활용의 결과물로 바라보지 않는 것이다. 광고카피라는 창조적 콘텐츠의 탄생을 발생·축적·상호 교류될 수 있는(Machlup, 1980), 하나의 지식 객체로 인식하지 않고 있기 때문이다. 이에 따라 실무적 가치를 지닌 카피라이팅 노하우, 테크닉, 인사이트들이 이론화되지 못하고 지속 가능한 순환도 불가능한 것이 현실이다. 개별 카피라이터들이 지닌 탁월한 실무 지식들이 진화, 발전되어 재활용되지 못하고 허무하게 사라져가고 있는 것이다.

광고 설득에서 카피가 차지하는 막대한 비중에 비춰볼 때, 카피라이팅 지식 본질과 활용에 대한 이 같은 관심 부족은 광고산업의 내재적 기반 확대에 중요한 장애가 되고 있다. 카피라이터들이 보유한 실무 지식의 본질은 무엇이며 그것들은 인지적, 태도적, 행동적 차원에서 각각 어떤 개별적 경험을 통해 생성, 획득, 내면화되는가? 그리고 이들 광고언어 창조자들은 스스로 획득한 지식을 어떻게 활용하여 사회적 정보상품(social information products)으로서의 카피 콘텐츠를 산출하는가? 등의 연구를 통해 카피라이팅 지식의 본질을 찾아내는 시도가 요구되는 까닭이 여기에 있다.

그렇다면 카피라이팅 지식은 공학, 경영학, 사회학, 인문학, 예술학 등 인접 학문 및 현장에서 활용되는 지식과 어떤 차별적 특징을 지니고 있는가? 문헌 연구와 심층 인터뷰 자료 분석을 통해 발견된 카피라이팅 지식의 속성은 다음과 같이 정리될 수 있다.

첫째, 노하우, 습관, 행동, 직관, 통찰 등의 주관적이며 무형적인 형태로 나타나는 암묵지적 성격이 강하다는 것이다. 심층 인터뷰에 참여한 복수의 카피라이터들이 현장 실무에 활용되는 이들 지식은 정규 교육기관에서의 수업보다는 현장 경험을 통해 획득, 구축되는 체험적 특성이 강하다고 밝히고 있다. 자신들이 학습하고 보유한 카피라이팅 지식들이 노하우, 스킬과 같이 개별적이며 내재적 특성이 강하기 때문이라는 것이다. 나아가 이들 지식은 상호배제적으로 명쾌하게 규정되기 힘든 애매하고 포괄적인 특성을 지니고 있다는 것이다. 실무에서의 구체적 활용이 가능한 지식의 개화(開花)에 이르기까지 긴 소요 시간이 필요한 것도 특징이다. 카피라이터 14의 말을 들어보자.

"예를 들어 건설 카탈로그를 만들 때 광고주가 건설이지만 사장 마인드는 패셔너블하다 이러면… 이건 보통 광고하고 다르게 뭔가 감각적으로 가야 한다, 이런 판단 이런 게 지식이라 할 수 있잖아요. 근데 이런 생각이 내 머릿속에 분명히 들어 있기는 한데, 이걸 딱히 뭐라 명확히 규정하기가 힘들어요. 누가 물어도 그런 지식을 말로 표현하기도 어렵구요."

둘째, 카피라이팅 지식은 정치한 이론적 구성을 갖춘 테오리아(theoria) 즉 이론적 지식으로서 속성이 약하다는 것이다. 1923년 출간된 역사상 최초의 광고 이론서인 클로드 홉킨스의 『과학적 광고(Scientific Advertising)』부터 최근에 출판되는 많은 실무 서적에서 카피라이팅 기법과 원칙이 기술되고 있지만, 이들 지식들이 과학적이며 이론적 분석이 가능한 정치성(精緻性)을 갖췄다고 보기 어렵기 때문이다. 레너드와 센사이퍼(1998)가 지적한바, 표현의 명시성이 낮고 주관적 속성이 강한 지식인 것이다. 카피라이터 1은 카피라이팅 지식의 이 같은 복합성과 모호성에 대하여 다음과 같이 의견을 제시한다.

"남의 제품에 대해서 의뢰를 받아 광고를 하고 그걸로 수익을 만들어야 되는 문제잖아요. 그러니까 늘상 품에 끼고 abc 가르치듯이 배우는 게 아니라는 거죠. 한마디로 말하면 선배가 하는 일을 보면서 배우는 거지요. 대학에서 강의하듯이 이론적으로 체계적으로 딱 떨어지는 그런 지식이 아니라 굉장히 다각적이고 복합적인 거지요. 또 시간의 축적이 없으면 자기화되지 못하는 거구요."

셋째, 앞서 살펴본 지식 유형 분류에 있어 프락시스와 테크네의 속성을 동시에 지니고 있다는 것이다. 카피라이팅 지식에는 제품과 소비자 시장 환경으로 구성되는 상황분석을 통해 표현 콘셉트를 찾아내는 관념적 지식으로서 프락시스(praxis) 속성이 존재한다. 이를 "What to say"를 찾아내는 '전략 이해 능력'이라 부를 수 있다. 반면에 자신의 아이디어를 구체화된 언어콘텐츠로 창조하는 전문적 기술로서의 테크네(techne) 속성이 명백히 존재한다. 이를 "How to say"를 구사하는 '전문적 제작 기법'이라 할 수 있을 것이다. 한마디로 전략에 대한 통찰과 실제 라이팅(writing)에 쓰이는 기능이 복합되어 있다는 뜻이다.

광고학자 펠턴(Felton, 1994)은 자신이 경험한 광고 크리에이티브의 본질을 "제품이 지닌 독점적 소비자 편익을 찾아낸 다음 그것을 구체적으로 드라마화시키는(Dramatize the benefit)" 과정으로 강조한 바 있다. 이 명제 역시 콘텐츠 창조에 활용되는 카피라이팅 지식이 프락시스(편익을 발견하는 통찰력)와 테크네(그것을 드라마화시켜내는 기능)의 양면적 속성을 지니고 있음을 시사하는 발언이라 하겠다.

광고 카피가 "What to say"와 "How to say"의 순차적 결합을 통해 완성된다는 사실이 국내외의 수많은 카피라이팅 서적에서 반복적으로 지적되는 이유가 바로 여기에 있는 것이다(김동규, 2003; 2013, 김병희, 2007; 신인섭, 1980; 이인구, 2002; 이희복, 2013; 조병량 외, 2010; 천현숙, 2010; 西尾忠久, 1983; 植條則夫, 1988; Barton, 1995; Blake & Bly, 1998; Bowdery, 2008; Burton, 1999; Felton, 1994; Gabay, 2000; Gettins, 2005; Herzbrun, 1997; Miller, 2014; Sugarman, 2012).

이상에서 살펴본 카피라이팅 지식 속성을 종합하여 다이어그램으로 표현한 것이 〈그림 3-1〉이다. 즉 카피라이팅 지식은 프락시스를 통한 전략적 이해 능력과 전문적 제작 기법으로서의 테크네가 결합된 체험적 암묵지의 성격을 지니고 있다는 것이다.

넷째, 카피라이팅 지식은 지속적 실무 체험을 통해 카피라이터 인지체

그림 3-1 카피라이팅 지식의 개념도

계에 체화(體化)되는 속성을 지니고 있다는 점이다. 여기서 주목해야 할 개념은 ① 실무체험, ② 체화의 두 가지다. 즉 카피라이터들의 실무 지식은 광고회사에 입사한 후, 직접적 실무 체험을 통해 개별 카피라이터 인지체계 속에 서서히 구축된다는 것이다. 대학 정규 교육이나 사설 학원, 독서 경험을 통해서 지식이 획득되기도 하지만, 업무에 활용되는 대부분 지식은 실전을 통해 선택적으로 수용, 획득되는 경우가 대부분이기 때문이다.

관심을 끄는 것은 이 같은 지식 획득이 눈으로 보고 배우는 도제적 방식으로 이뤄진다는 것이다. 심층 인터뷰에 참가한 카피라이터들의 발언을 종합해보면 공통점이 발견된다. 즉 경력, 전공, 회사 규모 등의 다양한 요인에 상관없이 (인력 구조상 복수의 카피라이터를 고용할 수 없는 일부 지역 소규모 광고대행사를 제외하고) 모두가 입사 후 이른바 '사수 - 조수' 관계로 불리는 쌍방향적 관계를 통해 핵심적 실무 지식을 획득했다고 밝히고 있기 때문이다. 동시에 카피라이팅 지식 획득이 단발적 방식으로 이뤄지는 것이 아니라 지속적이고 누적적인 체험을 거쳐 인지체계 속에 서서히 녹아든다고 지적한다. 이 책에서는 이 같은 지속적, 누적적 체험 특성을 체화(體化)라고 명명하였다.

다섯째, 카피라이팅 지식은 실제 광고 제작에 활용되기까지 반복적 시행착오와 필터링을 거친다는 점이다. 지식의 획득 난이성이 높고 시간이 많이 소요되는 까닭이 여기에 있다. 무형적 노하우, 습관, 행동, 테크닉, 통찰을 구성 요소로 하는 이들 지식은 정규 교육보다는 실무 경험을 통해 느린 속도로 획득되는 경향이 두드러진다. 광고 카피라이팅 지식에서 발견되는 이와 같은 획득 난이성과 시간적 장기성은 광고전략 분야의 실무 노하우와 경험들이 상대적으로 빠른 속도로 조직지식화되고 활용되는 것에 비해, 상대적으로 왜 카피라이팅 지식의 조직지식화와 활용 성과가 미흡한지에 대한 배경을 추론할 수 있게 해주는 대목이다.

3. 카피라이팅 지식은 어떻게 획득되는가?

지금부터는 카피라이팅 지식이 획득되고 그것이 카피라이터 인지체계 속에 체화되는 현상을 분석하고자 한다. 앞서 살펴본 것처럼 지식 개념의 역사적 변화, 지식 유형의 분류를 다룬 선행 연구들은 카피라이팅 지식의 본질을 이해하는 데 중요한 이론적 배경을 제공하고 있다. 하지만 다수의 연구가 광고학이 아닌 주변 학문 영역에서 이뤄졌다. 우리가 주목하는 것처럼 카피라이터들의 실무 지식 획득 현상을 이해하는 데 그대로 적용할 일반 이론을 찾기가 쉽지 않은 이유가 그 때문이다. 이에 따라 필자는 문헌 연구, 참여관찰 그리고 심층 인터뷰를 통해 수집된 카피라이터들의 인지적, 태도적, 행동적 차원 경험 자료를 귀납적으로 분석하여 카피라이터들이 실무 지식을 어떻게 얻어서 자기 것으로 만드는가? 그 같은 획득과 체화의 세부 과정은 구체적으로 어떻게 진행되는가를 찾아보았다.

1) 선행연구들

앞서 살펴본 대로 1996년 OECD 보고서는 인간의 지식이 대상에 대해 알게 되고, 원인을 찾아내며, 방법을 이해하고, 주체로서의 사람을 아는 것의 네 가지 요소 종합을 통해 만들어진다고 밝힌다. 이처럼 대상, 원인, 방법, 주체를 기준으로 하는 지식의 형성에 대한 연구는 고대 그리스부터 지식경영학을 개척한 현대의 드러커(Drucker, 1999)에 이르기까지 중요한 학술적 논의의 대상이 되어왔다. 그것은 특정 현상에 대한 지식이 무의 상태에서 홀연히 출현하는 것이 아니라, 기존 자료나 정보를 바탕으로 발전·진화되는 특징이 있기 때문이다. 오늘날 지식 획득과 형성을 다루는 연구는 주로 지식경영학, 교육학, 인적자원론 분야를 중심으로 전개되고 있다. 이 가운데 가장 주목을 받고 있는 것은 특정 분야의 지식을 만들어내는 기초 재료(resource)가 무엇이며 그 형성 과정에 영향을 미치는 요인들 간 관계가 어떠한가에 대한 연구이다.

먼저 자료 혹은 정보가 지식으로 전환하는 과정에 대한 연구가 빈번하다. 데이븐포트와 프루삭(1998)은 정보가 지식으로 바뀌어가는 이런 모습을 지식화 과정이라 이름 붙인다. 그리고 이 과정은 ① 비교(comparison), ②결론(consequences), ③ 연결(connections), ④ 대화(conversation)의 네 단계를 거친다고 주장한다. 즉 지식은 이미 존재하는 정보를 일정 규칙에 따라 가공하고 재구성하여 데이터베이스화시킨 후 그것을 특정 목적에 활용하는 과정에서 형성된다는 것이다. 사람들은 자기를 둘러싼 생활환경 속에서 특정 상황과 조우하게 되는데, 이 때 발생한 문제를 해결하기 위해 복수의 선택 가능성 가운데 하나를 택하게 된다. 이때 그 같은 선택 행동에 합리성을 제공하는 배경이 바로 지식이라고 두 사람은 지적한다.

이들은 암묵지와 형식지의 상호연관성 관점에서 지식의 형성을 해석한다. 즉 특정 영역에서의 암묵지와 형식지가 원래 태어난 그대로의 고정 형태로 머물지 않는다는 것이다. 이들 지식은 역동적(dynamic) 과정을 거쳐 암묵지에서 형식지로, 다시 형식지에서 암묵지로 진화하고 상호 순환함을 강조한다. 이를 통해 특정 목적의 수행과 해결을 위한 기능적 속성을 지니게 된다는 것이다. 카피라이팅 지식에 이 관점을 적용해보면 어떤 결과가 나올까. 첫째, 카피라이팅 실무 지식 또한 수동적이거나 정태적 형태가 아니라 끊임없이 발전, 진화된다. 둘째, 그 같은 지식은 실무 현장에서의 판단과 행위에 실질적 도움을 주며 카피 산출에 기초 자료이자 도구로 기능하게 된다는 것이다.

참여관찰과 심층 인터뷰 자료를 분석해보면 업무에 활용되는 개별 카피라이터의 노하우와 테크닉 등 다양한 지식자원(knowledge resource)은 서적, 교육 등을 통한 개인적 획득 과정을 거쳐서 획득되기도 한다. 하지만 더 큰 비중을 차지하는 것은 광고회사 입사 후 실제 업무를 진행하면서 간접적으로 획득하는 것이다. 이 과정은 자신이 속한 조직 내외부에서 사람들 사이의 사회적 상호작용을 통하여 진행되고 있다. 카피라이팅 지식의 이 같은 획득 과정을 보다 심층적으로 이해하기 위해 살펴볼 만한 이론은 룰케, 자히르 그리고 앤더슨(Rulke, Zaheer & Anderson, 2000)이 체계화시켰다.

이들 세 사람은 사람의 지식이 어떤 경로로 어떻게 획득되는가, 즉 지식 형성의 기초가 되는 자원이 무엇이며 그것의 획득 경로는 어떠한가를 연구했다. 그 결과 지식이 외부에서 습득되고 인지체계 내부에서 형성되는 방식은 크게 두 가지로 분류된다. 첫째는 관계적 학습 경로(relational learning channels)인데, 이것은 사람과 사람 사이의 대인관계를 통해 특정한 분야의 지식이 획득되는 것이다. 두 번째는 비관계적 학습 경로(nonrelational learning channels)인데, 이것은 사람과 사람 사이의 접촉이 아니라 매뉴얼이나 전자 파일, 문서자료 등의 객관적 자료를 통해 지식이 획득되는 것이다.

이들은 지식이 획득되는 양대 경로를 보다 세분화시켜 모두 15가지 방식으로 설명한다. 먼저 관계적 학습 경로는 내부적으로 회사 동료, 회사 내에 개설된 공식적 훈련프로그램 등이 사례가 된다. 외부적으로는 회의, 박람회, 다른 회사와의 사이에 이뤄지는 인적 연결을 통해 지식이 획득된다. 비관계적 학습경로 역시 내부, 외부로 나눠진다. 회사 내부적으로 지식이 획득되는 자원은 대표적으로 사보 등이 사례이다. 한편 외부적으로 얻게 되는 경로는 해당 산업에 관련된 잡지와 협회 소식지를 사례로 들 수 있다.

이들의 연구에서 주목할 것은 관계적 학습 경로를 통해 획득된 지식은 무형의 암묵지를 위주로 구성되는 반면에 비관계적 학습경로를 통해 획득된 지식은 유형의 형식지를 중심으로 구성될 가능성이 높다는 지적이다. 이를 광고 카피라이팅 지식의 획득에 적용하면 어떻게 될까. 카피라이터들이 자신의 업무를 위해 활용 가능한 실무 지식의 획득에 있어서는, 양대 경로 가운데 주로 어떤 방식이 채택되며 그에 속한 구체적 자원은 무엇인지가 주요한 관심사로 떠오르는 것이다.

심층 인터뷰에 응한 카피라이터들의 경험에 따르자면, 카피라이팅 실무 지식의 획득은 크게 두 가지 경로를 취하는 것으로 나타난다. 첫째는 광고 이론 서적, 카피라이팅 실무 서적 등 문서적 자료를 통한 지식 획득 경험이다. 둘째는 제작팀 내 선후배 카피라이터 사이의 비공식 교육을 통해서이다. 셋째는 러프 카피에 대한 선배 카피라이터 혹은 크리에이티브 디렉터의 게이트키핑(gatekeeping)을 통해 진행되는 방식이다. 이 가운데 상대적으로 중요한 비중을 차지하는 것은 둘째와 셋째의 경로로 나타난다. 앞선 룰케, 자히르 그리고 앤더슨의 분류를 따르자면, 관계적 학습 경로가 훨씬 더

큰 비중을 차지함을 알 수 있다.[7]

이상에서 우리는 선행연구를 통해 정보가 지식으로 전환되는 과정 및 암묵지와 형식지의 상호전환적 특성에 대해서 살펴보았다. 또한 조직 내에서 지식이 획득되는 자원과 경로를 고찰해보았다. 주변 학문 분야에서 제기된 이들 연구 결과를 카피라이팅 실무 지식에 그대로 적용하기는 쉽지 않다. 하지만 지식이 획득되는 과정을 둘러싼 다양한 요인들의 존재 및 영향 관계, 그리고 획득 경로에 대한 선행연구 결과는 아직 미개척 상태에 있는 카피라이팅 지식 구성 요소들이 어떤 경로를 통해 획득되며 실무에 적용되는가를 이해하는 데 중요한 함의를 제공하고 있다.

2) 카피라이팅 지식 획득의 세부 과정은 어떠한가?

지식 획득 과정을 분석하기 위해서 서장에서 설명한 근거이론 방법론을 이용해 코딩 절차를 거쳤다. 문헌연구, 참여관찰, 심층 인터뷰 자료를 근거이론을 이용해 개방 코딩[8]한 결과, 카피라이팅 지식의 획득 과정은 크게 네

7 카피라이터 1의 경우 입사 후 방대한 분량의 독서 경험을 통해 광고전략, 크리에이티브 원리 등 기본적 카피라이팅 지식에 눈을 뜨기 시작했다고 밝힌다. 하지만 이 같은 비관계적 학습 경로의 비중에 대해서는 인터뷰 참여자 각각의 체험에서 일정한 차이가 발견된다. 예를 들어 카피라이터 3의 경우는 대학원 석사과정에서 광고를 전공하면서 다량의 관련 독서를 경험했다. 하지만 그는 책을 통해 얻는 지식은 포괄적이며 자의적 해석의 한계가 다분하다고 밝힌다. 자신의 카피라이팅 실무 지식 획득에 있어 훨씬 중요한 비중을 차지하는 것은 현업에서의 도제적 교육이나 실무를 통해 직접 배우는 지식이라는 것이다.

8 개방코딩은 연구를 위해 수집된 자료를 분해하여 현상을 찾아낸 다음 그것에 이름을 붙여 개념화시키고, 그에 해당되는 속성과 차원을 발견해나가는 것을 말한다. 제3장

단계로 나뉜다. 첫 번째는 (카피라이터 스스로) 지식의 필요성에 대한 자각이다. 두 번째는 지식 획득을 위한 구체적 시도이며, 세 번째는 이 같은 자각과 획득 시도에 중개적 변인이 영향을 미치는 현상이다. 마지막 네 번째는 지식 획득이 이뤄진 후의 결과에 대한 것이다 각 단계 특성을 상세하게 설명한 다음 해당 단계에서 카피라이터들의 구체적 경험을 들어보겠다.

(1) 첫 번째 단계: 지식의 필요성 자각

실무적 카피라이팅 지식을 획득하는 첫 단계는 카피라이터 자신이 실무

의 주제인 '카피라이팅 지식의 획득, 이전, 공유 현상'에 있어 분석 원 자료는 심층 인터뷰에 참여한 카피라이터 21명의 인터뷰 녹음을 필사한 녹취본이었다. 그리고 참고자료로 참여관찰 기록이 사용되었다. 필자는 개방코딩 시작 전에 녹취된 인터뷰 내용을 워드프로세서 화면에 띄운 상태로, 녹음된 디지털 음성 파일을 들으면서 잘못 기록된 부분이나 탈락된 부분을 수정했다. 이때 중요한 의미를 지녔다고 생각되는 부분은 청취를 잠시 중단하고, 밑줄과 괄호를 이용하여 녹취록 원본에 연구자 판단을 추가했다. 이렇게 보완된 녹취록을 최종적으로 출력하여 다시 읽으면서 인터뷰 내용의 의미를 포괄적으로 이해하고자 노력했다. 일반적으로 개방코딩을 위한 분석 방법으로는 필사된 수집 자료를 신중하게 한 줄씩 분석해나가면서 단어, 구절, 문장 등의 의미 있는 진술에 밑줄을 긋고 메모하는 줄 단위 분석이 있다. 필자는 이 작업을 통해 녹취록에서 도출된 카피라이터들의 인지적, 태도적, 행동적 경험에 이름을 붙여 개념(concept)으로 명명(命名)했다. 이 같은 개념 명명에 있어서는 가능하면 참여자가 표현한(in vivo) 단어와 구절을 그대로 쓰려고 노력했으며, 참여자 체험에 근거한 개념이(in vivo concepts) 나왔을 때는 이를 최대한 그대로 인용하도록 했다. 추가적 코딩으로는 인터뷰 참여 카피라이터에게서 얻은 카피 결과물, 크리에이티브 브리프, 기타 회의자료 등 수집된 자료들의 문장이나 단락, 혹은 의미에 대하여 분석하였다. 개방코딩의 기본적 분석 절차는 비교법과 질문법을 통한 지속적 비교 방법(constant comparative method)이다. 이 책에서는 해당 절차를 통해 각 카피라이터들의 경험 안에서 유사점과 차이점을 발견한 다음 의미심장하다고 판단된 사건, 장소, 물체, 작용/상호작용을 추상적인 개념으로 이름 붙였다. 예를 들어 아래 391쪽에 등장하는 '자발적 욕구'가 이상의 과정을 통해 도출되고 명명된 개념이다.

지식, 노하우, 테크닉에 대한 필요성을 자각하는 것에서 출발한다. 정규 대학 교육이나 사설학원 교육을 통해서 실무에 적용되는 지식을 만족스럽게 얻기 힘들기 때문이다. 광고회사에 들어온 후 카피라이팅 실력과 경험 부족으로 인해 자신이 내놓은 카피 결과물이 비판에 부딪히거나 기각되는 경우 좌절감에 느끼게 되는데, 이 때 실무 지식을 자기 것으로 만들어야 한다는 절실감이 더욱 뚜렷해진다 한마디로 카피라이터로서 **제대로 업무를 수행하기 위해서** 실무적 지식의 획득이 필수적이라는 인식이 시작되는 것이다. 이러한 자각은 '자발적 욕구', '절실한 필요', '자기발전 욕망'이라는 세 가지 개념으로 명명되었다.

자발적 욕구

"우리 과는 신방과라서 그리 많지는 않지만 광고과목이 있었어요. 광고 전공하신 교수님이 없어서 시간강사한테 배웠지요. 근데 회사 들어와서 보니까 학교서 배운 건 거의 도움이 안돼요. 신입 때부터 스스로 찾아서 필요한 걸 배우고 하는 수밖에 없다, 이런 생각이 저절로 들었어요."

_ 카피라이터 6

절실한 필요

"처음에 입사했을 때는 글 쓰는 능력, 표현법이 되게 중요하다고 생각했어요. 근데 그게 아니더라구요. 이렇게 제가 카피를 써서 팀장님한테 가져가서 지적받고 고쳐주신 카피하고 비교해보면 확실히 차이가 확 나는 거예요. 또 제가 쓴 카피를 보면 아이디어 하나를 가지고 이렇게 저렇게 표현만 살짝 다르게 했는데, 팀장님 고쳐주신 걸 보면 한 가지 아이디어가 아니라 다양한 아이디어가 카피에 녹아 있구요. 그래서 정말 요새는 매일 매일 부족함을 느끼고 어떻게 하면 저런 카피를 쓸 수 있나 막 절실 감이 솟구치고 그렇습니다."

_카피라이터 3

자기발전 욕망

"대학생 때는 막연히 감성적인 거면 최고다, 이렇게 생각하기도 했지만 실제 제가 카피라이터가 되니까 그런 단순한 결론는 안 되잖아요. 그럴 때는 정말 조바심도 많이 들고 빨리 커야 된다, 발전해야 된다 이런 생각을 하고 그러죠."

_카피라이터 11

(2) 두 번째 단계: 지식획득을 위한 구체적 시도

다음으로 카피라이터들이 자신만의 고유한 실무 지식을 얻기 위한 행동에 관한 것이다. 이 내용이야말로 '카피라이팅 지식 획득' 현상에 있어 가장 핵심이 되는 사건이라 할 수 있다. 근거이론 연구에서는 이를 보통 '중심현상'[9]으로 부르는데 "지금 현재 연구 대상 현상에서 도대체 무슨 일이 진행되고 있는가?"라는 질문에 대한 해답을 말한다. 심층 인터뷰에 응한 카피라이터들은 스스로 실무 지식을 얻기 위해 문헌이나 체계적 교육을 통한 '공식적 획득', 정보원의 현업 경험을 통해 관련 지식을 얻는 '체험적 형성', 획득된 지식을 인지체계 내부에 수용하는 '자기화시키기'의 세 가지 개념에 걸

9 제3장에 적용시켜보자면, 한마디로 카피라이팅 지식 획득 현상의 중심이 되는 사건을 의미한다. 카피라이팅 지식을 얻기 위해 개별 카피라이터들이 행하는 일련의 행위들이 바로 이 중심현상을 축으로 해서 펼쳐지게 된다.

쳐 다시 일곱 가지 하위 개념으로 명명된 행동을 하는 것으로 나타났다.

가. 공식적 획득

문헌이나 공식적 카피라이팅 교육을 통해 관련 지식을 얻는 것을 말한다. 심층 인터뷰에 참여한 모든 카피라이터들이 크리에이티브 지식을 획득하기 위해 서적, 관련 자료 등 문헌을 활용하고 있다. 대학에서의 카피라이팅 과목 수강, 사설학원이나 교육기관의 강좌 수강 등도 이에 해당된다. 이러한 과정은 다시 두 가지 하위 개념으로 구분될 수 있는데 '문헌을 통한 획득'과 '교육 경험'이 그것이다. 룰케, 자히르 그리고 앤더슨(2000)에 따르자면 전자는 전형적인 비관계적 학습 경로이고 후자는 관계적 학습 경로이다. 자료 분석에서 일관되게 나타나는 것은 '관계적 학습 경로'가 '비관계적 학습 경로'보다 우월하다는 사실이다.

문헌을 통한 획득

"맨 처음에 들어왔을 때 정말 황당하고 힘들었던 것이, 사실 광고 쪽에 전혀 지식도 없고 뭔지도 모르는 상태였어요. 대학 방송국에서 피디를 했었어요 클래식피디. 그래서 광고회사 들어올 때는 처음에 광고PD로 지원을 했어요. 근데 회사에서 제 이력 사항을 보더니 너 카피라이터 해라 그래 가지고 카피라이터가 된 거지요. 저는 현대시를 공부했고 시를 쓰기도 했으니까 문장이나 그런 부분에서는 어려움이 없었어요. 근데 오히려 그게 저한테 많이 마이너스가 됐어요… 현학적이 되거나 뭐 그런 거지요. 그래서 마음을 잡은 게 딱 일 년 계획을 세우고 나 혼자 광고 공부를 하자, 이거였어요. 독하게 마음먹고 우리나라에 나와 있는 광고 서적을 다 읽자… 그래서 150여 권 정도 되는 광고 관련 책을 읽었어요. 그걸 하고 나니까 지금까지 한국 카피라이팅이 얼마나 전략적으로 허술한지 이게 보이는 거예요. 결국은 카피라이터가 가질 수 있는 가장 큰 무기는 전략이란 걸 배운 거죠."

_ 카피라이터 1

교육경험

"제가 기초가 없으니까… 그때는 카피 가르치는 곳이 광고연구원하고 C카피연구실 두 군데 밖에 없었어요. 광연보다는 취업에도 도움이 되고 실질적인 걸 좀 배울 수 있을 거 같아서 C연구실 교육과정에 등록했죠. 11월부터 시작했으니까 졸업할 때까지 네 달 정도 실습도 하고 교육도 받고 그랬습니다."

_ 카피라이터 7

나. 체험적 형성

지식 획득을 위한 카피라이터들의 행동 가운데 가장 다양하고 풍부한 경험 사례가 나타나는 부분이다. 카피라이터들은 직접적인 "업무"를 경험함으로써 실무 지식이 자생적으로 얻어지는 비중이 가장 높다고 밝히고 있다. 또한 이렇게 얻어진 지식이 업무 수행 능력 확보에 중추적 역할을 한다고 인식한다. 이 과정은 시행착오를 거친 쌍방향적 도제적 체험을 통하는 케이스가 많은 것으로 나타났는데, 이 책에서는 이를 '스스로 얻어내기', '실무를 통한 습득', '관계적 학습'의 세 가지 하위 개념으로 명명하였다.

스스로 얻어내기

"결국에는 태도의 문제라고 봐요. 물론 처음에 시작할 때 몇 개 시켜보는 건 있어요. 아까 말씀 드린 것처럼 스크랩을 하게 하고 외국 광고 보게 하고 좋은 광고 손으로 직접 옮겨 써보게 하고. 근데 그게 길어야 6개월에서 1년이에요. 왜냐면 그 기간에는 처음 들어와서 군기가 바짝 들어가지고 시키면 시키는 대로 하는데 반년만 지나가도 애들이 벌써 빠져 가지고 안 해요. 그럴 때는 억지로 안 시켜요. 왜? 결국은 자기 거니까. 지가 얻어내야 하니까. 그렇지 않으면 자기 것이 안 되니까."

_ 카피라이터 18

실무를 통한 습득

"회사에 들어와서 실무를 하면서 깨지면서 배우는 거예요. 실수하고 사고치고 그렇게 해서 뭔가를 알게 되는데 그렇게 얻어지는 게 기억에 더 남고 제 것이 되는 거 같습니다."

_ 카피라이터 12

관계적 학습

"제가 배우는 실무 지식 중에 중요한 건 역시 차장님하고 만나서 직접 배우는 거라 생각해요. 학교 다닐 때 책도 읽고 카피 되고 나서도 광고 책 많이 읽기는 해도, 러프 카피 써 가면 고쳐주시고 차장님 하시는 일 옆에서 보면서 배우고 이런 식으로 인간관계를 통해 배우는 게 훨씬 비중도 높고 중요하다고 생각해요."

_ 카피라이터 11

다. 자기화시키기

전략 이해 능력, 제작 노하우, 테크닉 등 프락시스와 테크네를 포괄한 여러 카피라이팅 지식들이 필터링(filtering)을 거쳐 스스로 인지체계 속에 내부화(internalization)되는 것을 의미한다(Kostva, 1999). 분석 결과 카피라이팅 지식은 상대적으로 지식 획득 기간이 오래 걸리며 특히 자기 것으로 체화시키기 위해 반복적으로 각인을 거치는 과정이 동반된다. 이 범주는 '필터링', '체화(體化)의 난이성'이라는 두 개의 하위 개념으로 이름 붙였다.

필터링

"뭔가를 하나 보거나 배우게 되면, 누가 꼭 봐줘서가 아니라 '이건 괜찮아, 이건 아니야' 이런 식으로 자기가 검열을 해서 그걸 받아들이거나 버리거나 하는 선택 과정을 거치는 거죠."

_ 카피라이터 14

체화의 난이성

"(광고교육원에서) 이 친구들을 데리고 총 서른 시간 정도 강의를 하는데, 사실 이 시간에 할 수 있는 게 없어요. 많은 사람들이 수업을 들으면, 딱 30시간 수료하고 나면 현장에 투입돼서 카피가 막 좔좔좔 나올 거라 생각하는데 절대 그게 아니라는 거죠. 카피라이팅이 결국 생각의 방식 생각의 메커니즘인데, 이런 건 숙련이 필요하고 그 시간도 무척 길고 그래야지 자기 게 되는 거거든요."

_ 카피라이터 1

(3) 세 번째 단계: 중개변인

카피라이터가 자신의 실무 지식을 획득하는 데 있어 영향을 미치는 여러 중개변인(intervening variables), 즉 지식 획득 과정에 개입하여 긍정적, 부정적 영향을 미치는 특수한 조건들의 양상 혹은 구조적 상황을 뜻한다. 근거이론 연구에서는 이 같은 영향 요인들을 보통 '맥락'과 '중재조건'으로 나눈다. 첫 번째로 맥락은 "지식 획득 현상에 개입해서 세부적 영향을 미침으로써 획득 내용에 차이를 만들어내는 요인"인데, 세 가지 개념이 명명되었다. 크리에이터 내면에 선험적으로 존재하는 '선유 경험', 지식 습득에 긍정적/부정적 영향을 미치는 '자발적 의향'과 '목표의식'이 그것이다. 두 번째로 중재조건은 "지식획득에 긍정적, 부정적 영향을 미치는 환경 요인을 말한다. 쉽게 말해 맥락에 추가되어 카피라이터의 지식 획득을 촉진하거나 혹은 방해하는 "외부적" 통제요인을 의미한다. 여기에서는 '회사문화'와 '업무 환경'의 두 가지 개념을 발견했다.

가. 맥락

A. 선유 경험

할리우드 TV프로그램 프로듀서를 연구한 캔터(1971)에 따르면 방송 프로그램 콘텐츠 생산 과정에서 성별, 인종, 성적 취향, 사회적 위치, 교육 정도, 직업적 배경과 경험, 개인적 가치, 조직 내 권력 등 다양한 개인 내부 차원 선유 변인들이 업무 효율성과 최종 생산 콘텐츠 특성에 중요한 영향을 미치는 것으로 나타났다. 방송 프로그램과 유사한 형태의 커뮤니케이션 콘텐츠를 생산하는 카피라이터에게도 이 요인이 중요한 영향을 미치고 있음이 발견된다. 이는 다시 '교육 정도', '업무 만족도'라는 하위 개념으로 나뉜다.

교육 정도

"전공을 뭘 했는가가 영향을 미치죠. 아무래도 저는 공대 나와서 그런지, 기술적인 부분 예를 들어가지고 편집이나 카메라 원리 이런 데 신입

때부터 관심이 많이 가고 그렇더라구요."

_ 카피라이터 7

직업 만족도

"예 분명히 영향을 미쳤던 것 같아요. 제가 신입 때부터 카피라이터라는 직업을 아주 좋아하지 않았으면 공부나 자료 찾는 거나 이런 거에 최선을 다하기는 어려웠을 거 같구요. 아무래도 내가 좋아하는 직업이니까 마음속에서 필요성이 더 생기고 더 열심히 배워야겠다 이렇게 생각했던 거죠."

_ 카피라이터 14

B. 자발적 의향

지식 습득에 영향을 주는 또 다른 요인으로 적극적으로 카피라이팅 관련 지식을 익히려는 태도가 나타났는데, 이는 '적극성', '참여도', '부정적 인식'이라는 하위 개념으로 명명되었다. 그 가운데 적극성 개념의 예시를 보자.

적극성

"조수들 받아서 가르치다 보면 유난히 악착같이 배우려 드는 친구가 있습니다. 회의 들어가야 하는데 자기 거 들고 와서 봐 달라 그러고… 어떨 땐 귀찮고 지겨울 때도 있는데, 열심히 하는 거 보면 안 해줄 수도 없고. 그런 친구들이 결국 승자가 돼요."

_ 카피라이터 12

C. 목표의식

지식 획득에 대하여 얼마나 집중적이고 끈기 있는 자세를 지니고 있는가를 의미하는데, 이 요인이 강할수록 지식 획득에 관련된 투입 시간이 늘어나고 몰입도가 강해지는 것이 발견된다. '자기긍정', '개인적 혜택', '경쟁의식'이라는 세 가지 하위 개념이 명명되었다.

경쟁의식

"알게 모르게 선배들한테 그런 마음이 있었어요. 카피 쓰게 된 게 내가 늦었으니 당연하겠지만 그래도 왜 선배들은 아는 걸 나는 모르나 싶은 그런 경쟁의식 같은 거…"

_ 카피라이터 13

나. 중재조건

A. 회사 지원

카피라이터들이 소속된 회사 조직의 물적, 인적 지원 배경을 뜻한다. 카피라이터의 지식 획득에 대한 회사 태도, 조직 내 관리자의 관심 정도 및 지원 여부 등에 따라 '조직 입장', '상사 관점', '교육지원'이라는 세 가지 하위 개념이 나타났다. 그 가운데 상사 관점에 대한 예시는 아래와 같다.

상사 관점

"이런 교육 지원은 대표이사나 해당 임원 의지하고 관련이 많은 것 같습니다. 예를 들어 우리 본부 이사님 같은 경우는 굉장히 관심이 많고 호의적이에요. 가령 인사이트 보드(insight board)라고 우리 자체 모델을 한번 만들어보자, 우리들 경험치와 데이터를 통해 가지고 우리만의 고유한 모델을 한번 만들어보자 이런 모임도 만들었구요."

_ 카피라이터 10

B. 업무 환경

이는 심리적 환경과 물리적 환경으로 구분되어 나타났는데, 지식 획득에 관련된 제작팀 내의 전반적 분위기, 동료들과의 상호작용 관계, 긍정적/부정적 자극을 주는 업무량 정도 등이 주요 요인으로 부각되었다. '팀 내 관계', '동료 인식', '근무 여건'의 세 가지 하위 개념이 도출되었다. 이 중에서 근무 여건의 예시는 다음과 같다.

근무 여건

"최근에 우리 팀이 열흘 이상 계속 밤을 새고 그랬어요. 상황이 이러니까 몸도 그렇고 마음도 너무 날카롭게 되는 거예요. 거의 몽롱한 상태에서 일을 하는데, 그런데도 계속 일이 들어오니까 정말… 이런 상태에서는 개인적 개발이고 지식이고 이런 건 생각할 여유가 없죠."

_ 카피라이터 13

(4) 네 번째 단계: 지식 획득의 후속 조치와 결과

카피라이터들이 각기 실무 지식을 획득하고 난 다음 후속 조치를 말한다. 이 단계는 근거이론에서 일반적으로 '작용/상호작용전략'[10]으로 불리는데 카피라이팅 지식 획득에서는 '충족감'과 '성과 확인'의 두 가지 개념이

10 근거이론에서의 작용/상호작용전략이란 연구 대상 현상을 관리, 해결, 조절, 실행, 처리하기 위한 의도적이고 고의적 전략을 뜻한다(Strauss & Corbin, 1998). 카피라이팅 지식 획득의 경우를 들어보자면, 개별 카피라이터들이 필요한 실무 지식을 획득한 다음 각자가 처한 특수한 조건하에서 그렇게 획득된 지식을 다루고 '특정 방식을 통해(how)' 그것을 다듬고 활용해나가는 행위라고 할 수 있다.

명명되었다. 한편 작용/상호작용전략이 이뤄진 다음 자연발생적으로 최종 결과가 나타나는 것을 근거이론에서는 '결과'라고 칭한다. 결과에서는 '지식 활용'과 '조직지식 전환'의 두 가지 개념이 도출되었다.

가. 작용/상호작용전략

A. 충족감

획득된 지식에 대하여 카피라이터 스스로가 지니는 태도와 그에 대한 평가를 의미하는데 '뿌듯함', '새로운 시도'의 두 가지 하위 개념이 발견되었다. 이 중에서 뿌듯함에 대한 예시는 아래와 같다.

뿌듯함

"내가 발전했구나 이런 걸 느낍니다. 이게 시험보는 건 아니잖아요. A다 B+다 뭐 이런 점수를 매길 순 없지만 새로 알게 된 걸 적용해보니까 뭔가 새로운 게 나오는구나. 옛날 거하고는 달라졌구나 이런 걸 확인하는 거예요. 그럴 때는 속으로 뿌듯해지고 기분이 좋지요."

_ 카피라이터 16

B. 성과 확인

카피라이팅 지식 획득을 하고 난 다음 나타나는 긍정적 성과를 뜻한다. '인사이트 구축'과 '시야 확장'의 두 가지 하위 개념이 명명되었다. 아래는 그중에서 시야 확장의 예시다.

시야 확장

"시야의 확장이라고 그래야 되나? 그걸 규정해서 뭐라 하기는 힘들지만… 우리가 견자라 그러잖아요. 볼 견(見)자에 놈 자(者)자 쓰는. 이게 시론에 나오는 개념인데 볼 줄 아는 그런 새로운 눈이 생기는 거죠."

_ 카피라이터 1

나. 결과

카피라이팅 지식 획득의 결과는 지식 획득이 종료되고 그것이 수혜자 인지체계 속에 내재화되어 실무적으로 활용되는 행위로 나타나게 된다. '획득 종료'와 '지식 내재화'의 두 가지 개념이 도출되었다.

A. 획득 종료

카피라이팅에 대한 노하우, 스킬, 이해력 등이 최종적으로 얻어지고 난 다음에 어떤 현상이 나타날까? 카피라이터들은 '실무 적용'과 '만족감'의 두 가지 하위 개념을 밝힌다. 다음은 실무 적용의 예시다.

실무 적용

"그렇게 뭔가를 얻게 되고 배우게 되면 이제 내가 한번 실제로 적용해 보고 싶은 생각이 들죠. 그렇게 해서 아이디어를 내고 카피를 딱 만들어서 제시했을 때 반응이 좋다. 이러면 이런 노하우 같은데 내 것이 되었구나 이런 확신이 들구요…"

_ 카피라이터 3

B. 지식 내재화

획득된 지식을 통해 카피라이팅에 대한 자신감이 생기고 독자적 자기 색깔이 생기는 단계이다. '내재화', '자신감'이라는 두 가지 하위 개념이 명명되었다. 이 중에서 내재화의 예시는 아래와 같다.

내재화

"그러니까 자기 색깔을 입히는 거죠. 똑같은 팩트와 똑같은 콘셉트를 놓고도 결국 그걸 자기만의 크리에이티브화시키는 거…마지막 채색을 자기 색깔로 하는 그런 거라고 할까요."

_ 카피라이터 1

3) 카피라이팅 지식 획득의 핵심 범주

핵심 범주(core category)란 특정 연구에서 주목하는 현상의 핵심적 주제를 말한다. 카피라이팅 지식 획득 현상과 관련해서 보자면, 카피라이터들이 자기들의 실무 지식을 획득하는 과정에서 어떤 일이 벌어지는가를 하나의 핵심 문장으로 요약한 것이라 하겠다. 근거이론에서 핵심 범주는 선택코딩[11]을 통해 이뤄지는데, 한마디로 카피라이터들은 어떤 절차와 과정을 거쳐 지식을 얻는가? 그리고 지식을 획득하고 난 다음 그들의 마음속에 어떤 일이 일어나는가를 응축시킨 문장이라 할 수 있다. 이러한 핵심 범주를 만들 때는 일반적으로 '동명사화'해서 표현하게 된다(Strauss & Corbin, 1990).

11 연구를 통해 발견한 내용을 정교화하고, 그것을 카테고리의 속성과 차원에서 반복되는 패턴으로 발견하여 체계적 이론으로 개발시키는 단계이다. 근거이론 방법론을 사용한 연구에서 선택코딩은 보통 ① 핵심 범주의 구체화, ② 가설적 관계진술, ③ 이야기윤곽 전개의 총 3단계로 구성되는데, 여기에서 가장 중요한 작업이 핵심 범주를 찾아내는 것이다.

지금까지 광고학계에서는 카피라이팅 실무 지식의 본질이 무엇이며 그것이 인지, 태도, 행동적 차원에서 어떻게 획득되고 내재화되는지의 과정 전체가 모호한 추론의 영역에 있어왔다. 하지만 21명의 카피라이터들을 통해 그들의 경험을 수집, 분석한 결과 새로운 관점들이 나타났다. 이 책에서는 이들 전 과정을 한 문장으로 응축해서 "**지속적 실무 체험을 통한 복합적 프락시스/테크네의 체화(體化)시키기**"로 정의 내렸다. 이 같은 정의의 근거는 세 가지 개념으로 설명되는데, ① 실무 체험, ② 복합적 프락시스/테크네, ③ 체화가 그것이다. 이를 좀 더 자세히 설명해보기로 하자.

첫째, 현업 카피라이터들의 카피라이팅 지식은 구체적 실무를 통해 개별 카피라이터 내부에 구축되는 경향이 뚜렷하다는 것이다. 대학의 정규 교육이나 사설 학원, 독서 경험을 통해서 실무 지식을 얻기도 하지만, 대부분의 업무 지식은 현업에 들어온 후 실전 경험을 통해 획득되는 것이 발견되었다. 주목되는 것은 이 과정이 눈으로 보고 배우는 간접 방식 위주로 이뤄진다는 것이다. 또한 심층 인터뷰에 참가한 카피라이터들은 전공이나 근무 연차 등의 조건이 각각 다름에도 불구하고 공통적으로 광고회사 입사 후 이른바 '사수-조수'의 쌍방향적 관계를 통해 광고 카피라이팅 관련 주요 지식을 배웠다고 밝힌다. 아래와 같은 진술이 대표적 사례이다.

> "자꾸 보게 해서 깨우치게 하는 게 크죠. 저는 카피라이터나 디자이너한테 선배들이 카피 쓰고 레이아웃하는 걸 옆에서 지켜봐라, 어떻게 하는지 니가 보고 감을 잡아라, 이렇게 자주 얘기해요. 그런 건 오랫동안 어깨너머로 보고 눈썰미로 배우면서 스스로 깨우쳐야 하는 거거든요"
>
> _ 카피라이터 1

두 번째는 지식의 속성과 관련된 것인데, 카피라이팅 지식은 정치한 이론적 구성을 갖춘 테오리아(theoria), 즉 체계적이고 객관화된 이론지(理論知)로서의 특징은 약한 것으로 나타났다. 반면에 개인이 지닌 전략에 대한 이해능력에 해당되는 프락시스(praxis, What to say 통찰)와 구체적 콘텐츠 제작에 활용되는 전문기술로서의 테크네(techne, How to say 구사)가 결합된 복합 속성을 강하게 보여주고 있었다. 카피라이팅 지식이 지닌 이러한 추상성과 구체성의 복합을 카피라이터 12는 이렇게 표현한다.

> "하나의 스테이트먼츠(statements)를 가지고, '예를 들어 나는 생각한다'에서 '생각'이라는 동사 부분을 바꿔서 다른 걸로 대치하는 것, 이런 게 레토릭인데 이건 분명히 실무적 테크닉이에요. 근데 이게 다가 아니라는 거죠. AE한테서 제품 정보를 받으면 여러 정보를 함께 묶어서 생각하고 거기서 어떤 방향이나 인사이트를 찾아내는 거, 이것도 분명히 지식이에요. 카피 지식이라고 하면 이 둘이 다 포함되는 거 아닌가 싶은데…"

세 번째로, 카피라이팅 지식 획득은 단발적 방식으로 이뤄지는 것이 아니라, 지속적이고 누적적인 경험을 거쳐 인지체계 속에 자기화 된다는 것이다. 장기간에 걸쳐 서서히 자기 것으로 만들어지는 과정, 이것이 체화(體化)다. 카피라이팅 지식은 실제 광고제작에 활용되기까지 반복적 시행착오와 필터링을 거치기 때문에 획득 난이성이 높고 시간이 많이 소요되는 것이 특징이다. 그것은 본질적으로 카피라이팅 지식이 이론화되거나 문서화되기 어려운 암묵지에 속하기 때문이다. 카피라이팅 지식 획득 과정에서 발견되는 이러한 지속성과 누적성은 현대 광고사에 있어 광고전략 지식이 신속하게 이론화되고 성문화되어 현업에 적용된 것에 비교했을 때, 왜 카피라이팅 지식은 명시적 이론화가 느리고 산발적인가에 대한 이유를 설명하는 것이다. 카피라이터 14는 카피라이팅지식의 이 같은 특성을 다음과 같이 설명한다.

> "(카피라이팅 지식 획득은) 어떻게 보면 보물찾기하고 비슷하다고 봐요. 보물을 찾으려면 산을 넘고 강을 건너고, 무릎도 까지면서 현장을 찾아가야 되잖아요? 그렇게 찾아가서 여기를 파봤는데 안 나오면 다시 다른 데를 파보고 이렇게 계속 힘들게 땅을 파야 보물이 찾아지는 거하고 같죠."

이상의 고찰을 통해 이 책에서는 카피라이팅 지식 획득은 "현업에서의 구체적이며 실무적인 경험을 통해, 전략적 통찰력과 실행테크닉을 포괄하는 복합적 지식을 장기간의 누적을 거쳐 자기 것으로 만드는 과정"으로 규정하였다. 그리고 이를 추상적으로 응축시켜 "**지속적 실무체험을 통한 복합적 프락시스/테크네의 체화(體化)시키기**"라는 핵심 범주로 명명하였다.

4. 카피라이팅 지식은 어떻게 이전되고 활용되는가?

카피라이터는 시장 및 소비자 인사이트(insight) 이해, 표현콘셉트 도출, 창의적 레토릭 구사 등 복합적 능력이 요구되는 크리에이티브 전문직이다. 그러나 대학으로 대표되는 공식교육 시스템에서는 전문직으로서 카피라이터를 육성하는 교육의 절대 시간 및 수업 다양성이 크게 부족하다(최용주, 2005). 이에 따라 카피라이팅 능력 확보를 위해서 광고계 현업 입사 후 선후배 카피라이터와 제작팀 내 파트너들 간에 이뤄지는 지식 이전(移轉)과 공유

(共有) 그리고 활용(活用)이 중요한 의미를 지니게 된다. 광고 크리에이티브 창출을 다룬 연구들은 크리에이티브 능력과 그 성취 수준은 개인적으로 타고나는 것이지만 교육을 통한 습관과 태도의 학습에 따라 개발·확장될 수 있음을 밝힌다(Meyer, 1991; Otnes, Oviatt & Treise, 1995; Ward, Finke & Smith, 1995; Weisberg, 1999). 이는 카피라이팅에서도 예외가 아닌 것이다.

제3장에서 우리는 광고 카피를 카피라이터가 보유하고 사용하는 실무지식의 결과물로 이해하고 그것의 작용을 분석하고 있다. 광고 카피는 획득되고 인지체계 내부에 축적되며 또한 타인에게 이전 및 공유가 가능한 지식의 소산이기 때문이다.

이상의 관점에 근거하여 지금부터 광고계 현장에서 카피라이터 쌍방 간에 일어나는 지식 이전과 활용의 실체를 집중적으로 분석하고자 한다. 마케팅 목적에 활용되는 실무적 지식의 이전 및 활용에 대한 연구가 가장 활발한 분야는 지식경영학, 인적자원론 등의 학문 영역이다. 이들 분야에서의 연구는 보통 조직 관련 지식의 생성(generation), 코드화(codification), 이전(transfer), 공유(sharing) 과정을 거쳐 지식이 기업 자산화되는 현상을 주목한다. 나아가 그 같은 지식이 조직 내 문제를 해결하고 또 다른 신(新)지식을 창출하는 이른바 조직지식(organizational knowledge) 관리에 초점을 맞추고 있다(Ruggles, 1998).

이들 연구는 개인과 개인 혹은 개인과 조직 사이의 상호작용을 통해 관련 경험과 지식을 이전하고 그것을 업무에 활용하는 과정적 본질을 설명하고 있다는 점에서(Huber, 1991) 카피라이터 간 지식 이전과 활용을 이해하는데 유용한 준거틀을 제공한다. 그러면 지금부터 지식 이전 및 공유의 개념, 영향 요인들을 살펴본 다음 카피라이팅 지식 이전의 세부 과정을 함께 살펴보기로 하자.

1) 지식 이전의 개념과 영향 요인

인류 역사 수천 년을 통해 지속되어온 교육제도는 지식을 전해주고 전해받는 대표적 사회시스템이다. 교육제도는 한마디로 지식제공자로서 교사가 지닌 암묵지와 형식지를 지식수혜자인 학생에게 이전하는 공식화된 통로라고 할 수 있다. 하지만 이 같은 공식적 제도 외에도 세상에는 개인과 개인, 집단과 집단 간에 수많은 모양새로 지식의 이전이 일어난다. 카피라이팅 분야도 마찬가지다. 공식 비공식 교육을 통해 예비지식을 갖추기도 하지만, 사실상 실무 지식에 관한 한 초보자로서 출발하는 것이 광고회사의 신입 카피라이터다. 이때 현업에서의 실무 지식 이전은 카피라이팅 능력을 익히고 이를 실제 과업 수행에 적용할 수 있게 하는 일차적 기반이 된다. 이 책은 그 같은 카피라이팅 과업 수행에 필요한 노하우, 기술 등이 결국 지식 이전의 결과물이라는 논거에서 출발한다.

그렇다면 지식 이전(knowledge transfer)은 어떻게 정의될 수 있는가? "지식 제공자가 수혜자에게 지식을 전달하고, 수혜자는 그것을 통해 스스로 지식 영역을 넓히는 과정"(Verkasalo & Lappalainen, 1998)이라 할 수 있다. 싱글리와 앤더슨(Singley & Anderson, 1989)은 이를 "지식이 한 곳에서 얻어져서 다른 곳에 적용되는 것"이라 밝힌다. 즉 지식은 하나의 대상(subject)으로서 특정인에게서 특정인에게로 "옮겨질 수 있는(transferable)" 존재인데 이 같은 '옮김'은 지식 제공자와 지식 수혜자 간의 사회적 상호작용을 통해 이뤄지게 된다는 것이다.

지식 이전은 교육학, 조직론, 인적자원론 분야에서도 연구가 실행되고 있지만 가장 활발히 연구되는 영역은 역시 지식경영(knowledge management) 분야이다. 지식경영이란 "특정 조직 내부에 산재된 지식을 최대한 활용하여 업무성과를 높이려는 활동"을 말하는데(Sarvary, 1999), 지식 이전 현상이야말로 이 같은 조직 내 지식의 재활용과 업무성과 창출을 뒷받침하는 필수적 전제 조건이기 때문이다.

기존의 지식 이전 연구에서 중요 주제 중의 하나는 지식 제공자와 지식 수혜자 사이에 게재되어 지식 이전 성과에 정적, 부적 영향을 미치는 요인에 대한 연구다. 다양한 실증, 비실증 연구를 통해 제시된 이들 영향 요인 가운데 대표적인 것으로는 '개인 상호 간 신뢰'(Tsai & Ghoshal, 1998; 김창완, 김정포, 이율빈, 2007), '공유 의지'(Kramer et al., 1996), '지식 이전 대상자의 동기'(Trussler, 1998), '지식의 특성'(Zander & Kogut, 1995; Hansen, 1999), '지식제공자 및 수혜자의 특성'(Szulanski, 1996; O'Dell & Grayson, 1998; Lathi & Beyerlein, 2000), '조직환경 특성'(Ruggles, 1998; Goodman & Darr, 1998), '조직문화 특성'(Liebowitz, 2008), '사회적 배경 특성'(Leonard & Spensiper, 1998) 등이 꼽힌다. 이현정·김효근(2008)은 지식 이전에 영향 미치는 요인을 총괄 분석하여 '공유문화요인', '사회적 배경 요인', '보상체제 요인', '지식의 특성 요인', '인과모호성 요인', '커뮤니케이션 요인', '개인 간의 신뢰 요인', '수혜자의 특성 요인', '제공자의 특성 요인' 등으로 분류 결과를 제출하기도 했다.

지식경영학 영역에서 제시된 이 같은 영향 요인들은 카피라이팅 지식 이전 현상에 있어 개인 차원의 내적 변인과 조직 차원 외생 변인 분석에 가이드라인을 제공하는 의미가 매우 크다. 나아가 카피라이팅 지식 이전 고유의 인과적 조건,[12] 맥락, 중재조건을 분석하는 작업에도 도움을 준다. 이

12 근거이론 연구에서 인과적 조건(casual condition)이란 연구가 주목하는 현상을 발생하거나 발전시키도록 이끄는 선행적 조건이나 모든 원인을 일컫는 개념이다. 신경림(2004) 등은 이를 '우연적 조건'으로 번역하는데, 이 책에서는 현상에 영향을 미치

들 연구 성과 중에서 특히 관심을 끄는 것은 쌍방 간의 지식 이전을 방해하거나 강화하는 요인에 대한 것이다. 여기서 제시되는 여러 요인들이 현업 카피라이터 간 지식 이전 현상을 분석하는 데 기준점(bench mark)을 제공할 수 있기 때문이다.

지식 이전 방해 요인을 분석한 대표적 연구는 줄란스키(Szulanski, 1996)에 의해 제출되었는데 '지식수혜자의 학습 동기 부족', '지식제공자와 수혜자 간 부정적 관계', '신뢰 결여' 등이 중요 원인으로 제시된다. 그가 제시한 요인들은 심층 인터뷰에 참여한 여러 카피라이터들의 경험에서도 뚜렷하게 발견된다. 특히 관심을 끄는 것은 카피라이팅 지식과 같은 성문화되기 어려운 암묵지의 이전에 있어 지식 이전을 방해하는 요인이다. 여러 연구자들이 그 가운데 핵심으로 들고 있는 것이 '제공자와 수혜자 간 개인적 접촉' 요인이다. 쉽게 말해 개인적으로 자주 만나고 커뮤니케이션을 나눠야 한다는 것이다. 문서나 교과서 같은 형식지가 아니라, 개인적 경험을 통해 체화된 노하우 같은 암묵지는 대면 접촉을 통한 상호작용이 활성화되지 않으면 이전 성과가 매우 낮은 것으로 밝혀졌다. 이는 거꾸로 개인적 접촉을 통한 커뮤니케이션 용이성 확보와 양자 간 친밀성 고양이 지식 이전 성공률을 높인다는 사실로 귀결된다(Daft & Lengel, 1986; Huber, 1991; O'Dell & Grayson, 1998).

그 밖의 중요한 부적 영향 요인으로는 '지식제공자와 지식수혜자 간 역량 차이'가 있다. 이 문제는 카피라이팅 지식 이전이 경험과 역량에서 현격한 차이가 나는 선배-후배 카피라이터 쌍방에 의해 진행된다는 점에서 시사점이 크다. 선행연구 가운데 이 주제를 가장 집중적으로 고찰한 연구자

는 원인, 결과적 성격이 더 중요하다는 점에서 인과적 조건이라는 명칭을 사용했다.

는 차이와 고샬(Tsai & Ghoshal, 1998)이다. 두 사람은 연구를 통해 두 사람 사이의 역량 차이가 명백한 지식 이전에 있어서는 커뮤니케이션 쌍방 간의 신뢰관계 구축이 가장 핵심적 요인으로 작용함을 밝힌다. 이와 반대로 지식 이전 쌍방 간에 존재하는 개인적 신뢰 결여는 상대가 지닌 능력에 대한 불신을 증폭시킴으로써 지식 이전을 방해하는 결정적 요인이 된다(Davenport & Prusak, 1998). 이 대목 또한 심층 인터뷰 참여 카피라이터들의 경험에서 뚜렷이 발견되는 현상이다.

이상에서 고찰한 개인 간 지식 이전 과정에 존재하는 다양한 관계 요인들이 카피라이터 지식 이전에서는 과연 어떤 방식으로 구체화되며, 그 차이점과 공통점은 구체적으로 무엇인지가 이 책의 중요한 관심 포인트가 되었다. 앞서 지적했듯이 실제로 현업 카피라이터들이 상호 지식을 주고받는 과정에서 양자 사이의 친밀감과 상호 신뢰관계를 비롯한 매우 다양한 인간관계적 요인들이 이전되는 지식의 질과 양 그리고 이전 효율성 전 영역에서 중요한 영향을 미치는 것이 발견되었다.

또 하나 살펴봐야 될 것은 '교육훈련'을 통한 지식, 기술, 태도의 이전 연구이다. 이들 연구는 주로 교육학 영역에서 진행되고 있다. 교육이란 것이 다양한 방식을 통해 인간 행동을 의도적으로 변화시키는 활동이라고 볼 때 지식, 경험, 태도의 이전과 관련된 연구가 교육학에서 활발한 것은 당연한 일이라 할 수 있다. 여기서 교육훈련이전(transfer of training)이란 "교육프로그램에 참석한 사람이 이 과정을 통해 습득한 지식, 기술, 태도를 자신의 직무 상황에 적용하는 것"을 뜻한다(Baldwin & Ford, 1988; Tannenbaum & Yuki, 1992). 제3장에 있어 이 주제가 의미가 큰 것은 카피라이팅 지식 이전 현상이 크리에이티브 제작팀 내의 선후배 관계 단위에서 진행될 때, 업무 관련 지식과 테크닉의 습득을 위한 교육 혹은 훈련이라는 목적성을 명백하게 지니기 때문이다.

이들 연구에서 관심을 끄는 것은 지식 이전 성과를 내는 데 있어, 조직 내 상급자 및 동료들의 지원이 미치는 영향에 대한 분석이다. 플레시먼(Fleishman, 1955)은 자신의 초기 연구에서 상급자의 지지가 피교육자의 훈련 효과에 다대한 정적 영향을 발휘한다고 강조한 바 있다. 브링커호프와 몬테시노(Brinkerhoff & Montesino, 1995)도 실험연구를 통해, 실제 업무에 있어 지식의 적용 성과를 기준으로 조직 내 상급자의 후원 여부가 교육받은 기술의 사용 빈도 및 이전에 강한 정적 효과를 발휘함을 제시하였다. 이는 알리와 바누(Ali & Banu, 2002)의 연구에서도 반복적으로 나타나는데, 교육훈련에 있어 상사의 지원을 받는 그룹에서는 업무 행동, 생산성, 직업 만족도 등에서 오랜 기간에 걸쳐 계속적인 긍정적 행동 변화가 발견되고 있다는 것이다. 카피라이팅 지식 이전에 있어 소속 제작팀장 혹은 보다 상급자의 지지적 태도가 미치는 영향에 관련해서 큰 관심을 끄는 대목이다.

우리나라와 유사한 광역적 유교문화권에 속한 아시아 지역 기업을 대상으로 한 연구를 봐도 유사한 결과가 나타난다. 예를 들어 중국 현지 전자산업체를 대상으로 상급자 및 동료들과의 관계가 교육훈련을 통한 지식, 기술 이전에 미치는 영향을 분석한 샤오(Xiao, 1996)의 경우 직무 환경 및 조직 분위기 등의 조직문화적 요인들이 이전 효과에 정적 영향을 미치고 있음을 밝히고 있다. 우리나라의 경우 현영섭과 권대봉(2003)이 비슷한 연구를 했다. 이들은 10개 한국 기업 판매원 322명을 대상으로 기업의 교육훈련 내용이 직무 수행 효과에 미치는 결과를 조사했다. 두 사람은 연구모형 제시를 통해 상사의 지원, 동료의 지원, 변화 가능성, 조직 차원의 보상 등이 정적 영향 요인으로 작용함을 강조했다.

교육 성과에 관련된 조직 내 상급자의 역할은, 비교 연구적 관점에서 광고회사 조직의 대표이사, 임원, 크리에이티브 디렉터 등으로 대표되는 인적 요인과 교육 방침, 성과 보상 등의 조직문화적 요인이 카피라이터 간 지식 이전에 미치는 영향에 대한 관심을 고양시킨다. 이 관점에서 살펴보면 심층 인터뷰에 참여한 복수의 카피라이터들이 크리에이티브 디렉터나 혹은 담당 임원이 카피라이팅 지식 이전과 교육에 대해서 관심을 지니고 격려를 하는 경우 지식 습득 효율성과 동기가 크게 높아진다고 토로하고 있다. 카피라이터 18은 지식 이전에 관련된 임원의 역할을 이렇게 설명한다.

> "우리 본부장님이 O이사님이세요. 근데 관심이 많으시고 최대한 지원을 해주시려 하세요. 열정도 쏟아부으시고. 예를 들어 신입사원들만 따로 모아서 특별 프로젝트도 진행하시고 교육도 개인적으로 많이 하시고 노력을 굉장히 많이 하시죠. 자기도 신입 때 그렇게 배웠다면서 지금도 술자리 같은 데 가면 OOO대표 이야기를 많이 하시고 그래요. 아무래도 그렇게 신경을 써주시니까 본부 전체 분위기가 신입들한테 관심을 가지고 가르쳐주려 하고 그런 분위기가 다른 데 보다 강하죠."

앞선 제2장에서 살펴보았듯이 IMF 구제금융사태 이후 우리나라 광고업계에서 인력 채용 시스템이 과거와 크게 달라지는 양상이 고착화되고 있다. 특히 카피라이터 취업 형태가 그렇다. 신입사원을 채용해서 장기간 교육에 투자하기보다는 경력 직원을 채용해서 업무에 즉시 투입하고 성과를 내는 형태가 일반화되고 있기 때문이다. 이에 따라 광고대행사 경영정책 차원에서 직원 재교육 혹은 직무교육 또한 전반적으로 약화되는 추세가 뚜렷하다. 이에 따라 다수의 카피라이터들이 향후 교육을 통한 카피라이팅 지식의 확장 및 조직 내 재활용을 위해 지속 가능한 교육시스템 확보가 경영적 차원에서 필요하다는 의견을 내놓고 있다.

홀튼 외(Holton et al., 1997)는 교육훈련에서 학습이 의미를 지니기 위해서는 현장 업무에 직접 활용되도록 하는 것이 필수적임을 강조한다. 이 관점에서 이들은 훈련 성과에 영향을 미치는 요인을 '피교육자 특성', '동기', '작업 환경', '능력'의 네 가지 카테고리로 구분한 다음 16가지 하위 요인을 제출하고 있다. 그밖에 카피라이팅 지식 이전과 관련하여 관심을 끄는 것은 리치(Richey, 1992)의 연구인데, 그는 교육훈련 성과에 대한 영향 요인을 구조화시킨 이론적 모형을 제시한다. 여기서 교육 성과에 영향을 주는 주요 요인으로 들어지는 것이 '학습자 배경', '학습자 태도', '조직 환경' 등이다. 그의 연구는 모형에서 제시된 변인 간의 인과관계 검증이 부족한 문제가 발견된다. 하지만 조직 내 지식 제공자/수혜자 쌍방 간의 지식, 경험, 태도의 이전에 있어 각 요인 간 관계를 구조화시킨 이론틀을 사례로 제시한다는 점에서 제3장의 마지막 부분에 나오는 '카피라이팅 지식의 순환모델' 설정에 의미 있는 시사점을 제공하였다.

2) 지식 공유의 개념과 영향 요인

그루버(Gruber, 2000)는 지식 공유(knowledge sharing)를 '지식을 보유한 사람과 지식이 필요한 사람 사이에 이뤄지는 지식의 흐름이며 이는 조직 구성원 간 아이디어, 정보, 지식을 나누는 행위를 통해 구체화되는 과정'이라 정의 내린다. 한편 아이젠버그 외(Eisenberg, et al., 1986)는 지식 공유를 '지식 보유자와 필요자 간에 이뤄지는 지식의 흐름이자 조직 구성원 간 아이디어, 정보, 지식을 나누는 행위'로 규정한다. 이 개념은 개인의 자발성과 지식을 나누려는 필요에 바탕하여, 조직 구성원들이 동료들과 필요한 지식을 함께 나누는 상호작용적 특성이 두드러진다(Husted & Michailova, 2002).

지식 공유는 지식 이전 개념과 혼용되어 쓰이는 경우가 많다. 이전(transfer)이란 개념 자체가 '주는 쪽'과 '받는 쪽'이 정해져 있으며 정도 차이는 있으되 서로 특정 지식을 공유하는(sharing) 특성을 지니고 있기 때문이다. 알리(Allee, 1997)는 이 같은 양대 개념의 혼용 이유를 지식에 대한 연구자들의 관점 인식이 모호하기 때문으로 설명한다. 즉 두 가지 개념의 구분에 있어 지식을 전달할 수 있는 하나의 객체(object)로 인식할 때는 지식 이전이 타당하고, 전달이 어려운 하나의 과정(process)으로 인식할 때는 지식 공유가 어울린다는 것이다. 나아가 지식 공유는 지식 이전에 비해 사회적 상호작용을 포함하는 과정적이며 포괄적인 의미가 크다고 지적한다.

이 책에서는 지식 공유와 지식 이전의 유사성을 받아들이는 바탕에서 양자를 다음과 같이 차별화시켰다. 즉 지식 이전은 제공자와 수혜자 간 일방향(one way communication)적, 위계적 특성이 강한 반면에 지식 공유는 사회적 교환 혹은 상호의존 특성이 강하다는 것이다. 이 기준에 따르면 카피라이터 사이에서 지식의 주고받는 현상은 공유보다 이전의 특성이 우세한 것으로 추론된다. 왜냐하면 지식의 '주고 받음'이 경력, 보유 지식, 필요성 등의 모든 요인에 걸쳐 선배 카피라이터에게서 후배 카피라이터로 위계적으로 이전되는 특성이 두드러지기 때문이다.

하지만 교육의 방식이 아닌 수평적 차원에서의 일정한 지식 공유 특성 또한 발견되는데, 예를 들어 광고회사 조직 내 카피라이터 모임 등에서 실행되는 세미나 등이 그것이다. 심층 인터뷰 자료 분석 결과 IMF 이후 한국 광고산업의 구조적 변화에 따라 카피라이터 간 지식 이전 현상보다 더욱 빠르게 약화되고 있는 부분이 '카피라이터 간 수평적 지식 공유'인 것으로 나타나고 있다. 다음의 진술이 이런 경향을 대표하는 것이다.

"OOO라고 아직 카피라이터들 모임이 남아 있기는 해요. 근데 성격이 많이 바뀌었어요. 옛날에는 유인물 만들어 와서 세미나도 하고 발표도 하고 그랬잖습니까. 또 그게 좋고 나쁘고를 떠나서 끝나고 난 다음에 일단 술이라는 기능이 카피들 사이에 매개 작용을 많이 했잖아요. 인간적으로 친해질 수도 있고 또 술로 인해서 군기도 좀 잡고. 누가 잘 하네 못 했네 자연스럽게 경쟁이나 가르침 이런 것도 있었고. 근데 요즘은 그런 연대감이 많이 사라졌어요. 모임을 하기는 하는데 세미나나 뭐 이런 방식이 아니고, 주로 저녁보다는 낮에 만나서 점심식사를 하는 정도예요. 회비가 모이니까 제법 좋은 데 가서. 예를 들어 롯데 호텔 뷔페에 가서 점심을 먹는다 이런 식으로. 그러니까 옛날보다 풍족은 해졌는데 수평적 교류 이런 건 더 약해졌구요. 서로 가진 노하우나 뭐 이런 걸 나누고 하는 이런 부분은 훨씬 빈곤해졌다 할까요."

_ 카피라이터 1

박문수와 문형구(2001)는 지식경영 연구가 본격화된 1990년대 이후 발표된 국내외 지식 공유 주제 논문 45편을 연구의 종류와 방법, 수준별 영향 요인 등을 기준으로 분석한 바 있다. 이를 보면 지금까지 지식 공유 연구는 조직지식(organizational knowledge) 차원에서 '전달되고 공유할 수 있는' 하나의 객체(object)적 존재로 지식을 파악하는 전통적 접근은 강하지만 지식이 공유되는 과정(process)적 관점에서 연구가 부족함을 지적하고 있다. 또한 가설검증을 위한 양적 연구와 기술적 연구에 비해, 조직 내 개인 구성원들의 지식 공유 현상을 다양한 상호작용 관점에서 질적으로 접근하여 이론적 모델을 제시하는 연구가 부족하다고 강조한다.

지식 공유 연구가 가장 활발한 학문 역시 지식경영 영역이다. 특징적인 것은 다양한 주제에 걸쳐 연구가 시도되고 있지만 특히 지식 공유의 속성과 과정에 대한 입장 차이가 매우 뚜렷하다는 점이다(Bock et al., 2005; Huber, 1991; Lathi & Beyerlein, 2000; O'Dell & Grayson, 1998; Ruggles, 1998; Singley & Anderson, 1989; Subramanian & Soh, 2009; Verkasalo & Lappalainen, 1998). 동시에 개별 연구자 간의 관점 차이와는 상관없는 공통점도 존재한다. 즉 관여 쌍방이 '지식을 공유하는 현상'을 학습 과정적 성격에 근거한 전체 흐름(flow)의 한 구성 요소로 이해한다는 점, 지식 공유가 사회적 상호작용에 근거한 과정적 특성을 지니고 있다는 점, 그리고 지식 공유를 상황과 조건에 근거하여 끊임없이 변화하는 동태적 의미로 해석하는 점이 그것이다.

두 가지 정도만 사례로 살펴보면 다음과 같다. 먼저 러글스(1998)의 경우 지식이 조직 내에 형성되고 움직이는 과정을 세분화하여 ① 창출, ② 외부 지식 접근, ③ 보상을 이용한 촉진, ④ 문서화, ⑤ 의사결정에서 활용, ⑥ 제품 및 서비스 개발을 위한 투입, ⑦ 타 부서에의 전파, ⑧ 지식자산 가치와 영향 측정의 모두 여덟 가지 단계로 나누고 있다. 이 경우 지식 공유는 2, 3, 4, 5번째 단계에 포괄적으로 적용되는 것으로 이해된다. 한편 후버(1991)는 러글스와 유사한 관점을 취하고 있지만, 지식 창출 및 공유 과정을 조직 구성원 간 상호작용적 차원에서 집중 조명하고 있다는 점에서 특이점을 보인다.

지식 공유 문제가 산업경쟁력 확보 차원에서 의미가 큰 것은, 특정 산업 분야 혹은 개별 기업에서 구성원들 간의 암묵지 공유가 지식자산 확보를 통한 장기적 경쟁력 강화에 중요한 도움을 주기 때문이다(Lathi & Beyerlein, 2000). 조직 구성원이 보유한 비문서적 지식 즉 앞서 살펴본 암묵지를 발견하고 조직 내에서 공유, 활용하는 문제가 오늘날 지식 기반 사회에서 조직의 사활을 좌우하는 중요한 요인으로 작용하기 때문이다(Subramanian & Soh,

2009). 지식 공유에 대한 연구는 문화적 특성을 기준으로 미국 등의 서구사회보다는 조화적, 협동적 풍토가 강한 일본 기업을 대상으로 더 많은 연구가 진행되어왔다. 실제적으로 일본 기업의 경우 현장 체험을 통해 장기간에 걸쳐 획득된 개인 차원의 암묵지가 조직적 지식으로 체계적으로 전환되는 성공 사례가 많이 발견되기 때문이다.[13]

이들 연구를 보면 공통점이 발견된다. 즉 특정 분야를 막론하고 조직 내의 암묵지와 형식지가 각기 별개의 고정된 형태로 존재하는 것이 아니라는 것이다. 그 같은 정태적 양상보다는 오히려 역동적 과정을 거쳐 상호 순환, 진화하는 특성이 주도적이라는 것이다. 이에 대한 대표적 연구는 노나카와 다케우치(Nonaka & Takeuchi, 1995)에 의해 제기되었는데, 두 사람은 일본 기업의 집단주의 조직문화를 배경으로 지식 창출(knowledge creating) 과정을 설명하면서 조직 내 지식의 활용 현상을 네 가지 변환 단계로 제시한다. 이것이

13 일본 기업에서는 특별한 기술과 경험을 지닌 현장기술자를 다쿠미(匠)라고 부른다. 원래 이 단어는 '손으로 물건을 만드는 장인'을 뜻한다. 이들은 기업의 목적 지향적이며 체계적인 훈련을 통해 소수 정예로 육성되는데, 일반 기술자 위에 군림하는 상위 직급이 아니라 일종의 명예직이다. 우리나라 일부 생산 기업에서 명장(名匠)이란 이름으로 생산직 최고 직위를 임명하는 것과 유사하다 하겠다. 이 책과 관련되어 주목되는 것은 이들 타쿠미가 자신의 재능과 노하우, 기술 등 무형적 암묵지를 후배에게 이전시키고 공유함으로써 그것을 기업자산화시키는 역할을 수행한다는 점이다. 예를 들어 2015년 현재 렉서스 브랜드를 생산하는 도요타자동차 규슈 미야타 공장에는 전체 직원 7700명 가운데 22명의 다쿠미가 있다. 이들은 자동차 생산의 주요 공정을 모두 경험한 20년 차 이상의 직원들로 구성되며 나이는 50대가 주를 이루고 있다. 자신의 노하우를 다른 직원들에게 전수하기 위해 각자의 전문 영역과 관련된 교육프로그램을 짜고 현장을 감독하면서 기술을 가르치는 것이 이들의 주임무다. 다쿠미 제도는 최고 수준의 무형적 실무 지식을 선후배 간 지식 이전을 통해 가르치는 대표적 도제시스템이자 암묵지가 형식지화되어 회사 조직에서 활용되는 대표적 사례로서, 카피라이팅 지식 이전과 관련해 다대한 함의를 제공한다.

그 유명한 SECI모델이다.

모델의 첫 번째는 개인적 암묵지를 타인과 공유하는 절차를 통해 다른 암묵지로 변환시키는 사회화(socialization) 단계이다. 두 번째는 이렇게 형성된 암묵지가 형식지로 바뀌는 단계로 분절화(articulation) 단계로 불린다. 이 시점에서는 기존 암묵지가 기호화 혹은 문서화될 수 있는 명시적 지식으로 바뀜으로써 비로소 조직 내 공유가 개시된다. 세 번째는 공유된 형식지가 다른 형식지로 바뀌는 결합화(combination) 단계이다. 이 단계에서는 조직 내에 산재한 여러 형식지들이 결합되어 새로운 차원의 형식지가 창출된다. 네 번째는 이상의 과정을 거쳐 정착된 형식지가, 다시 개인에게 영향을 미쳐 새로운 암묵지로 바뀌는 내면화(internalization) 단계이다. 각 단계를 거쳐 새롭게 창조된 형식지가 구성원들의 인지체계 속에서 암묵지로 다시 확장되고 재구성되는 시점이라 하겠다.

SECI모델은 카피라이팅 지식의 이전과 조직 차원 활용과 관련하여 두 가지 발상의 단초를 제공한다. 첫째로 현장에서 카피라이터들이 경험하는 지식 공유 수준은 SECI모델의 어디에 속하는지, 그리고 최종적으로 어디까지 발전할 수 있는가의 여부이다. 이 주제는 실무적 차원과 학술적 차원 모두에서 대단한 흥미를 끄는 것이다. 둘째로, 실무적 지식이 고정적 형태로 머물러 있지 않으며 동태적으로 계속 진화, 발전한다는 관점이다. 이 관점에서 고찰하자면, 카피라이팅 지식 또한 카피언어 창조를 마친 후 사장(死藏)되는 것이 아니라, 개인 인지체계 (혹은 조직) 내에서 자극과 통찰을 거쳐 새로운 지식으로 업그레이드되며 그것이 다시 회사의 업무체계 속에서 재순환이 가능한 것으로 해석할 수 있다.

지식 이전 연구와 마찬가지로 지식 공유 연구 분야에서도 가장 활발한 주제는 영향 요인에 대한 것이다. 지식 공유에 영향을 미치는 긍정 혹은 부정적 요인 규명이 공유되는 지식의 양과 질을 높이는 전제가 되기 때문이다. 지금까지의 연구 성과를 고찰해보면 지식 공유에 긍정적 영향을 주는 요인으로는 다음과 같은 내용들이 제시되고 있다. 먼저 베크만(Beckmann, 1998)은 '조직관리자의 리더십', '구성원의 참여정도', '지식에 긍정적인 조직문화', '전문성', '정보기술 기반'등을 밝힌다. 그밖에도 '구체성, 명료성, 코드화 가능성과 같은 지식특성(Davenport & Prusak, 1998; Simonin, 1999), '평가에 대한 보상 시스템', '학습지향성'(O'Dell & Grayson, 1998; Ruggles, 1998) 등이 중요한 요인으로 밝혀졌다.

주목되는 것은 역시 지식 공유에 있어 성공과 방해 요인에 대한 연구이다. 카피라이팅 지식과 같은 암묵지 공유에 있어서는 지식제공자와 지식수혜자 쌍방 간에 개인적 접촉과 교환이 필수적이며, 이를 통한 커뮤니케이션 용이성과 양자 간 친밀성이 지식 공유의 성공 가능성을 높일 것으로 예측된다. 이 관점에서 오델과 그레이슨(O'Dell & Grayson, 1998)은 개인적 경험을 통해 체화된 노하우 같은 지식은 문서로 구체화되기 힘들기 때문에, 이의 공유를 위해서는 면대면 접촉으로 대표되는 상호작용적 커뮤니케이션 채널이 필수적이라고 강조한다.

지식 공유에 부정적 영향을 주는 요인 연구도 빈번히 제출되고 있다. 예를 들어 '지식 공유에 대한 기피 문화', '정보기술에 대한 거부감 및 개인주의 사고'(Lank, 1997), '조직 구성원들 사이의 경쟁'(Quin et al., 1996), '지식보유자의 권리 상실 우려'와 'NIH 현상'[14](Szulanski, 1996) 등이 있다. 이 주제에 대한 국

14 Not Invented Here Syndrome의 약자다. '이곳에서 개발한 것이 아니다'라는 뜻을 지닌다. 캐츠와 앨런(Katz & Allen, 1982)은 이 개념을 다음과 같이 정의 내린다. "지식수혜자들이 새로운 지식의 수용에 대하여 가지는 거부감." 자신들이 직접 개발

내 연구로는 박기우(2001)가 '책임회피 경향', '공동목적을 위한 부문 간 조화의 어려움', '지식의 암묵성으로 인한 표현의 어려움' 요인을 제시하고 있다.

위와 같이 다양한 지식 공유 영향 요인들은 비교 연구적 차원에서 카피라이터 간 지식 공유에 있어 작용하는 요인들에 대한 이해를 깊게 해준다. 나아가 이들 연구에서 제시된 지식 공유 활동의 목적이 실제적 업무에의 적용을 목표하고 있다는 점, 그리고 조직 구성원 간에 발생하는 다양한 영향 관계 및 요인을 구체적으로 제시하고 있다는 점에서 이 책의 서술에 다대한 함의를 제공한다. 이 문제는 광고산업에 있어 핵심적 부가가치를 만들어내는 원천이 조직 구성원이 보유한 지식자산이라는 점 때문에 주목의 가치가 높다.

3) 카피라이팅 지식 이전 및 활용의 세부 과정은 어떠한가?

독창적 아이디어를 내고 그것을 멋진 광고물로 만들어내는 능력은 교육되고 개발될 수 있는 것인가? 이 문제는 광고 교육 및 창의성 연구에서 오랜 역사를 지니고 있다. 연구결과를 종합해보면 크리에이티브 능력은 분명히 개인적으로 타고나는 것이지만, 학습에 따라 훈련되고 개발될 수 있다는 주장이 광범위하게 채택되고 있다(Meyer, 1991). 광고 크리에이티브 성취수준이 습관과 태도의 학습된 패턴에 따라 개발될 수 있다면 카피라이팅 능력도 마찬가지가 아닐까. 이 같은 관점에서 지금부터 카피라이터들이 서

하지 않은 기술 혹은 연구 성과를 인정하지 않는 배타적 조직문화를 의미한다. NIH는 헤이스와 클라크(Hayes & Clark, 1985)에 의해 지식 이전 및 공유에 대한 가장 핵심적 방해 요인으로 지적된다.

로 어떻게 지식을 전해주고 받으며 그것을 통해 어떻게 자신의 능력을 개발하고 발전시켜 실무에 활용하는가의 현상을 살펴보려 한다.

카피라이팅 지식의 이전 과정은 네 단계로 분류된다. 첫 번째는 지식 이전의 출발점이다. 두 번째는 지식 이전을 위한 구체적 시도이며, 세 번째는 이 같은 시도에 중개변인이 영향을 미치는 현상이다. 그리고 네 번째는 지식 이전 및 활용의 후속 조치와 결과에 관한 것이다. 각 단계의 특성을 카피라이터들의 개인적 경험을 통해 구체적으로 들어보기로 하자.

(1) 첫 번째 단계: 지식 이전의 출발점

근거이론에서 인과적 조건에 해당되는 것으로 지식 이전과 활용에 대한 카피라이터들의 선유적 인식과 태도를 의미한다. 심층 인터뷰 참여자들은 정도의 차이에도 불구하고 대부분이 카피라이팅 지식 이전을 전문직업인으로서 성장하기 위한 기초적 조건으로 인식하고 있었다. 자기발전을 이루고 카피라이팅 과업을 훌륭하게 수행하기 위해 관련 지식이 필수적이라 생각하기 때문이다. 또한 교육을 통해 자신에게 지식을 전해주는 선배 카피라이터에 대한 보답의 심정도 발견된다. 인지, 태도, 행동 차원의 경험 자료 분석 결과 '필요성 자각', '발전에 대한 욕구', '기대감', '보답의 심정'의 네 가지 개념이 이름 붙여졌다.

필요성 자각

"하려고 해도 아직은 안 되는 그런 게 있는 거 같아요. 예를 들어 PT를 진행할 때 위에서 딱딱 정리해서 하는걸 보면서 나도 저 정도로 광고주 설득하는 기술을 내 걸로 만들어야 하는데 이런 생각이 많이 들죠."

_ 카피라이터 11

발전에 대한 욕구

"그때가 밤 11시였는데 김태형 카피라이터께서 쓴 카피집을 주시면서, '내일 아침까지 독후감 써서 이메일로 보내봐' 이러셨어요. 그래서 밤새서 읽고 메일 보내고, 그다음 날 점심을 먹으면서 팀장님이랑 이야기를 했어요. 굉장히 바쁘실 땐데 시간을 내주셨어요. 느낀 점을 이야기 해봐라 해서 솔직히 '그분이 쓴 카피는 카피 같지 않아서 좀 그렇다고' 이야기했지요. 그 이야길 듣고 팀장님이 '너는 카피 공부를 많이 더 해야 되겠다' 카피스럽지 않아 보이는 게 맞는데, 혹시 그 속에 생각이 담긴 거 같지 않냐? 이렇게 말했어요. 그리고 네가 좋다고 찾아왔던 광고를 보면 다 멋진 표현인데 거기에 생각이 담긴 카피가 별로 없다, 카피를 쓰려면 생각을 깊게 해야 한다. 그리고 대중들에게 말하려 하지 말고 동생이나 친구한테 이야기한다는 식으로 카피를 써라. 넌 너무 여러 사람을 대상으로 쓰고 미사여구가 많다. 이렇게 팍 깨졌는데요. 근데 그렇게 해서 얻어진 경험이 책 몇 권 읽은 거보다 훨씬 더 생생한 거예요. 그 일 겪고 난 다음에 더 배워야겠다 내가 더 발전해야 된다. 이런 생각이 훨씬 절실해졌어요."

_ 카피라이터 3

(2) 두 번째 단계: 지식 이전을 위한 구체적 시도

카피라이팅 지식 이전의 중심현상에 해당되는 내용이다. 한마디로 카피라이터 간 지식 이전에 있어 제공자와 수혜자가 행하는 일련의 행위는 무엇이며 구체적으로 어떤 일이 진행되고 있는지를 의미한다. '준비단계', '전해줌', '수용하기'의 3가지 개념이 명명되었다. 자료 분석 결과 특히 카피라이터 간 실무 지식 이전은 선배와 후배 카피라이터 쌍방 간 상호작용을 기초로 하는 매우 긴밀한 대인적(interpersonal) 커뮤니케이션 특성을 지니고 있었다. 이는 '전해줌' 개념에서 보편적으로 나타나는 '도제적 통제'에서 두드러지게 발견된다. 욕설에서부터 부드러운 충고에 이르기까지 선배 카피라이터의 지식수혜자에 대한 다양한 방식의 통제와 설득이 실행되는 것으로 나타났기 때문이다.

가. 준비단계

지식 이전 행위가 발생하기 전의 정신적, 물리적 예비 과정을 의미한다. 심층 인터뷰에 응한 카피라이터들은 강요나 회사 규율에 의한 타율적 태도가 아니라 상호 자발적인 자세로 교육을 통한 지식 이전에 참여하고 있었다. 또 지식 이전을 위한 교육은 부정기적 형태로 실행되고 있었다. 속성과 차원에 따라 '상호합의', '준비물', '비계획성' 세 가지 하위 개념이 도출되었다.

상호합의

"같이 이야기를 해서 정하죠. 언제까지 할 수 있겠느냐 물어보고 예를 들어 4시? 그렇게 해서 그 시간에 서로 맞춰지면 시간을 정해놓고 만나죠."

_ 카피라이터 11

준비물

"같이 이야기하기 전에 해외광고제에서 상 받은 라디오광고카피를 준비했다가 주면서 미리 번역을 한번 해봐라. 그걸 한글로 번역하면서 이게 왜 상을 받았는지 네가 따로 생각을 해서 캡션을 한번 달아봐라 그러고 나서 만나자, 이렇게 시키신 적이 있거든요."

_ 카피라이터 2

나. 전해줌

'전해줌'은 이어지는 '수용하기'와 함께 카피라이팅 지식 이전의 핵심을 이루는 개념으로서, 지식제공자와 지식수혜자가 관련 지식을 전달하고 받는 구체적 행위가 바로 이 과정을 통해 이뤄지게 된다. 앞서 지적된 것처럼 이 과정은 대인간(對人間, face to face) 커뮤니케이션을 통하여 "말로" 진행되며 지식제공자가 지닌 실무적 경험을 도제적 방식으로 전달하는 특성이 강하게 나타났다. '말로 하기', '도제적 통제', '실무를 통한 교육', '방치하기'라는 네 가지 하위 개념으로 이름 붙였다. 사례 인터뷰 예시는 아래와 같다.

말로 하기

"가르치실 때 책을 준비하거나 브리프를 준비하고 뭐 이런 건 없고, 주로 말로 이뤄지지요. 대화 나누고 지적하고 고치고 그런 방식으로 이루어집니다."

_ 카피라이터 11

실무를 통한 교육

"가령 대장간에 왔는데 불의 온도는 몇 천 도고 얼마가 됐을 때 쇠를 꺼내고 망치질은 몇 번 하고 이렇게 가르쳐주는 게 아니라는 거죠. 실무를 통해 어깨 너머로 보면서 자연스럽게 자기 걸로 체화시키는 거잖습니까"

_ 카파라이터 1

도제적 통제

"'야 이거밖에 못 써?' 혹은 '다시 써와' 이렇게 깨진단 말이에요. 자상하게 하든 윽박을 지르든 간에 선배는 어쨌듯 그런 방식으로 가르치는 건데,

이게 몇 번 되풀이되다 보면 제 스스로 먼저 필터링을 하게 되죠. '선배가 이걸 보면 뭐라고 이야기할까?'"

_ 카피라이터 19

하위 개념 가운데 특이한 것은 '방치하기'이다. 이는 슈라이버와 스턴(Schreiber & Stern, 2001)이 지적한 바, 근거이론 연구에 있어 이론적 표본추출로 설정한 가설을 부정하는 사례에 해당되는 것이다. 심층 인터뷰 참여자가 경험한 '방치하기'에서는 지식제공자와 수혜자 간 상호작용 차원에서 다음과 같은 특성이 발견된다. 첫째는 지식제공자가 이전에 선배로부터 쌍방향적 지식 이전을 받은 경험이 없기 때문에 발생하는 카피라이팅 지식 이전에 대한 무관심이다. 둘째는 제공자가 지식 이전을 시도하지만 수혜자가 그것을 태도적으로 거부하는 케이스인데, 이는 사수-부사수 쌍방 간 긴장관계가 있거나 서로 신뢰성에 문제가 있을 경우 발생하는 것으로 추론된다. 앞서 살펴본 줄란스키(1996)의 지식 이전 방해 요인으로서의 '관여 쌍방 간 부정적 관계', '신뢰 결여' 요인이 카피라이팅 지식 이전 현상에서도 뚜렷이 확인되는 것이다. 사례는 다음과 같다.

방치하기

"저는 막 가르치려고 애쓰는 형이 아니고 빨리 해봐서 아닌 거 같으면 떠나라는 그런 주의예요 솔직히. 괜히 시간 낭비 말고 젊을 때 네 길 찾아가라 이런 주의. 치열하게 경쟁 견디면서 스스로가 이겨내고 스스로 커갈 것 같지 않으면 어쩔 수가 없는 거죠. 저는 크리에이터란 게 타고 난 게 80%라고 봐요 20%는 배우는 거고… 그래서 저는 사자처럼 풀어놓습니다."

_ 카피라이터 18

다. 수용하기

지식수혜자가 '이전된' 실무 지식을 자신의 인지체계 안에 받아들이기 시작하는 것을 뜻한다. 일단 받아들인 지식에 대해서는 수혜자 스스로 마음속에서 그 지식을 반복하여 각인시키려 노력하는 것으로 나타났다. '자발적 노력', '선별 수용', '마음에 새김'이란 세 하위 개념이 명명되었다.

자발적 노력

"예를 들어서 어떤 광고주 프로젝트를 진행할 때 이 광고주는 특성이 이렇기 때문에 말도 이런 식으로 하는 게 좋을 거 같다. 프레젠테이션 할 때 억양이나 이런 것도 저한테 많이 이야기해주세요. 제가 목소리가 되게 높고 가늘어요. "하지만 피티를 할 때는 그런 식으로 하면 아무리 잘 쓴 카피도 불안하게 들릴 수 있다" 이렇게 조언을 해 주신 적이 있는데, 그러면 이제 그걸 고치려고 제가 굉장히 노력을 하려고 하죠. 스스로 고치려고 자발적으로."

_ 카피라이터 11

마음에 새김

"지적받고 들은 거는 가능하면 노트필기를 하고, 시간이 날 때나 집에 갈 때 한 번 더 생각해보고 그래서 마음에 계속 새기려고 합니다."

_ 카피라이터 3

(3) 세 번째 단계: 중개변인

제공자와 수혜자 사이의 지식 이전 과정에 개입하여 긍정 혹은 부정으로서 중개적 영향을 미치는 요인들이다. "현상에 세부적 영향을 미쳐서 지식 이전에 차원적 차이를 만드는" 맥락에서는 '지식 제공자 특성', '지식 수혜자 요인', '상호 관계'의 세 가지 개념이 발견되어 이름 붙였다. 맥락에 추가되어 "지식 이전에 영향을 미치는 외부 환경적 요인을 의미"하는 중재조건으로는 '조직문화'와 '팀 분위기'의 두 가지 개념이 명명되었다.

가. 맥락

A. 지식 제공자 특성

제작팀 내에서 교육이나 훈련을 통해 후배에게 지식을 전달해주는 지식 제공자, 즉 사수 카피라이터가 지닌 판단, 태도, 기존의 선유 요인을 의미한다. '수동성', '부사수 자세', '스타일'의 세 하위 개념이 발견되었다. 여기서 주목해야 할 것은 지식 이전에 대한 부사수(신입 카피라터)의 자세가 지식제공자의 동기 유발 및 교육 행동에 매우 중요한 영향을 미친다는 점이다. 이는 심층 인터뷰에 참여한 모든 선배 카피라이터들이 공통적으로 지적하는 내용이다. "책임감의 충족"을 제외하면 회사 내의 비공식적 교육으로 지식제공자가 후배에게 카피라이팅 지식 이전에 실행할 때 주어지는 실제적 보상이나 이익이 없기 때문이다.

부사수 자세

"오히려 부사수의 태도가 좌우를 하는 거 같은데요. 질문을 많이 하거나 궁금해하고 그렇게 적극적이면 사수도 그만큼의 대답을 해줄 거고, 뭐 그런 것도 없고 의욕도 부족하고 질문도 안 하면 사수가 굳이 나서서 이거 가르쳐줄게 그러지는 않을 거니까."

_ 카피라이터 10

B. 수혜자 요인

지식 이전에 영향을 미치는 수혜자 요인으로는 더 좋은 카피를 쓰고 싶다는 자발적 향상심, 자신의 부족함에 대한 자각, 빨리 지식제공자를 따라잡고 싶은 마음 등이 발견되었다. 이를 기초로 '능동성', '겸손', '경쟁심리'의 세 하위 개념을 도출하였다. 사례는 다음과 같다.

경쟁심리

"화도 나고 자존심도 상하고 거꾸로 선배한테 어떤 경쟁심리도 생기죠. 왜 나는 카피에 그걸 적용시키지 못할까? 나만의 뭔가 다른 방식으로 이걸 만들어낼 수 없을까 하는 그런 오기 비슷한 거."

_ 카피라이터 19

C. 상호 관계

지식 이전 쌍방 간의 관계 요인은 지식 이전 효과에 영향을 미치는 가장 중요한 중개변인으로 확인된다. 이는 앞서 살펴본 지식경영 분야의 지식 이전 연구에서도 공통적으로 지적되는 부분이다. 심층 인터뷰 자료 분석을 통해 주목되는 점은 지식제공자와 지식수혜자 사이에 친밀성이나 신뢰성, 우호적 관계가 확보된 경우 지식 이전 필요성에 대한 양측의 인식 및 수용 성향이 모두 높아지며, 반대로 정서적 긴장 관계가 발생한 경우 필요성 인식과 수용 성향이 크게 낮아진다는 점이다. 구체적 사례로 지식제공자와의 관계가 우호적인 지식 수혜자와 그렇지 않은 지식수혜자의 경우를 대비해 보자. "면대면 교육을 통한 카피라이팅 지식 이전이 자신의 업무 수행에 얼마나 도움을 주는가"라는 질문에 대하여 "20~30%(카피라이터 19)"와 "60~70%(카피라이터 3)"라는 매우 상반된 반응이 나타나고 있는 것이다. 여기에서는 '쌍방향성', '친밀성', '신뢰성', '코드일치', '긴장 관계'라는 다섯 가지 하위 개념으로 이름 붙였다. 예시를 하나 들어보면 아래와 같다.

친밀성

"서로 취미가 같으면 아무래도 만날 시간이 많으니까, 일과 후에도 만나고 하면 더 친해질 거라고 생각해요. 예를 들어서 제 사수는 야구를 되게 좋아 하시는데요. 서로 야구 이야기를 하다가 그 광고는 어떻게 봤어? 이런 식으로 시작해서 카피 공부로 자연스럽게 흘러가는 경우가 있어요."

_ 카피라이터 11

나. 중재조건

지식 이전에 참여하는 사수-부사수 카피라이터가 지닌 내적 선유 요인 및 쌍방 간 관계 요인으로 구성되는 것이 맥락이라면, 중재조건은 그 같은 맥락에 작용하여 작용/상호작용을 촉진하거나 방해하는 외부 환경적 통제 요인을 뜻하는 것이다. '조직문화'와 '팀 분위기'의 두 가지 개념이 나타났다. 이들 개념은 선행연구에서 살펴본 지식, 기술, 태도 이전에 관련된 '환경적 요인(climate)'과 밀접한 연관을 맺고 있는데, 구체적으로 광고회사의 조직문화, 경영진 및 동료 지원 등이 실무 지식 이전에 미치는 영향을 말한다.

A. 조직문화

카피라이팅 지식 이전에 대하여 광고회사 조직이 지닌 인식 및 문화적 배경을 의미한다. 카피라이터들이 지식 이전에 참여하는 행위에 대한 물질적/정신적 보상 여부, 카피라이팅 실무 교육에 대한 긍정적/부정적 분위기, 광고회사 CEO 및 임원의 지식 이전에 대한 관심, 지식 이전에 대한 지원시스템의 효율성 등을 포함하는데, '회사 태도', '임원의 기대'라는 두 가지 하위 개념이 명명되었다.

관심을 끄는 것은 심층 인터뷰에 참여한 모든 카피라이터들이 '임원의 기대'에 대해서는 해당 임원에 따른 개인별 차이는 있으되 최소한 중립적이거나 혹은 적극적이라 판단하는 반면에, 회사 태도에 대해서는 '방관적 자세' 혹은 '지원 없음'이라 평가하고 있다는 것이다. 이 같은 의견의 배경에는 제2장에서 살펴본 대로, IMF 구제금융사태 이후 광고산업에 보편화된 이직 경향과 이에 따른 카피라이터 직접 교육 투자에 대한 광고회사의 부정적 인식이 연관이 큰 것으로 분석되었다. 이는 결국 우리나라 광고계 전반에 걸쳐 지식경영적 차원에서 개인 지식의 조직 지식으로의 이전과 활용에 대한 인식이 부족하다는 현실을 반영하는 것이다.[15]

임원의 기대

"사장님은 일단 부임하신지 얼마 안 됐고 광고 쪽 출신이 아니라서 적극적으로 뭐라 하시지는 않고요… 임원들이 많이 하시죠. O전문위원님이라고 O에서 오신 아트 출신 분이 현재 이사급이고 CD도 하시는데 거의 매주 신입들 모아서 강의를 하세요. 크리에이티브에 대해서, 크리에이터의 자세에 대해서, 어떻게 하면 실력을 쌓고 선배들한테서 배울 수 있는가 이런 이야기를. 주로 매주 목요일 아침에 모여서 해요."

_ 카피라이터 3

15 이러한 현실은 이 책의 443쪽에 나오는 '카피라이팅지식의 순환모델'에 있어 획득, 이전, 활용된 카피라이팅 지식이 다시 조직 차원의 지식으로 재순환되는 과정이 '비어 있는 고리(missing link)'로 남아 있는 현상과 깊은 상관관계를 지니는 것으로 이해된다.

방관적 자세

"회사에서는 거의 관심이 없구요. 수익에 관심이 더 많죠. 경기가 어려우니까 그렇겠지만 교육에 대해서는 방관에 가깝다고 해야 되겠죠."

_ 카피라이터 18

B. 팀 분위기

카피라이터가 소속된 제작팀의 근무 환경, 지식 이전에 대한 팀원의 태도 등을 의미한다. '회의 관행', '동료의 관심', '업무 부담'의 세 가지 하위 개념으로 추상화되어 명명되었다. 주목되는 것은 '업무 부담' 개념인데, 이는 선후배 카피라이터 사이의 지식 이전 시도가 가능한 절대적 시간 여유를 뜻하는 것이다. 현재 진행 중인 업무에 대한 부담이 과도하게 큰 경우 쌍방 간에 지식 이전을 의도적으로 시도하는 자체가 어려워지며, 또 세부적 지식 이전 방식도 일에 떠밀려 지식수혜자가 내놓은 카피 결과물에 대한 단순 게이트키핑에 그치는 것이 발견된다.

동료의 관심

"저 같은 경우는 아트디렉터 분이, '네가 몇 년 뒤면 주름을 잡을 거야' 이러시면서 되게 많이 격려를 해주세요. 제가 뭐 하나를 써 가면 '오 그런 것도 할 줄 아냐 잘했다' 이런 식으로… 이런 반응을 들으면 더 빨리 배워야겠다는 생각이 굉장히 많이 들고 그러죠."

_ 카피라이터 19

(4) 네 번째 단계: 지식 이전 및 활용의 후속 조치와 결과

쌍방향 커뮤니케이션을 통해 카피라이팅 지식이 이전되고 난 다음의 후

속 조치는 어떻게 진행되는가? 근거이론에서는 이를 '작용/상호작용전략'이라 부르는데 한마디로 지식 이전 성과를 유지 확장하여 최종적으로 활용하기까지 카피라이터들은 어떤 일을 하는가? 즉 이전된 지식이 최종적으로 활용되기까지의 세부 단계라고 할 수 있다. 여기에서는 '이전 확인', '재시도', '포기'의 세 가지 개념이 명명되었다.

한편 작용, 상호작용 전략이 실행된 후에 나타나는 의도적 혹은 자연발생적 '결과'는 어떠한가? 여기에서는 '이전 종료'와 '지식 내재화'의 두 가지 개념이 발견되었다. 세부 내용을 살펴보면 아래와 같다.

가. 작용/상호작용전략

A. 이전 확인

지식전수자 입장에서 '인정해줌'과 지식수혜자 입장에서 '점진적 독립'이라는 두 가지 하위 개념이 명명되었다. 카피라이터 1과 2의 발언을 들어보자.

인정해줌

"체크하는 게 줄어들면서 점점 맡기게 되죠. 이 바디카피는 네가 알아서 써봐라. 이런 식으로 영역을 확대시키는 겁니다."

_ 카피라이터 1

점진적 독립

"슬슬 방식이 바뀌어가는 겁니다. 제 경험을 말하자면, 연차가 어릴 때는 일일이 사수한테 컨펌을 받고 리뷰에 올렸거든요. 근데 이제 점점 리뷰에서 제가 낸 카피의 숫자가 늘어나게 허락해준다든지 내 카피는 이 안이 괜찮고 네 카피는 이게 괜찮으니까 한번 합쳐보자 이렇게 한다든지, 그러다가 이제 아예 제가 쓴 카피를 단독으로 헤드라인으로 올려주는 거죠. 그런 식으로 서서히 독립을 시켜주는 거죠."

_ 카피라이터 2

B. 재시도

실행된 지식 이전 결과가 불만족스럽거나 기대에 미치지 못할 경우에 지식 이전 행위가 다시 시도되는 것이다. '불만족'과 '재시도' 하위 개념이 발견되었다. 일차적으로 지식수혜자의 태도나 그가 내놓은 카피 결과물에서 기대가 충족되지 못한 경우에 '실망'하게 되고 그 같은 상황을 개선하기 위해 기존에 실행되었던 교육의 반복이 주로 이뤄지는 것으로 나타났다. 예시는 다음과 같다.

불만족

"너는 연차가 얼만데 이런 실수를 반복하냐? 질책을 하는 거죠. 그 질책이 지나간 후에 같은 실수가 또 반복이 되면 이제는 되게 많이 화를 내게 내는 거죠."

_ 카피라이터 10

C. 포기

작용/상호작용 전략은 때로는 현상에 대한 해결이나 조정이 아니라 실행당사자 간 갈등 상황이 부각되어 완전한 실패로 귀결되는 경우가 발생하는데(김소선, 2003), 여기에서는 실무 지식을 전달해주는 사수 카피라이터가 지식수혜자에 대한 기대를 접고 지식 이전을 포기하는 것이 해당된다. 이 문제는 앞서 살펴본 차이와 고셜(Tsai & Ghoshal, 1998)의 지식 이전 영향 요인

연구와 밀접한 연관성을 지니고 있다. 즉 지식 이전에 참여하는 쌍방의 상호 역량 차이가 뚜렷한 경우 지식제공자와 수혜자 사이의 신뢰관계 구축이 가장 핵심이라는 지적이다. 오델과 그레이슨(O'Dell & Grayson, 1998)이 제시한 친밀성 부족도 마찬가지로 중요한 영향을 미치는 것으로 복수의 심층 인터뷰에서 확인되었다. 지식수혜자의 반응인 '반발'과 지식제공자의 태도 변화를 설명하는 '단념'의 두 가지 하위 개념으로 추상화되어 명명되었다.

단념

"진짜 가슴 깊이 느끼면 괜찮지만 그걸 잔소리로 받아들이고 아니라는 식으로 반응하면 그런 애한테는 가르쳐봤자 효과가 제로겠죠. 그런 식으로 이건 아닌 거 같다 생각이 들면 포기를 하는 수밖에 없지요 뭐."

_ 카피라이터 18

나. 결과

작용, 상호작용 전략이 실행된 후에 나타나는 의도적 혹은 자연발생적 결과를 말한다. 여기에서는 카피라이팅 지식 이전이 종료되고 그것이 지식수혜자 인지체계 속에 내재화되어 실무적으로 활용되는 구체적 행위로 나타나게 된다. '이전 종료'와 '지식 활용'의 두 가지 개념이 이름 붙여졌다.

A. 이전 종료

지식제공자와 수혜자 관계로 맺어진 선후배 카피라이터 간 지식 이전 활동이 종료되는 단계인데, '교육 없어짐'이라는 하위 개념이 명명되었다. 지식 이전 시도가 종료되는 시점을 묻는 질문에 대해서는, 연차와 관련짓기 어렵다는 답변(카피라이터 1)도 있지만 의도적 실무 교육으로서 지식 이전이 종료되는 것은 대리 진급 시점 전후라는 답변(카피라이터 2, 카피라이터 10, 카피라이터 18)이 많이 나왔다.

교육 없어짐

"소위 삼세번이라는 게 있어서 사계절의 흐름을 서너 번은 겪어야 스스로 독립할 수 있는 그런 수준이 되는 거 같더라구요. 그렇게 따지면 대리 정도 되면 정말 걱정 없이 이제 네가 알아서 해라 하는 정도가 되지 않을까 싶은데…"

_ 카피라이터 10

B. 지식 활용

카피라이팅 노하우, 통찰력, 테크닉 등의 다양한 실무 지식이 수혜자에게 수용되고 소화된 다음, 카피라이팅에 대한 자신감이 생기고 독자적 솜씨를 발휘하는 단계를 말한다. 심층 인터뷰 자료 분석 결과 획득되고 이전된 지식의 활용 문제와 관련되어 중요한 사실이 발견되었다. 우리나라 광고산업에서는 지식 이전을 통해 얻어진 카피라이팅 지식이 개인적 차원에서 활용되거나 다시 후배 카피라이터에 대한 실무 교육 형태로 재시도될 뿐, 광고회사 조직 차원에서 지식자산 형태로는 전환이 거의 이뤄지지 않는다는 공통된 증언이다.

지식은 끊임없이 이전되고 재창조되어 후대에 발전적으로 순환되는 특성을 지닌다는 점에서, 이는 카피라이팅 지식의 실체와 관련된 중요한 현상이라 할 수 있다. 앞서 살펴본 대로 SECI 모델을 만든 노나카(1994)는, 회사 조직 차원의 지식 활용을 위해서는 면대면 접촉과 간접적 전달을 통한 개인과 개인, 개인과 집단 간의 지속적 상호작용이 필요하다고 강조한다.

하지만 동시에 이 같은 과정에서 지식의 이전 및 조직 내 활용을 가로막는 다양한 내부 문화적 장애물이 존재함을 적시한다.

카피라이팅 지식 이전 및 활용에 있어서도 마찬가지다. 심층 인터뷰 자료를 분석해보면 회사 소재 지역과 규모에 관계없이 카피라이터 개인이 획득한 실무 지식을 조직 차원 지식으로 전환시키는 인식과 노력이 단절되는 현상이 뚜렷하다. 광고회사 내부의 자체 교육 시스템에 대한 투자와 지속성이 하락하고 있는 것이 증거다. 한마디로 기업 경영목표가 단기적 이윤 창출의 한계를 벗어나지 못함으로써, 무형적 자산으로서 카피라이팅 지식 가치에 대한 인식이 크게 퇴보하고 있다 하겠다.

이 같은 조직 차원 지식 이전 활동의 단절과 쇠퇴는 결국 카피라이팅 지식 활용의 '지속가능한' 미래를 어렵게 하는 것이다. 지식 활용 개념에서는 '실무 능력 확장', '후배에 대한 교육 시도', '조직지식 전환 단절'의 세 가지 하위 개념이 명명되었다.

실무능력 확장

"그러니까 결국 카피에 자기 색깔을 입힐 수 있는 능력이 생기는 거죠. 똑같은 팩트와 똑같은 콘셉트를 놓고도 결국 그걸 자기만의 크리에이티브화시키는 거… 마지막 채색을 자기 색깔로 하는 그런 힘이 생기는 거예요."

_ 카피라이터 10

후배에 대한 교육 시도

"일이 계속 닥치니까 1, 2, 3, 4… 이렇게 가르쳐줄 수는 없구요. 대학에서 강의하듯이 이론적이고 체계적인 그런 게 아니니까… 그래도 미흡하지만 그게 어떤 형태가 됐건 후배한테 내가 얻은 걸 전해주고 몸에 배도록 트레이닝을 시키려고 했습니다."

_ 카피라이터 2

조직지식 전환 단절

"안타깝고 아쉽지요. 기본적으로 조직에서 의욕과 열의를 가지고 이런 노력을 받쳐주지 않으면 한 개인이 관심을 기울이는 건 한계가 있잖습니까. 자기 업무 쳐내기도 바쁜데 자기들끼리 얻은 노하우를 모아서 회사 차원에서 써먹어보려 해도 더 이상 발전하기는 어렵구… 근데 이건 우리 회사 문제만이 아니라 대한민국 경제 상황하고 같은 맥락에서 봐야 될 것 같아요. 교육도 그렇고 노하우 활용도 그렇고 당장 매출 상황이 안 좋으니까 관심을 안 기울이는 거죠. IMF 이후 대부분의 회사가 마찬가지 일 거예요."

_ 카피라이터 1

4) 카피라이팅 지식 이전 · 활용의 핵심 범주

근거이론에서의 핵심 범주는 연구 현상 전반을 반영하고 설명하는 힘을 지닌 범주이다. 이는 자료 몰입을 거친 직관을 통해 발견되는 것이며(May, 1994), 실체적 이론을 생성시키는 핵심적 역할을 하게 된다(Hutchinson, 1993). 자료 분석이 진행되면서 카피라이팅 지식 이전과 활용 현상에 있어서도 중요한 인식들이 도출되었다. 이를 추상적으로 응축시킨 결과 이 책에서는 카피라이팅 지식 이전 과정·활용의 핵심 범주를 "도제적 쌍방향 커뮤니케이션을 통한 체험적 암묵지 전달하기"로 규정하였다.

핵심 범주 도출의 근거는 다음의 세 가지로 정리된다. 첫째 사회적 상호작용을 통해 전달되고 개인 인지체계 속에 내재화되는 카피라이팅 지식의 특성 때문이다. 심층 인터뷰에 참여한 카피라이터들은 공통적으로 카피라이팅 지식은 암묵지적 특성을 지니고 있음을 지적한다. 텍스트나 도구를 사용하지 않고 면대면 대화를 통해 전해지는 이같은 지식은 "문서화하기에 애매하고 건별로 각각 다른 지식"(카피라이터 10)이다. 또한 "계속 헤매고 고민하다가 몇 번을 물어봤는데도, 딱 부러지게 가르쳐주기 힘든 직관적인 무엇"(카피라이터 2)이기도 하다. 이 같은 관점에서 이들 지식은 특정 유형, 규칙, 혹은 언어화된 명제로 표현되기 어려운 주관적, 무형적, 경험적, 내재적 특성을 지닌 전형적 암묵지 기준에 부합된다.

또한 카피라이팅 지식은 카피라이터 개인 체험을 통해 구축되는 성향이 뚜렷한 것으로 나타났다. 여기서 '체험'이란 실무, 학습, 직관 등의 다양한 개인 경험을 포괄적으로 추상화시킨 개념이다. 특히 지식제공자로 참여한 모든 카피라이터들이 과거 수혜자의 입장에서 경험한 선행적 피교육 체험이 현재 지식 이전을 실행함에 있어 태도, 관심, 적극성에 큰 영향을 미치고 있다고 강조한다. 예를 들어 카피라이터 18의 경우가 그렇다.

> "시작부터 카피가 없는 팀에 들어가서 바로 카피를 썼어요. 그래서 저는 사자 새끼들처럼 그냥 풀어놓습니다. 신입도 헤드라인 써오라 하고 바로 실전에 들어가고."

반면에

> "제가 회사 들어와서 개인적으로 배운 게 거의 전부였고…특히 카피라이팅 기술 같은 경우에는 80% 이상이 선배들한테 영향받은 거 같습니다."

라고 말하는 카피라이터 2의 경우는 다음의 경험을 토로한다.

> "부사수가 생기면 (나도) 잘해줘야지…그래서 첫 번째 받은 부사수한테는 숙제도 한번 내줘보고 "이거 문제 있지 않을까?"라고 하나하나 체크도 해줘보고 그랬어요."

두 번째 근거는 카피라이팅 지식 이전이 매우 강력한 도제적 교육 형태로 진행되고 있다는 것이다. 도제적 교육은 중세 유럽의 길드(guild, 同職組合) 교육 방식에서 유래되었는데, 문용린(2007)은 이를 도제(지식수혜자)에 대한 장인(지식제공자)의 견해, 상호관계 등의 주관적 요인이 큰 영향을 미치는 교육모형으로 규정짓는다. 도제적 교육은 고도로 산업화된 현대 사회에 들어와서도 명맥을 유지하고 있는데, 특히 암묵지 전수를 바탕으로 예술, 스포츠, 과학 연구 분야에서 활발히 채용되고 있다(Polanyi, 1966).

수집 자료 분석결과 카피라이팅 지식 이전 역시 지식제공자와 지식수혜자 간 밀접한 인간적 교류를 바탕으로 상호 신뢰 및 호의적 태도를 통한 기능 및 태도 교육이 동시에 진행되고 있었다. 전형적인 도제적 특성을 지닌 것이다. 신세대 카피라이터들의 독립지향적 성향에 따라 탈권위적 관계가 늘어나는 추세이기는 하지만, 아직까지 사수-부사수라는 위계적 명칭이 보편적으로 통용될 정도로 관여 쌍방 간 정서, 태도, 행동적 측면에서 밀착적 관계가 유지되고 있다. 또한 다양한 차원에 걸쳐 지식수혜자에 대한 통제가 동원되는 특징이 있다. 하지만 카피라이팅 지식 이전 및 활용에서 드러난 도제적 특성은 전통적 의미의 도제교육과 일정한 차이점을 보인다는 점도 함께 지적되어야 한다. 일방향적 커뮤니케이션을 통한 권위적 리더십에 대한 절대 복종관계가 전통적 도제교육의 특징이다. 반면에 카피라이팅 지식 이전은 그 전개 양상에 있어 친밀성, 신뢰성, 코드 일치 등의 관계적 요인이 중요한 영향을 미치는 쌍방향적 특성이 부각되기 때문이다.

이 사실은 후술되는 세 번째 근거와 직결되는 것인데, 즉 앞서 살펴본 대로 준비 단계-전해줌-수용하기를 포함하는 지식 이전 과정의 중심현상 전체가 관여 쌍방 간의 자발적 참여를 기초로 실행된다는 것이다. 여기서 자발적이라 함은, 제공자와 수혜자 사이의 지식 이전이 타율이나 강제성에 의해서가 아니라 자율적 의지와 동의(agreement)를 통해 진행된다는 뜻이다. 쌍방 간의 정서적, 태도적 관계가 좋지 않고 긴장관계가 높을 경우 특히 수혜자 입장에서 선별적 수용 성향이 증가하며, 심지어 적극적 이전 회피 현상까지 발생하는 이유가 여기에 있다. 내재적 암묵지의 이전과 공유과정에 쌍방 간 우호성 요인이 중요한 정적 영향을 미친다는 선행 연구 결과들이 카피라이팅 지식 이전에 있어서도 확인되는 것이다.

이 책에서는 이상의 내용들을 종합적으로 추상화시켜 응축한 결과, 광고계 현업에서의 카피라이팅 지식 이전은 도제적 통제를 바탕으로 관여쌍방 간의 밀접한 커뮤니케이션을 통해 이뤄지며, 지식제공자의 개인 체험에 바탕한 노하우, 스킬, 태도 등의 암묵지를 전달하는 과정으로 규정하였다. 이에 따라 핵심 범주를 "도제적 쌍방향 커뮤니케이션을 통한 체험적 암묵지 전달하기"로 명명한 것이다.

5. 카피라이팅 지식의 순환 모델

이 책에서는 지금까지 도출된 ① 카피라이팅 지식 속성 ② 업무를 통해 획득된 지식의 이전 및 활용 내용을 ③ 카피 산출의 단계와 종합시켜 이를

그림 3-2 카피라이팅 지식의 순환 모델

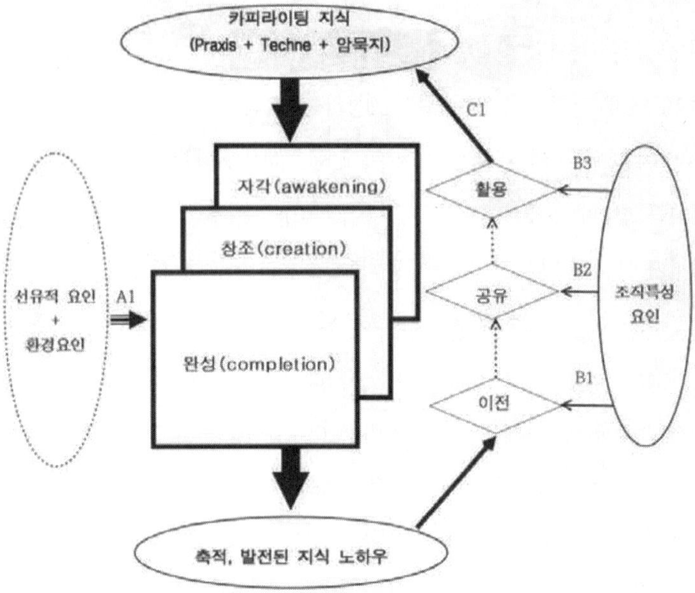

재해석하였다. 그 결과 카피라이팅 지식 현상을 총체적으로 규명하는 가설적 이론틀이 태어났는데, 〈그림 3-2〉의 '카피라이팅 지식의 순환모델'이 그것이다. 그림을 보면 각 핵심 구성요소 간 결합구조가 패러다임(paradigm)화되어 있다. 이를 참조하여 모델이 작동되는 방식을 자세히 설명하면 다음과 같다.

먼저 이 모델은 단순한 선형적(linear) 구조가 아니라 시작과 끝이 연결된 순환적(cyclical) 구조가 특징이다. 구성요소 중심으로 설명해보기로 하자.

첫째, 카피 탄생의 원재료이자 출발점이 되는 '카피라이팅 지식'이 있다. 이 지식은 앞선 고찰에서 나타난바, 프락시스(praxis)와 테크네(techne)의 두 가지 축으로 이뤄진 결합체이며 유형화, 매뉴얼화되기 어려운 암묵지적 특성을 지니고 있다. 또한 지속적 실무 체험을 통해 카피라이터 인지체계 내부에 획득되는 특성이 강한 것으로 추론된다. 여기서 프락시스는 광고 대상 제품 및 서비스에 대한 정보, 소비자 특성, 시장 환경, 광고목표와 표현 콘셉트를 모두 묶어 그것을 하나로 통찰하는 전략적 지식으로 해석될 수 있다. 광고계 현업에서 '무엇을 말할 것인가(what to say)'로 통칭되는 지식을 말한다.

한편 테크네는 프락시스를 기초로 개별 카피라이터가 스스로의 통찰력과 아이디에이션을 거쳐 광고언어 콘텐츠를 창출시키는 전문 기술적 지식을 뜻한다. 이는 카피라이팅 작업에 직접 활용되는 기능적, 실무적 테크닉과 노하우를 포괄하는 것이다. 광고계 현업에서는 이 같은 지식을 통괄하여 '어떻게 말할 것인가(how to say)'로 통칭하고 있다. 주목해야 할 것은 일반적인 테크네적 지식이 학습과 부호화 용이성을 지니고 있는 반면에, 이 책에서 주목하는 카피라이팅 지식은 문서화와 매뉴얼화가 힘든 암묵지적 특성을 강하게 지니고 있다는 점이다. 또 한 가지는 개인화된 지식으로서 이전이 가능하기는 하지만, 그 과정이 매우 비공식적이고 장기간에 걸쳐 이전된다는 것이다.

모델을 구성하는 다음 요소는 '카피 산출의 세부 단계'이다. 이 같은 과업 수행은 카피라이터 인지체계 내부에 획득된 프락시스 및 테크네적 지식을 원재료로 순서에 따라 ① 자각(awakening), ② 창조(creation), ③ 완성의(completion) 세 가지 세부 단계를 거치게 된다.[16] 각 단계의 작동 양상을 요

16 2부의 제4장 '카피라이팅 현장에 대한 참여관찰'과 5장 '광고카피 산출의 과정'에 이

약해서 설명하면, 자각(awakening)이 가장 앞서 이뤄지고 뒤를 이어 창조(creation)가, 그리고 마지막이 완성(completion)이 뒤따른다.

여기서 '자각'이란 광고언어 커뮤니케이터, 즉 카피라이터가 자신의 업무 목표를 명시적으로 인지하는 것을 뜻한다. 이 시점에서 카피라이터는 소비자 욕구의 정수인 인사이트(insight)를 통찰적으로 이해하고 표현 메시지의 방향성을 수립하게 된다. 다음 순서는 '창조'다. 이는 개인 차원의 아이디에이션을 통해 크리에이티브 발상을 시도하고 이를 통해 카피의 단초를 출현시키는 단계이다. 마지막으로 '완성'은 언어기호로 표출(expression)된 최종적 카피 산출물을 만드는 단계이다. 이 단계는 '자각'과 '창조'가 이끌어 들인 인과적 결과라고 할 수 있다. 자각, 창조, 완성의 세 가지 세부 단계는 개인 성향, 광고주 및 광고 제품에 대한 태도, 신체적 부조화 등 카피라이터가 지닌 내적 통제요인으로서 '선유적 요인'과 광고조직, 광고주, 기타 환경 요인과 사회적 상호작용을 의미하는 '환경요인'에 의해 통제적 영향을 받게 된다(다이어그램 A1).

모델을 구성하는 마지막 요소는 업무를 통해 축적, 발전된 지식노하우가 '이전, 공유, 활용'되는 단계이다. 선행하는 '카피 산출의 세부 단계'를 통과하면서 카피라이터가 보유한 실무적 지식과 노하우는 경험론적 차원에서 한 차원 업그레이드된 형태로 축적, 발전된다. 그리고 이렇게 발전된 지식은 종결 상태로 머물지 않고 다이어그램에서 보듯이 이전, 공유, 활용이라는 또 다른 순환적 전개와 진화를 개시한다는 것이다.

좀 더 구체적으로 살펴보면 다음과 같다. 첫째, 카피라이팅 지식의 이전,

세부 단계에 대한 상세한 설명이 등장할 것이다.

공유, 활용 과정은 조직문화(다이어그램 B1), 상사 및 동료와의 관계(다이어그램 B2), 지식이전·공유·활용에 대한 관심 및 지원(다이어그램 B3) 등 광고회사 조직 내외부에서 그것을 활성화하거나 저해하는 다양한 '조직 특성 요인'의 통제적 작용을 받게 된다. 앞서 살펴보았듯이 지식경영학 등에서는 이 같은 통제요인들의 정적, 부적 효과에 대한 다양한 선행연구가 제출되어 있는데, 카피라이팅 지식 이전에 있어서도 이 같은 요인들의 정적, 부적 효과가 다양한 형태로 발현된다.[17]

둘째, 카피라이팅 지식은 자각, 창조, 완성을 통한 언어콘텐츠 산출의 일차적 재료로 기능하는 것이지만, 그 같은 산출과정을 통해 실무적으로 새롭게 업그레이드된 형태로 다시 재순환된다는 것이다(다이어그램 C1). 이는 노나카와 다케우치(Nonaka & Takeuchi, 1995)의 SECI 모델 등 지식의 순환, 진화에 관련된 선행이론들의 결론과 궤를 같이 하는 것이다. 지식은 그 본질상 정태적 모습이 아니라 질적인 차원에서 끊임없이 확장, 심화, 변환되는데 카피라이팅 지식도 예외가 아닌 것이다.

반드시 지적되어야 할 문제는 카피라이팅과 관련된 지식의 재순환, 특히 조직 차원의 목적의식적 지식 활용 및 재순환 노력이 광고산업 전반을 통틀어 매우 부족한 상태로 나타나고 있다는 것이다. 이는 개인적으로 획득, 이전, 활용된 지식이 조직 차원의 진화와 발전을 통해 다시 출발 지점의 원초적 카피라이팅 지식으로 진화하는 과정(다이어그램 C1)이 아직까지 '비어 있는 고리(missing link)'로 남아 있음을 뜻한다. 앞서 살펴보았듯이 광고

17 이 같은 영향 요인들의 통제적 작용에 대해서는 2권 제6장에서 보다 정교한 분석이 이루어진다.

회사 차원의 카피라이팅 지식 재순환에 있어 단절의 경향성이 뚜렷하기 때문이다.

지식자원의 가치 확보와 경제적 활용을 다룬 연구들은 특정 산업분야 혹은 개별 기업에서의 암묵지 창출, 이전, 활용이 지식자산 확보를 통한 장기적 경쟁력 강화에 핵심적 역할을 하고 있음을 강조하고 있다(Lathi & Beyerlein, 2000). 이는 카피라이팅 지식의 순환에 있어서도 예외가 될 수 없다. 개별 카피라이터 차원에서 획득, 이전, 활용되는 무형적 카피라이팅 지식을 보다 차원 높은 조직 지식자원으로 구체화시키는 작업이 우리나라 광고산업의 과제로 떠오르는 이유가 여기에 있다.

이러한 단절과 쇠퇴의 배경은 무엇일까. 가장 핵심적 이유는 개별 광고회사 차원에서 무형적 지식 자산을 유형화, 체계화시킨 다음 조직 차원에서 활용한다는 지식경영적 인식이 매우 낮다는 것이다. 특히 1990년대 중후반의 IMF사태와 광고산업 불황을 경험하면서 단기적 이익 창출이 업계 전반의 경영 목표로 고착되는 경향이 커지고 있다. 이에 따라 구성원에 대한 교육 투자는 물론 각 개인이 보유한 실무 지식의 조직 차원적 전환 시도가 크게 줄어들고 있는 추세가 명백하다. 단기적 성과 산출을 주목적으로 하는 채용 환경의 변화가 카피라이팅 지식의 조직 차원 진화와 재활용에 악영향을 미치고 있는 것이다.

이는 비단 카피라이팅 분야에만 국한된 것이 아니라 기타 광고 크리에이티브 직능 및 기획(AE), 마케팅 분야에서도 예외 없는 현상으로 나타나고 있다. 사회심리적, 산업환경적 차원에서 발견되는 이 같은 지식 이전 기반의 축소 내지 와해는 광고산업의 핵심 자산(core equity)인 '지식 활용 및 재생산'과 관련하여 어두운 화두를 던지고 있다. 카피라이터1의 아래 발언이 이러한 사실을 꿰뚫고 있다.

"지금 광고계 전체 실상을 보면 지식이 이전되고 계속 순환되기보다는 단절되는 경향이 더 크죠. 특히 회사 차원에서 무형의 지식을 유형화시켜 가지고 재활용하는 그런 흐름은 거의 없다고 봐야 합니다. 제일 중요한 원인이 뭐냐 하면, 회사에서 신입을 잘 안 뽑고 당장 써먹을 수 있는 경력 카피들을 뽑는다는 거예요. 그러니 뭐 체계적인 교육의 전수나 이런 게 없이 바로 현장에 투입되고 지식이나 경험이 전승되기 어려운 환경이구요. 카피라이터들끼리 인간적 교류나 이런 부분에서도 과거보다 단절이 두드러지게 나타납니다. 한마디로 옛날하고는 달라져도 너무 많이 달라졌어요."

중형 광고회사 2년 차 카피라이터인 카피라이터 11의 경우 지식수혜자 입장에서 자신의 경험을 말한다. 현업에서의 선후배 간에 이뤄지는 카피라이팅 실무 교육에 대하여 회사 차원에서 관심이 크게 부족하다는 것이다.

"회사에서 공식적으로 사수가 부사수에게 가르치는데 이런 지원 같은 거, 격려 같은 거 들어본 적이 없어요. 특별히 관심도 없는 거 같고. 그냥 결과 자체만 요구하지 신입들이 들어와서 어떻게 배우고 커나가는지에 대해서는 별로 중요하지 않게 생각하는 게 아닌가 싶기도 하고. 뭐 물론 이사님이나 국장님이나 개인적으로는 관심을 가져주시고 지나가다 묻기도 하고 그러시기는 하죠."

_ 카피라이터 11

이상에서 살펴본 카피라이팅 및 광고 실무 지식 순환의 단절 현상 개선을 위해 광고산업의 경영진, 각종 광고단체, 광고학계 이해 당사자들의 체계적이며 목적의식적인 노력이 요구되는 시점이다.

참고문헌

강길호. 1994. 「광고에 나타난 외래어의 실태에 관한 연구」. ≪광고연구≫, 23, 97~116쪽.

구자휘. 2007. 『카피라이터의 조건』. 서울: 커뮤니케이션북스.

김경동·이온죽. 1999. 『사회조사연구방법』. 서울: 박영사.

김광규. 1994. 『창조적인 아이디어발상법』. 서울: 도서출판 정보여행.

김동규. 2003. 『카피라이팅론』. 서울: 나남출판.

_____. 2006. 「광고카피 산출과정에 관한 근거이론 연구」. ≪한국광고홍보학보≫, 8(2), 106~157쪽.

_____. 2007. 「카피라이팅에 있어 통제와 카피 산출 유형에 관한 연구」. ≪한국광고홍보학보≫, 9(2), 96~144쪽.

_____. 2010. 「광고 카피라이팅 지식의 이전에 관한 연구: 현업 카피라이터 간 사회적 상호작용을 중심으로」. ≪한국광고홍보학보≫, 12(4), 438~482쪽.

_____. 2011. 「광고 크리에이티브 지식은 어떻게 획득되는가?: 현업 크리에이터들의 인지, 태도, 행동 경험 분석」. ≪사회과학연구≫, 27(4), 45~76쪽.

_____. 2011. 「현대광고에서의 소프트셀 소구 분화 및 전개에 관한 연구」. ≪광고연구≫, 91, 480~514쪽.

_____. 2012. 「하드셀 광고소구의 역사적 전개에 대한 고찰」. ≪정보디자인학연구≫, 15(1), 11~26쪽.

_____. 2013. 『10명의 천재 카피라이터』. 서울: 커뮤니케이션북스.

김병희. 2007. 『광고카피창작론 - 기본원리 편』. 서울: 나남출판

_____. 2008. 「광고 크리에이티브에 관한 연구경향과 연구과제」. ≪광고연구≫, 81, 486~519쪽.

_____. 2012. 『카피의 스토리텔링: 창의성을 키우는 통섭 광고학 2』. 서울: 한경사.

_____. 2014. 「광고 창의성과 크리에이티브에 관한 연구 동향과 전망」. ≪광고학연구≫, 25(8), 71~103쪽.

김병희·안종배. 2011. 「스마트미디어 광고제작산업육성을 위한 연구」. 서울: 한국방송광고공사.

김소선. 2003. 「근거이론 연구방법의 이론과 실제」. ≪간호학탐구≫, 12(1), 69~81쪽.

김정기·김동규. 2012. 「지역신문 경영개선을 위한 환경 분석 및 전략개발 연구」. 서울: 한국언론진흥재단.

김운한·심성욱. 2011. 「한국방송광고공사의 공익사업 평가에 관한 질적 연구: 공공서비스 중요도 -성과 분석모형의 적용」. ≪광고학연구≫, 22(4), 63~89쪽.
김준영·김영걸. 2001. 「평가와 보상이 지식경영 참여의지에 미치는 영향에 관한 연구」. ≪경영정보학연구≫, 11(4), 63~79쪽.
김진완·이경진·김유일. 2004. 「지식 공유 영향 요인들이 형식지와 잠재지의 공유에 미치는 영향의 차이에 관한 연구」. ≪인터넷전자상거래연구≫, 4(3), 133~160쪽.
김창완·김정포·이율빈. 2007. 「지식 이전 파트너 간 관계특성과 지식 이전 성과 간의 관계: 신뢰와 커뮤니케이션 요인을 중심으로」. ≪인적자원관리연구≫, 14(1), 37~55쪽.
김태형. 1995. 『카피라이터 가라사대』. 서울: 디자인하우스.
문용린. 2007. 『다중지능』. 서울: 웅진지식하우스.
문철수·윤석년·황성연. 2001. 「디지털미디어 광고유형, 특성 등 광고효과 측정 체계 연구」. 서울: 한국방송광고공사.
박기우. 2001. 「조직 내 개인의 지식 공유행위에 관한 결정요인 연구: 합리적 행위이론 관점」. 한국과학기술원 박사학위 논문.
박문수·문형구. 2001. 「지식 공유의 영향 요인: 연구동향과 과제」. ≪지식경영연구≫, 2(1), 1~23쪽.
박유봉·서정우·차배근·한태열. 1994. 『신문학이론』. 서울: 박영사. 116쪽.
서영아 1997. 「여성어 카피의 커뮤니케이션효과에 관한 연구: 화장품 인쇄광고를 중심으로」. 연세대학교 석사학위 논문.
서정우 외. 1983. 『언론통제이론』. 서울: 나남출판.
송장권·이성식·전신현 편. 1994. 『미드의 사회심리학』. 서울: 일신사.
≪시사IN≫. 2015년 1월 25일 자. "정규직이라고 안심일까요? '숙련 해체'의 세계화".
신경림·조명옥·양진향 외. 2004. 『질적 연구 방법론』. 서울: 이화여자대학교 출판부.
신인섭. 1980. 『카피라이팅』. 서울: 세원문화사.
양정혜. 2009. 『광고의 역사: 산업혁명에서 정보화사회까지』. 서울: 도서출판 한울.
오두범. 1999. 「미국대학에서의 광고 교육 실태 분석」. ≪광고학연구≫, 10, 243~261쪽.
오창일. 2011. 『아무나 크리에이티브 디렉터가 될 수 없다』. 서울: 청림출판.
유종숙. 2014. 『광고와 직업』. 서울: 커뮤니케이션북스.
윤각·전혜경·편석환. 2008. 「2000년부터 2007년까지 『광고연구』와 『광고학연구』에 게재된 논문에 대한 내용분석」. ≪광고학연구≫, 19(4), 185~198쪽.
이낙운. 1988. 『광고제작의 실제』. 서울: 나남출판.
______. 1992. 『카피, 이처럼 쓰라』. 서울: 나남출판.
이병락. 2011. 「국내광고시장의 최근 변화와 4대 매체광고」. ≪한국광고홍보학보≫, 13(2),

65~93쪽.
이선필. 2000. 「플라톤 초기 대화편의 '지식'개념: 메논편을 중심으로」. 부산대학교 석사학위 논문.
이종관·남승용. 2011. 「스마트 미디어 시대의 쌍방향 광고시장 현황과 진밍 연구」. 서울: 한국방송광고공사.
이영희. 1999. 『광고는 과정이다』. 서울: 예경출판사.
이인구. 2002. 『카피 한 줄의 힘』. 서울: 컴온북스.
이현정·김효근. 2008. 「전수자의 심리적 특성이 지식 이전에 미치는 영향에 관한 연구」. ≪경영학연구≫, 37(1). 1~36쪽.
이희복. 2013. 『이교수의 카피교실』. 서울: 한울아카데미.
______. 2008a. 「광고 교육의 4가지 차원」. 광고PR실학회 워크숍 자료.
______. 2008b. 『광고학 강의』. 서울: 한경사.
정걸진. 1999. 「대학 광고 교육의 현황과 과제」. ≪한국광고학보≫, 1(1), 149~181쪽.
정두남·정인숙. 2011. 「스마트TV의 등장에 따른 미디어산업 구조변화에 대한 연구 II -산업구조 및 규제체계 변화 방향을 중심으로」. 서울: 한국방송광고공사.
정영미. 1997. 『지식구조론』. 서울: 한국도서관협회.
조병량 외. 2010. 『광고카피의 실제』. 서울: 나남출판.
차배근. 1988. 『커뮤니케이션학 개론』. 서울: 세영사.
차유철·정상수·이희복·신명희. 2009. 『광고와 스토리텔링』. 서울: 한경사.
차유철·이희복·신명희. 2012. 「광고인 양성 및 광고인식 개선을 위한 광고 교육에 대한 인식 및 수요 연구: 광고인, 예비광고인, 비광고인의 비교를 중심으로」. ≪광고학연구≫, 23(5), 255~276쪽.
차하순. 1981. 『서양사총론』. 서울: 탐구당
천현숙. 2010. 『카피라이팅의 원리와 공식』. 서울: 커뮤니케이션 북스.
최용주. 2005. 「광고홍보학과 교육과정에 관한 연구」. ≪한국광고홍보학보≫, 7(1), 70~107쪽.
코래드광고전략연구소 편. 1996. 『광고대사전』. 서울: 나남출판.
≪한겨레신문≫. 2012년 8월 12일 자.
한국직업능력개발원. 1999. 「지식기반 사회의 교육: 독일 교육연구부의 델파이 조사보고서」. 서울: 한국직업능력 개발원.
______. 2012. 『직업사전』. 서울: 한국직업능력 개발원.
현영섭·권대봉. 2003. 「판매교육 학습전이와 전이풍토 간의 관계」. ≪교육학연구≫, 4(1), 299~327쪽.

植條則夫. 1988. 植條則夫のコピー教室〈廣告情報作論〉. 맹명관 옮김. 1991.『카피교실』. 서울: 들녘출판사.

西尾忠久. 1983. 效果的なコピー作法. 안준근 옮김. 1986.『효과적인 광고카피』. 서울: 오리콤 출판부.

博報堂 博報堂生活綜合硏究所 編. 1985. 分衆の誕生. 최병선 옮김. 1988.『분중의 탄생』. 서울: 21세기북스.

春山行夫. 1981. 西洋広告文化史. 강승구·김관규·신용삼 옮김. 2009.『서양광고문화사』. 서울: 한나래출판사.

Ali, I. G. & Banu, E. 2002. "The Manager's Role in Enhancing the Transfer of Training: A Turkish Case Study." *International Journal of Training Development*, 6(2), pp.80~97.

Andronikidis, A. & Lambrianidou, M. 2010. "Children's understanding of television advertising: A grounded theory approach." *Psychology & Marketing*, 27(4), pp.299~322.

Arens, W. & Arens, W. F. 1999. *Contemporary Advertising*. Boston: McGraw-Hill.

Aristotle. 1977. "Rhetorica." Roberts, W(trans.). *The Works of Aristotle II*. Chicago: Encyclopedia Britannica Inc.

Arnet, C., Davidson, H. & Lewis, H. 1981. "Prestige as a Factor in Attitude Change." *Sociology and Social Research*, 16, pp.49~55.

Baldwin, T. T. & Ford, J. K. 1988. "Transfer of training: A Review and Directions for Future Research." *Personnel Psychology*, 41, pp.63~105.

Barlow, D. 1991. "Introduction to the special issue on diagnosis, dimensions, and DSM-IV: The science of classification." *Journal of Abnormal Psychology*, 100(3), pp.243~244.

Barr, J. & Griffiths, M. 2007. "The Nature of Knowledge and Lifelong Learning." in DNAspin(ed.). *Philosophical Perspectives on Lifelong Learning*. Dordrecht: Springer.

Barton. B. 1926. *The Man Nobody Knows - A Discovery of the real jesus*. 김충기 옮김. 1995.『예수 영원한 광고인』. 서울: 한국광고연구원.

Bass, A. Z. 1969. "Refining the 'Gatekeeper' Concept: A UN Radio Case Study." *Journalism Quarterly*, 46/Spring, pp.69~72.

Beckor, S. 1983. *Discovering Mass Communication*. Glenview: Scott Foreman &

Company.
Bell, D. 1973. *The Coming of Post-Industrial Society: A Venture in Social Forecasting.* New York: Basic Books.
Bennet, E. A. 1966. *What Jung Really Said.* New York: Schocken. 김형섭 옮김. 1997. 『한 권으로 읽는 융』. 서울: 푸른숲.
Beyer, C. H. 2000. *Coca-Cola girls: an advertising art history.* Portland: Collectors Press.
Birnbaum, M. & Stegner, S. 1979. "Source Credibility in Social Judgement: Bias, Expertise, and the Judge's Point of View." *Journal of Personality and Social Psychology*, 37, pp.48~74.
Blake, G and Bly, R. W. 1998. *The Elements of Copywriting.* New York: A Simon & Schuster Macmillan Company.
Bly, R. W. 1985. *The Copywriter's Handbook.* New York: Dodd, Mead & Company.
Bock, G. W., Zmud, R. W, Kim, Y. G. & Lee, J. N. 2005. "Behavioral Intention Formation in Knowledge Sharing: Examining the Role of Extrinsic Motivators, Social-psychological Forces, and Organizational Climate." *MIS Quarterly*, 29(1), pp.87~112.
Bogdan, R. & Biklan, S. 1982. *Qualitative Research for Education: an Introduction to Theory and Methods.* Boston: Allyn & Bacon.
Bogart, M. 1995. *Artists, Advertising and the Borders of Art.* University of Chicago Press.
Bolfert, T. C. 2002. *100 years of Harley-Davidson advertising.* Boston: Bulfinch Press.
Borgatti, S. & Foster, P. 2003. "The network paradigm in organizational research: A Review and Typology." *Journal of Management*, 29(6), pp.991~1013.
Boster, F. & Stiff, J. 1984. "Compliance-Gaining Message Selection Behavior." *Human Communication Research*, 10, pp.539~556.
Breed, W. 1955. "Social Control in the Newsroom: A Functional analysis." *Social Forces*, 33, pp.326~335.
Brinkerhoff, B. O. & Montesino, M. U. 1995. "Partnerships for Training Transfer: Lessons from a Corporate Study." *Human Resource Development Quarterly*, 6(3), pp.263~274.
Bühl, W. 1984. *Die Ordnung des Wissens.* Berlin: Duncker & Humbolt.
Burgess, G(ed.). 1982. *Field Research: A Sourcebook and Field Manual.* London: George & Unwin.

Burgoon, M., & Burgoon, J. 1990. "Compliance-gaining and health care". In Dillard, J(ed.). *Seeking compliance: The Production of Interpersonal influence messages.* Scottsdale, AZ: Gorsuch Scarisbrick, Publishers.

Burns, T. 1969. *The Sociological Review Monograph.* Keele: University of Keele.

Burrel, G. & Morgan, G. 1979. *Sociological Paradigms and Organizational Analysis.* London: Heinmann.

Burton. P. W. 1999. *Advertising Copywriting.* Lincolnwood, Illinois: NTC Business Books.

Buss, D., Gomes, M., Higgins, D., & Lauterbach, K. 1987. "Tactics of manipulation." *Journal of Personality and Social Psychology*, 52, pp.1219~1229.

Calkins, E. E. 1985. *And hearing not: Annals of an adman,* new ed. New York: Garland Pub.

_____. 2007. *Louder Please! The Autobiography of a Deaf Man,* new ed. Whitefish, Montana: Kessinger Publishing.

Cameron, K. S. & Quinn, R. E. 1999. *Diagnosing and Changing Organizational Culture.* Boston: Addison-Wesley Publishing Company, Inc.

Campbell, A., Converse, P., Miller, W. & Stroke. D. 1961. *The American Voters.* New York: Wiley.

Campbell, F. 2010. *The Railway Mania: Not so Great Expectations?* Belfast: Queen's University.

Cantor, M. 1971. *The Hollywood TV Producer: His Work and His Audience.* New Brunswick, New Jersey: Transaction Books.

Caples, J. 1932. *Tested Advertising Methods.* 송도익 옮김. 1998. 『광고, 이렇게 하면 성공한다』. 서울: 서해문집.

_____. 1957. *Making Ads Pay.* New York, NY: Dover Publications.

Chenitz, C. & Swanson, M. 1986. *From Practice to Grounded Theory: Qualitative Research in Nursing.* Menlo Park, CA: Addison-Wesley Publishing.

Cooke, L. 2003. "Information Acceleration and Visual Trends in Print, Television, and Web News Sources." *Technical Communication Quarterly*, 12(Spring), pp.155~181.

Cooper, M. J., Easley, R. W. & Hebert, L. C. 1994. "John Caples." in Applegate, E(ed.). *The Ad Men and Women~A Biographical Dictionary of Advertising.* Westport, CT: Greenwood Press.

Cravens, D., Hills, G. & Woodruff, R. 1980. *Marketing Decision Making: Concepts and Strategy*. Homewood, Illinois: Irwin-Dorsey Limited.

Creswell, J. 1994. *Research Design: Qualitative & Quantitative Approaches*. Thousand Oaks, CA: Sage.

Cruikshank, J. L., & Schultz, A. W. 2010. *The Man Who Sold America: The Amazing(But True!) Story of Albert D. Lasker and the Creation of the Advertising Century*. Boston: Harvard Business Press.

Cummings, B. 1984. *The benevolent dictators: interviews with advertising greats*. 서기원 옮김. 1995. 『18인의 광고천재들』. 서울: 김영사.

Daft, R. L. & Lengel, R. H. 1986. "Organizational Information Requirements Media Richness and Structural Design." *Management Science*, 32, pp.554~571.

Davenport, T. & Prusak, L. 1998. *Working Knowledge: Managing What Your Organization Knows*. Boston: Harvard Business School Press.

Deal, T. E. & Kennedy, A. 1982. *Corporate Culture: The Rites and Rituals of Corporate Life*. MA: Addison-Wesley.

DeLorme, D.1999. "Moviegoers' experiences and interpretations of brands in films revisited." *Journal of Advertising*, 28(Summer), pp.71~93.

Denzin, N. K. 1989. *The research act: A theoretical introduction to sociological methods*. Englewood Cliffs, NJ: Prentice Hall.

Dillard, J(ed.). 1990. *Seeking Compliance: The Production of Interpersonal Influence Messages*. Scottdale, Arizona: Gorsuch Scarisbrick, Publishers.

Drucker, P. F. 1998. "The Discipline of Innovation." *Harvard Business Review*, 76(6), pp.149~157.

_____. 1999. *Management Challenges for the 21st Century*. New York: Harper Business.

Durand, J. 1970. *Rhetorique et image publicitaire*. Paris: Editions du Seuil.

Eisenberg, R., Huntington, R., Hutchison, S. & Sowa, D. 1986. "Perceived Organizational Support." *Journal of Applied Psychology*, 86, pp.42~51.

Eisenhardt, K. M. 1988. "Agency and Institutional Theory Explanations: The Case of Retail Sales Compensation." *Academy of Management Journal*, 31, pp.488~511.

Eisner, E. 1991. *The Enlightened Eye: Qualitative Inquiry and the Enhancement of Educational Practice*. New York, NY: Merrill.

Epstein, E. 1974. *News From Nowhere.* New York, NY: Vintage Books.

Evans, E. 1995. *Developing Library and Information Center Collections.* 3rd ed. Englewood Cliffs, CO: Libraries Unlimited.

Falbo, T., & Peplau, L. 1980. "Power strategies in intimate relationships." *Journal of Personality and Social Psychology*, 38, pp.618~628.

Felton. G. 1994. *Advertising: Concept and Copy.* Englewood Cliffs, NJ: Prentice-Hall, Inc.

Fleishman, E. A. 1955. "Leadership Climate, Human Relations Training, and Supervisory Behavior." *Personnel Psychology*, 6, pp.205~222.

Fournier, S. 1998. "Consumer and Their Brands: Developing Relationship Theory in Consumer Research." *Journal of Consumer Research*, 24(March), pp.343~373.

Fox, S. 1997. *The Mirror Makers - A History of American Advertising & Its Creators.* Urbana, IL: University of Illinois Press. 리대룡·차유철 옮김. 2005. 『광고크리에이티브사』. 서울: 한경사.

Franzen, G. 1994. *Advertising Effectiveness.* Henley-on-thames, Oxfordshire, UK: NTC Business Publication.

Fried, R. M. 2005. *The Man Everybody Knew: Bruce Barton and The Making of America.* Chicago, IL: Ivan R. Dee Inc.

Gabay, J. 2000. *Teach Yourself Copywriting.* Lincolnwood, Illinois: NTC Publishing.

Gambetti, R. C & Graffigna, G. 2012. "The Grounded Theory approach to consumer-brand engagement: The practitioner's standpoint." *International Journal of Market Research*, 54(5), pp.659~687.

Geiger, S. & Turley, D. 2003. "Grounded theory in sales research: an investigation of salespeople's client relationships." *The Journal of Business & Industrial Marketing*, 18(6/7), pp.580~594.

Gieszinger, S. 2006. *The History Of Advertising Language: The Advertisements In The Times From 1788 To 1996.* Frankfurt: Peter Lang Pub Inc.

Gettins , D. 2005. *How to Write Great Copy.* London: Kogan Page.

Gieber, W. 1956. "Across the Desk: A Study of 16 Telegraph Editors." *Journalism Quaterly*, 33(Fall), pp.423~432.

Glaser, B. 1978. *Theoretical sensitivity: Advances in the methodology of grounded theory.* CA: Sociology Press.

Glaser, B. & Strauss, A. 1966. "The Purpose and Credibility of Qualitative

Research." *Nursing Research*, 15, pp.56~61.

_____. 1967. *The Discovery of Grounded Theory: Strategies for Qualitative Research.* New York: Aldine Publishing Company.

Goetz, J. & LeComptc, M. 1984. Ethnography and Qualitative Design in Educational Research. *Anthropology & Education*, 16(1), pp.76~77.

Goodman, P. S. & Darr, E. D. 1998. Computer-Aided Systems & Communities: Mechanisms for Organizational Learning in Distributed Environments. *MIS Quarterly*, 22(4), pp.418~440.

Goffee, R. & Jones, G. 2000. *Managing People.* MA: Harvard Business Review Paperback.

Goulding, C. 1998. "Grounded theory: the missing methodology on the interpretivist agenda." *Qualitative Market Research*, 1(1), pp.50~57.

Guba, E. & Lincoln, Y. 1981. *Effective Evaluation.* San Francisco: Jossey Bass.

Hansen, M. 1999. "The Search-transfer Problem: The Role of Weak Ties in Sharing Knowledge across Organization Subunits." *Administrative Science Quarterly*, 44, pp.82~111.

Hart, P. & Burks, D. 1972. "Rhetorical Sensitivity and Social Interaction." *Speech Monographs*, 39, pp.75~91.

Hayes, R. H. & Clark, K. B. 1985. *Exploring the Sources of Productivity Differences at the Factory Level.* New York: Wiley.

Hebert, E. S. 1994. "Raymond Rubicam." in Applegate, E(ed.). *The Ad Men and Women~A Biographical Dictionary of Advertising.* Westport, CT: Greenwood Press.

Hempstead, W. & Stull, E. 2001. *The History of Coffee in Guatemala.* Chicago, IL: Independent Publishing Group.

Hennessy. B. 1981. *Public Opinion.* Belmont, California: Brooks/Cole Publishing.

Herzbrun. D. 1997. *Copywriting by Design.* Lincolnwood, Illinois: NTC Business Books.

Hewes, D. & Graham, M. 1989. "Second-guessing theory: Review and extension." In J. A. Anderson(ed.). *Communication Yearbook*(Vol. 12, pp.213~248), Newbury Park, CA: Sage.

Higgins, D(ed.). 1986. *The Art of Writing Advertising: Conversations With William Bernbach, Leo Burnett, George Gribbin, David Ogilvy, Rosser Reeves.* New York:

McGraw-Hill.

Hijmans, E. & Peters, V. 2000. "Grounded Theory in Media Research and the Use of the Computer." *Communications*, 25(4), pp.407~432.

Hirschman, E & Thompson, C. 1997. "Why Media Matter: Toward a Richer Understanding of Consumers' Relationships with Advertising and Mass Media." *Journal of Advertising*, 26(spring), pp.43~60.

Hocker, J. & Wilmot, W. 1991. *Interpersonal Conflict.* Dubuque, Iowa: WM. C. Brown Company Publishers.

Holton, E. F. III., Bates, R. A., Seyler, D. L. & Carvalho, M. B. 1997. "Toward Construction Validation of a Transfer Climate Instrument." *Human Resource Development Quarterly*, 8, pp.95~113.

Hopkins, C. 1997. *My Life in Advertising & Scientific Advertising.* New York: McGraw-Hill.

Hovland, C(ed.). 1957. *The Order of Presentation in Persuasion.* New Haven, Yale University Press.

Howell, M. & Prevenier, W. 2001. *From Reliable Sources: An Introduction to Historical Methods.* Ithaca: Cornell University Press.

Hower, R. M. 1939. *The History of an Advertising Agency: N. W. Ayer & Son at work, 1869~1939.* Harvard University Press

Huber, G. P. 1991. "Organizational Learning: The Contributing Processes and the Literatures." *Organization Science*, 2(1), pp.88~115.

Huberman, A. & Miles, M. 2002. *The Qualitative Researcher's Companion.* Thousand Oaks: CA: Sage.

Hutchinson, S. A. 1993. "Grounded Theory: The method." In P.L. Munhall & C.O. Boyd(eds.). *Nursing research: A qualitative perspective*, pp.180~212. New York: National League for Nursing Press.

Iezzi, T. 2010. *The Idea Writers: Copywriting in a New Media and Marketing Era.* 김남호 옮김. 2012. 『아이디어라이터』. 서울: 나인후르츠페이지.

Jensen, K. & Jankowski, N(eds.). 1991. *A Handbook of Qualitative Methodologies for Mass Communication Research.* 김승현 외 옮김. 2004. 『미디어연구의 질적 방법론』. 서울: 일신사.

Jones, J. P. 2001. *Advertising Organizations and Publications: A Resource Guide.* Thousand Oaks, CA: Sage.

Johns, M. 2000. "For God and the channel surfer: Religious leaders' decisions concerning media use." Doctoral dissertation. The University of Iowa.

Jorgensen, D. 1991. *Participant Observation: A Methodology for Human Studies.* Newbury Park, CA: Sage.

Kakabadse, N. K., Kakabadse, A. & Kouzmin, A. 2003. "Reviewing the knowledge management literature: towards a taxonomy." *Journal of Knowledge Management*, 7(4), pp.75~91.

Katz, R. & Allen, T. J. 1982. "Investigating the Not Invented Here (NIH) syndrome: A look at the performance, tenure, and communication patterns of 50 R&D Project Groups." *R&D Management*, 12(1), pp.7~19.

Keding, A. M. 1994. "Helen Lansdowne Resor." in Applegate, E(ed.). *The Ad Men and Women~A Biographical Dictionary of Advertising.* Westport, CT: Greenwood Press.

Keller, E. B & Berry, J. L. 2003. *The Influentials.* 김종식 옮김. 2004. 『입소문 전파자』. 서울: 세종서적.

Kellermann, K. 2004. "A goal-directed approach to gaining compliance: Differences in behavioral acceptability for different compliance gaining goals." *Communication Research*, 31, pp.397~445.

Kirk , J. & Miller, L. 1986. *Reliability and validity in qualitative research.* Newbury Park, CA: Sage.

Kneller, E. & Kneller, G. F. 1971. *Introduction to the philosophy of education.* Hoboken, NJ: John Wiley & Sons.

Koestler, A.1967. *The Act of Creation.* New York: Macmillan Company

Kogut, J. B & Zander, U. 1992. "Knowledge of firm, Combinative Capabilities and the Replication of Technology." *Organization Science*, 3(3), pp.383~397.

Komives, S., Owen, J., Longerbeam, S., Mainella, F. & Osteen, L. 2005. "Developing a Leadership Identity: A Grounded Theory." *Journal of College Student Development*, 46(6), pp.593~611.

Kostva, T. 1999. "Transnational Transfer of Strategic Organizational Practices: A Contextual Perspective." *Academy of Management Review*, 24(2), pp.308~324.

Kramer, R. M, Brewer, M. B. & Hanna, B. A. 1996. "Collective trust and collective action: the decision to trust as a social decision." In Kramer, R. M. & Tyler, T. R(eds.). *Trust in Organizations: Frontiers of Theory and Research.* Thousand Oaks,

CA: Sage, pp.357~389.

Krough, G. 1988. "Care in Knowledge Creation." *California Management Review*, 40(3), pp.133~153.

Kuzel, A. 1992. "Sampling in Qualitative Inquiry." In Crabtree, B. & W. MIller. *Doing Qualitative Research, Research Methods for Primary Care, Vol.3.* Sage Publications, pp.31~44.

Lank, E. 1997. "Leveraging Invisible Assets: The Human Factor." *Long Range Planning*, 30(3), pp.406~412.

Lather, P. 1993. "Fertile Obsession: Validity After Poststructuralism." *Sociological Quarterly*, 34(4), pp.673~693.

Lathi, R. K. & Beyerlein, M. 2000. "Knowledge Transfer and Management Consulting: A Look at the Firm." *Business Horizons*, 43(1), pp.65~74.

Law, S. 2000. "The information potential of audience letters in mass media evaluation research: The treatment of family harmony by letter-writers to a popular Indian TV soap opera." Doctoral dissertation. Ohio University.

Lears, J. 1995. *Fables of Abundance: A Cultural History of Advertising in America.* New York: Basic Books.

LeCompte, M. & Goetz, J. 1982. "Problems of reliability and validity in ethnographic research." *Review of Educational Research*, 52, pp.31~60.

Leonard, D. & Spensiper, S. 1998. "The Role of Tacit Knowledge in Group Innovation." *California Management Review*, 40(3), pp.112~132.

Levenson, B. 1987. *Bill Bernbach's book: a history of the advertising that changed the history of advertising.* NewYork: Villard Books.

Lewin, K. 1947. "Channels of Group Life." *Human Relations*, 1, pp.143~153.

Liebowitz, J. 2008. "Think of Others' in Knowledge Management: Making Culture Work for You." *Knowledge Management Research & Practice*, 6(1), pp.47~51.

Lim, Tae-Seop. 1990. "Politeness Behavior in Social Influence Situations." In Dillard, J(ed.). *Seeking compliance: The Production of Interpersonal influence messages.* Scottsdale, AZ: Gorsuch Scarisbrick, Publishers.

Lincoln, Y. & Guba, E. 1985. *Naturalistic Inquiry.* Beverly Hills, CA: Sage.

Lindlof, T. 1995. *Qualitative Communication Research Methods.* Thousand Oaks, CA: Sage.

Lipton, M. 2000. "Decoding ads: Critical strategies of college students." Doctoral dissertation. New York University.

Littlejohn, W. 2001. *Theories of human communication.* Belmont, CA: Wadsworth Publishing.

Long, O. P. 2004. *Openness, Secrecy, Authorship: Technical Arts and the Culture of Knowledge from Antiquity to the Renaissance.* Baltimore, MO: Johns Hopkins University Press.

Luck, M. A., G. D. Jenerette, J. Wu, and N. B. Grimm. 2001. "The Urban Funnel Model and the Spatially Heterogeneous Ecological Footprint." *Ecosystems,* Spring, pp.782~796.

Machlup, F. 1980. *Knowledge: Its Creation, Distribution, and Economic Significance. Vol. I: Knowledge and Knowledge Production.* Princeton, NJ: Princeton University Press.

McCartney, S., & Arnold, A. 2003. "The railway mania of 1845-1847: Market irrationality or collusive swindle based on accounting distortions?" *Accounting, Auditing & Accountability Journal,* 16(5), pp.821-852.

McLuhan, M. 1964. *Understanding Media: The Extensions of Man.* Boston: McGraw-Hill.

Macmillan English Dictionary for Advanced Learners. 2002. Oxford: Macmillan Education.

Malsen, A. 2007. *Write to Sell the Ultimate Guide to Great Copywriting.* London: Marshall Cavendish Business.

Mandell, M. I. 1984. *Advertising.* Englewood Cliffs, NJ: Prentice Hall.

Marchand, R. 1985. *Advertising The American Dream: Making Way for Modernity, 1920~1940.* Berkeley: University of California Press.

Marra, J. L. 1990. *Advertising Creativity: Techniques for Generating Ideas.* Englewood Cliffs, NJ: Prentice Hall.

Martin, D. C. 1998. *Hathaway shirts: their history, design, and advertising.* Atglen, Pennsylvania: Schiffer Publishing Ltd.

Martin, D. D & Shell, R. L. 1988. *Management of Professionals: Insights for Maximizing Cooperation.* New York: Marcel Decker, Inc.

Marwell. G. & Schmitt, D. 1967. "Dimensions of Compliance-Gaining Behavior: An Empirical Analysis." *Sociometry,* 30, pp.350~364.

Maxwell, J. 1996. *Qualitative research design: An interactive approach.* 이명성·김춘미·고

문희 옮김. 2004. 『질적 연구 설계: 상호작용적 접근』. 서울: 군자출판사.

May, K. A 1994. "Abstract knowing: the case for magic in method." in Morse, J.M (eds.). *Critical Issues in Qualitative Research Methods*. Thousand Oaks, CA: Sage.

Maykut, P. & Morehouse, R. 1994. *Beginning Qualitative Research: A Philosophic and Practical Guide*. London: The Falmer House.

McQuarrie, E. F. & Mick, D. G. 1996. "Figures of Rhetoric in Advertising Language." *Journal of Consumer Research*, 22(March), pp.424~438.

Meeske. M. D. 1998. *Copywriting for The Electronic Media*. Belmont, CA: Wadsworth Publishing.

Meikle, J. L. 2001. *Twentieth Century Limited: Industrial Design in America, 1925~1939*. Philadelphia: Temple University Press.

Merriam, S. 1994. *Qualitative Research and Case Study Applications in Education*. 허미화 옮김. 1998. 『질적사례연구법』. 서울: 양서원.

Messaris. P. 1997. *Visual Persuasion: The Role of Images in Advertising*. Thousand Oaks, CA: Sage.

Meyer, J. K. 1991. "On a Simple Minded Definition of Creativity." *Creativity Research Journal*, 4, pp.300~303.

Mierau, C. 2000. *No Substitutes - The History of American Advertising*. Minneapolis: Lerner Publications.

Miller, G., Boster, F., Roloff, M & Seibold, D. 1977. "Compliance-Gaining Message Strategies: A Typology and Some Findings Concerning Effects of Situational Differences." *Communication Monograph*, 44, pp.37~50.

Morrison, D. K. 1994. "Leo Noble Burnett." in Applegate, E(ed.). *The Ad Men and Women~A Biographical Dictionary of Advertising*. Westport, CT: Greenwood Press.

Morrison, M., Harley, E, Sheehan, K. & Taylor, R. 2002. *Using Qualitative Research in Advertising: Strategies, Techniques, and Applications*. Thousand Oaks, CA: Sage publications.

Morse, J. M. 2000. "Determining sample size." *Qualitative Health Research*, 10(1), pp.3~5.

Mowlana, H. 1997. *International flow of information: A Framework for analysis in Global information and world communication*. London: Sage.

Mullen, D. & Reynolds, R. 1978. "The Potential of Grounded Theory for Health

Education Research: Linking Theory and Practice." *Health Education Monographs*, 6(3), pp.280~294.

Neulip, J. & Hazleton, V. 1985. "A Cross-Cultural Comparison of Japanese and American Persuasive Strategy Selection." *International Journal of Intercultural Relations*, 9, pp.389~404.

Nisbett, R. & Ross, L. 1980. *Human Inference: Strategies and Shortcomings of Social Judgement.* New York: Prentice-Hall, Inc.

Nonaka, I. & Takeuchi, H. 1995. *The Knowledge Creating Company.* New York: Oxford University Press.

Nonaka, I. 1994. "The Dynamic Theory of Organizational Knowledge Creation." *Organizational Science*, 5(1), pp.14~37.

Norton, R. 1983. *Communication Style: Theory, Applications, and Measures.* Beverly Hills, CA: Sage.

O'Dell, C. & Grayson, C. J. 1998. "If Only We Knew What We Know: Identification and Transfer of Internal Best Practices." *California Management Review*, 40(3), pp.154~174.

OECD. 1996. *The Knowledge-based Economy.* Paris: OECD.

Ogilvy, D. 1978. *Blood, Brains, and Beer: An Autobiography of David Oglivy.* NewYork: Atheneum Publishers.

_____. 1983. *Ogilvy on Advertising.* New York, NY: Random House, Inc.

_____. 1988. *Confessions of an Advertising Man.* New York, NY: Atheneum Macmillan

O'Guinn, T. C., Allen, C. T. & Semenik, R. J. 1998. *Advertising.* Ohio: South-Western College Pub.

Oppenheim, F. 1961. *Dimension of Freedom.* New York: St. Martin's Press.

Orlik, P. 2004. *Broadcast/Cable Copywriting.* Boston: Pearson Education Group, Inc.

Otnes, C., Oviatt, A. A. & Treise, D. M. 1995. "Views on Advertising Curricula from Experienced 'Creatives'." *Journalism Educator*, 49, pp.21~30.

Ouchi, W. G. 1980. "Markets, Bureaucracies, and Clans." *Administrative Science Quarterly*, 24, pp.129~141.

Patton, M. 1990. *Qualitative Evaluation and Research Methods.* Newbury Park, CA: Sage.

Peiss, K. L. 1998. "American women and the making of modern consumer culture." *The Journal for MultiMedia History*, 1(1). Retrieved from http://www.albany.

edu/jmmh/vol1no1/peiss-text.html.

Pettigrew, A. M. 1979. "On studying organizational cultures." *Administrative Science Quarterly*, 24, pp.570~581.

Petty, R. and Caioppo, J. 1981. "Issue Involvement as a Moderator of the Effects on Attitude of Advertising Content and Context." *Advances in Consumer Research*, 8, pp.20~24.

Pincas, S. &, Loiseau, M. 2008. *A History of Advertising*. Köln: Taschen GmbH.

Pioch, E. & Schmidt, R. 2001. "German retail pharmacies - regulation, professional identity and commercial differentiation." *Marketing Intelligence & Planning*, 19(5), pp.330~340.

Polanyi, M. 1966. *The Tacit Dimension*. London: Routledge and Keagan Paul.

Polanyi, M. & Porsch, H. 1975. *Meaning*. Chicago: University Chicago Press.

Puto, C. P., & Wells, W. 1984. Information and Transformational advertising: The differential effect of time. *Advance in Consumer Research*, 11, pp.638~643.

Ramaprasad, J & Hasegawa, J 1992. "Creative strategies in American and Japanese TV commercials: A comparison." *Journal of Advertising Research*, 32, 1, pp.59~67.

Reeves, R. 1961. *Reality in advertising*. 권오휴 옮김. 1988. 『광고의 실체』. 서울: 오리콤 마케팅커뮤니케이션연구소.

Reboul. O. 1990. *La Rhétorique*. 박인철 옮김. 1999. 『수사학』. 서울: 한길사.

Reichert, T. & Ramirez, A. 2000. "Defining Sexually Orientated Appeals in Advertising: A Grounded Theory Investigation." *Association for Consumer Research*, 27, pp.267~273

Rheinstrom, C. 1976. *Psyching the Ads*. New York: Arno Press.

Richey, R. C. 1992. *Designing Instruction for the Adult Learner*. London: Kogan Page Ltd.

Riffe, D., B. Ellis, M. K. Rogers, R. L. Van Ommeren and K. A. Woodman. 1986. "Gatekeeping and the network news mix." *Journalism Quarterly*, 63, pp.315~321.

Rifkin, J. 2014. *The Zero Marginal Cost Society*. 안진환 옮김. 2014. 『한계비용 제로 사회』. 서울: 민음사.

Ross, B. I. 1965. *Advertising Education*. Lubbock, Texas: Texas Tech Press.

Ruggles, R. 1998. "The State of Notion: Knowledge Management in Practice."

California Management Review, 40(3), pp.80~89.

Rulke, D. L., Zaheer, S. & Anderson, M. H. 2000. "Sources of managers' knowledge of organizational capabilities." *Organizational Behavior and Human Decision Processes*, 82(1). pp.134~149.

Russell, J. & Lane, W. 1996. *Advertising Procedure*. Englewood Cliffs, New Jersey: A Simon & Schuster Company.

Sandage, C. H., Fryburger, V. & Rotzoll, K. 1983. *Advertising: Theory and Practice*. Illinois: Richard D. Irwin Inc.

Sandelowski, S. 1995. "Sample Size in Qualitative Research." *Research in Nursing and Health*, 18(2), pp.179~183.

Sarvary, M. 1999. "Knowledge management & competition in the consulting industry." *California Management Review*, 41(2), pp.95~107.

Schatzman, L & Strauss, A. 1973. *Field Research: Strategies for a Natural Sociology*. Englewood Cliffs, NJ: Prentice-Hall, Inc.

Schenck-Hamlin, W., Wiseman, W. & Georgacarakos, G. 1982. "A Model of Properties of Compliance-Gaining Strategies." *Communication Quarterly*, 30, pp.92~99.

Schorman, R. 2008. "Claude Hopkins, Earnest Calkins, Bissell Carpet Sweepers, and the Birth of Modern Advertising." *Journal of the Gilded Age and Progressive Era*, 7(April), pp.181~219.

Schreiber, R. & Stern, P(eds.). 2001. *Using grounded theory in nursing*. 신경림·김미영 옮김. 2003.『근거이론 연구방법론』. 서울: 현문사.

Severin, W. J. & J. W. Tankard, Jr. 1988. *Communication Theories: Origins, Methods, Uses*. 장형익·김홍규 옮김. 1991.『커뮤니케이션개론』. 서울: 나남출판사.

Shoemaker, P. & Reese, S. 1991. Mediating the Message: Theories of Influences on Mass Media Content. 김원용 옮김. 1996.『매스미디어 사회학』. 서울: 나남출판.

Shomaker, P. 1991. *Gatekeeping*. 최재완 옮김. 2001.『게이트키핑의 이해』. 서울: 커뮤니케이션북스.

Simon, J. L. 1971. *The Management of Advertising*. Englewood Cliffs, NJ: Prentice-Hall.

Simonin, B. L. 1999. "Transfer of Marketing Know-how in International Strategic Alliances: An Empirical Investigation of the Role and Antecedents of Knowledge Ambiguity." *The Journal of International Business Studies*, 30(3), pp.463~490.

Singley, M. K. & Anderson, J. R. 1989. *The Transfer of Cognitive Skill.* Cambridge: Cambridge University Press.

Sivulka, J. 1998. *Soap, Sex, and Cigarettes: a Cultural History of American Advertising.* Belmont, CA: Wadsworth Publishing Company.

Smith, V. 1994. "Rosser Reeves." in Applegate, E(ed.). *The Ad Men and Women~A Biographical Dictionary of Advertising.* Westport, CT: Greenwood Press.

Snider, P. 1967. "Mr. gates, revisited: a 1966 version of the 1949 case study." *Journalism Quarterly*, 44, pp.419~427.

Sobieszek, R. A. 1988. *The Art of Persuasion: History of Advertising Photography.* New York: Harry N. Abrams.

Spradley, J. 1979. *The Ethnographic Interview.* New York: Holt, Rinehart & Winston.

_____. 1980. *Participant Observation.* 이희봉 옮김. 2000. 『문화탐구를 위한 참여관찰방법』. 서울: 대한교과서주식회사.

Stebbins, H. 1957. *Copy Capsules.* 송도익 옮김. 1993. 『카피캡슐』. 서울: 서해문집.

Stern, N. 1980. "Grounded Theory Methodology: Its Uses and Process." *Image*, 12(1), pp.20~23.

Stewart, C. & Cash, W. 1974. *Interviewing: principles and practices.* Dubuque, Iowa: WM. C. Brown Company Publishers.

Strachan, J. 2007. *Advertising and Satirical Culture in the Romantic Period. Part of Cambridge Studies in Romanticism.* Cambridge: Cambridge University Press.

Strauss, A. & Corbin, J. 1990. "Grounded theory methodology: an overview." In Denzin, N. & Lincoln, Y(eds.). *Handbook of qualitative research.* Thousand Oaks, CA: Sage publications.

_____. 1990. *Basics of Qualitative Research: Grounded Theory, Procedures, and Techniques.* 김수지·신경림 옮김. 1996. 『근거이론의 이해』. 서울: 한울아카데미.

_____. 1998. *Basics of Qualitative Research: Grounded Theory, Procedures, and Techniques*, 2nd ed. 신경림 옮김. 2001. 『근거이론의 단계』. 서울: 현문사.

Subramanian, A. M., & Soh, P. H. 2009. "Contributing Knowledge to Knowledge Repositories: Dual Role of Inducement and Opportunity Factors." *Information Resources Management Journal*, 22(1), pp.45~62.

Sugarman, J. 2012. *The Adweek Copywriting Handbook: The Ultimate Guide to Writing Powerful.* New York: Wiley Publishers.

Sweeney, R. C. 1973. *Coming Next Week: a Pictorial History of Film Advertising.* New York: A. S. Barnes.

Szulanski, G. 1996. "Exploring internal stickness: Impediments to the transfer of best practicc within thc firm." *Stratcgic Managcmcnt Journal*, 17, pp.27~43.

Tan, A. S. 1985. *Mass Communication Theories and Research*, 2nd ed. New York: John Wiley & Sons.

Tannenbaum, S. I. and Yuki, G. 1992. "Training and Development in Work Organization." *Annual Review of Psychology*, 43, pp.399~441.

Tatarkiewicz, W. 2006. *History of Aesthetics.* Thoemmes. 손효주 옮김. 2014. 『타타르키비츠 미학사 1: 고대미학』. 서울: 미술문화.

Taylor, S. J. & Bogdan, R. 1998. *Introduction to Qualitative Research Methods: A Guidebook & Resource*, 3rd ed. New York: John Wiley & Sons.

The Oxford English Dictionary volume IV. 1978. London: Oxford University Press.

Toncar, M. & Munch, J. 2001. "Consumer Response to Trope in Print Advertising." *Journal of Advertising*, 30(1), pp.55~65.

Toppler, A. 1980. *The Third Wave: The Classic Study of Tomorrow.* New York: William Morrow. 원창엽 옮김. 2006. 『제3의 물결』. 서울: 홍신문화사.

Trussler, S. 1998. "The Rules of the Game." *Journal of Business Strategy*, 19(1), pp.16~19.

Tsai, W. & Ghoshal, S. 1998. "Social Capital and Value Creation: The Role of Intrafirm Networks." *Academy of Management Journal*, 41(4), pp.464~476.

Turngate, M. 2007. *ADLAND: A Global History of Advertising.* Kogan Pages Ltd. 노정휘 옮김. 2009. 『광고판: 세계 광고의 역사』. 서울: 이실MBA.

Twitchell, J. B. 2000. *Twenty Ads that Shook The World: The Country's Most Groundbreaking Advertising and How It Changed Us All.* 김철호 옮김. 2001. 『욕망, 광고, 소비의 문화사』. 서울: 청년사.

Valladares. J. A. 2000. *The Craft of Copywriting.* NewDelhi: Response Books.

Verkasalo, M. & Lappalanien, P. 1998. "A Method of Measuring the Efficiency of the Knowledge Utilization Process." *IEEE Transactions on Engineering Management*, 45(4), pp.414~423.

Ward, T. S., Finke, R. A. & Smith, S. M. 1995. *Creativity and the Mind: Discovering the Genius within.* New York: Plenum Press.

Watkins, J. 2012. *The 100 Greatest Advertisements 1852-1958: Who Wrote Them and*

What They Did. New York: Dover Publications.

Weiner, I. B. 1982. *Child and Adolescent Psychopathology.* New York: Wiley.

Weinstein, A, & Rubel, D. 2002. *The Story of America: Freedom and Crisis from Settlement to Superpower.* New York: DK Publishing.

Weisberg, R. W. 1999. "Creativity and Knowledge: A Challenge to Theories." in Sternberg. R. J(ed.). *Handbook of Creativity.* Cambridge, MA: MIT Press.

Wells. W, J. Burnett and S. Moriaty. 1992. *Advertising: principles and practice.* New York, NY: Prentice-Hall, Inc.

Wersig, G. 1993. "Information science: The study of postmodern knowledge usage." *Information Processing & Management*, Vol. 29(2), March-April, pp.229~239.

Wheeless, L., Barraclough, R. & Stewart, R. 1983. "Compliance-Gaining and Power in Persuasion." in Bostrom, R(ed.). *Communication Yearbook 7.* Beverly Hills, CA: Sage.

White, D. M. 1950. "The 'Gatekeeper': A Case Study in the Selection of News." *Journalism Quarterly*, 27(Fall), pp.383~90.

White, G. E. 1977. *John Caples, Adman.* Chicago, IL: Crain Books.

Wilson, H. 1976. "Volney B. Palmer, 1799~1864: The Nation's First Advertising Agency Man. *Journalism Monograph*, 44(may), pp.2~44.

Wimbs, D. 1999. *Freelance Copywriting.* London: A & C Black (Publishers) Limited.

Wright, J., Warner, D., Winter, W., & Zeigler, S. 1977. *Advertising.* New York: McGraw-Hill Book Company.

Xiao, J. 1996. "The Relationship between Organizational Factors and the Transfer of Training in the Electronic Industry in Shenzhen, China." *Human Resource Development Quarterly*, 7(1), pp.55~72.

Yin, R. 1989. *Case study research: Design and methods.* Beverly Hills, CA: Sage.

Young, J. W.1987. *A Technique for Producing Ideas.* Lincolnwood, Illinois: NTC Business Books.

______. 1990. *The Diary of an Ad Man: The War Years June 1, 1942-December 31, 1943.* Lincolnwood, Illinois: NTC Publishing Group.

Zander, D. & Kogut, B. 1995. "Knowledge and the Speed of the Transfer and Imitation of Organizational Capabilities: An Empirical Test." *Organizational Science*, 6(1), pp.76~92.

http://adage.com/article/adage-encyclopedia/j-stirling-getchell-inc/98489/
http://adage.com/century/people014.html
http://adage.com/century/people056.html
http://adage.com/century/people085.html
http://brainyquote.com/quotes/quotes/w/q103302.html
http://ciadvertising.org/studies/student/96_fall/kennedy/JEKennedy.html
http://courses.smsu.edu
http://cskills.blogspot.com/2006/09/helen-lansdowne-resor1886-1964part-1.html
http://en.wikipedia.org/wiki/Bruce_Fairchild_Barton
http://en.wikipedia.org/wiki/Leo_Burnett
http://enc.daum.net/dic100/contents.do?query1=b23p1562a
http://jimsafley.com/writings_archive/steinway.html
http://marketers-hall-of-fame.com/1-john-caples-marketing.html
http://time.com/time/time100/builder/profile/burnett2.html
http://www.anbhf.org/laureates/lasker.html
http://www.answers.com/topic/william-bernbach
http://www.brandingstrategyinsider.com/great_moments
http://www.coffee-beans-arabica.com/info/coffee_houses_of_old_london.htm
http://www.designhistory.org/
http://enc.daum.net/dic100/contents.do?query1=b23p1562a
http://en.wikipedia.org/wiki/Advertising_agency
http://www.foolonahill.com/claude.html
http://www.hardtofindseminars.com/John_Caples.html
http://www.hardtofindseminars.com/John_E_Kennedy.html
http://www.hardtofindseminars.com/Leo_Burnett.html
http://www.lahistoriadelapublicidad.com/protagonistas_ficha.php?Codnot=60
http://www.hardtofindseminars.com/John_Caples.html
http://navercast.naver.com/magazine_contents.nhn?rid=1102&attrId=&contents_id=80775&leafId=1102
http://www.redcmarketing.net/blog/marketing/claude-c-hopkins-the-science-behind-making-millions-in-advertising/
http://www.time.com/time/magazine/article/0,9171,758766,00.html
http://www.wcroberts.org/Paige_History/1915

찾아보기

인명

용어

ㄱ

ㄴ

ㄷ

ㄹ

ㅁ

ㅂ

ㅅ

ㅇ

ㅈ

단행본·신문·잡지

지은이

김동규

한양대학교 국어국문학과, 연세대학교 광고홍보학 석사, 한양대학교 광고학 박사. 대홍기획, FCB Korea, LG애드에서 카피라이터와 크리에이티브 디렉터로 일했고 한국광고대상, 서울광고대상, The New York Festivals 등 여러 광고상을 수상했다.

저서로 『여성 이야기 주머니』(공저), 『카피라이팅론』, 『미디어 사회』(공저), 『10명의 천재 카피라이터』, 『계획행동이론, 미디어와 수용자의 이해』(공저) 등이 있다. 카피라이팅, 광고 크리에이티브, 광고사(廣告史), 광고수사학, 광고 산업을 다룬 다수의 논문을 주요 학술지에 발표했다.

1999년부터 지금까지 동명대학교 광고홍보학과 교수로 근무하고 있으며 한국언론학회 이사, 한국광고홍보학회 이사, 한국광고PR실학회 이사, 부산국제광고제(BIAF) 조직위원회 운영위원으로 일했다.

한울아카데미 2044

광고카피의 탄생 I
카피라이터와 그들의 무기

지은이 **김동규**
펴낸이 **김종수**
펴낸곳 **한울엠플러스(주)**
편집 **김경희**

초판 1쇄 인쇄 **2017년 12월 1일**
초판 1쇄 발행 **2017년 12월 15일**

주소 **10881 경기도 파주시 광인사길 153 한울시소빌딩 3층**
전화 **031-955-0655**
팩스 **031-955-0656**
홈페이지 **www.hanulmplus.kr**
등록번호 **제406-2015-000143호**

Printed in Korea.
ISBN 978-89-460-7005-9 93300(양장)
978-89-460-6412-6 93300(학생판)

* 책값은 겉표지에 표시되어 있습니다.
* 이 책은 강의를 위한 학생판 교재를 따로 준비했습니다.
강의 교재로 사용하실 때에는 본사로 연락해주십시오.

100개의 키워드로 읽는 광고와 PR

지은이
김병희·김찬석·김효규·이유나·이희복·최세정

2017년 11월 07일 발행
신국판
456면

광고와 PR 교수 6인이 엄선한 100개의 키워드가 1000개의 아이디어로 확장된다

이 책의 저자들은 책의 내용을 광고, PR, 미디어라는 세 가지 영역으로 나누고 그에 알맞은 100개의 키워드를 선정했다. 광고와 PR 각각의 정의와 주요 유형은 물론 환경, 주요 이론과 개념, 실무 관련 용어들을 모두 10개의 장으로 묶어 관심 분야에 따라 독자가 쉽게 찾아볼 수 있도록 정리했다.
제시된 100개의 키워드는 광고와 PR을 이해하는 데 전통적으로 중요하게 여겨지는 용어는 물론 사물인터넷, 인공지능, 빅데이터, 증강현실, 가상현실과 같이 미디어 기술 발전에 따라 광고와 PR이 진화하며 새롭게 등장한 용어들도 두루 포함했다.

이 책에서 소개하는 100개의 키워드는 광고 이론을 연구하고 가르치는 학계와 광고 실무 현장에서 필요로 하는 광고와 PR 용어를 모두 포괄했다고 해도 과언이 아니다. 각 키워드에 대한 기술은 개념에 대해 간략히 정의하고 핵심 내용을 설명한 다음 필요할 경우 이미지를 넣어 풍부하게 구성했으며, 관심 있는 키워드가 있으면 독자들이 추가로 관련 내용을 찾아볼 수 있도록 연관어와 함께 참고문헌도 제시했다.
이 책은 일반 교과서처럼 상세한 맥락이나 정보를 전달하지는 않지만, 광고와 PR 분야에 관심 있는 독자들이 주요 개념과 정보를 100개의 키워드를 통해 보다 쉽고 빠르게 이해하도록 돕고 있다.

광고의 역사

산업혁명에서 정보화사회까지

지은이
양정혜

2009년 7월 31일 발행
변형신국판
252면

광고는 사회변화를 반영하는 거울이다

1850년대에서 1990년대까지 광고의 태동과 발전

이 책은 1850년대에서 1990년대까지 서양 근현대 광고의 태동과 발전을 연대기적으로 살펴본다.
주로 미국의 경험을 중심으로 하여 시기별로 ① 광고의 발전과 연관 있는 사회경제적 상황, ② 광고산업의 특징과 변천 양상, ③ 광고 크리에이티브 전략, ④ 유명 광고인의 대표적 캠페인, ⑤ 광고메시지에 내재된 지배적인 가치관, ⑥ 광고메시지의 문화적 파급효과 등을 중심으로 논의를 전개한다.

마케팅적인 측면보다는 문화적인 측면에서 광고에 접근하고 있으며 역사적 사실을 단순히 나열하는 것에 그치지 않고 커다란 주제 ―브랜드의 등장과 소비 사회의 성립, 제1·2차 세계대전, 대공황, 1970년대 경기 침체기 등 사회 위기의 광고 양상, 광고 크리에이티브 혁명기에 등장한 주요 광고 철학들, 신자유주의 도입과 광고의 글로벌화, 포스트모던 사회의 도래와 광고 표현 전략의 대변화 등 ― 를 중심으로 광고의 역사를 서술한다.